21世纪高等职业教育精品教材·金融类

财政学概论

（第五版）

董云展　主编

CAIZHENGXUE
GAILUN

东北财经大学出版社
Dongbei University of Finance & Economics Press

大连

图书在版编目（CIP）数据

财政学概论/董云展主编. —5版. —大连：东北财经大学出版社，2024.4

（21世纪高等职业教育精品教材·金融类）

ISBN 978-7-5654-5228-4

Ⅰ．财…　Ⅱ．董…　Ⅲ．财政学–高等职业教育–教材　Ⅳ．F810

中国国家版本馆CIP数据核字（2024）第071364号

东北财经大学出版社出版

（大连市黑石礁尖山街217号　邮政编码　116025）

网　　址：http://www.dufep.cn

读者信箱：dufep@dufe.edu.cn

大连图腾彩色印刷有限公司印刷　　东北财经大学出版社发行

幅面尺寸：185mm×260mm　　　字数：408千字　　　印张：18.25

2024年4月第5版　　　　　　　　　　　2024年4月第1次印刷

责任编辑：李丽娟　刘　佳　吉　扬　　　责任校对：刘贤恩

封面设计：原　皓　　　　　　　　　　　版式设计：原　皓

定价：48.00元

教学支持　售后服务　　联系电话：（0411）84710309

版权所有　侵权必究　　举报电话：（0411）84710523

如有印装质量问题，请联系营销部：（0411）84710711

第五版前言

本教材自2011年出版以来，承蒙广大读者厚爱，曾于2014年、2017年和2021年三次修订。为满足读者需求，并反映近几年财政经济理论与实践改革的最新成果，现对第四版内容进行修订。

本教材第五版在保留深度融入课程思政、校企（政）双元合作等原有特色的基础上，重点在以下两个方面进行了充实和完善。

1.深入学习宣传贯彻党的二十大精神。党的二十大报告指出，充分发挥市场在资源配置中的决定性作用，更好发挥政府作用；健全基本公共服务体系，提高公共服务水平，增强均衡性和可及性，扎实推进共同富裕；健全社会保障体系，扩大社会保险覆盖面等。党的二十大报告内容丰富，其中的经济发展、社会民生、科学教育、军队国防等内容都与政府财政密切相关。因此，本教材结合各章具体内容，有机融入党的二十大精神，通过课堂讲授和学习，使学生入心入脑。

2.调整更新内容。一是根据近年来财政经济理论和改革成果，对部分内容进行了调整、更新和完善；二是调整充实了部分二维码资源；三是对引用的数据资料进行了更新。

本教材第五版由河南财政金融学院董云展教授任主编，河南财政金融学院金克明副教授、河南省财政厅政策研究室主任郭宏震及河南财政金融学院盛锐副教授任副主编。具体修订分工为：董云展负责修订第二、四、十章，金克明负责修订第一、三、五、十一章，盛锐负责修订第六、七、八、九章，郭宏震负责修订第十二章。全书由董云展总纂、定稿。

本教材结构完整，内容充实，形式灵活，适用于高等职业院校经济、管理类专业财政学课程的教学及财政干部的培训等。

因编者水平所限，本次修订仍难免有不足之处，在此恳请专家、读者一如既往地提出宝贵意见（编辑邮箱：792329342@qq.com），以使本书更加完善。

编　者
2024年1月

目录

主要参考文献 / 280

第一章

公共财政导论

知识目标：了解市场的效率与失灵；了解公共产品的供给机制，掌握公共产品理论的基本内容。

技能目标：学会运用公共产品理论分析社会中的公共问题。

综合目标：掌握公共产品理论和市场经济理论的基本内容，学会运用本章知识分析我国财政经济工作中的基本问题。

引 例

灯塔的故事

"灯塔"是经济学上的一个里程碑。一提起这个诗意盎然的例子，经济学者都知道其所指的是收费的困难，这种困难令灯塔成为一种非政府亲力亲为不可的服务。

早在 1848 年，英国经济学家米尔对灯塔就有如下分析：要使航海安全，灯塔的建造及维修就需要政府亲力亲为。虽然海中的船只可因灯塔的指引受益，但若要向它们收取费用，就很难办到。除非政府用强迫抽税的方法，否则，灯塔就会因无利可图而无人建造。

1883 年，瑟域克将米尔的论点加以推广，指出在好几种情况下，以市场收费来鼓励服务供应的观点是大错特错的。首要的情况就是某些对社会有益的服务，供应者是无法向那些需要服务而又愿意付费的人收费的。例如，一座建在适当地点的灯塔使船的航行受益，却难以向船只收取费用。

到了 1938 年，庇古当然也不肯放过"灯塔"。庇古是以分析私人与社会耗费（或收益）的分离而支持政府干预的首要人物。"灯塔"的例子正中他的下怀。庇古认为，既然在技术上难以向船只收取费用，灯塔若是私营的，私人的收益在边际上必定会低于灯塔对社会贡献的利益。在这种情况下，政府建造灯塔是必须的。

灯塔的服务是"共用品"的一个好例子。塔中的灯亮了，很多船只可以一起因灯塔的指引而得益。当一条船用灯塔的时候，它一点也没有阻碍其他船只去共用同一个灯塔，这就是"共用品"的特征。在这种情况下，灯塔既然亮了，要服务多一条船的费用毫无增加。也就是说，要服务"边际"船只的费用是零。假如灯塔要收费，那就会阻碍某些船只对灯塔的自由使用，这对社会是有损害的。既然多服务一条船只的费用毫无增加（额外费用是零），为社会利益计，灯塔就不该收费，但若不收费，私营的灯塔就会大亏本。所以，灯塔或其他类似的"共用品"应由政府免费供应。

在支持政府干预的经济理论中，"共用品"占了一个极其重要的地位。在灯塔的例子中，值得我们注意的是，灯塔的经营者不能向得益的船只收取费用，这使灯塔宜被作为一种公共用品。但就算是灯塔的经营者以雷达侦察的方法，成功地向每一条船只收取费用，为社会利益计，要像私人物品一样以市价收费并不一定是理想的。因为对社会而言，向多一条船只服务的额外费用为零，所以任何船只被任何收费阻碍而不使用灯塔的服务，对社会都是一种损失，虽然这种收费仅足够维持灯塔的经营费用。假如灯塔对社会是有所值的——它不一定是有所值——一个比较高深的理论可以证明这样对社会有益的服务应该是免费供应的。

资料来源：张五常. 卖桔者言［M］. 成都：四川人民出版社，1988.

从以上案例可以看出：（1）社会产品按其性质不同，可分为私人产品和公共产品。具有排他性和竞争性的产品是私人产品，具有非排他性和非竞争性的产品是公共产品。（2）人们对公共产品的认识是一个渐进的过程。（3）对于公共产品（像灯塔）既无法收费，又会损失效率，因此市场在提供公共产品上失灵了。在这种情况下，政府建造灯塔是必须的。（4）今天，作为公共产品的灯塔的导航职能消失了，可见公共产品具有历史性。本章将简要介绍公共产品、公共财政等有关财政学的基础知识。

第一节　公共需要与公共产品

一、公共需要

人类的生存、繁衍和发展对资源的需要是无限的，但是能够满足人类需要的资源是有限的。因此，探讨如何利用有限的资源来更好地满足无限的需要，就逐步发展成为一门重要的学科——经济学。在现代经济学的分析视野中，人类的需要基本分为两类：私人需要和公共需要。私人需要指的是个人希望独自拥有、独自享用的需要，如获得并享用食品、衣服等物品的愿望。公共需要指的是能够与别人共同享用的需要，如道路与公园的使用、警力与国防的保护等需要。

拓展阅读 1-1

中国在"一带一路"建设中提供的全球公共物品

二、公共产品

（一）公共产品的性质

人类的生存、繁衍和发展需要消耗大量的社会产品。社会产品从形态上划分，可分为有形的商品和无形的劳务；社会产品从性质上划分，可分为私人产品和公共产品。

1. 公共产品的特征

所谓的公共产品，是指满足社会公共需要的产品。它与私人产品相对称，其主要区别是性质上是否具有竞争性和排他性。公共产品具有非排他性和非竞争性。所谓的非排他性，是指某个消费者在消费某一社会产品时，无法将其他消费者排除在获得该产品的利益之外。以小学教育为例，某家庭的小孩接受小学教育，不能排除其他家庭的小孩也接受小学教育。所谓的非竞争性，是指该产品被提供出来以后，增加一个消费者不会减少任何一个人对该产品的消费数量和质量，其他人消费该产品的额外成本为零。也就是说，增加消费者的边际成本为零。以国防为例，尽管人口数量往往处于不断增长的状态，但没有任何人会因此减少其所享受的国防安全保障。私人产品与公共产品的区别见表1-1。

表1-1　　　　　　　　　私人产品与公共产品的区别

产品类型	消费的排他性	取得的竞争性
私人产品	是	是
公共产品	否	否

除以上两个本质的区别外，私人产品与公共产品还有其他的不同。在效用上，私人产品具有可分割性。例如，我们可以把一大袋粮食分成若干中袋，中袋粮食分成若干小袋，粮食的效用仍然不变；我们可以把一个居民小区的房屋分成若干栋，每栋楼房又可分成若干套，而房屋的效用不变。公共产品具有不可分割性。例如，我们不能将城市马

路分成一段一段的，把公园分成一块一块的，如果真的那样做了，马路、公园的效用就没有了，马路就不是马路，公园也就不是公园了。

总之，我们把消费上具有非排他性、取得方式上具有非竞争性的产品称为公共产品。

2.公共产品的进一步说明

（1）公共产品既包括有形的公共设施，如马路、公园、学校、广场等，又包括无形的公共服务，如治安、消防、社会公正、分配公平、经济稳定等。

（2）公共产品具有历史性。随着社会、经济和技术的发展，社会产品的性质也在发生变化，原属私人产品的也可能转化为公共产品，原属公共产品的也可能转化为私人产品。例如，在小农经济时期，教育不是社会生产所必需的，属私人产品性质。因为人们的生产技能主要来源于父辈的言传身教，而不需要多少知识，教育只是个人考取功名、升官发财、光耀门楣的手段；但到了工业化社会，教育成了社会生产的必备条件，基础教育由过去的私人产品转化为公共产品。在一个小村庄里，道路、用水、污水的排放可能是私人产品；当小村庄发展成城镇后，这些私人产品就转化成了公共产品。电视节目，过去无法做到排他性，也不会因为多一个用户收看而增加成本，不存在竞争性，是典型的公共产品；但随着技术的发展，通过对电视信号加密，做到了排他性，使一部分电视节目由公共产品转变为私人产品，特别是有线电视和数字电视的出现，更加快了这种转化的进程。

（3）公共产品具有层次性。按地域划分，公共产品可分为全国性公共产品、区域性公共产品和地方性公共产品。全国性公共产品是指一国公民都能毫无例外享用的公共产品，如一国的国防、法律制度等。区域性公共产品是指某一地区的居民能够享用的公共产品，如"三峡工程"的建成使整个长江流域，特别是靠近三峡的几个地区受益。地方性公共产品是指某一地方（如城镇、街道等）的居民能够享用的公共产品，如街灯使附近居民受益等。

（4）公共产品的提供与生产。公共产品的提供，指的是公共产品的决策层面，即公共产品的总量、结构、水平以及如何融资、由谁生产等的决定。公共产品的生产，指的是公共产品的技术层面，即公共产品的设计、施工、监理、验收等工作。公共产品主要由政府提供。由政府提供的公共产品，可以由政府直接生产，如国防、基础教育等，也可以由私人生产，如马路、公园等。

拓展思考 1-1

现实生活中，哪些公共产品适合由政府提供，哪些公共产品适合由私人生产？

（二）公共产品的分类

根据社会产品是否同时具备非排他性与非竞争性以及具备程度的不同，我们可以进一步对社会产品进行分类，可分为以下四种不同类型：一是同时具有排他性与竞争性的私人产品；二是不同时具有非排他性与非竞争性的公共资源和俱乐部产品；三是不完全具有非排他性与非竞争性的混合产品；四是完全并同时具有非排他性与非竞争性的纯公共产品。四种类型公共产品的竞争性和排他性关系见表1-2。

表1-2   四种类型公共产品的竞争性和排他性关系

性质		排他性	
		有	无
竞争性	有	（1）私人产品	（2）公共资源
	无	（3）俱乐部产品	（4）纯公共产品

1.完全并同时具有非排他性与非竞争性的纯公共产品

同时具有排他性和竞争性的第一类产品是经济学中一直在研究的可由竞争市场有效提供的私人产品，除此之外的三类产品都可以视为公共产品，当然有"纯粹"与"不纯粹"之分。纯公共产品为第四类产品。如前所述，该产品同时具有非排他性和非竞争性。虽然这种纯粹的东西少之又少，但仍可找到例子。比如，国防带给人们免遭入侵的无形收益就是一种纯公共产品，它没有南北地域之分，也没有贫富人群之分。类似的还有公平的收入分配、有效率的政府或制度、货币稳定、环境保护等。位于纯公共产品与私人产品之间的第二类和第三类产品为不纯粹的公共产品。

2.不同时具备非排他性与非竞争性的公共资源和俱乐部产品

第二类公共产品的特点是，在消费上具有竞争性，但是无法有效地排他，即不付费者不能被排除在消费之外，如公共渔场、牧场等，可以把这种产品命名为公共资源。为何将这类产品视为一种不纯粹的公共产品，主要是因为：

（1）它与纯公共产品一样，总量既定，不归任何人专有，且具有向任何人开放的非排他性特点，这些决定了在其消费中也会出现不合作的问题，即每个参与者都按自身的理性行事，但结果是集体的非理性。在纯公共产品的例子中，会导致过少提供公共产品；在公共资源的例子中，则会导致过多提供公共产品。这一特征显示出它与私人产品完全不同，而与公共产品相同。

（2）该产品的竞争性导致新增的使用者在给他人带来负外部效应的同时，自己也陷入其中，如公共牧场，某人的过度放牧，导致牧场退化、沙化、荒漠化，不仅影响他人的利益，自己的利益也受到损失。这种情形与俱乐部产品的例子中出现拥挤问题之后的情形完全相同，即事实上公共资源的使用在超过一定限度之后也会遇到拥挤问题。

第三类公共产品的特点是消费上具有非竞争性，但是可以较轻易地做到排他，即不付费者可以被排除在消费之外，如高速公路、公路桥、公共动物园、博物馆等，可以把这类产品命名为俱乐部产品。这是由于该种产品的使用者数目总是有限的，而在人们的印象中，消费同一产品的数目有限的个人恰与同一俱乐部的成员相仿，因此可将他们所消费的产品形象地称为俱乐部产品。至于该产品的使用者的数目为何总是有限的，可以从两个方面来理解：一方面，由于俱乐部成员的数目超过一定标准后会发生拥挤问题，从而破坏非竞争性的特征，因此应该限制使用者数目；另一方面，由于该产品具有排他性，又能够采取措施限制使用者数目，因此可以保证该产品具有非竞争性与排他性。

3.不完全具有非排他性与非竞争性的混合产品

所谓的混合产品，可以理解为同时具有公共产品和私人品性质的产品。比如，私人接受疫苗注射，首先受益的是接受注射者本人，但也为所有可能接触到他的人带来了正的外部效应。又如，个人接受良好的教育，首先是本人得益，如可以找到好工作、更具判断力等，但也可以使其他人受益，如可能使劳动生产率更高等。对于这类产品，由于个人只考虑私人受益的大小，因此总是供给不足。

公共资源、俱乐部产品与混合产品可统称为准公共产品。概括地说，公共产品由纯公共产品和准公共产品组成。

（三）公共产品的提供方式

一般来说，私人产品主要由市场提供，而公共产品主要由政府提供。这是由市场运行机制和政府运行机制的不同决定的。市场是通过买卖提供产品和服务的。在市场上，有钱就可以购买产品或享用服务，钱多多买，钱少少买，无钱则不买。总之，市场买卖要求利益边界的精确性。由于公共产品具有非排他性和非竞争性的特征，它的需要或消费是公共的或集合的，如果由市场提供，消费者不会自愿掏钱去购买，而是等着他人去购买，自己顺便享用其所带来的利益，这就是经济学所谓的"免费搭车"现象。从一定意义上来说，由于"免费搭车"问题的存在，公共产品需要由政府提供。

知识链接 1-1

囚徒困境

囚徒困境是1950年美国兰德公司提出的博弈论模型。两个共谋犯罪的人被关入监狱，不能互相沟通情况。如果两个人都不揭发对方，由于证据不确定，每个人都坐牢一年；若一人揭发，另一人沉默，揭发者因为立功立即获释，而沉默者因不合作入狱十年；若互相揭发，因证据确凿，两个人都判刑八年。由于囚徒无法信任对方，因此倾向于互相揭发，而不是共同沉默。囚徒困境所反映出的深刻问题是，人类的个人理性有时会导致集体的非理性——聪明的人类会因自己的聪明而作茧自缚。

政府主要是通过无偿征税来提供公共产品。但是，征税是可以精确计量的，如按率征收或定额征收，而公共产品的享用一般是不可以分割的，无法量化，因而每个人的纳税额与他对公共产品的享用量是不对称的，不能说多纳税就可以多享用，少纳税就少享用，不纳税就不能享用。也就是说，相对于市场买卖中利益边界的精确性而言，纳税人负担与公共产品享用之间的关系缺乏精确的经济依据。

由以上分析可以得出结论：市场只适于提供私人产品和服务，对提供公共产品是失效的，而提供公共产品恰恰是政府活动的领域，是政府的首要职责。

由于公共产品可分为纯公共产品和准公共产品，因此公共产品的提供方式也是有区别的。纯公共产品一般同时具备非排他性和非竞争性，其主要提供者应为政府；而准公共产品一般不同时具备非排他性与非竞争性，可能是非排他性与竞争性并存的，也可能是非竞争性与排他性并存的，对于这类产品应该是一部分由政府提供，一部分由市场提供。政府供给的三种方式见表1-3。

表1-3　　　　　　　　　　　　　　　　政府供给的三种方式

产品名称	纯公共产品	准公共产品	私人产品
支付方式	全额负担	部分负担	少量补贴

第二节　市场效率与失灵

一、完美的市场

从亚当·斯密开始，竞争就在经济学中占据了不可或缺的地位，许多经济学家都精辟地指出过竞争市场的有效性，但明确给出可供判断的规范标准是新福利经济学的"帕累托效率"。福利经济学的第一原理表明，在竞争的市场经济与帕累托效率之间存在令人满意的对应关系，竞争的市场是完美无缺的。

（一）帕累托效率

帕累托是洛桑大学的经济学教授，他除了以序数效用论为基础阐述一般均衡理论之外，最为突出的贡献是在福利经济学方面，特别是他的"效率"概念所产生的影响最为巨大。

帕累托最初并未使用"效率"一词，而只是提出了达到社会最大满足的基本条件。后来，这一条件逐渐以"帕累托最优"而闻名，但并未考虑收入分配的最优性，所以人们逐渐倾向于将其称为"帕累托效率"。

帕累托效率指的是这样一种资源配置的境界：已不存在生产上的其他可行的配置，使得该经济中至少有一个人的状况比其初始状况更好，而同时使其他人至少保持与其初始状况一样良好。换言之，如果一种可行的资源配置尚可在不损害其他人福利状况的同时至少使一人的福利状况得到提高，那么原来的资源配置就不是帕累托有效的，而从原来的配置向新配置的转变，可定义为"帕累托改善"。由这一定义，我们可以重新解释帕累托效率的含义：如果对一种资源配置已不可能再进行任何帕累托改善，那么该配置就可称为帕累托最优或帕累托有效。

（二）完全竞争市场的基本条件

组织市场的目的在于使买卖双方能够以互利的方式进行产品和服务的交换。作为长期形成的经济制度，完全竞争条件下运行的市场能够实现资源配置的效率状态。

知识链接1-2

福利经济学第一定理

福利经济学第一定理是指在经济主体的偏好被良好定义的条件下，带有再分配的价格均衡都是帕累托最优；而作为其中的特例，任意的市场竞争均衡都是帕累托最优。也可以这样理解：如果每个人都在竞争性的市场上进行交易，那么所有互利的交易都将得以完成，并且其产生的均衡资源配置在经济上是有效的。这说明了完全竞争的均衡与帕累托最优状态之间的关系，完全竞争的均衡能够实现帕累托最优。

一般认为，完全竞争市场需要满足以下基本条件：

1.产权清晰

产权指的是人们对自己拥有的资源行使权利的能力。一个完全竞争的市场体系要求全部生产性资源归私人所有。清晰的产权是人们以互利方式从事市场交易活动的前提。假如一家木材加工公司预计木料会被偷走，它就不会尽力加工木材；只有相信能够从木材的销售中获利，它才会经营木材加工。

2.价格接受者

市场上有大量的消费者和厂商，其经济权力是分散的，每个消费者的需求数量和每个厂商的供给数量都只占有市场份额的一小部分，以至于任何一个消费者或厂商的决策都无法单独影响价格。也就是说，无论是消费者还是厂商，都视价格为给定的。

3.产品同质

全部交易均在市场中进行，同时在单个市场中，所有厂商都只向消费者提供一种标准化的产品，或者至少在消费者看来无差别。这样消费者在选择购买哪家厂商提供的产品时仅考虑产品价格问题。这就意味着，任何一个厂商如果把产品价格提高到市场价格之上，都必然丧失其销售市场。产品同质性的假定保证了单一市场价格的存在，从而使市场供求的分析变得有意义。

4.完全信息

参与市场活动的买卖双方都可以自由地得到相关信息。也就是说，买者知道自身的偏好、收入水平，以及产品的价格、质量和性能等，而卖者则清楚地知道产品的成本、价格和技术等信息。完全信息意味着，在同一个市场上不可能出现低买或高卖的现象。

5.自由进退

厂商一旦看到盈利机会，就可以自由进入市场；而一旦出现亏损，就可以无障碍地退出市场。这意味着，资源具有完全的流动性，一个厂商总可以雇用到所需的劳动力，购买到所需的资本和原材料。同样，如果厂商需要重置或者关闭其生产，它总是可以处置这些生产性资源。有时为了简单起见，也可以认为厂商可以无成本地进入或退出某一行业。

二、市场失灵

如上所述，福利经济学基本定理严谨地证明了竞争市场机制与帕累托效率之间完美的对应关系，还证明了完全竞争市场是高效率的、完美无缺的，但也指出了达到这种理想境界所需具备的前提和所需满足的条件。当我们从"理想国"回到现实世界时，会发现现实的市场很难充分满足这些前提和条件。当这些前提和条件无法得到满足时，也就可以说市场失灵了。市场的失灵使政府介入经济获得了最为直接的理由。相应地，竞争市场的效率则成为政府活动的必要约束。

市场失灵的领域主要包括资源配置的失灵、收入分配不公平和宏观经济不稳定性三个方面。

（一）资源配置的失灵

1.外部性与公共产品

所谓的外部性或外部效应，指的是一个经济单位的活动所产生的对其他经济单位有利或有害的影响。当外部效应为正或者存在外部经济时，造成外部效应一方的活动总是供给不足，如桥梁、道路建设等；而当外部效应为负或者存在外部不经济时，又总是出现供给过多的情况，典型的例子是与环境污染有关的产品生产。之所以如此，是因为有关单位只按自己的边际收益等于边际成本的原则行事，而不考虑其外部性行为下的社会边际收益和社会边际成本。

在分析竞争市场的帕累托最优时，我们将外部效应排除了，任何消费者的偏好次序都是独立的，与任何生产过程以及任何他人的决策无关；同时，任何生产者的选择也都是独立的，与任何其他生产过程无关。之所以这样要求，是因为外部效应的最主要特点是它不仅存在于有关当事人决策的"外部"，而且存在于市场定价制度之外。也就是说，"一手交钱，一手交货"的市场交易是与外部效应无关的，外部效应所指的仅仅是那些无法通过市场交易为它付费的收益或无法通过市场交易获得补偿的损失。这一特征造成外部效应的当事方没有动力将它给其他人带来的收益或损失纳入其自身决策时的理性考虑之中，结果导致两方的低效率，或者市场失灵。

✓ 拓展思考 1-2

外部性与公共产品是什么关系？

2. 信息不充分和不对称

信息不充分是指决策者无法经济地取得决策所需的所有信息，信息是稀缺的。信息不对称是指交易中的一方掌握的信息多于另一方。帕累托最优的市场是一个完全竞争市场，完全竞争市场要求消费者和厂商享有充分的信息。但现实生活中，信息不充分、不对称现象在商品市场、劳动市场以及资本市场中普遍存在。在信息稀缺的情况下，投机的冲动使信息垄断者不会按竞争规则行事，市场参与者也不可能作出符合实际的最大化决策，因此资源不能被最有效地利用。为了保证竞争规则不被违反，政府也只能根据事后的判断，利用法律措施对违反规则者进行惩罚，规范信息市场，以信息公开来扩大其来源，但也不可能完全消除这个市场的不完全性。因此，信息问题是阻碍现实经济生活中实现资源最优配置的根本性原因之一。

3. 自然垄断和产品差别

由于每种商品都是有差异的，因此每个厂商都具有某些垄断因素。在规模报酬递增而扩大生产经营规模受到阻碍的条件下，市场竞争者就会减少。如果市场上只有一家卖者或买者，就会产生卖方或买方的完全垄断；如果市场上存在多家卖者或买者，这种市场被称为垄断竞争市场。在现实生活中，多数市场接近于这种类型，即市场竞争是不充分的，市场是不完全竞争的。

垄断与不完全竞争存在以下方面的效率损失：
（1）产品的产量受到限制，消费者的福利受到额外损失；
（2）垄断行业由于存在垄断利润，缺乏尽可能降低成本的竞争压力；
（3）垄断者可能不那么积极地推动技术进步；
（4）垄断者追求超额收入的寻租活动本身会造成资源浪费。

对不完全竞争造成的市场失灵，政府可以根据不同的原因采取相应的对策，如对自然垄断行业实行国有化、管制和定价措施等，对于垄断竞争行业实行反托拉斯政策，利用反垄断法来改善竞争的程度；为了鼓励技术创新，政府可以颁布专利法等。这些都是西方国家长期以来采用的措施。

✓ **拓展思考 1-3**

为什么我们不能强求市场分配的公平？

（二）收入分配不公平

在帕累托最优中的完全竞争的市场经济中，企业应用生产要素，必须使不同生产要素的边际替代率都相等，才能使资源达到最优配置，此时的要素收入是由最优状态下的要素价格所决定的。因此，个人的收入分配取决于初始的要素禀赋分配，而这种初始禀赋的分配状况并不公平，长期累积的结果更不公平。在现实经济中，由于不完全竞争和垄断的存在，以及各种社会因素，如社会上惯用的薪酬结构以及家庭关系、社会地位、性别差异等，使得利润、工资等收入并不完全取决于完全竞争条件下的要素价格，因此政府必须担当起收入再分配的重任，从一定的合理的社会公平原则出发，通过较大规模的收入与支出途径来实现再分配政策。

（三）宏观经济不稳定性

在 20 世纪 30 年代的大萧条之前，主流经济学家相信完全竞争相当完善地描述了经济运行状态。因此，古典经济学家的政策处方可以归结为"自由放任"，即政府干预应尽量予以避免，市场力量会引导经济正常运行。然而，经济周期的变化是不以人们的意志为转移的，大萧条的深度、广度及时间上的长度，动摇了人们对古典经济理论观点的信心。事实证明，市场不是万能的，在边际消费倾向递减、资本的边际效率递减和流动性陷阱的共同作用下，将产生有效需求不足，使总需求小于充分就业状态下的总供给，从而导致存货积压，价格下降，产出减少。

第三节　政府干预效率与失效

一、政府干预效率

市场缺陷的存在使人们想到了另一条通往理想状态的途径——政府计划，即社会生产什么、怎样生产，以及为谁生产的问题，由政府计划决定经济运行机制。在纯粹的计划体制中，整个社会仿佛是一个有机的整体，所有社会成员就好像是这一整体中的细胞，完全服从于政府计划这一"大脑"的支配。整个经济按计划有序运转，绝大部分生产资料和财富归政府所有，没有了外部性，没有了个人的垄断，公共产品的提供也没有了"免费搭车"，没有了一部分人利用信息优势去损害另一部分人的行为；同时，消灭了剥削，消灭了收入的分配不公，消灭了经济危机，消灭了经济的周期性波动，消灭了几乎所有的市场失灵，国民经济在和谐的社会基础上稳定、快速地增长。

政府有效地干预经济必须具备以下条件：

（一）充分掌握信息

政府必须事前全面、准确、及时地了解影响和决定资源配置效率的因素。这些因素在效率的理论分析中已经阐述过了，它们包括：

（1）现有一切资源的种类以及各种资源的数量。只有了解这些信息，计划者才能划定资源配置的选择空间。

（2）所有不同产品的生产技术。了解在各种不同的产出水平上各种可行的要素组合方式，这样计划者才能得出各种产品的合理产量比例，并确定符合生产效率的要素组合。

（3）所有不同个人的偏好，即不同个人对不同产品基于不同效用评价下的不同消费需求。只有具备这一信息，计划者才能设计出符合交换效率的资源配置方案。

（4）个人在生产过程中所做的贡献大小。

只有了解了以上四个方面的信息，政府才有可能知道怎样的资源配置是符合效率的，才能够制订出与效率目标相一致的计划。

（二）正确决策

充分信息只是计划机制实现有效资源配置的条件之一。在所有信息都已获得的情况下，还必须能够根据这些信息作出正确的决策，才能使计划与效率目标相一致。所谓的正确决策，就是要根据公众的要求和愿望来决定产品的结构，按个人对生产的贡献来决定收入分配。如果政府的计划决策偏离这一要求，就势必损害一部分人的生产积极性，使得资源配置不符合生产效率。

（三）有效管理

政府计划者取得充分信息，并依据这些信息作出正确决策，就可以制订出与效率目标相一致的计划，但计划的实施和落实还得依靠有效的管理；否则，无论是宏观计划还是微观计划，都可能在执行过程中走样，所产生的结果就会与预期结果不相一致。

二、政府干预失效

正如现实中的市场不是理想中的完全竞争市场一样，现实中的政府也不完全具备理想化政府的条件。政府的不完善之处称为政府干预失效，主要表现在以下方面：

（一）信息失灵

即使政府计划者精明强干，掌握了现代化的管理技术，实际上还是很难做到无所不知的境界，这是因为：

（1）在现实生活中，产品的种类多得难以计数；

（2）每一种产品都存在运用多种技术的可能性；

（3）生产的技术是不断发展的，随着技术的发展，可运用的资源组合空间也在不断变化；

（4）如果不通过买卖交换，就很难了解人们对不同产品的偏好，更何况这种偏好在不断变动；

（5）由于情况是在不断变化的，信息就具有很强的时效性，而在计划机制中，信息从基层单位传到中央计划者的过程中，信息的有效性将受到损失。

（二）决策失误

信息失灵往往是决策失误的一个重要原因，不全面或失真的信息会导致错误的决策，但决策失误还可能源于与信息失灵无关的另一个原因——目标选择的失误。计划者可能不是按照居民的愿望和要求来制订计划，而是以自己认为好的某个目标来制订计划，这样就可能使计划违背居民的利益，从而抑制人们生产的积极性，使得资源配置不能实现生产效率。

☑ **拓展思考1-4**

"上有政策，下有对策"指的是政府哪个方面的问题？

（三）管理失控

政府计划的贯彻要依靠政府的有关机构，而这些机构都是由个人组成的。一方面，他们是政府计划的执行者，拥有一定的行政权力；另一方面，他们又是具有自身利益和偏好的个人。虽然在实践中可以通过道德教育来使政府工作人员克己奉公，但计划的贯彻执行仍有赖于政府的有效监督。政府监管能力的有限往往使得政府工作人员的行业垄断、寻租、以权谋私、假公济私等行为不能得到有效控制，当政府活动范围较大时问题往往表现得更加突出。

知识链接1-3

污染权交易市场

污染权交易市场是指企业购买或出售实际的或潜在的"污染权"，由此建立起市场，通过自愿的"污染权"往来以获得最大利益。污染权交易市场这种手段源于美国，包括排放交易、市场干预和责任保险等方式，其中最主要的是排放交易。这种手段的实施有助于形成污染水平低、生产效率高的合理经济格局，同时避免了征收排污费的主要缺陷，保证排污费超过减少排放的极限成本，最终促使环境质量随经济增长不断改善。

第四节　公共财政

一、混合经济

由于市场失灵和政府失灵的存在，单纯的市场机制或单纯的计划机制都无法实现理想目标。实际上，世界上还未曾有过纯粹依靠市场机制或纯粹依靠计划机制的经济，即使在最崇尚市场经济的国家，人们也可以看到政府在许多方面起着积极的作用，而在高度集中的计划经济中，某些生产或消费领域依然游离于计划之外。

客观地看，市场机制和计划机制都不是完美无缺的，但它们又是不可或缺的，二者都有其特殊的优点，都是经济正常运转的必要组成部分。从这一意义上来说，现代国家所有的经济在机制上都属于混合经济。各国在经济体制上的千差万别，全部表现在计划与市场、公共部门与非公共部门分工的具体形式上。现在所说的市场经济，实质上是指以市场机制为基础和主要调节手段的经济。在现代市场经济中，市场是基础，是第一位的，是主体。政府的经济活动是第二位的，是为了弥补市场失灵而存在的，是补充。

二、政府弥补市场失灵的机制

市场机制存在的上述缺陷，其自身是无法克服的，这些缺陷所产生的矛盾累积到一定程度必然引发经济危机，通过经济危机来强制纠正市场机制的缺陷。但是，经济危机会严重影响一国经济的正常运行与发展，并进一步影响整个社会的政治生活和社会生活，危害是很大的。所以，在现代社会，人们通常借助于政府的力量，通过运用各种政策和措施来干预经济的运行，以弥补市场机制的缺陷。可以说，正是由于存在上述"市场失灵"的现象，政府介入或干预市场才有了必要性和合理性。

针对具体的市场失灵表现，政府通常采用以下手段进行干预：

（一）弥补市场资源配置的失灵

1.解决自然垄断

自然垄断行业通常是与人们的生活息息相关的行业，如城市中的供水、供电、公共交通、邮电通信等。自然垄断者通过垄断价格获取超额利润，使全体社会成员的利益遭受损失。这不仅危害了经济效益，而且加重了社会分配的不公。既然市场自身无力解决这一问题，那么政府必须以非市场化的手段来进行干预。通常政府采用的手段有：

（1）公共生产。政府通过自身生产产品和服务来直接配置资源，并从福利或效率角度而非盈利角度规定价格，如将垄断企业国有化。

（2）规定价格。政府通过规定价格或收益率来管制垄断。

2.提供公共产品

公共产品是国民经济发展和人民生活中必不可少的。既然它的性质决定了私人部门不愿提供或很少提供该类产品和服务，那么为了维持社会再生产活动的正常进行，政府就有必要介入。政府可以运用其政治权力强制征税，并用税收的一部分向全社会有效地提供所需要的公共产品。

3.矫正外部效应

无论是正外部效应还是负外部效应，都会使资源配置效率降低。为此，政府通常需要采用一些手段来进行干预。例如，对产生正外部效应的行为主体来说，政府采取鼓励措施，使其获得部分补偿；对产生负外部效应的行为主体来说，政府采取矫正性措施，使其承担全部社会机会成本。具体来说，政府可以通过经济手段对外部效应问题进行矫正。例如，政府通过征税或收费、补贴来改变交换的价格，以减少产生负外部效应的产品和服务的生产和消费，增加产生正外部效应的产品和服务的生产和消费。这就是典型的经济手段的运用。

4.解决信息不充分

政府所要做的就是提供公共社会服务，向社会提供有关商品的供求状况、价格趋势、宏观经济运行和前景预测资料等各种信息，以便使非政府部门和个人据此作出正确的经济决策。与此同时，政府还要加强对市场秩序的规范和管理，以减少或纠正信息的一些偏差。

（二）调节收入分配不公

由于市场初次分配是不公平的，因此政府可以实施强制性的再分配措施，如通过采用累进税率从高收入者身上征收个人所得税，再将税收收入以转移支付的方式，提供社会保障，补贴给低收入人群和弱势群体，使全体公民都能获得基本的生活保障，并进而缩小收入分配的两极分化现象。

（三）调节宏观经济

当经济运行出现大量失业问题、经济陷入衰退时，政府可以采取适当的措施解决失业问题：首先，可以采用扩张性财政政策，刺激总需求，以增加市场对劳动力的需求；其次，利用各种收入政策，直接或间接地调控工资水平，消除由真实工资水平过高引起的失业；最后，为劳动力直接提供就业信息，投资再就业培训。当出现通货膨胀时，政府可以根据具体情况采用相应的财政政策。

三、公共财政的进一步分析

（一）政府弥补市场失灵的机制就是公共财政机制

（1）政府解决垄断。一是政府通过自身生产产品和服务来直接配置资源，进行公共生产，而政府直接配置资源就是财政支出中的财政投资；二是政府规定价格。

（2）政府矫正外部负效应问题，主要是通过征收排污税，将外部成本转化为内部成本；矫正外部正效应问题，主要是通过财政补贴措施，使其在经济上得到补偿。

（3）政府调节收入分配不公，主要是采用累进税率从高收入者身上征收个人所得税，再通过财政转移支付的方式转移给低收入者。

（4）政府调控宏观经济，主要是通过财政政策来进行的。政府为弥补市场失灵而从事的经济活动就是公共财政。

☑ **拓展思考 1-5**

当前，我国公共财政有哪些缺位和越位的地方？

（二）市场失灵的领域就是公共领域

如果我们进一步扩展"公共产品"这个概念，那么政府弥补市场失灵也是公共产品问题。例如，政府通过累进税制和转移支付制度，提供一个公平、公正的社会，每个人都身受其利，具有非排他性；一个公平的社会，不会因为多增加一个人而导致政府调控收入的成本增加，具有非竞争性。政府通过财政政策来稳定经济、推动经济增长、增加就业机会，每个人都身受其利，具有非排他性；也不会因为增加一个人而使政府财政政策实施成本增加，具有非竞争性。具有外部性的是准公共产品。所谓的外部性，就是除厂商自己承担部分成本或取得部分收益外，其他部分的成本或收益非排他地由他人来承担或得到。政府收集和发布公共信息、打击假冒伪劣、净化市场，也同样具有非排他性和非竞争性。因此，市场失灵和公共产品是同一经济现象的两面，是人们从不同的角度看同一经济问题，而市场失灵的领域就是公共领域。

因此，公共财政就是政府为满足公共需要，在市场失灵的领域进行资源配置和收入再分配的经济活动。

知识链接 1-4

财政是国家治理的基础和重要支柱

在我国革命、建设、改革的各个历史时期，财政都发挥着重要的基础和保障作用。中华人民共和国成立后，我国建立了具有强大整合能力的制度体系，通过统一全国财政经济工作，为新生的人民政权提供了强有力的经济保障，对我国迅速摆脱落后面貌、实现从落后的农业国向工业国转变发挥了重要作用。

党的十一届三中全会以来，为了适应党和国家工作重心转移的需要，国家财政通过预算、税收、国债、补贴等各种政策手段，优化资源配置、调节国民收入，促进国民经济持续快速健康发展和社会各项事业进步，为不断开创中国特色社会主义事业新局面奠定了基础。党的十八大以来，以习近平同志为核心的党中央科学判断我国发展的阶段性特征，首次提出"财政是国家治理的基础和重要支柱"的重要论断，并根据新的历史条件下我们党的治国理政的战略使命、根本目标和基本内容，为新时代财政改革实践注入新内涵、指明新方向，为财政建设助力实现社会主义现代化强国目标作出了一系列战略规划。

在实践基础上，我们党对财政建设规律的认识也在不断深化。早在新民主主义革命时期，毛泽东同志就强调了财政的人民性和重要性，指出"我们要使人民经济一天一天发展起来，大大改良群众生活，大大增加我们的财政收入，把革命战争和经济建设的物质基础确切地建立起来"；"国家预算是一个重大的问题，里面反映着整个国家的政策，因为它规定政府活动的范围和方向"。邓小平同志高度重视财政对推进社会主义革命的重要作用，指出"党在过渡时期的总路线就是要建立一个伟大的社会主义国家，财政要保证这一点"。改革开放以来，我们党对财政的本质内涵和建设规律的认识进一步深化。江泽民同志指出，"财政是一个经济范畴，又是一个政治范畴，事关治国安邦、强国富民"。胡锦涛同志指出，"财税工作是党的事业和政府工作的重要组成部分，预算里面体现了党和政府的政策和宏观调控意图"。党的十八大以来，习近平同志在新时代中国特色社会主义实践探索的基础上，科学总结并进一步深化了对财政建设规律的认识，提出"财政是国家治理的基础和重要支柱，科学的财税体制是优化资源配置、维护市场统一、促进社会公平、实现国家长治久安的制度保障"的重要论断，使我们党对社会主义现代化建设规律和中国特色财政建设规律的认识上升到全新的高度和境界。

资料来源：吕炜. 深化对财政建设规律的认识［N］. 人民日报，2019-07-03.

本章小结

1.人类的生存、繁衍和发展需要大量的资源。人类的这种需要基本分为两类：一类是私人需要，另一类是公共需要。私人需要是通过私人产品来满足的，公共需要是通过公共产品来满足的。

2.公共产品是指同时具有非竞争性和非排他性的社会产品。公共产品按形态分类包括有形的公共设施和无形的公共服务，按性质分类包括纯公共产品和准公共产品。

3.市场可以提供并能高效率地提供私人产品。由于"免费搭车"问题的存在，市场在提供公共产品方面失灵了，而提供公共产品恰恰是政府活动的领域，是政府的职责。

4.市场是高效率的，但市场不是万能的，市场也有失灵的领域。市场失灵主要包括资源配置的失灵、收入分配不公平和宏观经济不稳定性三个方面。市场失灵需要政府来弥补。

5.政府弥补市场失灵的机制就是公共财政。所谓的公共财政，就是政府为满足公共需要，在市场失灵的领域进行资源配置和收入再分配的经济活动。

本章基本概念

公共需要　公共产品　纯公共产品　准公共产品　市场失灵　免费搭车　公共财政

综合训练

一、复习思考题

1.如何区分私人产品与公共产品？

2.为什么要区分私人产品与公共产品？

3.公共产品由市场提供，为什么会出现失灵问题？

4.市场失灵的领域有哪些？

5.政府如何弥补市场失灵？

6.公共财政的构成要素有哪些？

7.公共财政与公共产品和市场失灵有何关系？

8.公共财政与市场经济有何关系？

二、实训题

【实训项目】

三个和尚吃水的问题。

【实训目标】

1.培养发现问题、分析问题、解决问题的能力。

2.进一步理解公共产品市场提供的"免费搭车"问题及解决方法。

【实训内容与要求】

1.播放动画片《三个和尚》。

2.组织各学习小组进行讨论。

【成果与检验】

1.以学习小组为单位撰写分析三个和尚没水吃的原因及解决报告。

2.老师对报告进行评价。

第二章
财政职能

知识目标：了解财政具有的基本职能；明确财政资源配置职能、收入分配职能和稳定增长职能的性质，掌握财政资源配置职能、收入分配职能和稳定增长职能的内容。

技能目标：学会运用财政的基本职能解决财政实际工作中的问题。

综合目标：掌握财政职能的基本内容，学会运用本章知识解决财政工作中的基本问题。

引 例

扩大内需、促进经济增长的十项措施

时任国务院总理温家宝 2008 年 11 月 5 日主持召开国务院常务会议，研究部署进一步扩大内需、促进经济平稳较快增长的措施。

在会议上，与会者认为，2008 年 9 月以来，世界金融危机日趋严峻，为抵御国际经济环境对我国的不利影响，必须采取灵活审慎的宏观经济政策，以应对复杂多变的形势。当前要实行积极的财政政策和适度宽松的货币政策，出台更加有力的扩大国内需求的措施，加快民生工程、基础设施、生态环境建设和灾后重建，提高城乡居民特别是低收入群体的收入水平，促进经济平稳较快增长。

会议确定了当时进一步扩大内需、促进经济增长的十项措施。

一是加快建设保障性安居工程。加大对廉租住房建设的支持力度，加快棚户区改造，实施游牧民定居工程，扩大农村危房改造试点。

二是加快农村基础设施建设。加大农村沼气、饮水安全工程和农村公路建设力度，完善农村电网，加快南水北调等重大水利工程建设和病险水库除险加固，加强大型灌区节水改造，加大扶贫开发力度。

三是加快铁路、公路和机场等重大基础设施建设。重点建设一批客运专线、煤运通道项目和西部干线铁路，完善高速公路网，安排中西部干线机场和支线机场建设，加快城市电网改造。

四是加快医疗卫生、文化教育事业发展。加强基层医疗卫生服务体系建设，加快中西部农村初中校舍改造，推进中西部地区特殊教育学校和乡镇综合文化站建设。

五是加强生态环境建设。加快城镇污水、垃圾处理设施建设和重点流域水污染防治，加强重点防护林和天然林资源保护工程建设，支持重点节能减排工程建设。

六是加快自主创新和结构调整。支持高技术产业化建设和产业技术进步，支持服务业发展。

七是加快地震灾区灾后重建的各项工作。

八是提高城乡居民收入。提高明年粮食最低收购价格，提高农资综合直补、良种补贴、农机具补贴等标准，增加农民收入。提高低收入群体等社保对象待遇水平，增加城市和农村低保补助，继续提高企业退休人员基本养老金水平和优抚对象生活补助标准。

九是在全国所有地区、所有行业全面实施增值税转型改革，鼓励企业技术改造，减轻企业负担 1 200 亿元。

十是加大金融对经济增长的支持力度。

初步匡算，实施上述工程建设，到 2010 年年底约需要投资 4 万亿元。

资料来源：根据相关资料整理所得。

从以上案例可以看出：（1）扩大内需、促进经济增长的十项措施有九项是财政政策措施，属于积极的财政政策；（2）当我国经济受到世界金融危机冲击时，财政具有扩大内需、推动经济平稳较快增长的功能；（3）从第八项和第九项来看，财政具有调节城乡居民收入和企业收入的功能；（4）从第一项到第七项来看，财政具有在不同部门产业

间、不同地区间配置资源的功能。以下将详细介绍有关财政职能的具体内容。

财政职能是指财政内在的、客观具有的经济功能。财政职能是由财政本质决定的，它是不以人的意志为转移的客观存在。财政主要有资源配置职能、收入分配职能和稳定增长职能。在财政职能中，资源配置职能和收入分配职能是财政的基本职能，而稳定增长职能是在配置资源职能和收入分配职能的基础上派生出来的职能，属于派生职能。

第一节　资源配置职能

一、资源配置职能的含义

（一）资源配置

资源，即生产资源，也称生产要素，通常包括人的体力、智力等人力资源，土地、矿藏、森林、水域等自然资源，以及由这两种资源产出的可用于生产过程的资本财货，即财力资源。资源是稀缺的，这里所说的生产资源的稀缺性，既不是指这种资源是不可再生或可以耗尽的，也不与这种资源绝对量的大小有关，而是指在给定时期内，与需求相比，其供给量是相对不足的，是稀缺的。正是生产资源的稀缺性构成了经济学研究的"经济问题"，即怎样使用有限的相对稀缺的生产资源来满足无限多样化的需求问题。

用稀缺的资源生产什么、怎样生产，涉及如何使用现有资源，用这些资源生产哪些产品，提供哪些服务，以及每种产品或服务生产或提供多少，如何将不同种类的资源用于不同的产品或服务。一个社会使用资源的方式称为资源配置。政府的财政活动会对一个社会生产什么、怎样生产产生影响，这种影响称为财政的资源配置职能。

一个社会生产什么，这一问题所要解决的是整个社会的产品品种所占比重的问题。在没有政府干预的条件下，市场会自发地形成一个社会的产品品种结构，这是市场的资源配置职能。当政府的财政活动改变了由市场决定的产品结构时，就形成了财政的资源配置职能。

一个社会如何生产，这一问题所要解决的是在生产什么已经确定的情况下，用哪些资源进行生产，在什么地方生产，用什么样的生产方式去生产，以及用什么样的组织形式去生产等。当然，同生产什么一样，在没有政府干预的条件下，市场也会自发地组织生产，形成市场对资源的配置。而政府的财政活动会改变这种配置状态，从而形成政府的资源配置职能。

（二）财政资源配置职能

财政的资源配置职能是指政府财政对社会资源进行的直接配置和间接引导的功能。对财政资源配置职能的理解应注意两个问题：一方面，资源配置职能涉及的内容广泛，不仅包括财政对自身掌握资源的直接配置，还包括财政对整个社会资源流向的合理引导；另一方面，市场配置资源可以实现高效率，财政资源配置追求的同样是高效率，是资源的最优配置。

在一个完全竞争的市场条件下，市场是可以实现资源的最优配置的，即资源配置能达到帕累托最优。但现实的市场经济不是完全竞争的市场经济，它存在缺陷和不足，即市场失灵，主要有市场垄断、外部性、信息不充分、信息不对称、公共产品等，市场失灵导致市场机制在有些领域不能配置或不能有效地配置资源，这就需要政府通过财政机制来进行资源配置，弥补市场资源配置的失灵。

☑ **拓展思考 2-1**

财政资源配置与市场资源配置的关系是什么？

二、资源配置职能的主要内容

（一）调节资源在部门和产业之间的配置

资源在部门和产业之间配置的状态，直接关系到国民经济结构是否合理及其合理化程度。部门之间的资源配置及其调整，主要依靠两个途径：一是调整投资结构；二是调整资产存量结构及资源使用结构。财政对资源在产业部门之间的配置和调节，也是通过两种途径、采取两种手段来实现的。一方面，通过调整国家预算支出结构，如增加对基础产业和基础设施的投资，相应减少对加工部门的投资等，达到合理配置资源的目的；另一方面，通过制定财政、税收和投资政策，来引导和协调社会资源的流动，达到调节现行资源配置结构的目的。

（二）调节资源在地区之间的配置

由于历史、地理和自然条件方面的差异，导致在一个国家内地区之间经济发展的不平衡，如我国的西部、中部和东部地区，市场资源配置机制不仅不能很好地解决，反而会使这种不平衡进一步加剧。市场机制导致资源往往向经济发达的地区单向流动，从而使落后地区更落后，发达地区更发达。从整体上来看，这样不利于经济长期均衡稳定地发展，也不利于社会和谐。财政资源配置职能的一个重要内容，就是通过财政分配，即财政补贴、税收、财政政策、财政体制等手段，实现资源在不同地区之间的合理配置。

☑ **拓展思考 2-2**

财政是如何调节资源在城乡之间的配置的？

（三）调节资源在政府与非政府之间的配置

政府部门是指政府及其机构，包括中央政府和地方政府，以及政府设立的行政机构和事业机构。政府部门掌握着大量的公共资源，主要表现为财政资金及财政资金的积累。凡不在这个范围内的，为非政府部门，主要包括企业部门和家庭部门。财政对政府部门与非政府部门之间的资源配置的调节，主要是通过它在国内生产总值或国民收入中集中的比重实现的。而这个比重又取决于必须由政府通过财政提供的社会共同需要的规模的大小。而社会共同需要的规模并不是一成不变的，它随着社会经济制度和经济发展阶段、社会政治、文化条件的变化而发生相应的变化。与此同时，政府部门所支配的资源，即财政资金规模也发生相应的变化。因此，调整资源在政府部门与非政府部门之间的配置要符合优化资源配置的要求，这是财政资源配置职能的一项重要内容。

确定政府支配的资源规模以后，财政部门还会把这些资源在政府部门内部进行分配，财政支出项目的安排也就是在政府部门内部配置资源的过程。在政府内部配置资源，即确定财政支出项目的优先次序问题，根据厉行节约的原则，保证政府活动的必要开支，同时把更多的资金用于发展经济和提高人民的物质文化生活水平。

三、执行配置资源职能的主要工具

（一）直接工具

直接工具是指政府直接配置资源的工具，主要有：

1.财政支出

政府通过对财政支出规模的调整，来调节社会资源在政府部门与非政府部门之间的配置；通过对财政支出结构的调整，来调节资源在地区之间、部门和产业之间的配置。

2.政府间财政转移支付

政府通过政府间财政转移支付，将一个地区集中的资源转移到另一个地区，从而调节资源在地区之间的配置。

（二）间接工具

间接工具是指政府引导社会资源流向的工具，主要有：

1.税收

政府通过税收优惠，如税收减免等，来引导社会资源流向经济欠发达地区，向国民经济薄弱的部门和产业流动。

2.国债

政府可以通过国债融资规模的调整和国债资金的安排，来引导社会资源的流向。

3.财政补贴

政府可以通过财政补贴来引导社会资源的流向。

财政具有资源配置的功能，但在整个国民经济中，市场配置资源是第一位的，是主要的，财政资源配置是第二位的，是对市场的补充。同时，财政的资源配置与市场资源配置一样，也必须注重资源配置的效率。因为资源配置是否合理，其检验的基本标准就是资源配置效率的高低、资源配置是否优化。如果通过市场配置资源的重点是解决私人产品的提供问题，那么通过财政配置资源的重点则是解决公共产品的提供问题。

☑ **拓展思考 2-3** ┄┄┄┄┄┄┄┄┄┄┄┄┄┄┄┄┄┄┄┄┄┄┄┄┄┄┄┄┄┄┄┄┄┄┄┄┄┄

财政是如何利用间接工具引导资源向农业流动的？

┄┄

第二节　收入分配职能

一、收入分配职能的含义

（一）收入分配职能

这里的收入是指一个国家的生产成果份额，即一国的国民总收入。收入分配是指社会成员在这一总额中所占有或享有的份额状况。在一般情况下，市场会根据社会成员对生产所做贡献的大小将社会总收入在社会成员之间进行分配，形成一种收入分配格局，这是市场的收入分配职能。而政府的财政活动也会决定和影响各社会成员在社会总收入中所占有份额的多少，这就是财政的收入分配职能。

收入分配的目标是实现公平分配，而公平分配包括经济公平和社会公平两个层次。经济公平是市场经济的内在要求，强调的是要素投入和要素收入相对称，它是在公平竞争的环境下由等价交换来实现的。在个人消费品的分配上，按劳分配，即个人的劳动投入与劳动报酬相对称，既是效率原则，又是公平原则。但在市场经济条件下，由于个人所提供的生产要素不同、资源的稀缺强度不同以及各种非竞争因素的干扰，各经济主体获得的收入会出现较大的差距，甚至和要素投入不相称，而过分悬殊将涉及社会公平问题。社会公平是指将收入差距维持在现阶段社会各阶层居民所能接受的合理范围内。

（二）财政公平分配的必要性

在社会主义市场经济条件下，我国个人收入分配坚持的是以按劳分配为主体、多种分配方式并存的制度，在劳动者个人收入分配中引入竞争机制，主要通过市场分配而获得。因此，在国家调整分配状态的措施出台以前，收入与财富的分配是在市场机制的作用下，通过市场竞争形成的，个人之间的收入分配主要视其要素的供给与要素的定价而定，这种由市场机制形成的收入与财富的分配，可能与社会公认的公平或公正状态一致，也可能不一致。但应看到，由于市场失灵的存在，很容易造成分配的不公平。其主要原因为：

1.人们收入能力的差别很容易导致分配不公

对有收入能力的人来说，由于收入能力的差异，很容易导致他们之间的分配不公。人们的收入能力是由多个因素决定的，主要取决于自身的素质、拥有财富的多少、提供劳动的数量与质量等。这些因素的差别决定了收入能力强的人能够获得较高收入，收入能力弱的人获得较少收入，甚至不能维持正常生计。尽管这种差距从他们获得收入的依据来看是公平的，即人们的收入与其对社会的贡献是对称的，但是从社会的角度来看，这种收入差距过分悬殊又是不公平的，容易影响社会的安定。所以，运用财政手段调节收入分配很有必要。

2.市场分配并不能照顾无收入能力者

既然市场分配以人们的收入能力或向社会所做的贡献为依据，那么必然把无收入能力者排除在收入分配之外。但是，这部分人也有生存的权利，也要维持必要的生计，这就需要政府承担起责任，将一部分收入单方面转移给无收入能力者，使整个分配在有收入能力者和无收入能力者之间达到公平。

3.经济机会不均等导致分配不公

市场的自由竞争以及政府的保护很容易在某些行业和产业形成垄断，垄断势力的存在，使人们即使在收入能力同等的条件下，也会导致经济机会的不均等。再加上社会关系、家族等方面的因素，更加剧了机会不均等的状况，从而导致人们收入分配的不公平。

为了解决上述一系列因素引起的分配不公平问题，有必要运用政府部门的力量，充分发挥财政的公平分配职能。

知识链接 2-1

马太效应

马太效应（Matthew Effect）是指好的愈好、坏的愈坏、多的愈多、少的愈少的一种现象，广泛应用于社会心理学、教育、金融和科学等众多领域。其名字来自《新约·马太福音》中的一句话。在《新约·马太福音》第二十五章中这么说道："凡有的，还要加给他叫他多余；没有的，连他所有的也要夺过来。"社会学家从中引申出了"马太效应"这一概念，用以描述社会生活领域中普遍存在的两极分化现象。财富方面的"马太效应"是贫者越贫、富者越富。

二、收入分配职能的主要内容

（一）调节企业的利润水平

一是企业的税收负担，即国家集中多少，给企业留多少，这主要取决于各个时期的经济体制和财政体制。在市场经济条件下，合理的税收负担应当是，既能满足国家实现其职能的财力需要，又能使作为经济活动主体的企业具有自我积累、自我发展和自我改造的能力。二是企业的利润水平要能反映企业的经营管理水平和主观努力状况，即要为企业盈利创造一个公平竞争的外部环境，一个重要的办法就是通过税收剔除客观原因对利润水平的影响，使企业在大致相同的条件下获得大致相同的利润。

（二）调节居民个人收入水平要贯彻国家的分配政策

市场是根据社会成员对生产所做贡献的大小进行分配的，在收入水平上，既要合理地拉开收入差距，又要防止贫富悬殊，坚持共同富裕，在促进效率提高的前提下体现社会公平。对过高的或过低的个人收入，要采取有效的措施进行调节，主要通过个人所得税和各项转移性支出来实现。

☑ **拓展思考 2-4**

个人所得税是如何调节居民个人收入水平的？

三、执行收入分配职能的主要工具

（一）税收

税收是政府执行收入分配职能的主要工具之一。通过税收，可以在相当大的范围内实现对收入的调节。例如，通过个人所得税，调节个人的劳动收入和非劳动收入，通过农村税费改革，降低或直接取消农业税，增加农民的收入，使城乡之间、城市之间的个人收入水平维持在一个合理的差距范围内；通过企业所得税，调节企业的盈利水平；通过财产税和遗产税，调节个人之间的财富分布；通过资源税，调节部门、地区之间由于资源条件和地理环境不同而形成的级差收入等。

（二）转移支付

转移支付是指通过资源在不同所有者间的转移而实现的支付，一般是指以政府为中介的资源转移与支付活动，包括对个人的转移支付和政府间的转移支付两个部分。

对个人的转移支付包括养老保险支出、医疗保险支出、失业救济支出、生活困难补助等，通过这些支出，实现收入在全社会范围内向低收入、无收入困难家庭的转移，从而使每一个社会成员都得以维持基本的生活水平和福利水平。

政府之间的转移支付又可进一步分为中央政府对地方政府的转移支付和地方上级政府对下级政府的转移支付两个部分，主要包括中央对地方的各种财政补贴和税收让与，以及地方上级政府对下级政府的各种财政补助。通过政府间的转移支付可以实现城市收入向乡村的转移、富裕地区的收入向贫穷地区的转移，从而缩小地区之间、城乡之间的收入差距。

（三）政府购买支出

政府购买支出主要是指政府支出中用于支付购买物品和劳务的支出，前者直接影响企业收入，间接影响个人收入，后者则直接影响个人收入。

（四）各种收入政策

收入政策主要是指工资政策，具体包括有关的工资制度（如规范政府公职人员和其他靠财政拨款的事业单位工作人员的工资）和税法中有关工资薪金所得中的扣除项目规定等。通过工资政策和其他有关收入政策，政府也可以实现对部分国民收入分配的调节。

（五）提供资金支持或进行补贴

这是指对低收入者或无收入者能够获益的项目提供资金支持或进行补贴。例如，为扶贫项目、廉租房建设、农业基础设施建设等提供资金支持，对低收入者或无收入者消费的物品给予必要的补贴等。

第三节　稳定增长职能

一、稳定增长职能的含义
（一）经济稳定与增长的内容
1.充分就业

充分就业是指有工作能力而且愿意工作的劳动者都可以得到一份工作。经济学中的就业，是指一切用自己的劳动维持自己生活的活动。可见，各行各业的劳动，包括从事个体经营，都属于就业范畴。但应注意的是，充分就业并不是指百分之百的就业，而是指就业率达到某一社会公认的比较高的比率。

2.物价稳定

物价稳定是指物价总水平的基本稳定，货币购买力不发生剧烈变动。在市场经济条件下，物价会随着经济周期性变化而上下波动，但只要波动幅度在人们可以容忍的限度内，就可视为物价稳定。物价稳定并不等于物价上涨率为零。

3.经济增长

稳定经济并不是不要经济增长，经济增长是世界上任何一个国家的任何一届政府都在追求的目标。只有经济增长，才有人民生活水平的提高；只有经济增长，才有国家实力的增强；只有经济增长，才能提高国家的国际竞争力和国际地位。尤其像我国这样一个发展中国家，又是一个人口大国，要赶超世界先进水平，就更应该保持一个较高的经济增长率。在经济高速增长中，保持经济的持续、稳定、和谐发展，就显得尤为重要。

4.国际收支平衡

国际收支平衡是指一个国家或地区在与其他国家或地区进行经济往来时，其经常项目和资本项目的收支大体保持平衡。在经济全球化过程中，各国经济日益成为国际经济的有机组成部分，国民经济会受到国际经济往来的多方面影响。因此，国民经济的稳定在客观上要求国际收支不要出现大的逆差和顺差。

(二)财政稳定增长职能

财政稳定增长职能是指当经济出现不均衡时，财政通过对自身收支的调整来影响社会总需求，从而实现宏观经济稳定或推动经济增长的功能。

财政稳定增长职能的客观必要性主要来自市场机制的缺陷。经济稳定和增长取决于社会总供求的均衡状态，如果社会总供给和社会总需求是均衡的，则经济就会出现稳定的增长；如果社会总供给大于社会总需求，则会出现生产过剩的经济危机，失业大幅度增加，经济增长减缓，甚至出现负增长；如果社会总供给小于社会总需求，则会出现通货膨胀，物价上涨。在市场经济中，国民经济处于周期性波动中，社会总供求的均衡是相对的，不均衡是绝对的。当国民经济处于非均衡状态时，就需要政府运用财政机制来调节社会总需求和社会总供给，以实现国民经济的均衡，保证经济的稳定，推动经济的增长。

二、稳定增长职能的主要内容

(一)对社会总需求的影响

一个社会在一定时期内能够并且愿意支付的货币购买能力总量，被称为社会总需求。社会总需求由消费、投资和政府购买三大部分组成。政府的财政活动可以对总需求产生影响是因为：一方面，财政支出形成的政府购买作为社会总需求中的一个组成部分，它直接影响社会总需求；另一方面，政府的税收、转移支出、公债、公共定价政策等也会影响私人消费和投资，从而间接影响社会总需求。

(二)对社会总供给的影响

一个社会在一定时期内能够提供的产品总量或产出总量，称为社会总供给。社会总供给由资源、技术和生产组织方式决定。影响或决定社会总供给的资源主要包括劳动力、资本和土地。政府的财政活动对社会总供给产生影响，主要通过政府税收、转移支付、政府支出对个人在劳动与休闲、消费与储蓄、消费与投资等方面作出选择的影响来间接影响社会总供给。

(三)对国际经济交往的影响

在一个开放的经济社会中，由于商品、要素的国际间流动，经济交流已打破了一个国家的地理界限。社会总需求不但包括本国需求，还包括外国对本国的需求（即出口），而社会总供给不但包括本国提供的产品，还包括外国对本国提供的产品（即进口）。政府主要通过税收、补贴等方式对进出口贸易、国际投资、国际劳务等产生影响。

三、执行稳定职能的主要工具

（一）财政政策的相机抉择

减税和增加预算支出，可以扩大社会总需求；增税和减少预算支出，可以相应减少社会总需求。在预算收支政策中，就其对社会总需求的影响而言，通常认为预算赤字是具有扩张性的，而预算结余是具有紧缩性的。所谓的预算赤字，是指政府预算执行的结果出现支出大于收入的差额。与之相对应，预算结余是指国家预算执行结果出现收入大于支出的余额。预算平衡是指预算的收入与支出在数量上大体相等。一般认为，预算平衡时，对社会总需求的影响是中性的，通常被称为"中性"的财政政策。当政府判断当前经济的主要问题是经济增长与就业问题时，政府就会选择预算赤字政策，通过减税和增加预算支出来扩大社会总需求，拉动经济增长，创造更多的就业机会；当政府判断当前经济的主要问题是物价问题时，政府就会选择结余预算政策，通过增税和压缩预算支出来减少社会总需求，使物价逐步回落。

（二）财政制度的内在设计

1.累进税制

当社会总供给小于社会总需求，出现通货膨胀、物价上涨时，在累进税制下，应税所得额越高，其适用的税率也就越高，这样必将对过高的需求起到一种自动的抑制作用；反之，当社会总供给大于社会总需求，出现生产过剩的经济危机时，在累进税制下，由于应税所得额减少，其适用的税率也就更低，这样就会对社会总需求不足起到一种刺激作用。

2.转移支付制度

在经济繁荣时期，就业率提高，个人收入水平提高，通过私人部门增加的社会需求急剧增加。在这种条件下，转移支付的失业救济金和福利水平必然下降，即通过财政支出而形成的需求水平下降。这实际上会对过热的社会需求水平起到一定的抑制作用。相反，在经济发展衰退时期，由于失业率上升，个人收入水平下降，私人部门的需求水平也随之下降，就会出现需求不足。这时转移支付的失业救济金和福利水平就会上升，即在私人部门需求减少的同时，公共部门的需求却增加了，这必然对整个社会的需求起到刺激作用，从而使整个社会保持适度的需求水平。

拓展阅读2-1

赤字财政政策

✓ **拓展思考 2-5** ┈┈┈┈┈┈┈┈┈┈┈┈┈┈┈┈┈┈┈┈┈┈┈┈┈┈┈┈┈┈┈┈┈

当前的财政政策是相机抉择的财政政策还是自动稳定的财政政策？
┈┈┈

本章小结

1.财政职能是指财政内在的、客观具有的经济功能。财政具有资源配置、收入分配和稳定增长三大职能。

2.财政的资源配置职能是指财政对社会资源进行的直接配置和间接引导的功能。政府利用财政资源配置职能，在市场配置的基础上，调节资源在部门和产业之间、在地区之间、在政府与非政府之间的配置。

3.财政收入分配职能是指财政参与国民收入分配和再分配的功能。政府利用财政收入分配职能，在市场分配的基础上，调节企业利润水平和家庭个人收入水平，以达到国民收入公平分配的目标。

4.财政稳定增长职能是指当经济出现非均衡时，财政通过对自身收支的调整来影响社会总需求，从而实现宏观经济稳定或推动经济增长的功能。

本章基本概念

财政职能　资源配置职能　收入分配职能　稳定增长职能

综合训练

一、单选题

1.财政的派生职能是指（　　　）。

A.资源配置职能　　B.收入分配职能　　C.稳定增长职能　　D.以上都是

2.政府通过财政来配置社会资源的直接工具主要有（　　　）。

A.税收　　　　　　B.财政补贴　　　　C.财政支出　　　　D.国债

3.财政收入分配的主要目标是（　　　）。

A.效率　　　　　　B.公平　　　　　　C.增加财政收入　　D.节约财政资金

4.一般在（　　　）的情况下，政府实施积极的财政政策。

A.通货膨胀　　　　B.经济均衡　　　　C.通货紧缩　　　　D.物价上涨

5.下列选项中，不是财政稳定增长职能的目标构成要素的是（　　　）。

A.充分就业　　　　B.税负不变　　　　C.物价稳定　　　　D.国际收支平衡

二、多选题

1.广义的资源包括（　　　）。

A.人力资源　　　　　　　B.物力资源　　　　　　　C.自然资源

D.财力资源　　　　　　　E.待开发资源

2.执行配置资源职能的主要工具有（　　　）。

A.财政支出　　　　　　　B.政府间财政转移支付　　C.税收

D.财政补贴　　　　　　　E.政府采购

3.财政收入分配职能的主要内容包括（　　　）。

A.调节企业利润水平　　　　　　　B.调节居民个人收入水平

C.调节银行利息水平　　　　　　　D.调节人民币汇率水平

E.调节价格水平

4.在通货紧缩的情况下，财政政策一般会（　　　）。

A.减税   B.增税   C.压缩财政支出

D.扩大财政支出   E.增发国债

5.财政制度的内在设计的主要工具有（   ）。

A.比例税制   B.累进税制   C.转移支付制度

D.政府采购制度   E.财政补贴

6.财政的基本职能包括（   ）。

A.资源配置职能   B.收入分配职能   C.组织生产

D.稳定增长职能   E.组织销售

三、复习思考题

1.什么是财政职能？财政具有哪些职能？

2.什么是财政资源配置职能？其主要内容有哪些？

3.什么是财政收入分配职能？其主要内容有哪些？

4.什么是稳定增长职能？其主要内容有哪些？

5.执行稳定增长职能的工具有哪些？

第三章
财政支出概述

知识目标：了解财政支出的基本分类；明确财政支出的概念，掌握财政支出分类的目的；明确衡量财政支出规模的指标，掌握影响财政支出规模不断增长的因素。

技能目标：学会分析影响财政支出规模的因素；学会运用财政支出分类方法分析某一地区财政支出的基本状况。

综合目标：掌握财政支出的基本知识、基本原理，学会运用本章知识分析财政支出的基本问题。

引 例

2021—2022年中美财政支出结构比较

2021—2022年中美财政支出的主要明细见表3-1。

表3-1　　　　　　　　　2021—2022年中美财政支出的主要明细

美国		中国	
财政项目	2022年占财政支出比重	财政项目	2021年占财政支出比重
社保及收入保障支出	33.2%	社保和就业及住房保障支出	16.7%
健康及医疗支出	26.6%	卫生健康支出	7.8%
国防支出及退伍军人福利	16.6%	国防支出	5.6%
教育培训、就业及社会服务支出	10.8%	教育及科学技术支出	19.2%
债务利息支出	7.6%	债务利息支出	4.3%
交通运输支出	2.1%	交通运输支出	4.6%
政府一般支出	2.1%	政府公共服务及公共安全支出	13.9%
其他支出	1.0%	农林水利、城乡社区支出	16.9%
		其他支出	11.0%

从表3-1中可以看出，中美两国财政支出存在以下特征：

1. 美国财政支出更加注重收入再分配功能，很大比例的财政支出用于公共福利（如社会保障、收入保障、医疗健康等）。中国这部分的占比相对较低，如保障类支出美国占比为33.2%，中国占比为16.7%；医疗健康类支出美国占比高达26.6%，中国占比为7.8%。

2. 中国的财政支出更倾向于基础设施建设领域，美国此类财政支出则明显较弱。交通运输支出美国占比为2.1%，中国占比为4.6%，是美国的2倍多。除此以外，中国的农林水利、城乡社区支出高达16.9%。另外，中国还在节能环保、资源勘探、文旅设施等方面财政支出较多。

3. 美国的国防支出占比显著高于中国。美国的国防支出及退伍军人福利占比高达16.6%，远高于中国的5.6%。美国国防支出比例如此之高，与其全球遍布的军事基地有关。

4. 中国的教育及科学技术支出占比为19.2%，显著高于美国的10.8%。中国的教育及科学技术支出如此之高，与近些年的中国高校扩招有关。一方面，大学数量不断快速增长；另一方面，高考录取率不断上升。

5. 在中国，与政府部门职能相关的开支占比显著高于美国。中国的政府公共服务及公共安全支出占比为13.9%，美国占比为2.1%。其主要原因是，一个是大政府模式，一个是小政府模式。在大政府模式下，政府职能部门较多，社会管理较多；在小政府模式下，政府尽可能少一些社会管理，多一些放权。

总之，中国的财政支出更加注重促进经济增长，美国的财政支出更加注重收入再分配，缩小贫富差距。随着中国经济的增长，中国财政模式可能会朝着更加注重收入再分配的方向转变。

资料来源：作者根据逻数财经研究的相关资料整理所得。

通过以上案例，我们对财政支出有了初步的认识，本章将详细介绍有关财政支出的具体内容。

第一节　财政支出分类

财政支出，也称公共财政支出，是指在市场经济条件下，政府为提供公共产品和服务，满足社会共同需要而进行的财政资金的支付，是政府向社会提供公共产品和服务的成本费用。

一、按财政支出形成的费用分类

（一）类别

依据财政支出形成的不同费用分类，财政支出可分为经济建设费、社会文教费、国防战备费、行政管理费和其他费用五大类。

1.经济建设费

经济建设费主要包括生产性基本建设拨款支出、国有企业挖潜改造资金、科学技术三项费用，以及简易建筑费支出，地质勘探费，增拨国有企业流动资金，支援农村生产支出，工业、交通、商业等部门的事业费支出，城市维护费支出，国家物资储备支出，城镇青年就业经费支出等。

2.社会文教费

社会文教费主要包括用于文化、教育、科学、卫生、出版、通信、广播、文物、体育、地震、海洋、计划生育等方面的经费、研究费和补助费等。

3.国防战备费

国防战备费主要包括各种武器和军事设备支出，军事人员给养支出，有关军事的科研支出，对外军事援助支出，民兵建设事业费支出，用于实行兵役制的公安、边防、武装警察部队和消防队伍的各种经费，防空经费等。

4.行政管理费

行政管理费主要包括用于国家行政机关、事业单位、公安机关、司法机关、检察机关、驻外机构的各种经费、业务费、干部培训费等。

5.其他费用

其他支出是指除以上费用以外的支出，主要有财政补贴、援外支出、社会保障支出等。

拓展思考 3-1

学校建设教学楼的项目经费属于哪类支出？

（二）分类的意义

按财政支出形成的不同费用分类，可以分析财政支出的用途及整个财政支出在政府主要职能之间的配置，还可以分析各类支出在整个财政支出中的相对地位以及在不同时期的变动情况。对若干国家在同一时期的支出结构作横向分析，可以揭示各国国家职能的差异。

二、按财政支出的经济性质分类

（一）类别

按经济性质的不同，财政支出可分为购买性支出和转移性支出两大类。

1.购买性支出

所谓的购买性支出，是指政府及其机构购买商品和劳务的支出。这类支出直接表现为政府购买商品和服务的活动，包括购买进行日常政务活动所需的或用于国家投资所需的商品和服务的支出。前者如政府各部门的事业费，后者如政府各部门的投资拨款。虽然这些支出的目的和用途有所不同，但是具有一个共同点——政府支出获得了等价性补偿，即财政一手付出了资金，另一手相应地购得了商品与服务，并运用这些商品和服务来提供公共产品，实现国家的职能。它所体现的是政府的市场性资源配置活动。

2.转移性支出

所谓的转移性支出，是指政府对私人部门的无偿的、单方面的资金支付。这类支出主要有补助支出、捐赠支出和债务利息支出。这些支出的目的和用途不同，但有一个共同点——政府支出未获得等价性补偿，即政府付出了资金，却无任何所得，这里不存在任何交换的问题，它所体现的是政府的非市场性再分配活动。

拓展思考 3-2

政府收购农产品的支付与种粮补贴的支付在经济性质上有何不同？

（二）分类的意义

1.二者的经济效应不同

购买性支出对社会生产和就业有直接影响，对收入分配有间接影响，而转移性支出恰好相反。因为在购买性支出安排中，政府掌握的资金与微观经济主体提供的商品与服务相交换，政府直接以商品和服务的购买者身份出现在市场上，从事等价交换的活动，从而对社会的生产和就业产生直接的影响。此类支出当然也影响分配，但这种影响是间接的。在转移性支出安排中，政府所有的资金都转移到领受者手中，是资金使用权的转移，对分配产生直接影响。微观经济主体获得这笔资金以后，是否用于购买商品和服务以及购买哪些商品和服务，已不在政府的控制范围之内，因此在转移性支出中，财政对生产和就业的影响是间接的。

2.二者的约束条件不同

购买性支出体现出的财政活动对政府形成较强的效益约束，而转移性支出对政府的效益约束相对较弱。因为在安排购买性支出时，政府必须遵循等价交换原则。而在安排转移性支出时，政府并没有十分明确和一贯的原则可以遵循，而且财政支出的效益也极难换算，所以转移性支出的规模及其结构在相当大的程度上只能根据政府同微观经济主体、中央政府与地方政府的谈判情况而定，显然通过转移性支出体现出的财政分配活动对政府的效益约束是较弱的。

通过以上分析，我们可以得到这样的结论：在财政支出总额中，购买性支出所占的比重越大，财政活动对生产和就业的直接影响就越大，通过财政所配置的资源的规模就越大；反之，转移性支出所占的比重越大，财政活动对收入分配的直接影响就越大。由财政的职能可知，以购买性支出占较大比重的财政活动，执行资源配置的职能较强；以转移性支出占较大比重的财政活动，执行收入分配的职能较强。

三、按财政支出的功能分类

（一）类别

财政支出按功能分类改革以来，每年根据不同情况会有个别调整，2023年将其分为27类，分别是：

（1）一般公共服务支出。

（2）外交支出。

（3）国防支出。

（4）公共安全支出。

（5）教育支出。

（6）科学技术支出。

（7）文化旅游体育与传媒支出。

（8）社会保障和就业支出。

（9）卫生健康支出。

（10）节能环保支出。

（11）城乡社区支出。

（12）农林水支出。

（13）交通运输支出。

（14）资源勘探工业信息等支出。

（15）商业服务业等支出。

（16）金融支出。

（17）援助其他地区支出。

（18）自然资源海洋气象等支出

（19）住房保障支出。

（20）粮油物资储备支出。

（21）灾害防治及应急管理支出。

拓展阅读 3-1

2023 年中央
一般公共预算
支出决算表

此外，还有其他支出、转移性支出、债务还本支出、债务付息支出、债务发行费用支出和预备费 6 项类级科目。

（二）分类的意义

支出功能分类的类、款、项科目主要根据政府职能，按由大到小、由粗到细分层次设置。其中，类级科目反映的是政府的主要职能，包括一般公共服务、国防、教育、公共安全等；款级科目反映的是政府履行某项职能所要从事的主要活动，如教育类下的普通教育、特殊教育等；项级科目反映的是某活动下的具体事项，如普通教育下的小学教育、初中教育等。这三级科目在使用中是相互交叉、紧密联系的，它们之间的关系是，前者是后者的概括和汇总，后者是前者的分析和具体化。

第二节　财政支出规模

财政支出规模是指在一定时期内（预算年度）政府通过财政安排和使用财政资金的绝对数量及相对比率，即财政支出的绝对量和相对量，它反映了政府参与经济活动的广度和深度，体现了政府的职能和政府的活动范围，是研究和确定财政规模的重要指标。

一、衡量财政支出规模的指标

（一）绝对量指标

绝对量指标是用货币表示的财政支出规模的大小。它要说明的是一个国家的财政支出的绝对规模，即一个国家在一定时期内（通常为一个财政年度）财政支出的货币价值总额。财政支出的绝对规模是比较容易测量的，只要根据财政支出定义把各级政府的财政支出相加后，扣除重复计算的部分就可以得到了。中华人民共和国成立以来，国家财政收支总额及增长速度情况，见表3-2。

表3-2　　　　　　**国家财政收支总额及增长速度（不包括国内外债务部分）**　　　金额单位：亿元

年份	财政收入	财政支出	收支差额	增长速度（%）	
				收入增速	支出增速
1950年	62.17	68.05	−5.88	—	—
1955年	249.27	262.73	−13.46	1.70	7.60
1960年	572.29	643.68	−71.39	17.50	18.50
1965年	473.32	459.97	13.35	18.50	16.80
1970年	662.90	649.41	13.49	25.80	23.50
1975年	815.61	820.88	−5.27	4.10	3.80
1980年	1 159.93	1 228.83	−68.90	1.20	−4.10
1985年	2 004.82	2 004.25	0.57	22.00	17.80
1990年	2 937.10	3 083.59	−146.49	10.20	9.20
1995年	6 242.20	6 823.72	−581.52	19.60	17.80
2000年	13 395.23	15 886.50	−2 491.27	17.00	20.50
2005年	31 627.98	33 708.12	−2 080.14	19.80	18.30
2010年	83 080.32	89 575.38	−10 000.00	21.30	17.40
2015年	152 217.00	175 768.00	−23 551.00	8.40	15.80
2016年	159 552.00	187 841.00	−28 289.00	4.50	6.40
2017年	172 567.00	203 330.00	−30 763.00	7.40	7.70
2018年	183 352.00	220 906.00	−37 554.00	6.20	8.70
2019年	190 382.00	238 874.00	−48 492.00	3.80	8.10
2020年	182 913.88	245 679.03	−62 765.15	−3.90	2.90
2021年	202 538.88	246 322.00	−43 783.12	10.70	0.3
2022年	203 703.48	260 609.17	−33 700.00	0.60	6.10

资料来源：根据财政部网站相关资料整理。

运用绝对量指标测量财政支出规模，可以比较直观、具体地反映一个国家一定时期内财政支出的规模，并便于对财政支出进行纵向对比分析。因此，绝对量指标是财政部门编制财政预算和控制财政支出的重要指标之一，但不便于对财政支出进行横向对比分析。

（二）相对量指标

相对量指标，即用财政支出/GDP（国内生产总值）或财政支出/GNP（国民生产总值）来表示财政支出规模的大小。它说明的是一个国家的财政支出的相对规模。运用相对量指标测量财政支出规模，最大的优点是便于进行横向比较分析。它有利于对不同国家或地区的财政支出规模进行比较分析。同时，它还反映了政府财政支出的深度，能够较好地反映一个国家财政支出对经济影响的重要程度。

需要说明的是，从衡量政府财政活动规模的角度来说，财政收入/GDP和财政支出/GNP都可作为衡量指标。但财政支出/GDP这一指标更能反映实际情况。这是因为：

（1）财政支出表现为财政对国内生产总值的实际使用和支配的规模，而财政收入只是表示财政可能使用和支配的规模，它并不代表实际发生的规模。

（2）财政收入反映的是财政参与国内生产总值分配过程的活动，财政支出反映的则是财政在国内生产总值使用过程中的活动。从社会再生产过程的角度来看，财政支出通过它的规模和结构实现对资源的配置，直接影响社会再生产的规模和结构。

拓展阅读 3-2

量入为出

（3）尽管财政收入和财政支出都体现了财政对宏观经济运行的调控，但后者更能全面而准确地反映财政对宏观经济运行的调控能力。因为财政的资源配置、收入分配和稳定增长的职能，都是直接通过财政支出执行的。

✓ 拓展思考 3-3

为什么在封建制时期财政支出规模增长较慢，到资本主义时期增长加快？

据统计，无论是财政支出的绝对规模还是相对规模，各国的财政支出规模都是不断增长的。发展中国家也同样展现了财政支出规模不断增长的情况，特别是自20世纪80年代以来，发展中国家的财政支出规模迅速扩张。

尽管发展中国家的财政支出与发达国家的财政支出都有明显的不断增长的趋势，但二者相比，还存在一些不同，主要表现在：发展中国家的财政支出增长主要集中在购买性支出上，特别是公共投资上，而发达国家的财政支出增长主要集中在转移性支出上。究其原因主要是：发达国家的经济发展水平已经较高，政府更加关注的是社会公平问题，而不是效率问题。但对大多数发展中国家来说，其面临的主要问题是如何促进经济快速增长，尽快摆脱贫穷。因此，发展中国家的政府在安排财政支出时，遵循的是"效率优先，兼顾公平"的原则，自然是能够促进经济增长的购买性支出，特别是公共投资的支出要比转移性支出的比重大。表3-3反映的是部分发达国家财政支出规模状况。

表 3-3　　　　　　　　　　　部分发达国家财政支出规模状况　　　　　　　　　单位：%

年份	2000年	2008年	2009年	2010年	2011年	2012年	2013年	2014年	2015年	2016年	2017年	2018年
澳大利亚	34.4	35.1	37.8	37.0	36.3	36.6	36.5	36.8	37.4	37.4	36.4	36.8
加拿大	38.5	38.8	43.4	43.1	41.6	40.9	40.0	38.4	40.0	40.6	40.3	40.6
法国	52.6	53.3	57.2	56.9	56.3	57.1	57.2	57.2	56.8	56.6	56.5	56.2
德国	42.8	43.6	47.6	47.3	44.7	44.3	44.7	44.0	43.7	43.9	43.9	43.9
希腊	47.1	50.8	54.1	52.5	54.1	52.8	51.6	50.2	50.6	48.9	47.3	48.6
意大利	46.8	47.8	51.2	49.9	49.4	50.8	51.1	50.9	50.3	49.0	48.9	48.5
日本	34.0	35.0	39.5	38.5	39.4	39.4	39.5	38.9	38.0	37.9	37.4	37.1
韩国	20.5	20.8	21.3	19.5	19.9	20.6	20.9	20.8	20.9	20.7	20.8	21.5
西班牙	39.0	41.2	45.8	45.6	45.8	48.1	45.6	44.8	43.7	42.2	41.0	41.4
瑞典	48.3	49.0	51.7	49.7	49.2	50.2	50.9	50.1	48.7	48.8	48.4	48.7
英国	38.0	40.5	44.1	44.5	43.2	43.3	41.4	40.5	39.7	38.9	38.4	38.3
美国	34.3	37.0	41.1	39.6	38.6	37.0	35.5	35.0	34.6	35.0	34.8	35.1

　　虽然我国财政支出规模受到经济体制改革的影响，有所反复，但总体呈上升趋势。1978—2019年，我国财政支出绝对量由 1 122.1 亿元增长至 238 874.0 亿元，增长了约212.88倍。自改革开放以来，为适应市场经济体制的要求和发挥市场机制的配置作用，财政支出占国内生产总值的比重开始呈下降趋势。1990年之前，这一比重下降的速度还比较慢；1991—1995年，这一比重下降的速度明显加快，几乎一年下降一个百分点，这种下降趋势直到1996年才停止。此后，财政支出规模开始上升。表 3-4 反映了1980—2021年我国财政支出占国内生产总值的比重。

表 3-4　　　　　　　1980—2021年我国财政支出占国内生产总值的比重　　　　　　金额单位：亿元

年份	财政支出	国内生产总值	财政支出占国内生产总值的比重	年份	财政支出	国内生产总值	财政支出占国内生产总值的比重
1980年	1 228.8	4 587.6	26.8%	2001年	18 902.6	110 863.1	17.1%
1981年	1 138.4	4 935.8	23.1%	2002年	22 053.2	121 717.4	18.1%
1982年	1 230.0	5 373.4	22.9%	2003年	24 650.0	137 422.0	17.9%
1983年	1 409.5	6 020.9	23.4%	2004年	28 486.9	161 840.2	17.6%
1984年	1 701.0	7 278.5	23.4%	2005年	33 930.3	187 318.9	18.1%
1985年	2 004.3	9 098.9	22.0%	2006年	40 422.7	219 438.5	18.4%

年份	财政支出	国内生产总值	财政支出占国内生产总值的比重	年份	财政支出	国内生产总值	财政支出占国内生产总值的比重
1986年	2 204.9	10 376.2	21.2%	2007年	49 781.4	270 232.3	18.4%
1987年	2 262.2	12 174.6	18.6%	2008年	62 592.7	319 515.5	19.6%
1988年	2 491.2	15 180.4	16.4%	2009年	76 299.9	349 081.4	21.9%
1989年	2 823.8	17 179.7	16.4%	2010年	89 874.2	413 030.3	21.8%
1990年	3 083.6	18 872.9	16.3%	2011年	109 247.8	489 300.6	22.3%
1991年	3 386.6	22 005.6	15.4%	2012年	125 953.0	540 367.4	23.3%
1992年	3 742.2	27 194.5	13.8%	2013年	140 212.1	595 244.4	23.6%
1993年	4 642.3	35 673.2	13.0%	2014年	151 785.6	643 974.0	23.6%
1994年	5 792.6	48 637.5	11.9%	2015年	175 877.8	689 052.1	25.5%
1995年	6 823.7	61 339.9	11.1%	2016年	187 755.2	744 127.2	25.2%
1996年	7 937.6	71 813.6	11.1%	2017年	194 863.0	827 122.0	23.6%
1997年	9 233.6	79 715.0	11.6%	2018年	220 906.0	919 281.0	24.0%
1998年	10 798.2	85 195.5	12.7%	2019年	238 874.0	990 865.0	24.1%
1999年	13 187.7	90 564.4	14.6%	2020年	245 679.0	1 013 567.0	24.2%
2000年	15 886.5	100 280.1	15.8%	2021年	246 322.0	1 149 237.0	21.4%

资料来源：根据财政部网站相关资料整理。

二、财政支出规模不断增长的原因

（一）有关财政支出规模不断增长的理论

各国出现的财政支出不断增长的趋势引起了经济学家们的普遍关注，他们试图对公共支出的增长作出解释，其中具有代表性的观点有以下三个：

1. 瓦格纳法则

阿道夫·瓦格纳是德国的一位经济学家，他通过考察当时欧洲国家和日本、美国的公共支出情况，发现了政府职能不断扩大以及政府活动持续增加的规律。19世纪80年代，他提出了被后人称为"瓦格纳法则"的"公共支出不断上升规律"。

瓦格纳当时并不是将公共支出增长与国内生产总值进行对比，而是将公共支出与人们收入的增长对比，得出随着人均收入的增加，公共支出的相对规模也随之增加的结论。他认为，现代工业的发展必然会带来社会进步和国家活动的增加，从而导致公共支出的增长。同时，他还认为，导致公共支出不断上升的因素有两个方面：

（1）政治因素。在社会经济日益工业化的过程中，正在扩张的市场与这些市场中的当事人之间的关系会更复杂，市场关系的复杂引起了对商业法律和契约的需要，并要求建立司法组织执行这些法律，这样就需要把更多的资源用于提供治安和法律的设施。

（2）经济因素。工业的发展推动了都市化的进程，人口的居住将密集化，由此将产生拥挤等外部性问题，这样就需要政府进行管理与调节工作。此外，因为需求的收入弹性，教育、娱乐、文化、保健与福利服务的公共支出的增长会随着实际收入的上涨而快于国内生产总值的增长。

因此，国家的职能在内涵和外延方面都将不断扩大。也就是说，不仅原有职能不断扩大，新的职能也将陆续出现。随着国家职能的扩展，政府从事的各项活动不断增多，所需的经费开支也就相应上升。

2.皮考克和魏斯曼理论

英国经济学家皮考克和魏斯曼在20世纪60年代根据对1890—1955年英国的公共部门财政支出增长情况的研究，提出了导致公共支出增长的内在原因和外在原因，被称为皮考克和魏斯曼理论。

这一理论有一前提假设，即政府喜欢多支出，而公民不愿多纳税，因此政府在决定预算支出规模时，应注意公民能容忍的税收水平，而公民能容忍的税收水平正是政府公共支出的约束条件。在这一假设的基础上，他们作出了以下推论：随着经济的发展，收入水平的上升，以不变的税率征收的税收也会增加，于是，政府支出的上升会与国内生产总值的上升呈线性关系，这是公共支出增长的内在原因。但这只是在正常情况下的表现，在社会经济的非正常时期，如战争、经济危机等，政府支出就会被迫急剧增加，政府不得不通过提高税率来解决，公众在此时也会接受提高了的税率。而在危机过后，公众所能容忍的税收水平并不会回到原来的状态，政府仍能继续维持高额的公共支出，这是公共支出增长的外在原因。外在原因是政府支出的增长速度超过了国内生产总值的增长速度。他们认为，正是因为上述两个方面的原因相互交替的作用，才导致财政支出规模呈梯度渐进式增长。因此，这一理论也被称为"梯度渐进增长理论"。

3.马斯格雷夫和罗斯托理论

美国财政学家马斯格雷夫和经济史学家罗斯托从经济发展的各个阶段来研究财政支出规模不断扩大的原因。他们认为，在经济发展过程中，财政支出增长是最重要的先决条件，否则经济难以发展，且在经济发展的不同阶段导致财政支出规模扩大的原因也不相同。

（1）初期阶段。在经济发展的早期阶段，需要大量的社会基础设施，如道路、交通运输系统、环境卫生系统、法律与秩序、健康与教育等。此时，政府要为经济发展提供这些必要的社会基础设施及人力资本方面的投资，这对处于经济"起飞"阶段的国家来说，是必不可少的和至关重要的。所以，政府投资在整个国家的总投资中占有很高的比重。

（2）中期阶段。到了经济和社会发展的中期阶段，政府继续进行公共部门投资，与此同时，由于市场失灵的存在，阻碍了经济的进一步发展，政府还要通过增加财政支出的活动来进行干预与调节。虽然此时财政支出的范围和权重有所加大，但是这时的政府投资已开始成为日益增长的私人部门投资的补充（马斯格雷夫认为，在经济发展过程中，总投资在国内生产总值中的比重是上升的，但政府公共支出占国内生产总值的比重则呈现逐步下降的趋势），并开始将注意力转移到收入分配的问题上。

（3）成熟阶段。一旦经济进入成熟期，公共支出的主要对象将从提供社会基础设施转向提供教育、卫生和福利等方面的服务。此时，用于社会保障和收入再分配方面的支出与其他公共支出相比，以及二者占国内生产总值的比重都会有较大幅度的增加。财政转移性支出明显上升并超过购买性支出。他们关于财政支出规模不断扩大的理论，又被称为"经济发展阶段的财政支出增长理论"。

拓展思考 3-4

近年来，我国的高速公路和高铁为什么能快速发展？

马斯格雷夫和罗斯托的"发展型"公共支出理论，是对整个经济发展过程中财政支出增长势态的大致概括，是在对大量经济发展史料进行分析研究后得出的结论。因此，它对我们认识不同经济发展阶段中公共支出的增长变化趋势提供了有益的参考和借鉴。

（二）财政支出规模不断增长的因素

从上述财政支出规模增长不断扩大理论的分析中不难发现，影响一国财政支出规模不断扩大的因素是多方面的，概括起来主要有以下因素：

1.经济发展因素

财政支出规模不断扩大的经济发展因素主要是指一国的经济发展水平和相应的经济体制。一般来说，财政支出与经济发展之间保持着一种正相关的关系，随着经济的发展、生产力水平的提高，财政支出规模会不断扩大。这是因为：一方面，发展经济需要相应的财政支出，以满足经济发展所需要的公共条件；另一方面，经济发展的最终结果提高了一国的人均国内生产总值，使该国居民在满足了个人基本需要后，又增加了对教育、文化和福利等公共产品的需要。同时，经济的发展也为财政支出规模的扩大创造了条件，经济增长使政府的税收收入增加，从均衡社会总量关系上来说，也决定了财政支出的增长。一个国家的经济体制和所推行的经济政策对该国财政支出规模会产生直接的影响。例如，我国从计划经济体制向市场经济体制转轨的时期，尽管财政支出的绝对规模呈扩大趋势，但相对规模则出现了下降趋势。这一现象就是经济体制改革带来的影响。当我国市场经济体制逐渐完善时，财政支出相对规模就会与其他国家一样，出现增长的趋势。

2.政治因素

财政支出规模不断扩大的政治因素主要包括政局是否稳定、政府机构规模和政府活动规模三个方面。首先，一国若是社会动荡或发生战争，那么政府肯定会为这些事情耗费大量的财政资金，其结果是财政支出规模必然加大。其次，一个国家如果政府机构设置得不科学，致使机构臃肿、人浮于事、办事效率低下，那么财政支出必然要增长。最后，一国政府的活动规模大小也影响着财政支出规模的大小。如果政府干预经济过多，什么事都自己亲自做，那么必定会使财政支出规模扩大。

3.社会因素

财政支出规模不断扩大的社会因素主要是指人口状况和文化背景对财政支出规模产生的影响。人口状况又包括绝对人口规模和人口年龄结构两个方面。绝对人口规模对财政支出规模的影响主要表现在，在人均财政支出比例不变的情况下，绝对人口的增加速度快于国内生产总值的增长速度，再加上伴随人口增加而来的教育、医疗卫生、社会保障、公共基础设施以及国家行政管理、司法治安等成本的增加，必将使财政支出的绝对规模随之扩大。人口年龄结构的变化会使财政支出的结构发生相应的变化。例如，学龄前儿童占总人口比例的变动，会影响教育支出占财政支出的比重，如老年人口比例的加大会使社会保障支出占财政总支出的比重加大。人口老龄化问题给各国政府带来的巨大的社会保障支出压力就说明了这一点。因此，人口年龄结构也会对财政支出规模产生影响。总体来说，人口状况是公共支出规模的一个重要影响因素。

从文化背景考虑，如果一个国家的居民文化水平较高，对教育的要求就较高，那么教育支出的比例就比较大；反之，这一比例则会较小；居民生活水平高的国家，对于卫生保健的要求较高，那么国家用于这方面的支出就必然较大。所以，文化背景在一定程度上也影响着一个国家的财政支出规模。

三、财政支出规模的控制

（一）控制财政支出规模的必要性

财政支出规模过度扩张会对经济产生副作用。

1.影响其他利益主体的经济选择

首先，政府提供足够的社会福利保障会促使人们解除对未来因生老病残或失业而丧失劳动能力机会的担忧，只要人们认为政府会为其提供充分的福利保障，就会偏重于目前的消费而放弃储蓄。

其次，过度的政府支出会妨碍市场机制运行和限制消费者选择，如果政府提供的公共产品和服务不符合市场需求，则可能抑制消费者购买产品和劳务的需求。

最后，政府提供的某些公共产品和服务可能因为有财政补贴而低价提供，所以消费者可能会低估政府提供的公共产品和服务的真实成本，进而刺激人们过度消费这类公共产品和服务。

☑ **拓展思考 3-5** ⋯⋯⋯⋯⋯⋯⋯⋯⋯⋯⋯⋯⋯⋯⋯⋯⋯⋯⋯⋯⋯⋯⋯⋯⋯⋯⋯⋯

当前，我国财政支出规模快速增长，会不会产生"挤出效应"？

⋯⋯⋯⋯⋯⋯⋯⋯⋯⋯⋯⋯⋯⋯⋯⋯⋯⋯⋯⋯⋯⋯⋯⋯⋯⋯⋯⋯⋯⋯⋯⋯⋯⋯⋯⋯⋯⋯

2.产生"挤出效应"

所谓的"挤出效应"，是指增加某一数量的公共支出，就会减少相应数量的私人投资，对社会总需求不会产生影响，此时财政支出对经济起不到调节的作用。主张财政支出具有"挤出效应"的理由如下：第一，如果政府公共支出的资金来自个人、企业的税收，那么公共支出的增加与它排挤掉的个人、企业的支出是等量的；第二，如果政府公共支出的资金来源于发行公债，那么公共支出的增加也会挤掉社会其他利益主体的相应支出额。由此可知，不管政府用于公共支出的资金是用什么方式筹集的，如果货币供应量基本保持不变，那么公共支出的"挤出效应"是确实存在的。

3.导致通货膨胀

随着财政支出的过度增加，必须发行公债来抵补税收等经常性收入的不足。如果公债不能被非银行的机构、部门、个人全部承购，那么不可避免地要由银行承担。而银行掌握的公债通过各种途径可能造成银行存款成倍扩张，导致货币供应量增加，最终形成通货膨胀。

4.影响国际收支平衡

财政支出过度增加，可能刺激国有企业资本的扩张，也就是刺激了借款的总需求，导致利率上升和外资流入。对本国货币需求的增加，可能造成汇率提高，进而造成进口容易、出口难，形成国际收支逆差。

（二）财政支出规模控制的形式

1.直接控制

直接控制是指财政支出规模由中央的经济、财政管理部门控制，并自上而下建立了一整套管理机构。有效的直接控制至少应具备两个前提条件：一是中央控制机构能够及时掌握财政支出的投入产出效益等方面的全部准确资料；二是精通各方面财政支出专业知识的专家为各项支出作出正确的规划。如果不能很好地满足这两个条件，这种高度集中控制方法就有可能带来副作用。

2.激励性控制

所谓的激励性控制，是指政府安排某项财政支出时，要从制度上配套设置激励支出执行者的措施。激励性控制只有在某项财政支出的成本、效益能够被较准确核算的条件下，才能实行，因此对它只能选择性地加以运用。

知识链接 3-1

事业单位预算管理办法

对于事业单位开展业务活动所需的预算资金，国家采用"核定收支，定额或定项补助，超支不补、结余留用"的预算管理办法。

1.核定收支

核定收支，是指事业单位要将全部的收入，包括财政补助收入和各项非财政补助收入与各项支出统一编报预算报告，报经上级主管部门和财政部门核定其年度预算收支的规模。其中，包括财政补助的具体数额。

2.定额或定项补助

定额或定项补助，是指对非财政补助收入不能满足支出的事业单位采用的补助办法。所谓的定额补助，是指根据事业单位的收支情况，依据相应的标准确定一个总的补助数额，如对高校实行的人均定额补助。所谓的定项补助，是指根据事业单位的收支情况，确定对其某些支出项目进行补助，如对某些事业单位的工资支出项目或对大型修缮及设备购置进行的补助。

3.超支不补、结余留用

超支不补、结余留用，是指事业单位的预算经上级部门和财政部门核准以后，由其自求平衡（除特殊情况外），其增加的支出，主管部门和财政部门不再给予补助；因增收节支形成的结余，可由事业单位留用。

3.协调控制

协调控制强调把财政部门和财政支出用款单位之间的相互协商作为制定、执行、管理财政支出计划规模的政策基础，这样才能使中央财政政策在全社会范围内或某个预算单位内产生更大的效果。从理论上来说，协调控制既能消除中央直接控制过分集中的弊端，又能弥补过度分散致使中央宏观调控失效的缺陷。但是，协调控制在实际运用过程中是有条件限制的。

4.政策控制

政策控制是指国家权力机构批准的政府财政政策对财政支出的控制。一般认为，政府实行或松或紧的财政政策不仅规定了财政支出的总量和结构，而且规定了控制支出规模的方式。

第三节　财政支出结构

财政支出结构是各类财政支出占总支出的比重。从社会资源的配置角度来说，财政支出结构直接关系到政府动员社会资源的程度，从而对市场经济运行的影响可能比财政支出规模的影响更大。不仅如此，一国财政支出结构的现状及其变化，表明了该国政府正在履行的重点职能以及变化趋势。财政支出结构优化，是指在一定时期内，在财政支出总规模占国内生产总值的比重合理的前提下，财政支出内部各构成要素符合社会共同需要，且各构成要素占财政支出总量的比例相对协调、合理的状态。

一、费用构成

由于各国经济发展水平以及政府职能不同，因此各国的财政支出结构也有所不同。对一个国家而言，不同的发展阶段，政府的财政职能会发生变化，随之而来的财政支出结构也会发生变化。

☑ **拓展思考 3-6** ----------------------------------

近年来，政府从哪些私人领域中退出了？

随着我国市场经济体制改革的不断深入，政府职能发生了重大转变。计划经济时期，几乎由政府配置全部的资源，政府直接从事着各种生产活动，财政支出大量用于经济建设，当时的财政被认为是"生产性财政"。进入市场经济体制后，在资源配置上市场起基础性作用，政府只是调节经济，弥补市场的不足，发挥辅助性的作用。因此，政府逐渐退出一些适合私人部门从事的生产活动领域，财政用于经济建设方面的支出比例开始大大减少。

概括起来，政府在市场经济体制下的职能主要表现为经济管理职能和社会管理职能。随着社会主义市场经济体制的逐步完善，政府的经济管理职能逐渐弱化，而社会管理职能日益加强。随着政府职能的这种转变，财政支出结构也相应地发生了明显的变化。

1.经济建设费是最大的支出项目

1980年以前，绝大部分年份的经济建设支出占全部财政支出的比重都高于55%。这主要是因为在计划经济体制下，经济建设支出比重较大。自改革开放以来，随着社会主义市场经济的发展，经济建设支出在财政支出中所占的比重逐渐下降，2006年这一比重已降至26.6%，与1958—1962年的66.6%（最高）相比，下降了40个百分点。这说明我国经济的市场化正在逐步深入，政府正逐步退出竞争性领域。但是，从建立公共财政的角度来看，我国的经济建设支出比重仍然很高。

2.社会文教费是财政支出中的重要项目

自改革开放以来，社会文教费在财政支出中所占的比重有了较大的提高，2006年已达到26.8%，与1976—1980年的14.4%相比，上升了12.4个百分点，体现了我国政府对社会文教事业的重视。今后，随着公共财政体系的建立，以及科教兴国战略的实施，国家财政将越来越重视公共支出领域，因此社会文教支出将呈现稳中有升的态势。

3.国防支出受国际、国内政治经济形势变化的影响较大

从根本上来说，国防支出受制于国家经济发展水平和财力水平，但在特定的情况下，当国家主权受到严重威胁、受到外来侵略时，国防支出必然增长较快，因为维护国家主权始终是一个国家的首要任务。中华人民共和国成立初期，国防支出比重相对较高，但随着抗美援朝战争的结束，国家转入正常的经济建设，特别是改革开放之后，国防支出在财政支出中的比重呈下降趋势。

4.行政管理费在财政支出中占有相当比重

按照经济学的基本原理和行政管理费的性质，行政管理费应尽可能维持在一个较低的水平。长期以来，我国对行政管理费也奉行"保障供给、厉行节约、从严控制"的方针。但从我国行政管理费的发展趋势上来看，进入20世纪80年代后，行政管理费占财政支出的比重在不断增长，由改革初期（1986—1990年）的9.1%上升到高峰时期（2007年）的24.5%，上升了15.4个百分点，其直接原因是机构和人员的急剧膨胀，因此通过进一步精简机构和人员来控制行政管理支出，是一项重要的任务。2019年，我国财政支出为238 874亿元，行政管理费为34 864亿元，行政管理费占财政支出的比重为14.6%，与2007年相比，下降了近10个百分点，这说明近年来我国行政管理费已得到有效的控制。

☑ **拓展思考 3-7** ┄┄┄┄┄┄┄┄┄┄┄┄┄┄┄┄┄┄┄┄┄┄┄┄┄┄┄┄┄┄┄┄┄┄┄┄

行政管理费为何难以控制？

┄┄

二、经济性质结构

从各国实际情况来看，购买性支出和转移性支出占财政支出的比重，各个国家以及一个国家在不同的发展时期都是不同的。一般来说，在经济发达的国家，由于政府较少参与经济活动，财政职能侧重于收入分配公平与经济的稳定增长，且财政收入相对较充裕，因此转移性支出所占比重较大；而在发展中国家，由于政府较多地参与经济活动，

财政收入相对较少，因此购买性支出所占比重较大。

从我国的情况来看，购买性支出和转移性支出在改革开放前后发生了明显的变化。改革开放前，购买性支出占绝对优势，这表明财政具有极强的资源配置职能。改革开放后，转移性支出的比重加大，并一直保持稳定的比例，但如果扣除债务支出，转移性支出占财政支出的比重较小，这说明我国政府的再分配职能仍然很弱，这也是我国居民收入差距较大的原因之一。表3-5显示出2000—2016年我国财政支出经济性质的结构变化。

表3-5　　　　　　2000—2016年我国财政支出经济性质的结构变化　　　　　　单位：%

年份	购买性支出比重	转移性支出比重
2000年	67.32	32.68
2001年	68.04	31.96
2002年	66.41	33.59
2003年	65.90	34.10
2004年	58.11	41.89
2005年	60.80	39.20
2006年	61.35	38.65
2007年	52.62	47.38
2008年	52.39	47.61
2009年	52.59	47.41
2010年	53.86	46.14
2011年	53.29	46.71
2012年	53.99	46.01
2013年	55.42	44.58
2014年	55.49	44.51
2015年	57.86	42.14
2016年	56.87	43.13

三、影响财政支出结构的因素分析

财政支出结构受多种因素的影响，其中主要有政府职能及财政资金供给范围、经济发展水平、政府在一定时期的社会经济发展政策、国际政治经济形势等。

（一）政府职能及财政资金供给范围

财政支出结构与政府职能及财政资金供给范围有着直接的关系。在计划经济体制下，政府职能及财政资金供给范围比较宽，既承担了"社会共同需要"方面的事务，又承担了大量竞争性、经营性等方面的事务。所以，在财政支出结构上必然体现出浓重的计划经济体制的特点，如经济建设支出投入的比重较大，增加了一些本应由市场去办的事务性支出。而在市场经济体制下，政府主要涉足市场不能办的事情或办不好的事情，着力于经济的宏观调控，所以在财政支出中经济建设支出的比重就相对较小，同时在经济建设中用于基础设施、公用设施等的投入较大，而用于竞争性、盈利性领域的支出较少。

（二）经济发展水平

经济是财政的基础。一方面，经济发展水平决定财政收入及其供给水平；另一方面，财政支出的结构受到经济发展水平的影响。因为一定时期的经济发展水平决定着当时的社会需要水平和结构。一般来说，人们首先要解决的是衣、食、住、行这些人类生存的基本需要，然后才能考虑其他更高层次的需要。在经济发展水平不高的情况下，财政供给水平和保障能力也必然不高，财政支出结构也会相应体现出这一时期的特点。以我国为例，要建立和发展市场经济，首先需要建立完备的社会保障制度，但限于国家财力，我国社会保障程度和范围十分有限，政府的社会保障支出还不能做到像发达国家那样在财政支出中占有那么大的比重。这只能随着国家经济发展水平和财力水平的提高，逐步解决。因此，财政支出结构能够比较明显地反映出一个国家的经济发展水平。

（三）政府在一定时期的社会经济发展政策

财政支出反映出政府的活动范围和方向以及政策取向。政府发展什么、控制什么、支持什么、限制什么，在财政支出结构中反映得十分清楚。因此，政府在一定时期的社会经济发展政策会直接影响财政支出结构的状况。仍以我国为例，1998—2004年，国家财政连续实施积极的财政政策，大量发行国债，投资于基础设施、公用设施的建设。为实施"科教兴国"战略，我国规定，每年财政用于科技、教育投入的增幅要高于财政经常性收入的增幅。2020年，我国大力优化财政支出结构，保基本民生支出，保重点领域支出，压减一般性支出，严禁新建楼堂馆所，严禁铺张浪费。中央本级支出安排负增长，其中非急需、非刚性支出压减50%以上。这些财政支出结构的变化，对于稳定民生、发展经济起到积极的作用。

本章小结

1.财政支出是政府提供公共产品的成本和费用。广义的财政支出包括预算支出和预算外支出；狭义的财政支出仅指预算支出。

2.按支出费用分类，财政支出可分为经济建设费、社会文教费、国防战备费、行政管理费和其他费用五大类；按支出经济性质分类，财政支出可分为购买性支出和转移性支出两大类；按功能分类，财政支出可分为一般公共服务支出、外交支出、国防支出等27类。

3.财政支出因政治、经济、社会和突发事件的影响，具有不断增长的趋势。

4.引起财政支出规模不断增长的因素主要有经济发展因素、政治因素和社会因素。为消除财政支出规模过度扩张引发的副作用，必须对财政支出规模进行控制。

本章基本概念

财政支出　购买性支出　转移性支出　瓦格纳法则

综合训练

一、单选题

1.按（　　）分类，财政支出可分为购买性支出和转移性支出。

A.政府职能　　　　B.经济性质　　　　C.具体用途　　　　D.受益范围

2.按（　　）分类，财政支出可分为维持性支出、经济性支出和社会性支出。

A.政府职能　　　　B.经济性质　　　　C.具体用途　　　　D.受益范围

3.转移性支出主要体现的财政职能是（　　）。

A.资源配置　　　　B.收入分配　　　　C.经济稳定　　　　D.经济增长

4.购买性支出主要体现的财政职能是（　　）。

A.资源配置　　　　B.收入分配　　　　C.经济稳定　　　　D.经济增长

5.财政补贴属于（　　）。

A.购买性支出　　　B.一般利益支出　　C.消费性支出　　　D.转移性支出

6.政府从个人和企业购买原材料、劳动力、资本的生产性服务，并由政府直接使用的支出，称为（　　）。

A.购买性支出　　　B.转移性支出　　　C.生产支出　　　　D.基础支出

二、多选题

1.按支出是否获得等价补偿分类，财政支出可分为（　　）。

A.经济性支出　　　　　　B.转移性支出　　　　　　C.社会性支出

D.购买性支出　　　　　　E.维持性支出

2.下列支出中，属于购买性支出的有（　　）。

A.公务员工资　　　　　　B.价格补贴　　　　　　　C.税式支出

D.公共工程投资　　　　　E.政府机构经费

3.下列支出中，属于转移性支出的有（　　）。

A.公务员工资　　　　　　B.价格补贴　　　　　　　C.税式支出

D.最低生活保障支出　　　E.公债利息支出

4.下列支出中，属于维持性支出的有（　　）。

A.行政支出　　　　　　　B.经济建设支出　　　　　C.国防支出

D.科教文卫支出　　　　　E.社会保障支出

5.下列支出中，属于经济性支出的有（　　）。

A.行政支出　　　　　　　B.经济建设支出　　　　　C.债务支出

D.应用性科研支出　　　　E.社会保障支出

三、复习思考题

1.按费用分类，财政支出分为哪几类？

2.按经济性质分类，财政支出分为哪几类？

3.购买性支出与转移性支出有何不同？

4.影响财政支出规模不断增长的因素有哪些？

5.利用美国经济学家的阶段论分析我国近年来财政支出不断增长的原因。

6.简述瓦格纳法则。

7.分析影响财政支出结构的因素。

四、实训题

【实训项目】

分析某市/县上一年度的财政支出结构。

【实训目标】

1.培养资料查询能力、分析问题能力和语言表达能力。

2.体会财政支出的各种分类目的和分析方法。

【实训内容与要求】

1.以学习小组为单位，上网查询某市/县上一年度的财政决算，并进行分析。

2.各小组分别写出分析报告。

3.做成课件并在课堂上演讲。

【成果与检验】

1.分析报告、课件、演讲。

2.老师及其他小组的同学打分。

第四章
财政支出内容

知识目标：明确购买性支出和转移性支出的特征，掌握购买性支出和转移性支出的内容；明确财政支出效益的内涵，掌握财政支出效益的评估方法。

技能目标：学会运用支出效益的评估方法对财政支出项目进行评估。

综合目标：学会运用财政支出的基本原理、分析方法，分析现实财政支出中的问题。

2019 年中央财政支农主要政策措施

按照中央农村工作会议和中央一号文件部署的要求，2019 年中央财政进一步加大支农投入力度，围绕实施乡村振兴战略，深入推进农业供给侧结构性改革，国家将继续加大支农投入，强化项目统筹整合，加快推进农业农村现代化。为了便于广大农民群众及时知晓中央强农、惠农、富农政策，进一步提高农民群众发展生产，地方政府重农、抓农和社会各界支农、兴农的积极性，农业农村部和财政部发布了 2019 年中央财政支农主要政策措施，包括农业生产发展与流通、农业资源保护利用、农田建设、农业科技人才支撑、农业防灾减灾、乡村建设 6 大类 37 项支持政策措施。

资料来源：根据农业农村部网站相关资料整理所得。

案例分析：农业是国民经济的重要产业，其产品属于私人产品，一般来说应属于市场调控的范围，政府应从该领域退出。但农产品并不是"纯私人产品"，它还具有部分公共产品性质，农业直接关系到环境问题，而粮食安全是国家安全的重要组成部分。因此，农产品应属于混合产品，在市场调控的基础上，政府也应进行调控。当前，农业是政府投资的重点，对农业进行补贴是世界主要国家普遍的做法。在二元经济结构下，我国农村公共设施和公共服务还比较短缺，需要加大农村公共基础设施建设力度。本章将介绍财政支农的主要内容。

第一节　购买性支出

购买性支出是指政府及其机构购买商品和劳务的支出。这类支出直接表现为政府购买商品和服务的活动，包括公共消费性支出和公共投资性支出。

一、公共消费性支出

政府掌握的公共资源在提供各种公共产品的过程中最终被消耗掉，这就是公共消费性支出。它大体包括行政、国防、社会文教支出等。

（一）行政管理支出

行政管理支出从非排他性与非竞争性的角度来看，具有典型的纯公共产品特征。因为对任何一个从这项政府提供的服务中受益的社会成员而言，多增加一些社会成员并不会使原有的社会成员受益减少，也无法将社会中的任何一个成员排除在行政管理支出服务范围之外。

1.行政管理支出的性质和内容

行政管理支出是财政用于国家各级权力机关、行政管理机关和外事机构行使其职能所需要的费用支出。

行政管理支出主要用于社会集中性消费，属于非生产性支出。虽然这项支出不创造任何财富，但作为财政支出的基本内容，它保证了国家机器的正常运转。在我国，这项支出在维护社会秩序、加强经济管理、开展对外交往等方面具有重要意义。

行政管理支出的内容取决于国家行政管理机关的结构及职能。以我国为例，行政管理支出按照国家政权及行政管理机构的设置划分，包括行政支出、公安支出、国家安全支出、司法检察支出和外交支出。

2.行政成本

行政管理支出是政府部门向社会或公众提供公共服务过程中所必需的行政投入或耗费的资源，即行政成本。我们可以从不同的角度、以不同的标准对行政成本进行分类和界定：

（1）相对于整个社会资源的配置和政府与市场的分工而言，行政成本表现为机会成本，即一定的资源用于政府部门就失去了用于私人部门的机会。机会成本是研究行政成本的出发点。

（2）相对于公共支出而言，行政成本表现为政府规模，政府规模可用财政行政管理支出来表示。财政行政管理支出按照具体用途，包括人力支出（即公务人员的工资、奖金、福利、培训和医疗保健等）、物力支出（即办公场所、办公设备、物质能源等）、转移支出和其他支出。另外，政府规模还可用其他指标表示，如政府机构数、行政人员占整个就业人员的比重、官民比例、就业人员比例等。相对于行政运转而言，行政管理费是行政成本的主要表现，是政府部门在决策、执行、协调和监督过程中必须消耗的。相对于是否有度量性而言，行政成本可分为显性成本和隐性成本。显性成本是可以度量的成本，如财政支出可以准确地用价值（货币）指标度量，我们可以用价值（货币）指标准确地计算公务人员的人头费、办公费用等。隐性指标是不可以度量的指标。从积极的方面来看，政府提供公共物品（如基础设施、政策、法律和规章等）对经济社会发展所产生的巨大推动作用，就是一种隐性成本，无法用价值（货币）指标来衡量；从消极的方面来看，庞大的政府机构规模、过低的行政效率、重大决策的失误等，都会使政府的权威性受到挑战，甚至可能导致整个社会资源配置的低效率，这些隐性成本，也难以用价值（货币）指标来衡量。

（3）行政成本还应该是一个相对指标，它是相对于产出或效益而言的。但由于政府提供的公共服务很多是无法确切地用数字衡量的，因此更多的还是要用历史的纵向比较、不同国家或地区政府之间的横向比较，以及政府与市场的比较等来衡量政府行政成本的高低及其具有的重要意义。

（4）从财政学角度确立行政成本概念的意义在于：一方面，财政是政府职能的经济体现，是政府行政的经济基础，"无财难以行政"；另一方面，财政又是社会利益的政治表达，是社会的上层建筑，"无政难以治财"。从第一个方面来看，行政成本是政府行使其职能所必须付出的代价，是政府职能的必要支出。行政成本随着政府职能的变化而变化，其高低取决于政府职能的大小。从第二个方面来看，行政成本是在一定的行政体制框架内发生的，因行政体制的优劣而不同，其高低取决于政府行政管理的能力和水平。在一个完善的体制内，行政成本较为低廉；在一个弊端丛生的体制内，腐败与浪费盛行，行政成本则较为高昂。

3.行政管理支出的现状

（1）政府行政管理支出占财政支出的比例呈持续增加趋势。改革开放以来，在我国财政支出占国内生产总值（GDP）的比重不断下降的同时，行政管理支出却不断上升。

行政管理支出的增长速度大大快于财政支出的增长速度。

（2）不透明与腐败的成本过高。美国《商业周刊》转引"卡内基国际和平基金会"学者裴敏欣的报告指出，贪污腐败每年给中国造成的赋税与关税损失约占国内生产总值的8%。

（3）吃财政饭的人数居高不下。中华人民共和国成立以来，中国政府进行了多次较大规模的政府机构改革，从机构数量上来看确实是精简了，但吃财政饭的人数并没有减少。

（4）政府部门运作成本偏高。政府部门运作成本越来越"昂贵"，而且与世界发达国家相比，中国政府部门的运作成本也是偏高的。

中国政府行政成本偏高的原因是多方面的。从体制上来看，主要表现在行政机关之间职责不清、责权不明、交叉行政严重；对有利可图的工作滥用职权，争权夺利，对无利可图的公益性、服务性工作相互推诿；行政人员和行政机关违法行政的现象比较普遍。从干部人事制度上来看，干部能上不能下，一旦当官便要由政府养老送终；一些公务人员素质还远不能适应现代化的政府管理需要，行政决策水平较低；在一些地方，一些政府官员的行政责任观念淡薄，官本位思想严重，服务意识薄弱。从工作作风上来看，一些政府官员存在不同程度的形式主义和官僚主义等。

☑️ **拓展思考 4-1** ⋯⋯⋯⋯⋯⋯⋯⋯⋯⋯⋯⋯⋯⋯⋯⋯⋯⋯⋯⋯⋯⋯⋯⋯⋯⋯⋯⋯⋯⋯⋯⋯⋯⋯⋯⋯⋯⋯⋯

为什么行政成本难以得到有效的控制？

⋯⋯

4.行政成本管理

（1）坚持群众路线，建设民主政府。

公共行政在本质上以民主宪政为基础，其目的是通过政府整合社会资源，落实民主治理的基本理念，实现社会共同需要。因此，降低行政成本是政府机构改革追求的目标之一，它体现国家治理的价值，体现行政管理的公共精神，体现政府对民众与社会的责任理念。政治的民主性，要求我们的行政制度设计、运作必须符合民主的人文关怀，汲取社会力量和资源，加快由管理行政向服务行政的现代政治行为模式转换，广泛、充分地实现民主。

政治民主是我们党和国家长期努力坚持的群众路线，它的基本要求是：全心全意为人民服务，坚持执政为民。因此，在政府机构改革中，要破除"官本位"和"行政本位"的传统观念，确立为人民服务、为纳税人服务的理念；重要的是要尊重民意，顺应民愿，贴近民心，洞悉民情，服务民生，受民监督；有事向群众公开，充分听取和尊重群众意见，虚心接受群众监督。只有真正实现政府行政社会化，才能提高行政服务的能力、质量和效率，降低行政成本。

（2）转变政府职能，理顺各方关系。

政府职能应随社会政治、经济、文化、技术的变迁而发展。尽管在这些方面我们进行了很多有益的尝试，取得了令人瞩目的成就，但同时要看到，政府职能的"越位""缺位""错位"现象仍然普遍存在。因此，转变政府职能，理顺关系，是有效降低政府行政成本的重要途径之一。就目前而言，至少要理顺以下关系：一是明确政府与市场的关系，充分发挥市场在资源配置中的决定性作用，更好地发挥政府作用。凡属于市场能充分发挥作用的领域，就要尽量交由市场去配置资源。政府的主要任务是提供公共物品，纠正市场失灵，弥补市场失败。二是明确政府与企业的关系，把企业的生产经营权和投资决策权真正交给企业，使其成为自主经营、自负盈亏、自我约束和自我发展的商品生产者和经营者。把政府职能逐步引导到"经济调节、社会管理、公共服务和市场监督"上来。三是明确政府与社会的关系，把社会自我调节和管理的职能交给社会中介组织，把群众自治范围内的事务交给群众自主处理，充分提高社会的自我管理、自我服务能力。四是加大行政审批改革的力度，根据一件事情一个部门管理的原则，将原来需要几个部门审批的项目，统一归口到一个职能部门负责审批，简化办事程序，减少管理层次。五是创造条件，尽快建立市场经济所需要的最基本的制度条件，具体包括：创造市场主体自由竞争的环境；加大产权保护力度；增强政府行为的可预见性；放松对经济的过分管制；取消对私有经济的歧视性规定；逐步取消市场的进入壁垒等。

（3）加强法治建设，规范政府行为。

建立现代法治社会，在全社会创造清正严明的法治环境，首先要建立法治政府。政府必须是法治的和负责任的。一方面，政府的行为必须符合法律规定，其行为不仅受国内法律的制约，还要受国际协议、规则和承诺义务的约束，其中行政投入必须合乎法律，政府机构的增设或撤销必须严格遵循有关法律法规等；另一方面，政府必须向社会和公民负责，其职能配置和行政行为必须符合市场、企业和社会的需要，不能"随意行政"。为此，必须从法律上规范政府行为，加大对政府行使职能的监督力度。一是政府权力依法设定，并在法律规定的范围内行使，以减少随意性所带来的不必要的行政成本。二是政府权力依法行使，并按照法律规定的方式和程序运作，以降低政府行政成本。三是政府机构依法设置，编制依法核定。对擅自建立机构的行为，除勒令限期撤销外，还要追究主管领导和当事人的法律责任，以防止机构反弹所增加的行政成本。四是健全对行政成本的监督机制。一方面，要改变传统的对下不对上的监督机制，建立横向的监督体系，使监察、审计等监督部门真正具有足够的权力独立行使监督职能；另一方面，要在行政系统以外，建立包括有执政党、国家权力机关、司法机关、各民主党派和人民团体、新闻媒体等在内的多层次、多渠道、网络式的监督结构，发挥监督的整体效应。使行政机关及其工作人员置于各方监督之下，公开行政，才能遏制浪费和腐败，控制和降低行政成本。同时，要建立政府职能监督机构，对政府行使职能的情况进行监督，纠正政府部门的"越位""缺位""错位"行为。

（4）借鉴企业精神，提高行政效率。

美国学者戴维·奥斯本和特德·盖布勒在《改革政府》一书中提出了建设企业化政府的十条原则，即从划桨到掌舵、从服务到授权、从垄断到竞争、从规章到使命、从投入到效果、从官僚到顾客、从浪费到收益、从治疗到预防、从集权到分权、从政府到市场。与此同时，西方各国政府还把市场机制引入政府机构的管理中，建立了"顾客导向"的服务体系，即用企业家精神重塑政府，使政府机构成为"以绩效为中心"的组织，其目的是提高政府的绩效，降低行政成本，增强变革能力，促进管理创新。中国政府机构改革和管理也应顺应世界潮流，构建企业化政府，"掌舵而不划桨"。在行政资源为国家所有的前提下，按照定性与定量原则，把行政资源量化到人，明确责任，使每个政府工作人员都关心行政资源的利用效益；同时，应借鉴企业的激励和约束机制，以资源运用的绩效为依据进行奖惩，通过正向激励和反向抑制，有效规范和控制行政行为，降低行政成本。

知识链接 4-1

"三公"经费

"三公"经费，即"三公"消费，是指政府部门人员因公出国（境）、公务车购置及运行、公务招待产生的消费，是当前公共行政领域亟待解决的问题之一。按照党政机关坚持过紧日子的有关要求，2023年安排中央本级"三公"经费财政拨款预算64.96亿元，比2022年预算增加11.43亿元，主要是前两年受新冠疫情的影响，因公出国（境）费预算压减较多、基数较低，今年恢复性增加；公务用车购置及运行费、公务接待费从严控制。其具体包括：因公出国（境）费18.66亿元，增加11.51亿元，主要用于支持实施中国特色大国外交战略，保障中央部门开展对外交往、参加重要双边和多边会议等，同时继续严控一般性出国团组；公务用车购置及运行费43.59亿元（包括购置费9.05亿元、运行费34.54亿元），减少0.02亿元；公务接待费2.71亿元，减少0.06亿元。与新冠疫情前的2019年相比，2023年中央本级"三公"经费预算减少16.11亿元。

资料来源：财政部网站。

（二）国防支出

1.国防支出的性质

从公共产品理论来看，国防属于纯公共产品的范畴。它具有完全的非排他性，一国的国防不排除该国任何一位公民。它具有完全的非竞争性，国防成本不会因所保护的人的增多而增加。因此，国防支出只能完全由政府来组织和提供。许多国家的实践表明，尽管受国际关系变化的影响，国防支出在一个国家的不同时期会有所变化，但总体来说，它在政府的财政支出中始终占有极为重要的地位，并且日益成为政府干预和影响经济的一个重要手段。

各国国防支出占财政总支出、占国民生产总值（GNP）或国内生产总值（GDP）的比重不可能完全一致，这是由许多因素决定的。一般来说，在经济发达的国家，由于人均国内生产总值、人均财政收入水平较高，可用于国防支出的潜力也就相对较大。在一些有称霸野心的国家，为了维持强大、先进的军事装备和所谓的威慑力量，国防支出的比重也远比其他国家高。此外，在有战争威胁或负有解决战争遗留任务的国家，国防支出的份额也相对较大。

然而，在正常情况下，国防支出的安排应控制在一定的限度之内。因为在一定时期公共支出数额既定的前提下，军需与民用之间客观上存在此消彼长的相互制约关系，存在"要大炮还是要黄油"的问题。

2.我国国防支出

党的二十大报告指出，我国应"全面加强军事治理，巩固拓展国防和军队改革成果，完善军事力量结构编成，体系优化军事政策制度。加强国防和军队建设重大任务战建备统筹，加快建设现代化后勤，实施国防科技和武器装备重大工程，加速科技向战斗力转化。深化军队院校改革，建强新型军事人才培养体系，创新军事人力资源管理。加强依法治军机制建设和战略规划，完善中国特色军事法治体系。改进战略管理，提高军事系统运行效能和国防资源使用效益"。

我国国防支出的增长一直保持较低幅度，占同期国家财政支出的比例总体呈下降趋势，主要是补偿性增长。近年来，我国国防支出有所增长：一是为了支持国家和平发展。和平发展意味着不以战争为手段来攫取财富，这就要求我国必须有遏制战争的能力，因此需要更多的资金投入。二是为了捍卫国家主权和领土完整。国家赋予人民解放军的使命是维护国家安全统一，为全面建成小康社会提供可靠保障。要履行这个使命，就有必要增加军费投入，提高军队高技术条件下的自卫作战能力。三是为了迎接世界新军事革命的挑战。新军事革命表明，军队发展形态已经由人力密集型向科技密集型转变，科技密集型意味着资金密集型，没有必要的资金投入是不可能推动新军事革命的。四是为了实现具有中国特色的跨越式发展。由于众所周知的原因，在很长一段时间内，中国的军队建设为经济建设让路而采取了"忍耐"的政策。中国军队正处于信息化建设时期，为了避免进一步与其他一些国家形成"时代差"，中国有必要、也应该搭乘经济建设的快车，把国防建设与经济建设协调起来，实现军队的跨越式发展。

根据财政部发布的《2023年度政府预算草案报告》，2023年中国国防预算编列15 537亿元人民币，相比2022年度的14 760.81亿元人民币增长了7.2%。这也是继2022年国防预算相比2021年增长7.1%之后，国防预算连续2年增长突破7%关口。但和美国等军事大国相比，我国国防支出无论是占国内生产总值的比重，还是占国家财政预算支出的比重都较低。比如，我国国防支出占国内生产总值的比重不到1.5%，而北约集团关于成员方军费的硬性要求是，各北约成员方军费应不低于本国国内生产总值的2%。以美国的军费来说，美国在2023财年国防预算高达8 500亿美元，大约是我国的4倍，相比2022财年的7 777亿美元决算，涨幅高达10%左右，而根据即将出炉的下一年军费预算，2024年美国国防预算可能会超过9 000亿美元。因此，我国国防支出无论是绝对数还是相对数的占比都处于较低的水准。

3.国防支出的控制

国防的目的是保卫国家不受侵犯。侵犯之敌或可能的侵犯之敌位于何方，可能动员的侵犯力量有多大，有效地遏止这些侵犯所需的军事力量要有多大，都是可以估计出来的，而且可以量化为若干指标，这就为确定国防支出奠定了基础。首先，一国可以确定所需的军事打击力量规模；其次，为此制订军事计划，并为各个计划项目拟订各种可以替代的实施方案，对各个方案的成本效益进行分析比较，选定成本小、效益大的方案；最后，根据选定方案所需的资金，编制国防支出的预算。这种制度一般被称为"计划—方案—预算"，最早被美国、英国等国家在第二次世界大战期间使用过。

☑️ **拓展思考 4-2**

为什么不能让军队创收？

（三）社会文教支出

社会文教支出是指国家财政用于文化、教育、科学、卫生等事业的经费支出。从广义上来说，社会文教支出不属于纯粹的公共产品，而属于混合型公共产品。政府之所以对文化、教育、科学、卫生等事业给予支持，主要是因为这些事业具有外部性，对整个社会成员的素质提高和对经济的繁荣与发展具有决定性作用。

1.社会文教支出的性质

社会文教支出属于非生产性支出，是社会消费支出。社会文教支出究竟是生产性的还是非生产性的，我国理论界曾有过十分激烈的争论，至今恐怕还不能说已经得出了明确的为大多数人普遍接受的结论。这里沿用目前国内各种统计文件普遍采用的做法，将社会文教支出归入非生产性的范畴。但是，在做这种归类的时候，需要强调以下三点：

（1）将社会文教支出归入非生产性范畴，只有某种静态的相对的意义。也就是说，用于这些事业的支出不能对物质财富的生产作出明显贡献。

（2）从动态的、绝对的意义上来说，文教科卫事业的发展将不断提高劳动者、劳动对象和劳动工具的素质和效能，并改善三者的结合方式，它对物质财富生产的贡献越来越大。

（3）将社会文教支出归入非生产性一类，其实际意义只是要求社会在安排全部国民收入的用途时，应全面考虑生产的当前需要和未来发展的需要，让文教科卫支出占一个适当的比例，并且随着劳动生产率的提高和国内生产总值的增长，让这一类支出的比例不断提高，甚至超过国内生产总值的增长速度。

☑ **拓展思考 4-3** --

财政应加大对基础教育的投入还是对高等教育的投入？

2.教育支出

（1）教育支出的性质。

科技、教育和人才是国家发展的基础和根本，必须始终放在重要的战略位置，坚持优先发展教育。教育支出是政府用于教育事业的各项支出。从经济性质来看，教育服务首先是一种私人产品。受教育者能够获得更多的知识和技能，这为将来找到一份较好的工作、获得较高的收入、赢得较多的晋升机会奠定了基础。但在实践中，各国政府却往往在提供教育服务方面发挥着主导作用，原因是教育服务还具备公共产品的某些特征，具体表现在以下三个方面：

一是教育具有正外部性。首先，经济理论和实践表明，技术进步是一国经济增长的重要源泉，而教育则是技术进步的基础；其次，教育使公民明辨是非且获得一技之长，这有助于减少犯罪；最后，教育能提高公民的文化素质，这有助于减少行政管理的成本。尽管教育也有一定的负外部性，如提高犯罪技能等，但总体来说，教育的正外部性大于负外部性。

二是教育有助于缩小贫富差距。假如教育服务完全由私人部门提供，人们受教育的机会就会因家庭出身的不同而存在很大差异。在学费昂贵的情况下，富人有较强的支付能力供其子女上学，穷人的子女即便天资聪颖也会被拒之门外。政府提供教育服务，能够为所有社会成员提供均等的教育机会，有助于实现社会公平。同时，让人们怀有其后代可能接受良好教育的希望，对于社会的稳定起着重要的作用。

三是教育资本市场的不完全。这在高等教育中表现得尤为明显。外部性和公平问题能够很好地解释政府对小学、中学等初等教育的支持，但高等教育的收益更多地由学生本人获得，原则上应由学生本人承担其成本。假如资本市场是完全的，那些认为自己接受高等教育的预期收益大于预期成本的人就可以通过贷款来取得所需资金。但问题是，人力资本投资究竟能否获得回报以及回报率有多高，事先是难以确定的，这就使得私人金融部门因担心无法得到偿还而不愿为教育融资，而那些资金不足的人就会被剥夺受教育的机会。为避免这种情况的发生，许多国家的政府都对高等教育提供一定的财政支持。

（2）我国教育支出的现状。

党的二十大报告指出："教育是国之大计、党之大计。培养什么人、怎样培养人、为谁培养人是教育的根本问题。育人的根本在于立德。全面贯彻党的教育方针，落实立德树人根本任务，培养德智体美劳全面发展的社会主义建设者和接班人。坚持以人民为中心发展教育，加快建设高质量教育体系，发展素质教育，促进教育公平。加快义务教育优质均衡发展和城乡一体化，优化区域教育资源配置，强化学前教育、特殊教育普惠发展，坚持高中阶段学校多样化发展，完善覆盖全学段学生资助体系。统筹职业教育、高等教育、继续教育协同创新，推进职普融通、产教融合、科教融汇，优化职业教育类型定位。加强基础学科、新兴学科、交叉学科建设，加快建设中国特色、世界一流的大学和优势学科。引导规范民办教育发展。加大国家通用语言文字推广力度。深化教育领域综合改革，加强教材建设和管理，完善学校管理和教育评价体系，健全学校家庭社会育人机制。加强师德师风建设，培养高素质教师队伍，弘扬尊师重教社会风尚。推进教育数字化，建设全民终身学习的学习型社会、学习型大国。"

我国在1993年颁布的《中国教育改革和发展纲要》中明确提出，到20世纪末，国家公共教育投资占国内生产总值的比重应达到4%。

2012年，首次实现国家财政性教育经费支出占国内生产总值的比例达到4%的目标。十年来，尤其是近几年，我国经济下行压力逐年加大、财政收支矛盾非常突出，但对教育的财政投入始终坚持逐年只增不减。国家财政性教育经费十年累计支出33.5万亿元，年均增长9.4%，高于同期国内生产总值年均名义增幅（8.9%）和一般公共预算收入年均增幅（6.9%）。尽管这一比例不同年份有高有低，但始终没有低于4%，更为重要的意义是，教育投入基数持续加大。不管是总投入，还是财政性、一般公共预算、非财政性等渠道用于教育的资金，十年都翻了一番。概括起来是"四个翻番"：第一个翻番是"总投入"。全国教育经费总投入2011年是2.4万亿元，2021年达到5.8万亿元，是2011年的约2.4倍，年均增长9.3%。第二个翻番是"财政性"。国家财政性教育经费2011年不到2万亿元，2021年达到4.6万亿元，是2011年的约2.3倍，年均增长9.4%。第三个翻番是"一般公共预算"。全国一般公共预算教育经费2011年是1.6万亿元，2021年达到3.7万亿元，是2011年的约2.3倍，年均增长8.8%。第四个翻番是"非财政性"。全国非财政性教育经费2011年只有不到6 000亿元，2021年达到1.2万亿元，是

2011年的约2倍，年均增长8.6%。

（3）教育支出的来源。

教育属于混合公共物品，分为基础教育和高等教育。根据基础教育和高等教育的具体特征，基础教育关系到一个国家和一个民族的素质和发展，应属于纯粹公共物品，应由政府投资；高等教育则属于混合公共物品，其经费应由受益者负担，不足部分再由政府投资。

知识链接 4-2

法定支出

法定支出是财政管理中的一个概念，一般是指有关法律法规对某一支出项目规定的支出比例、增长幅度等。在法定支出中，主要有教育、科技、农业等方面的支出，其必须符合国家规定的要求。

《中华人民共和国教育法》第五十五条、第五十六条规定：“国家财政性教育经费支出占国内生产总值的比例应当随着国民经济的发展和财政收入的增长逐步提高。具体比例和实施步骤由国务院规定。全国各级财政支出总额中教育经费所占比例应当随着国民经济的发展逐步提高。”“各级人民政府的教育经费支出，按照事权和财权相统一的原则，在财政预算中单独列项。各级人民政府教育财政拨款的增长应当高于财政经常性收入的增长，并使在校学生人数平均的教育费用逐步增长，保证教师工资和学生人均公用经费逐步增长。”《中华人民共和国义务教育法》第四十二条规定：“国务院和地方各级人民政府用于实施义务教育财政拨款的增长比例应当高于财政经常性收入的增长比例，保证按照在校学生人数平均的义务教育费用逐步增长，保证教职工工资和学生人均公用经费逐步增长。”

1993年《中国教育改革和发展纲要》提出，在20世纪末财政性教育经费要占到国内生产总值的4%。2023年，我国公共预算教育支出为42 166亿元，占财政总支出的15.3%，排在各项支出的首位。从2012年开始，财政性教育经费占国内生产总值（GDP）的比例在4%以上，已经连续保持了12年。

3.科研支出

科学研究一般分为基础科学研究和应用科学研究。基础科学研究对科学进步和发展起到基础制约性作用，但其研究期限长、风险大、投资大，且不易通过市场交换来衡量和弥补科研经费，应由政府出资；相比而言，应用科学研究容易出成果，也易通过市场交换，既能解决科研经费不足的问题，又能实现企业利润的增长。近年来，我国进行科研体制改革，能市场化的、该市场化的应用科学研究应尽快实行市场化。一方面，调动科研人员的积极性；另一方面，节约公共支出，推进实现产研一体化。同时，确保提供基础科学研究经费和国家重点科研攻关项目和技术的资金供应。《中华人民共和国科学技术进步法》的出台保证了政府用于科技方面的投资高于每年公共支出的平均增长水平。

党的二十大报告指出：“坚持创新在我国现代化建设全局中的核心地位。完善党中央对科技工作统一领导的体制，健全新型举国体制，强化国家战略科技力量，优化配置创新资源，优化国家科研机构、高水平研究型大学、科技领军企业的定位和布局，形成国家实验室体系，统筹推进国际科技创新中心、区域科技创新中心建设，加强科技基础能力建设，强化科技战略咨询，提升国家创新体系整体效能。深化科技体制改革，深化科技评价改革，加大多元化科技投入，加强知识产权法治保障，形成支持全面创新的基础制度。培育创新文化，弘扬科学家精神，涵养优良学风，营造创新氛围。扩大国际科技交流合作，加强国际化科研环境建设，形成具有全球竞争力的开放创新生态。"

党的十八大以来，我国科技事业发生了历史性、整体性、格局性重大变化，成功进入创新型国家行列。联合国公布了全球各种科技研发投入占国内生产总值比重的数据，中国表现亮眼，科技研发投入占国内生产总值的比重由2000年的0.89%提高到2020年的2.4%，全球排名从2000年的第30位上升到2020年的第13位，逼近世界前十，与第10位丹麦的2.96%相差0.56个百分点。

根据世界知识产权组织近日发布的2022年全球创新指数，2022年中国创新能力综合排名全球第11位，较上年提升1位，较2012年跃升23位。在132个经济体中，中国进入全球百强的科技集群数量达21个，比2017年增加14个，数量首次与美国持平，居全球首位。在细分指标上，中国有9项细分指标排名全球第一，分别为：阅读、数学和科学PISA（国际学生评估项目）量表；国内市场规模；提供正规培训的公司占比；单位国内生产总值的本国人发明专利申请量；单位国内生产总值的本国人实用新型专利申请量；劳动力产值增长；单位国内生产总值的本国人商标申请量；单位国内生产总值的本国人工业品外观设计申请量；创意产品出口额在贸易总额中的占比。

4.卫生健康支出

实现人人享有卫生保健、提高全民健康素质是社会主义建设的重要目标，是人民生活质量改善的标志，是社会主义精神文明的重要内容，是社会和经济发展的保障。我国规定，卫生健康支出的增长幅度应不低于财政支出的增长幅度。

卫生具体包括医疗服务和卫生服务，二者在经济性质上是有区别的。医疗服务可由政府提供，也可由私人提供，完全可以市场化，与高等教育一样属于混合公共物品。世界上实行公费医疗的国家都普遍存在医疗资源严重浪费等问题。由于卫生服务具有很强的外溢性、非排他性和不可分割性的特征，其消费利益的外在性使微观经济主体没有能力也没有义务提供，只能由政府提供。

党的二十大报告指出："深化医药卫生体制改革，促进医保、医疗、医药协同发展和治理。促进优质医疗资源扩容和区域均衡布局，坚持预防为主，加强重大慢性病健康管理，提高基层防病治病和健康管理能力。深化以公益性为导向的公立医院改革，规范民营医院发展。发展壮大医疗卫生队伍，把工作重点放在农村和社区。重视心理健康和精神卫生。促进中医药传承创新发展。创新医防协同、医防融合机制，健全公共卫生体系，提高重大疫情早发现能力，加强重大疫情防控救治体系和应急能力建设，有效遏制重大传染性疾病传播。深入开展健康中国行动和爱国卫生运动，倡导文明健康生活方式。"

党的十八大以来，政府卫生健康支出不断提高。2020年，全国卫生总费用达72 175亿元，占国内生产总值的7.1%。其中，政府卫生健康支出为21 941.9亿元，占年度卫生总费用的30.4%，比上年增长21.78%。相比2010年，政府卫生健康支出增加了16 209.41亿元，年平均增长了12.98%，占卫生总费用的比重增加了1.71个百分点。2022年，政府卫生健康支出为22 542亿元，比2021年增长了17.8%。2023年，卫生健康预算支出增加了近1 670亿元。其中，城乡居民基本医疗保险人均财政补助标准提高了30元，达到每人每年640元；基本公共卫生服务经费人均财政补助标准提高了5元，达到每人每年89元；公立医院综合改革、医疗卫生机构能力建设、卫生健康人才培养三项补助资金共计约189亿元；重大传染病防控经费共计156.4亿元。

政府卫生健康支出不断增长，推动了我国卫生健康事业的发展。一是群众看病难问题有效缓解。针对群众异地就医流向和重点疾病，已经设置10个专业类别的国家医学中心，建设了50个国家区域医疗中心，组建了医联体1.5万个，推动相关优质医疗资源扩容和下沉。二是群众看病贵问题得以减轻。推进国家组织药品、耗材集中采购和使用，降低虚高药价，已开展的7批药品集采平均降价超过了50%，2批耗材集采平均降价超过80%，累计节约费用约3 000亿元。深化审评审批制度改革，加快新药、好药上市，推进药品一致性评价，减轻群众用药负担。在全国基本实现基本医保地市级统筹，住院和门诊费用跨省直接结算。2020年、2021年连续两年卫生总费用中个人支出的占比下降到27.7%。三是医疗卫生体系效率持续提升。全面推进公立医院综合改革，取消公立医院的药品和耗材加成，破除以药补医机制，同步推进补偿机制和运行机制改革，建立健全现代医院管理制度。四是以健康为中心的改革导向更加突出。以大健康理念为引领，改革完善医疗、医保、医药等方面的相关制度。

二、财政投资支出

（一）财政投资的性质与范围

1.财政投资的性质

在市场经济社会，社会总投资可以分为财政投资与非财政投资两大部分。政府财政支出中用于投资方面的支出，就是财政投资支出。从我国目前的经济情况来看，财政投资支出主要有基础产业（包括基础设施和基础工业）领域的投资、公益事业领域的投资和生产领域的投资。其中，生产领域的投资，是指在市场经济条件下应该受市场机制调节的盈利性投资，它提供的产品是现代财政理论中所讲的私人产品，在消费或使用上具有竞争性和排他性，其价格完全可以通过市场竞争形成，如在轻工、纺织、机械、电器等领域的投资，就属于这类投资。在西方国家，这类竞争性生产领域的投资，一般纳入非财政投资的范围，而在我国现阶段仍然是财政投资涉足的一个相当重要的领域。基础产业领域的投资，是指在社会基础设施和基础工业方面的投资。其中，社会基础设施主要包括交通运输、机场、港口、桥梁、通信、水利和城市排水、供气、供电等设施；基础工业主要包括能源、基本原材料等工业。基础产业不同于其他产业，它为整个生产过程提供共同生产条件，它所产生的利益在为社会享用时具有非竞争性和非排他性，因此它具有公共产品的一般特征，对整个国民经济的发展具有很强的制约作用。同时，基础产业的发展需要大量资金的投入，而且其建设周期比较长，投资效益回收慢。这类投资无论在什么样的社会经济制度下，一般都属于财政投资应该涉及的范围。公益事业领域的投资，主要是指在文化、教育、科学、卫生、社会福利、行政管理和国防等领域的投资，它所提供的产品或服务，基本上都属于纯公共产品。

2.财政投资的范围

（1）在竞争性生产投资上，财政投资的主要对象应该是支柱产业的重点项目和高新技术、新兴产业方面的开发项目，而且通常表现为对这些投资项目进行有选择性的支持与投资。

（2）在基础产业投资上，政府财政应该集中必要的财政资金进行财政投资，并引导社会资金、企业资金和国外资金参与投资。

（3）在公益事业投资上，政府财政应该承担起投资的责任，用政府的财政资金来支持这些具有"资本品"性质的纯公共产品。

（二）财政投资的特点

政府财政投资支出有其固有的一些特点。对此，我们可以从政府财政投资支出不同于非政府财政投资支出的角度来看。

1.财政投资追求社会总体利益

非政府财政投资主要是由具有独立商品生产者身份的企业来执行的。作为商品生产者，它要追求盈利，且它的盈利是根据自身的微观效益和微观成本计算的。而政府财政投资是由居于宏观调控主体地位的政府来执行的，政府可以从社会效益和社会成本的角度来评价和安排自己的投资。政府可以不盈利或者只求低利或微利，但是政府财政投资项目的建成，如社会基础设施等，可以极大地提高国民经济的整体效益。这是政府财政投资的第一个特点。

2.一般投向大型项目

作为非政府财政投资主体的企业，主要依靠自身积累的利润和社会筹资来为投资提供资金，并主要从事一些短期性投资。自身积累的规模不可能很大，社会筹资也受到种种限制，这意味着非政府财政投资一般很难承担规模稍大的投资项目；同时，作为非政府财政投资主体的企业，既然要追求盈利，就只能从事周转快、见效快的短期性投资。政府财政投资的第二个特点是，由于政府较私人在财力上雄厚得多，且其投资资金来源多半是无偿的，因此政府财政投资可以选择一些大型的和长期的投资项目。

3.注重社会效益和社会成本

作为非政府财政投资主体的企业，由于完全从其自身追求利润最大化的目标出发，这种非政府财政投资不可能顾及非经济的社会效益与社会成本。而政府财政投资的第三个特点则是，政府财政投资可以是一些社会效益好而经济效益一般的投资，或者可以是一些社会成本低而经济成本却不低的投资。总之，作为财政投资主体的政府在国民经济中居于特殊地位，它应该将自己的投资集中于基础性、公益性的投资项目，以及农业、能源、通信、交通等有关国计民生的领域。换言之，在投资主体多元化的社会，如果政府不承担应由其承担的投资，或者政府在这些投资方面的投资不足，那么这个社会的基础性、公益性投资领域中的产品或服务就可能出现短缺，有关国计民生的投资就会跟不上国民经济健康发展对之提出的要求，整个国民经济的发展就会不可避免地遇到瓶颈制约。我国几十年来的政府财政投资出现过这些问题，社会投资结构始终得不到优化，从而制约着国民经济的持续、稳定和健康发展。

（三）财政投资的作用

政府财政投资在整个社会经济发展中的作用，主要表现在以下三个方面：

1.政府财政投资能够弥补市场调节的不足

政府财政投资弥补市场调节的不足，为社会和经济发展提供非政府财政投资所不能提供的产品或服务。

2.政府财政投资可以调节社会投资总量

这是通过直接调节政府自身投资规模和间接调节非政府财政投资规模，而使社会投资总规模与社会和经济的协调发展所要求的投资总量相适应来实现的。

3.政府财政投资可以调节社会投资结构

这是通过调节政府自身的投资结构和引导非政府财政投资结构，使全社会的投资结构符合国家的产业政策的要求来实现的。然而，更为重要的是，政府财政投资在整个社会经济发展过程中所起的作用还有其自身的变化规律。经济发展方面的文献表明，在市场经济发展的早期阶段，政府财政投资是非常重要的。为了国家的经济发展，并使自然资源与市场相连接，政府就必须提供交通设施，社会需要作为民间生产性资本形成的先决条件的公路、铁路、机场和港口设施；同样，改良农业设施需要灌溉等农田水利设施，而机械的使用需要最起码的技术、技能等人力资本投资。总之，"要想富，先修路"。所有这些类似"修路"方面的投资，由于其受益基本上是外在的，因此必须由政府部门即地方政府或中央政府来提供。同时，由于那些便于民间生产性资本投资的社会基础设施在经济发展的早期阶段是十分有限的，因此民间生产性资本投资也会出现供给不足的问题。从这个意义上来讲，即使不是那些类似"修路"方面的投资，或者更明确地说，即使是那些受益完全内在化，且从道理上来讲完全可以由民间企业来投资的资本品，也需要由政府财政来投资。然而，随着一国国民经济的发展，以及在国民经济中一个较大的储蓄流成为可能，民间生产性资本存量必定会增加，而社会基础设施投资已基本完成，便于民间资本形成的体制和环境变得更为发达，原来在经济发展的早期阶段需要由政府财政来进行的投资可能会留给民间部门。因此，政府财政投资无论在绝对额上还是在相对额上，都可能会有所下降。但是，随着国民经济的进一步发展，对政府财政投资的需要会发生相应的变化。

（1）在经济发展过程中，随着人均收入的上升，人们的消费结构会发生变化，而人们消费的一些产品通常需要有配套的财政投资。例如，消费者收入水平的提高将使汽车的广泛使用成为可能，于是人们对公路设施的需求会大大增加，并且会提出更高的要求，这就要求政府加大对公路设施建设的财政投资力度。

（2）在经济发展过程中，随着由农业国向工业国转化的城市化运动会牵涉到庞大的市政建设，这就不可避免地产生对政府财政投资的巨额需求。

（3）一些新兴产业的发展大大增加了对有技能劳动力的需求，从而对教育以及人力资本投资的需求也提出了更高的要求，因此相应的政府财政投资也是理所当然的。

（4）城市旧区的改造和开发，以及城市人口迁居到郊外，都需要城市的重新开发和上下班交通设施的扩展，这又会对政府财政投资提出要求。需要指出的是，上述政府财政投资在经济发展过程中的变化规律，并不是只有一个模式；相反，在一般情况下，这些规律在不同的具体经济环境下会有不同的表现形式。

✅ 拓展思考 4-4 ···

为什么财政投资相对私人投资效益较差？

（四）公共投资的重点领域

1.基础设施和公益事业投资

（1）基础设施和公益事业财政投资的性质。

在市场经济条件下，政府在财政预算支出中安排一定的投资支出用于基础产业和公益事业方面是十分必要的，因为这些方面的投资存在严重的市场缺陷。

社会基础设施是千差万别、千姿百态的。尽管这样，它们还是有一些共同的特点。

✅ 拓展思考 4-5 ···

近年来，我国社会基础设施投入快速增长，这反映的是什么财政支出理论？

社会基础设施所提供的产品或服务是社会性的，它们为各种经济活动和生活娱乐活动提供不可缺少的条件。

社会基础设施提供的服务具有社会性，意味着公众对社会基础设施的消费具有非竞争性和非排他性。一方面，某些人对社会基础设施的消费不会影响他人的消费，人们在社会基础设施的消费利益上不存在矛盾或冲突；另一方面，社会基础设施在消费或使用过程中所产生的利益不能为某个人或某些人所专有，要将一个人或一些人排斥在消费或使用过程之外，不让他们享受其利益是不可能的。显然，社会基础设施属于公共产品的范畴。

与其社会性相对应，社会基础设施常常可能产生外部效应，具有外部经济或外部不经济。例如，建造一座风景优美的公园，可以导致其周边地区的地价和建筑物价格大幅度上涨，并使得旅游业和服务业获得丰厚利润，这就是社会基础设施的外部经济。同样，修建一条公路，将使路旁居住的人们备受噪声污染和空气污染之苦，这就是社会基础设施的外部不经济。

社会基础设施是固着于一地，且为一定地域服务的，因此它们所提供的服务不可能从外地引进，更不可能从国外进口。

（2）财政投资基础设施和公益事业的领域。

由于社会基础设施具有上述特点，且投资耗费巨大，不易或不能完全通过收费制度来迅速且有效地收回全部投资，它们的投资主要由政府或政府委托的机构来完成，其投资资金甚至营运资金也需依靠政府筹措或融资。简言之，公共设施服务的社会性、消费的非竞争性和非排他性，具有外部性以及位置的固定性、服务的区域性、投资主要由政府集中进行等特征。如果我们依据这几个特征来界定社会基础设施的外延，那么应当被包括在内的社会基础设施主要有邮政设施、社会治安设施、环境与卫生设施、防洪防灾设施、国土保护设施、社会福利设施、文化设施以及城市主要街道、桥梁等。显然，这些社会基础设施的特点决定了它们提供"资本性"的公共产品时，市场机制是无能为力的，必须依赖于政府财政。因此，政府财政对基础设施的投资是必不可少的。

在世界各国的实践中，社会基础设施的外延常常比上面所述的要大。具体来说，列在各国政府预算中的需由政府直接出资或政府给予资金支持的社会基础设施投资项目，常常超出上面所列的范围，甚至在一些特殊的生产领域。其原因主要有：

一是有些产业设施，如电信、自来水、煤气燃气、电力、交通运输等产业的设施，虽然其产品或服务属私人性质，并在消费上具有竞争性和排他性，但是这些产品和服务也具有广泛的社会性和自然垄断性。因此，如果任凭追求利润最大化的企业通过市场来提供这些产品或服务，其价格可能会被抬高，那么社会的生产成本和生活费用都可能被提高，进而对社会福利产生不利的影响。因此，政府常常直接投资于这些设施或者资助企业进行投资，并以合理的价格向公众提供这些产品或服务。

二是有些设施，如高等教育和某些文化设施，其产品或服务既有公共产品性质，又有私人产品性质。这些产品或服务可能会产生较大的外部经济效益，而其投资成本却可能很高。因此，若由非政府部门去运营这些产品或服务，其规模则不可能很大，产生的外部经济效益也不可能被充分实现。为纠正这一"市场失灵"，社会基础设施也需要政府投资。

（3）基础设施的项目融资方式。

公私合作模式（Public-Private-Partnership，PPP），是公共基础设施中的一种项目融资模式。该模式鼓励私营企业、民营资本与政府进行合作，参与公共基础设施的建设。

广义的PPP是指政府公共部门与私营部门合作过程中，让非公共部门所掌握的资源参与提供公共产品和服务，从而实现合作各方达到比预期单独行动更为有利的结果。与BOT相比，狭义的PPP的主要特点是，政府对项目中后期建设管理运营过程参与更深，企业在项目前期科研、立项等阶段参与更深入。政府和企业都是全程参与，双方合作的时间更长，信息也更对称。

PPP的基本特征有：

一是伙伴关系。公共部门之所以和私营部门合作并形成伙伴关系，核心问题是存在一个共同的目标：在某个具体项目上，以最少的资源，实现更多、更好的产品或服务的供给。私营部门是以此目标实现自身利益的追求，而公共部门则是以此目标实现公共福利和对利益的追求。

二是利益共享。需要明确的是，在PPP模式中，公共部门与私营部门并不是简单分享利润，还需要控制私营部门可能的高额利润，即不允许私营部门在项目执行过程中形成超额利润。其主要原因是，任何PPP项目都是带有公益性的项目，不以利润最大化为目标。如果双方想从中分享利润，其实是一件很容易的事，只要允许提高价格，就可以使利润大幅度提高。不过，这样做必然会带来社会公众的不满，甚至还可能会引起社会混乱。既然形式上不能与私营部门分享利润，那么如何与私营部门共享利益呢？在此，共享利益除了指共享PPP项目的社会成果外，还包括使作为参与者的私营部门、民营企业或机构取得相对平和、长期稳定的投资回报。利益共享显然是伙伴关系的基础之一，如果没有利益共享，就不会有可持续的PPP类型的伙伴关系。

三是风险共担。伙伴关系作为与市场经济规则兼容的PPP机制，利益与风险也有对应性，风险共担是利益共享之外伙伴关系的另一个基础。如果没有风险共担，就不可能形成健康且可持续的伙伴关系。无论是市场经济还是计划经济，无论是私营部门还是公共部门，无论是个人还是企业，没有谁会喜欢风险，即使最具冒险精神的冒险家，其实也不会喜欢风险，而是为了利益千方百计地规避风险。

在PPP模式中，公共部门与私营部门合理分担风险的这一特征，是其区别于公共部门与私营部门其他交易形式的显著标志。例如，在政府采购的过程中，公共部门与私营部门之所以不能称为公私合作伙伴关系，是因为双方在此过程中让自己尽可能少地承担风险；而在公私伙伴合作关系中，公共部门却是尽可能多地承担自己有优势方面的伴生风险，而让对方承担的风险尽可能少些。一个明显的例子是，在隧道、桥梁、干道建设项目的运营中，如果因一段时间内车流量不够而导致私营部门达不到基本的预期收益，公共部门可以对其提供现金流量补贴，这种做法可以在分担风险的框架下，有效控制私营部门因车流量不足而引起的经营风险。与此同时，私营部门会按其相对优势承担较多的，甚至全部的具体管理职责，而这个领域正是政府管理层"官僚主义低效风险"的易发领域。由此，风险得以规避。

如果每种风险都能由最善于应对该风险的合作方承担，毫无疑问，整个基础设施建设项目的成本就能最小化。在PPP模式中，更多是要突破简单化的"融资模式"的理解，上升到从管理模式创新的层面来理解和总结。

PPP的主要优点有：

一是消除费用的超支。在初始阶段，私营部门与政府共同参与项目的识别、可行性研究、设施和融资等建设过程，保证了项目在技术和经济上的可行性，缩短前期工作周期，使项目费用降低。

二是有利于转变政府职能，减轻财政负担。政府可以从繁重的事务中脱身出来，从过去的基础设施公共服务的提供者转变成监管者，从而保证质量，也可以在财政预算方面减轻政府压力。

三是促进投资主体的多元化。利用私营部门来提供资产和服务，为政府部门提供更多的资金和技能，促进投融资体制改革。同时，私营部门参与项目还能推动在项目设计、施工、设施管理过程等方面的革新，提高办事效率，传播最佳管理理念和经验。

四是政府部门和私营部门可以取长补短，发挥政府公共机构和民营机构各自的优势，弥补对方身上的不足。双方可以形成互利的长期目标，可以以最有效的成本为公众提供高质量的服务。

五是风险分配合理。与BOT等模式不同，PPP模式在项目初期就可以实现风险分配，同时由于政府分担了一部分风险，使风险分配更合理，减少了承建商与投资商的风险，从而降低了融资难度，提高了项目融资成功的可能性。政府在分担风险的同时，也拥有一定的控制权。

六是应用范围广泛。PPP模式突破了引入私营部门参与公共基础设施项目组织机构的多种限制，可适用于城市供热等各类市政公用事业及道路、铁路、机场、医院、学校等。

广义的PPP的形式有：

①建设—经营—转让（Build-Operate-Transfer，BOT），是指私人团体或国际财团同意提供资金，进行建设和经营，并在一定时期内负责设施的维修，然后将这些设施转让给政府部门或其他公共机构。

BOT运作程序包括项目确定阶段（由政府或私人提出），项目准备及招标阶段，合同谈判签订阶段（包括项目的经营期限、风险共担、政府的经济支持和行政支持、政府授予的特许权），项目设计、建设、运营和移交阶段（经营期满，无偿移交）。

②移交—经营—移交（Transfer-Operate-Transfer，TOT），是指通过出售现有投产项目在一定期限内的产权，获得资金建设新项目的一种融资方式。政府把已经投产运营的项目在一定期限内的特许经营权交给外资或民营企业经营，以项目在该期限内的产权或现金流量为标的，一次性地从外商或民营企业那里融得一笔资金，用于建设新项目，特许经营期满，政府收回项目所有权。

TOT的特点是移交已建好的项目，减少风险，降低壁垒，因此对民间资本吸引力最大，可以私有民营，也可以国有民营，提高基础设施的经营效率，使经营业绩与利益挂钩，达到有效激励，并提高有限财政资金建设基础设施的功效，经营期满归还政府，可以保证政府实施基础设施的调控权。

③资产证券化融资（Asset-Backed Securitization，ABS），是指以目标项目所拥有的资产为基础，以该项目未来的收益为保证，通过在国际资本市场上发行债券，来筹集资金的一种项目证券融资方式。

④建设—移交（Build-Transfer，BT），是政府利用非政府资金来进行非经营性基础设施建设项目的一种融资模式。BT模式是BOT模式的一种变换形式，是指一个项目的运作通过项目公司总承包，融资、建设验收合格后移交给业主，业主向投资方支付项目总投资加上合理回报的过程。采用BT模式筹集建设资金成为项目融资的一种新模式。

BT运作程序为：首先，政府根据当地社会和经济发展需要对项目进行立项，完成项目建议书、可行性研究、筹划报批等前期工作，将项目融资和建设的特许权转让给投资方（依法注册成立的国有或私有建筑企业），银行或其他金融机构根据项目未来的收益情况和投资方的经济实力等情况为项目提供融资贷款，政府与投资方签订BT投资合同，投资方组建BT项目公司，投资方在建设期间行使业主职能，对项目进行融资、建设，并承担建设期间的风险。其次，项目竣工后，按BT合同，投资方将完工验收合格的项目移交给政府，政府按约定的总价（或计量总价加上合理回报）分期偿还投资方的融资和建设费用。政府在BT投资全过程中负有监管责任，保证BT投资项目的顺利融资、建设和移交。投资方是否具有与项目规模相适应的实力，是BT项目能否顺利建设和移交的关键。

拓展阅读4-1

北京源通热力公司实施集中供热PPP项目

2.农业的财政投资

我国是一个人口众多的国家，农业自然资源相对短缺，人均耕地和人均水资源占有量只有世界平均水平的1/3，这一基本国情决定了我国工业化、现代化建设必须同农业基础的稳固紧密地结合在一起，也客观上要求国家应高度重视农业投资。

农业是国民经济的基础，是经济和社会稳定发展的前提和保证。农业是一个弱质产业，与国民经济的其他产业相比，不仅存在市场风险，而且面临严重的自然风险，这是由农业产业本身的特点所决定的。农业生产是对大自然敞开的,是融入大自然之中的,农业的产出不仅取决于生产者的努力程度,还取决于自然的随机变量,一些大的自然灾害,如旱灾、洪涝、地震、冻害、台风等都会给农业生产造成大的危害。同时,农业的生产周期也是由大自然所决定的,导致农业生产难以适应经常变化的市场需求,使农业面临比国民经济中其他产业更大的市场风险,由此也往往导致农业生产、农产品供给量和农产品价格大起大落,丰收之后出现农业徘徊甚至滑坡,结果造成农产品供求关系再度紧张。农产品是典型的私人产品,具有完全的排他性和竞争性,在正常情况下,应该完全由市场来调节,而不是政府财政投资的领域,但农业是弱质产业,市场投资不足,这就需要政府来弥补市场投资不足,加大对农业的投入力度。

党的二十大报告指出,全面建设社会主义现代化国家,最艰巨最繁重的任务仍然在农村。坚持农业农村优先发展,坚持城乡融合发展,畅通城乡要素流动。加快建设农业强国,扎实推动乡村产业、人才、文化、生态、组织振兴。全方位夯实粮食安全根基,全面落实粮食安全党政同责,牢牢守住十八亿亩耕地红线,逐步把永久基本农田全部建成高标准农田,深入实施种业振兴行动,强化农业科技和装备支撑,健全种粮农民收益保障机制和主产区利益补偿机制,确保中国人的饭碗牢牢端在自己手中。树立大食物观,发展设施农业,构建多元化食物供给体系。发展乡村特色产业,拓宽农民增收致富渠道。巩固拓展脱贫攻坚成果,增强脱贫地区和脱贫群众内生发展动力。统筹乡村基础设施和公共服务布局,建设宜居宜业和美乡村。巩固和完善农村基本经营制度,发展新型农村集体经济,发展新型农业经营主体和社会化服务,发展农业适度规模经营。

改革开放以来,特别是近年来,各级财政认真贯彻"多予、少取、放活"的方针政策,不断创新机制体制,改革和完善支农政策措施,积极调整支出结构,加大"三农"投入。近几年,各级财政用于"三农"的投入大幅度增加。根据财政部的资料,2019年全国一般公共预算收入为190 382亿元,同比增长3.8%,而一般公共预算支出为238 874亿元,同比增长8.1%。其中,用于农、林、水的财政支出达到22 420亿元,同比增长6.3%。国家对"三农"投入的持续增加,实现了第一产业固定资产投资增速明显高于全社会固定资产投资平均增速的目标。正是有了坚实的财力保障,才能有力地推动农业和农村经济的快速发展,加快城乡统筹协调建设的步伐。

财政对农业的投资重点在于,支持那些风险大、投资效益低、对农业发展起着保护性或开放性或有示范效益的项目,如大中型农业基础设施、农业科研和新技术推广、生态环境保护等方面的投资,这是其他农业投资主体所难以承担的,也是政府财政保护农业的重点所在。此外,从市场经济国家的经验及其中央与地方所处的地位来看,不同政府级次的财政农业投资应该有所侧重。具体而言,主要是根据政府承担的农业生产建设与事业发展项目的受益范围的大小、外部效应的有无来划分各级财政农业投资范围,充分体现了"谁投资,谁受益"的原则。从农业建设性、事业性投资权的划分来看,中央财政主要承担关系国家经济发展全局、属于全国范围或跨地区、地方无力承担或不适宜由地方承担的支出,如大江、大湖、大河的治理,大型生态农业保护工程,带有全局性、方向性的重点科技开发及大型粮棉基地建设等;省级财政掌握的投资主要包括全省性及跨地市水利工程建设、全省性农林水利事业发展项目、重大科技成果推广应用等;

地市县应在承担本区域农业工程设施建设与养护的基础上，重点发展优质高效农业、社会化服务体系及推广先进适用的农业技术等。

当前我国财政农业支出体制存在一些问题，主要表现在：一是自上而下的决策体制导致一些财政农业支持项目脱离当地实际，地方主动性较差，难以完全实现设计的要求。二是资金安排与资金使用脱节。财政农业支持资金大多数由中央、省政府安排，县乡政府使用，自上而下层层转拨，容易出现挤占挪用现象。与财政其他支出相比，财政农业支出效益历年都是较差的项目之一。

☑ **拓展思考 4-6** ···

政府为什么要对农业进行投资？

第二节　转移性支出

转移性支出主要包括补助支出、捐赠支出和债务利息支出。其中，补助支出所占的份额最大，从经济影响上来看，也是补助支出最为重要，它全面影响收入分配，并间接影响资源的配置。本节集中讨论转移性支出中的补助支出，主要包括社会保障支出和财政补贴支出。

党的二十大报告指出，社会保障体系是人民生活的安全网和社会运行的稳定器。健全覆盖全民、统筹城乡、公平统一、安全规范、可持续的多层次社会保障体系。完善基本养老保险全国统筹制度，发展多层次、多支柱养老保险体系。实施渐进式延迟法定退休年龄。扩大社会保险覆盖面，健全基本养老、基本医疗保险筹资和待遇调整机制，推动基本医疗保险、失业保险、工伤保险省级统筹。促进多层次医疗保障有序衔接，完善大病保险和医疗救助制度，落实异地就医结算，建立长期护理保险制度，积极发展商业医疗保险。加快完善全国统一的社会保险公共服务平台。健全社保基金保值增值和安全监管体系。健全分层分类的社会救助体系。坚持男女平等基本国策，保障妇女儿童合法权益。完善残疾人社会保障制度和关爱服务体系，促进残疾人事业全面发展。坚持房子是用来住的、不是用来炒的定位，加快建立多主体供给、多渠道保障、租购并举的住房制度。

一、社会保障支出

社会保障是指国家依据一定的法律法规，在劳动者或全体社会成员因年老、疾病、伤残丧失劳动能力或丧失就业机会以及遇到其他事故而面临生活困难时，向其提供必不可少的基本生活保障和社会服务。

（一）社会保障的特征

社会保障作为一种经济保障形式，具有以下基本特征：

1.覆盖面的广泛性

社会保障的实施主体是国家，目的是满足全体社会成员的基本生活需要，因此社会保障的受益范围是广泛的，保障的辐射角度也是全方位的。完整的社会保障体系犹如一张安全网，应覆盖社会经济生活的各个层次、各个方面。从原则和道义上来讲，任何一个社会成员都不应被排斥或遗漏在这张安全网之外。

2.参与上的强制性

虽然社会保障事业惠及每一位社会成员，但每个人对社会保障的需求程度和社会保障对每个人所产生的边际效用高低各不一样，甚至有很大差别。这样在经过付出与收益之间的比较权衡之后，一些社会成员可能会宁愿选择不参与社会保障，这显然不利于社会整体利益。因此，此时的强制参与就是必要的，并且应以法律形式加以确定。

3.制度上的立法性

社会保障作为政府的社会政策，在为全体社会成员提供保障的同时，也要求全社会共同承担风险，这就涉及社会的各个方面及各种社会关系。为了使社会保障具有权威性，正确地调整各阶层、群体以及个人的社会保障利益关系，必须把国家、集体（雇主）、个人（雇员）在社会保障活动中所发生的各种社会关系用法律形式固定下来。社会保障立法要明确以下关系：①社会保障项目和标准的确立关系，它直接影响社会成员个人的受益程度和社会保障的总体规模水平；②社会保障资金的筹集和发放关系；③社会保障管理体制的关系，它规定着各社会保障职能机构之间及其内部职责的划分、资金分配和财务管理的权限；④社会保障监督关系，它保证社会保障机构按照规定的标准和程序进行资金分配。

4.受益程度的约束性

社会保障只涉及基本生存方面的风险，它直接带来的不是享受，而是满足基本生活保障的需要。受益程度的约束性是由社会保障存在的前提条件和基本出发点决定的。由于社会保障的项目、水平及制度的健全与否都受到社会化大生产发展程度的制约，因此保障项目过多、过滥或受益水平过高都会影响效率，也会影响社会成员的劳动积极性，从而不利于公平的兼顾和为社会成员创造相对平等的机会。

知识链接 4-3

家庭保障

在传统的农业社会时期，由于受自然经济生产方式的约束，家庭特别是大家庭（家族）通常是世居一地，集生产和消费的功能于一体，个人依赖家庭成员的共同劳动而生存。另外，在这一时期，社会的统治者，提供公共服务的能力和愿望都比较有限。在这样的条件下，个人通常只能通过家庭获得基本的生存保障（如就业、疾病、养老等）。这种保障方式实质上是将个人的生存风险在家庭成员范围之内进行的一种分散。家庭的规模越大，风险化解能力就越强，然而家庭的规模毕竟有限，从而使得这种风险化解的能力也较为有限。当家庭的能力不足以化解个人的生存风险时，个人生存就出现危机，当这种危机积聚到足够大时，就会产生社会动荡。

（二）社会保障支出的内容

1.社会保险

社会保险是指国家根据法律强制劳动者、企业、政府三方共同筹集基金，在劳动者及其家属生、老、病、伤、残、失业时给予物质帮助。社会保险是最基本的社会保障项目，是现代社会保障的核心内容。保险分为社会保险和商业保险。社会保险与商业保险的主要区别见表4-1。

表4-1   社会保险与商业保险的主要区别

项目	社会保险	商业保险
举办目的	实现社会政策	盈利
举办机构	政府部门	商业保险公司
资金来源	受保人、单位、财政资金	投保人
权利与义务	对应关系	对等关系
性质	强制性	自愿性

社会保险的主要内容有：

（1）养老保险。该保险向达到法定年龄而退出社会劳动的劳动者，在养老期间给予养老金、医疗待遇及生活方面的照顾等。

（2）生育和疾病保险。该保险是对因生育而中断劳动和因患病而暂时失去劳动能力的劳动者，给予其生育和患病期间的收入补助。

（3）伤残保险。该保险是指劳动者因病残或工作伤害造成残疾，向其支付的伤残补助金。

（4）医疗保险。该保险负责按一定标准支付给劳动者医疗费用，劳动者的直系亲属也可以享受一定的医疗补助。

（5）工伤保险。该保险是指劳动者因在生产或工作过程中负伤而导致暂时或永久丧失劳动能力时，享受工资、医疗费、伤残补助的权利。其标准一般高于非工伤的劳动者。

（6）丧葬和遗嘱保险。该保险是指对已故劳动者提供的丧葬费用和对其遗属给予的生活补贴。

（7）失业保险。该保险是指对因失业而中断工作的劳动者，给予基本的生活费、医疗补助费，并为他们提供转业培训和职业介绍服务。

2022年年末，全国参加城镇职工基本养老保险人数50 349万人，比上年年末增加2 275万人；参加城乡居民基本养老保险人数54 952万人，比上年年末增加155万人；参加基本医疗保险人数134 570万人（其中，职工基本医疗保险人数36 242万人，城乡居民基本医疗保险人数98 328万人）；参加失业保险人数23 807万人，比上年年末增加849万人；年末全国领取失业保险金人数297万人；参加工伤保险人数29 111万人，比上年年末增加825万人（其中，参加工伤保险的农民工9 127万人，比上年年末增加41万人）；参加生育保险人数24 608万人，比上年年末增加856万人。

2022年年末，全国各类提供住宿的民政服务机构4.3万个；民政服务床位849.1万张；社区服务中心2.9万个，社区服务站50.9万个。

☑ **拓展思考 4-7**

在市场经济条件下，已经有了市场保险为什么还需要社会保险？

2.社会救助

社会救助是指通过国家财政拨款，保障生活确有困难的贫困者最低限度的生活需要。它的主要特点有：第一，全部费用由政府从财政资金中解决，接受者不需要缴纳任何费用；第二，受保人享受社会救助待遇需要接受一定形式的经济状况调查，国家向符合救助条件的个人或家庭提供救助。

社会救助主要包括对无依无靠的绝对贫困者提供的基本保障；对生活水平低于国家最低标准的家庭和个人提供的基本保障；对因天灾而陷入绝境的家庭和个人提供的基本保障。

20世纪50年代，我国建立了针对城乡贫困居民的社会救济制度。1993年，我国开始对城市社会救济制度进行改革，尝试建立最低生活保障制度。1999年，全国所有城市和建制镇的县城均建立了最低生活保障制度。1999年，我国政府正式颁布了《城市居民最低生活保障条例》，为城市所有居民提供最基本的生活保障。

城市居民最低生活保障资金由地方政府列入财政预算。地方政府根据当地维持城市居民基本生活所必需的费用来确定最低生活保障标准。家庭人均收入低于最低生活保障标准的城市居民均可申请享受最低生活保障待遇。城市居民享受最低生活保障待遇需要经过家庭收入调查，享受的待遇水平为家庭人均收入与最低生活保障标准的差额部分。

2022年年末，全国共有683万人享受城市最低生活保障，3 349万人享受农村最低生活保障，435万人享受农村特困人员救助供养，全年临时救助1 083万人。全年领取国家定期抚恤金、定期生活补助金的退役军人和其他优抚对象827万人。

党的二十大报告指出，我们经过接续奋斗，实现了小康这个中华民族的千年梦想，我国发展站在了更高历史起点上。我们坚持精准扶贫、尽锐出战，打赢了人类历史上规模最大的脱贫攻坚战，全国832个贫困县全部摘帽，近一亿农村贫困人口实现脱贫，960多万贫困人口实现易地搬迁，历史性地解决了绝对贫困问题，为全球减贫事业作出了重大贡献。

3.社会福利

社会福利是指政府出资为那些生活困难的老人、孤儿和残疾人等特殊困难群体提供生活保障而建立的制度。为保障特殊困难群体的生活权益，国家颁布了《中华人民共和国老年人权益保障法》《中华人民共和国残疾人保障法》《农村五保供养工作条例》等法律法规。有关法律法规规定：对城市孤寡老人、符合供养条件的残疾人和孤儿实行集中供养，对农村孤寡老人、符合供养条件的残疾人和孤儿实行集中供养与分散供养相结合；集中供养一般通过举办社会福利院、敬老院、疗养院、儿童福利院等福利机构进行；对于残疾人，通过政府的优惠政策来兴办多种形式的社会福利企业，帮助适合参加劳动的残疾人获得就业机会。

4.社会优抚

社会优抚是指对国家和社会有功劳的特殊社会群体给予补偿和褒扬的一种制度，主要包括对现役军人的安置；对现役军人及其家属的优抚；对革命烈士家属和伤残军人的抚恤；对军人退役后的生活保障等。为保障优抚安置对象的权益，国家陆续颁布了《革命烈士褒扬条例》《军人抚恤优待条例》《退役士兵安置条例》等法规。这些法规规定了对牺牲军人家属、伤残军人、老复员军人等重点优抚对象实行定期定量补助；对义务兵家属普遍发放优待金；对伤残军人等重点优抚对象实行医疗费用减免；城镇退役士兵可享受政府一次性就业安置，对自谋职业的安置对象发给一次性经济补助。社会优抚的资金来源于国家财政拨款。2019年，国家抚恤、补助各类优抚对象861万人。

（三）社会保障的经济性功能

1.调节投融资功能

社会保障基金直接来自保险费、财政负担以及基金运用增值的收入，具有较高的稳定性。经过多年积累，社会保障基金已经出现在国家的财政运用上，其作用已不可忽视。例如，庞大的养老金基金正在被广泛地运用，在财政投融资上发挥了重要的作用，客观上已成为一些国家调节投资的一大支柱。在发达国家，由于向全体国民征收年金保险费的积累额十分庞大，对于这些国家产业基础的建设更是起了很大的作用，成为对本国经济实行计划和合理控制的有效手段。一些发展中国家，社会保障基金调节投融资的功能也很明显，通过向国家基础设施和重点项目投融资，不仅支持了国家建设，而且保障了基金本身的快速增值。此外，许多发展中国家还利用社会保障基金向成员个人融资，既有效地利用了基金，又解决了成员个人购入住宅等资金不足的困难。总之，调节投融资是社会保障的经济性功能。

2.平衡需求功能

社会保障通常还被称为调节经济的蓄水池，具有非常有效的平衡需求的作用。当经济衰退、失业率上升时，由于失业补助和社会救济抑制了个人收入减少的趋势，给失去工作和生活困难的人们以购买力，具有唤起有效需求的效果，在一定程度上促进了经济复苏；而当经济高涨、失业率下降时，社会保障支出相应缩减，社会保障基金规模因此增大，减弱了社会需求的急剧膨胀，最终又使社会的总需求与总供给呈反方向增减变动，这就是社会保障支出的"内在稳定器"功能。

3.收入再分配功能

社会保障对低收入阶层给予生活所需要的给付，或者在老年、失业、伤病、残疾等情况发生时，实施必要的收入给付，这对市场经济活动所造成的收入分配不公平进行了再分配。可以说，这是社会保障的最主要功能。社会保障对收入再分配有"垂直性再分配"和"水平性再分配"两种方式。前者是进行从高收入向低收入阶层的收入转移，后者是在劳动与非劳动、健康正常与伤残之间进行的所得转移。社会保障正是通过上述两种再分配方式来实现对收入的再调节，尽量缩小贫富差距，缓和社会矛盾。

4.保护和配置劳动力的功能

在市场经济条件下，社会保障是保护劳动力再生产和促进劳动力合理流动及有效配置的重要制度之一。一方面，在市场竞争中，受优胜劣汰规律的支配，必然造成部分劳动者退出劳动力市场，这部分劳动者及其家属因失去收入而陷入生存危机，社会保障通过提供各种帮助使这部分社会成员维持基本生活需要，从而保护劳动力的生产和再生产；另一方面，通过建立全社会统一的社会保障网络，打破了靠血缘维持的家庭保障格局，超越了企业保障的局限，劳动者在变换工作和迁徙时无后顾之忧，从而促进劳动力的合理流动，实现劳动力要素的有效配置。

（四）社会保障基金的来源

对于社会保障基金的来源，世界上大多数国家实行由国家、企业和个人三方负担的办法，或者依据具体情况，由这三种来源的不同组合构成。

国家财政负担是国家在财政预算中安排一部分资金，用于社会保障事业方面的开支，这是社会保障基金中重要的、稳定的来源。由于财政负担来自一般税收，一些国家还征收社会保障税，从而使财政负担与税收的关系更直接，体现人人负担的特点。

作为政府的社会义务，财政负担社会保障基金是政府职能的重要体现，它对稳定社会保障给付和弥补赤字等方面的作用是很明显的。

企业（雇主）缴纳的社会保障费，是社会保障基金的又一重要来源。劳动者为某一企业提供了劳动力，创造了相当的社会财富，为企业提供了相应的成果，而企业有义务为其缴纳社会保障费，这些费用可以列入企业经营成本。

个人负担一部分社会保障费（特别是社会保险）是必要的。它有助于减少个人收入之间的差距，收入高的多交一些，收入低的少交一些，发挥了社会保障的调节作用。个人负担也可以促使人们关心社会保障事业，减轻国家和企业的负担。

☑ **拓展思考 4-8** ⋯⋯⋯⋯⋯⋯⋯⋯⋯⋯⋯⋯⋯⋯⋯⋯⋯⋯⋯⋯⋯⋯⋯⋯⋯⋯⋯

我国社会保障基金采取收费的形式筹集，有哪些利弊？

⋯⋯⋯

（五）社会保障基金的筹集模式

尽管世界各国社会保障制度不尽相同，但是归纳起来可分为现收现付式、完全基金式和部分基金式三种模式。

1.现收现付式

现收现付式（pay-as-you-go）以近期横向收付平衡原则为指导，用一个时期正在工作的一代人的缴费来支付已经退休的一代人的养老金。具体做法是：首先确定受益人的待遇标准，并据此作出支付养老金数额的预测，再通过税收（工薪税或社会保险税）等强制性缴费来融资，使养老保险基金的收支在年度内保持大体平衡。

现收现付式的优点是费率调整灵活，社会共济性强，基本上不存在基金受投资风险影响的问题，具有较强的代际分配功能。这一模式曾是各国养老保险所普遍采用的传统筹资方式。但在各国人口结构普遍老龄化的今天，它的代价是相当大的，很难长期维持。其原因是：首先，由于人口老龄化，要保证退休人员的生活水平，税率只有不断提高，增加年轻人的负担。但是，税率又不可能一直调高下去，因为必然会遭到纳税人的反对。于是，退休人员捍卫福利和纳税人反对加税交织在一起，必然会加深社会矛盾。其次，现收现付式过于强调社会互济和代际赡养，忽略了个人的自我保障责任，使公众容易产生过度依赖政府的倾向。

2.完全基金式

完全基金式（fully funded）是一种以远期纵向收付平衡原则为指导的筹资方式，其特征是建立个人账户，使退休金直接来源于社会成员本身的储蓄积累。它要求人们在工作期间逐年积累，退休后使用，强调劳动者的自我保护。智利于1980年率先采用了完全基金式，以替代原有的现收现付式。

完全基金式的优点为：首先，它能够缓解养老保障制度所受到的人口老龄化的冲击，避免了现收现付式所需要的工薪税的增加；其次，它完全靠劳动者本人融资，没有收入再分配的功能，不会造成政府额外的财政负担；再次，由于每个成员都有明确的个人账户，对自己所缴的费用有充分的权益，不会期待政府的补助和津贴，因此这一模式不会扭曲个人的工作和储蓄行为；最后，该模式会产生更多的储蓄，有助于资本积累。

完全基金式可以在某些方面弥补现收现付式的不足，但其本身也面临严峻的挑战：一是如何解决由现收现付式向完全基金式过渡时期的缴费率过高问题；二是如何应对基金长期积累过程中面临的通货膨胀和投资风险，即如何通过适当的基金管理，在相当长的岁月里使养老基金保值和增值。

3.部分基金式

鉴于现收现付式和完全基金式各有优缺点，近年来，包括中国在内的一些国家采取了将近期横向收付平衡原则与远期纵向收付平衡原则相结合的筹资方式，即部分基金式（partially funded）。它在通过现收现付式满足当前支付需求的前提下，留出一定的储备以适应未来的支出需求。这一方式被认为是现收现付式向完全基金式转变的过渡模式。由于部分基金式的两个组成部分（用于当前支付需要的部分和用于积累的部分）必须采取不同的原则分别管理，因此是否能够在防止人口老龄化带来的支付危机的同时，又有助于实现从现收现付式向完全基金式平稳过渡，尚需要时间的检验。

（六）我国的社会保障制度及其改革

1.改革前我国社会保障制度存在的问题

在计划经济时期，我国的社会保障制度由国家制定社会保障条例，各地方、各企（事）业单位组织实施；社会保障的提供标准是统一的，企业的社会保障支付列入生产成本和营业外支出；行政事业单位的社会保障资金由国家财政统一拨款；非劳动者的一部分医疗保障与其配偶、父母或子女的就业联系在一起；农村医疗和其他部分社会保障主要依靠农村集体经济积累的公积金；自然灾害救济、无劳动能力者的生活开支、因公致残和革命烈士的家属优抚金等由国家财政拨款支付。这种社会保障制度与中华人民共和国成立初期的经济条件和生产力发展水平是相适应的，对促进当时的经济发展和维护社会稳定起到了积极的作用。但进入市场经济体制后，特别是随着我国市场经济体制改革和对外开放进程的不断加快，这种传统的社会保障制度越来越暴露出它的弊端，与社会主义市场经济体制不相适应，其主要表现在以下方面：

（1）企业负担沉重，且各企业之间的负担不均衡。社会保障制度由社会保障变成了"企业保障"，保障费用和管理服务工作全由企业来承担，形成企业办社会的现象，严重影响了企业正常的生产经营。这种单位保障，没有考虑失业问题，所以我国财政用于退休、失业救济方面的开支微乎其微。加之现阶段我国各地区经济发展水平不平衡，企业、个人的经济收入存在差距，而且不同企业的职工年龄组合也不同，"企业保障"的弊端越来越明显。

（2）覆盖面窄，保障功能弱化。这一时期，社会保障制度的覆盖面主要局限在国有企业和部分集体企业。1979年后，私营企业、个体经济和外商投资企业以及其他各种混合所有制企业纷纷出现，构成了社会主义市场经济的重要组成部分。而国家财政面向全社会提供的社会保障项目，通常只有抚恤支出、社会福利救济费和自然灾害救济费三种。社会保障主要限于国有企业与部分集体企业，而社会保险实际上实行的是企业保障制度，尤其是国有企业保障制度。所以，传统的社会保障制度已不能满足更多的社会成员对社会保障的需求，不利于劳动者在不同所有制企业间的流动，也不利于不同所有制企业的公平竞争。由于社会保障范围过窄，社会化程度不高，保障功能不全，保障作用不能很好地发挥，使就业者的目光盯住国有企业。这对广开就业门路、促进人才流动、调整产业结构、转变企业经营机制等产生了不良影响。

（3）管理分散，效益低下。社会保障制度是按地区和部门分开制定的，既没有统一的管理机构，也没有一致的管理办法。就管理而言，社会保障资金有市县统筹，也有省级统筹，还有行业统筹，统筹办法也由各地自定；社会保障没有统一的管理机构，原劳动人事部、民政部、总工会、卫生部等部门都参与社会保障的管理工作。由于管理分散、管理成本高，保障资金挪用和浪费现象时有发生，因此影响了社会保障作用的有效发挥。

（4）资金运筹方式不尽合理。我国社会保障制度在资金运筹上，实行的是现收现付制，即今年筹措的资金用于今年的保障费用支出。在国家财政和各执行社会保障的单位预算和会计账目上，没有与社会保障支出相对应的收入项目。所以，没有专项收入来源，也就没有专项的社会保障基金。社会保障支出按照某种预先规定的制度来安排；发生多少，支出多少；支出多少，便记录多少。此外，我国的社会保障资金是以收费的形式出现的，缺少强制性，在征管力度和监督程序上都略显不足。正因如此，社会保障基金的财源不稳定，资金筹措压力巨大。有的企业连工资都发放不出，医疗费和养老费更是无从谈起。企业拖欠社会保障费的现象屡禁不止。

我国社会保障制度存在的这些问题，严重影响和制约了我国市场经济的发展和完善。改革和完善现行社会保障制度，使之与市场经济体制的要求相适应已成为摆在我们面前的紧迫任务。

2.我国社会保障制度的改革

（1）建立了失业保险制度。

为配合"劳动合同制"的推行与《中华人民共和国企业破产法》的实施，1986年10月，国务院颁布了《国营企业职工待业保险暂行规定》，规定各国营企业按其在职职工标准工资总额的1%逐月缴纳失业保险费，加上地方政府财政补贴构成供地方统一调剂使用的失业保险基金。此外，该规定还对失业保险覆盖对象、失业津贴标准等作出了明确的规定。这些规定确立了我国失业保险制度的基本框架。尽管这一暂行规定只适用于国营企业的合同制工人和破产及濒临破产企业的部分职工，覆盖面很小，但它填补了我国社会保障制度体系的空白，这标志着我国的失业保险制度正式建立，具有极其重要的意义。在此基础上，1993年国务院颁布了《国有企业职工待业保险规定》，对这项制度又进行了部分调整。1999年1月22日，国务院发布了《失业保险条例》，该条例适应了我国当前和今后一个时期社会经济改革与发展的需要，把失业保险制度的建设推进到了一个新的阶段。

（2）对养老保险制度进行了改革。

1997年7月16日，国务院发布了《关于建立统一的企业职工基本养老保险制度的决定》，要求制定个人账户与社会统筹相结合的基本养老保险制度，即"统账结合"的养老保险制度。该制度的要点是：按职工工资的11%建立养老保险个人账户，其中个人缴费8%（4%起步，每2年提高1个百分点，逐步到位），企业缴费3%。企业缴费（含划入个人账户部分）的费率不得超过20%。养老金支付分为：一是基础养老金，其标准为职工退休时当地社会平均工资的20%；二是个人账户养老金，其标准为个人账户累计额除以退休职工平均余命的月数（120个月）。此外，根据经济发展水平和在职职工工资的增长情况，建立养老金的调节机制。

（3）对医疗保险制度进行了改革。

1998年12月24日，国务院颁布了《关于建立城镇职工基本医疗保险制度的决定》（以下简称《决定》），标志着我国医疗保险制度改革的全面展开。根据《决定》，这次医疗保险制度改革的主要目的有：一是建立由用人单位和职工共同缴费的机制，切实保障职工的基本医疗；二是建立基本医疗保险统筹基金和个人账户，发挥互助互济和个人自我保障的作用，形成医、患、保三方激励与制约相结合的内在机制，控制医疗费用过快增长。

改革的基本思路是"低水平、广覆盖、双方负担、统账结合"。低水平是指要根据我国目前的财政和企业的实际承受能力确定合理的医疗保障水平；广覆盖是指基本医疗保险要覆盖城镇所有单位及其职工；双方负担是指医疗保险的费用由用人单位和职工个人共同缴纳，用人单位缴费率控制在职工工资总额的6%左右，职工缴费率一般为本人工资收入的2%，并规定随着经济发展，缴费率可相应调整；统账结合是指基本医疗保险实行社会统筹和个人账户相结合，个人缴费全部划入个人账户；用人单位缴费的一部分用于建立统筹基金，另一部分按用人单位缴费的30%左右划入职工个人账户。个人账户的本金和利息归个人所有。

截至2022年年底，基本医疗保险参保人数134 570万人，比上年同期减少1 727万人，同比下降1.3%，参保覆盖面稳定在95%以上。其中，参加职工基本医疗保险人数36 242万人，比2021年年底增加811万人，同比增长2.3%。在参加职工基本医疗保险人数中，在职职工26 607万人，比2021年年底增加500万人；退休职工9 636万人，比2021年年底增加312万人。参加城乡居民基本医疗保险人数98 328万人，比2021年年底减少2 538万人，同比下降2.5%。

（4）城镇居民最低生活保障制度的建立。

针对20世纪90年代初以来我国经济结构的调整和国有企业改革的深化所带来的大量失业人员、下岗职工和困难职工的现象，1997年国务院发布了《关于在全国建立城市居民最低生活保障制度的通知》，对保障对象、保障标准、资金来源和有关政策措施作出了明确规定。

1999年9月，国务院发布了《城市居民最低生活保障条例》，要求于1999年10月1

日在全国城市实施这项条例。至此，我国的社会救济制度又向前迈进了一大步。

除上述社会保障项目进行了改革外，失业保险的范围逐步扩大，由国有企业扩大到城镇其他所有制企业。生育保险、优抚安置等方面也进行了相应的改革与完善。此外，1998年3月，经第九届全国人民代表大会批准的国务院机构改革方案，将由劳动部管理的城镇职工社会保险、人事部管理的机关事业单位社会保险、民政部管理的农村社会保险、各行业统筹的社会保险以及卫生部管理的医疗保险统一交由新成立的劳动和社会保障部管理。在中央政府统一管理体制的基础上，我国的社会保障制度开始进入统一规划、统一政策的新阶段。

尽管我国社会保障改革取得了长足的进展，但仍需不断完善。在今后进一步改革中还应注意以下问题：

一是覆盖面仍然过窄。虽然我国现行的社会保障体系覆盖了城镇所有的各级各类的企事业单位，但广大农民仍然在该体系之外。近年来，各级政府十分重视农民的社会保障问题，在农民医疗保险、贫困救济方面进行了有益的尝试，但这些都是局部的、有选择的，大多数农民并没有纳入社会保障体系之内。

二是改革资金运筹方式。从现收现付式向基金积累式转化，资金来源以某种比例取自劳动者或其单位的收入，以税或费的形式固定下来，并和企业财务脱离关系，实现保障社会化，逐步由地区统筹向全国统筹过渡，先城市，后农村，逐步推行。

三是适时开征社会保障税。迄今为止，已有70%的国家开征了此税。目前，我国尚未开征社会保障税，社会保障资金仍以收费的形式收缴，拖欠严重，使社会保障资金没有稳定的来源。所以，适时开征社会保障税是很有必要的。

（5）加快制定和出台与社会保障相关的法律法规，实现社会保障制度的规范化和法治化。

二、财政补贴

（一）财政补贴的性质

财政补贴是指一国政府根据一定时期政治经济形势及方针政策，为达到特定的目的，对指定的事项由财政安排的专项资金补助支出。实质上，财政补贴是国家把纳税人的一部分收入无偿地转移给补贴领受者的一种转移支付形式。财政补贴总是与相对价格的变动联系在一起，或是补贴引起价格变动，或是价格变动导致财政补贴。因此，财政补贴通常又称价格补贴。

财政补贴的实施使得一部分纳税人的钱无偿转移到另一部分人手中，导致产品或服务价格的相对变化，从而引导微观经济主体自觉地按照政府的经济政策从事相关活动。在一定时期内适当运用财政补贴，有益于协调政治、经济和社会中出现的利益矛盾，起到稳定物价、保护生产经营者和消费者的利益、维护社会安定，促进市场经济发展的积极作用。但是，价格补贴范围过广，项目过多，也会带来弊端。比如，它使价格关系扭曲，掩盖各类商品之间的真实比价关系，从而加剧财政困难，削弱国家的宏观调控能力。

（二）财政补贴的特点

1.政策性

财政补贴是国家实现一定政策目标的手段，补贴的对象、补贴的数额及补贴的期限等都是依据一定时期内国家的经济、政治和社会政策需要制定的。

2.灵活性

财政补贴的对象具有可选择性和针对性，补贴的支付具有直接性，而且国家可以根据社会形势的发展与政策的变化对财政补贴进行及时的修正和调整。

3.时效性

当国家的某项政策发生变化时，财政补贴措施也应随之相应调整；当国家的某项政策随着形势的变化失去政策效力时，与之相应的财政补贴措施也应随之终止。

（三）财政补贴的分类

（1）按补贴对象划分，财政补贴可分为个人补贴和企业生产经营补贴。

（2）按补贴列收列支的不同方法划分，财政补贴可分为财政直接列入支出和冲减财政收入。大多数国家将财政补贴全部列入财政支出，我国将企业政策性亏损补贴以冲减收入方法处理，除此以外的其他补贴都在财政支出中列支。

（3）按补贴的环节划分，财政补贴可分为生产环节补贴、流通环节补贴和消费环节补贴。

（4）按补贴的经济性质划分，财政补贴可分为生产补贴和生活补贴。

（5）按补贴的透明度划分，财政补贴可分为明补和暗补。我国的财政补贴无论是对个人生活还是对企业生产经营，都有明补和暗补两种形式。减免税和退税之所以是财政补贴支出，是因为财政主要是基于支持和照顾的支出政策，而不是收入政策。减免税实际上是财政用收入对企业进行补贴，补贴的功能与一般对企业的补贴相同。

（四）财政补贴的内容

1.价格补贴

价格补贴是指国家财政在商品购销价格倒挂的情况下对工商企业支付的补贴，以及在商品购销价格顺挂的情况下对消费者支付的提价补贴。价格补贴按产品的类别不同，具体包括以下四种：

（1）农副产品价格补贴，这是价格补贴最主要的内容。根据补贴的对象不同又可分为两大类：商业企业价差补贴和城镇居民的副食品价格补贴。

（2）农业生产资料价格补贴，是指国家为了以低于价值的销售价格向农民出售农业生产资料，而向有关生产企业拨付的价差补贴。比如，国家给予价差补贴的农业生产资料主要有化肥、农药、农用电、农用塑料薄膜等。

（3）日用工业品价格补贴，是指国家为了使日用工业品的批发价格或市场零售价格在成本上升的情况下保持稳定，而向商业企业支付的亏损补贴。

（4）工矿产品价格补贴，是指中央财政对地方调出省外统配煤，国家收购黄金、白银等工矿产品，因调出或收购价格较低而给予的财政补贴。

2.企业亏损补贴

企业亏损补贴，又称国有企业计划亏损补贴，主要是指国家为了使国有企业能够按照国家计划生产、经营一些社会需要但由于客观原因生产经营中将出现亏损的产品，而向这些企业拨付的财政补贴。导致企业计划亏损的原因，主要是产品计划价格水平偏低，不足以抵补本行业的平均生产成本。

企业亏损补贴与价格补贴二者有所不同，主要区别有：

（1）补贴对象不同。价格补贴主要与市场零售有关，而企业亏损补贴主要与工业生产资料有关。

（2）补贴的直接受益人不同。价格补贴的直接受益人主要是城乡企业居民，企业亏损补贴的直接受益人主要是相关的企业。

（3）补贴的环节不同。价格补贴多补贴在流通环节，一般向商业企业提供；企业亏损补贴多在生产环节，一般向生产企业提供。

（4）补贴用途不同。价格补贴主要用于弥补购销倒挂给企业造成的价差损失；企业亏损补贴主要向经营价格倒挂产品的企业提供经营费用和合理留利。

3.财政贴息

财政贴息是指国家财政对使用某些规定用途的银行贷款的企业，对其支付的贷款利息提供补贴，即政府代企业支付部分或全部贷款利息。

（五）财政补贴的作用

1.纠正不合理的价格结构，有助于价值规律发挥作用

以粮食价格补贴为例，此类补贴是由提高粮食的收购价格引起的，而提高粮食收购价格，是为了纠正价格中的扭曲因素，逐步消除工农产品"剪刀差"，使农产品价格比较接近它的价值。从这个意义来说，粮食价格补贴是对粮食生产必须耗费的一种补贴。毫无疑问，它是符合价值规律的，但是用补贴来改变相对价格结构，只是使价值规律发挥了部分作用。仍以粮食价格为例，在过去粮食价格补贴是支付给商业部门的，商业部门得到补贴，得以维持粮食的售价，不因购价的提高而提高，在这里支付给企业（粮食部门）的补贴事实上是对消费的补贴。按照价值规律的正常要求，当粮食购价提高后，商业部门理应提高售价；售价提高后，职工实际工资下降，企业应相应地提高工资；提高工资，企业利润可能下降，上缴税费则会减少。这样一系列的反应，可能使经济社会难以承受，即便可以承受，对国家的社会福利目标也可能无益。因此，粮食价格补贴切断了这一反应链条，它的作用就在于使价值规律在一定范围内发挥有利的作用。

2.纠正市场缺陷，借以实现国家的社会福利目标

价值规律的最重要的作用是优化资源配置。但是，如果让它自发地去起作用，就不可避免地会产生周期性的波动，有时甚至是剧烈的波动。当出现经济波动时，政府给某些生产者以价格补贴，如粮食生产过剩时实行保护价格，以维护生产者的利益和积极性，或者对某些超出社会需要的产品给以补贴，暂时维持生产和工人就业，以使资源合理配置。

借助于价值规律优化资源配置，主要着眼于效率，它必然将资源导向经济效益高的部门和经济发达地区，同时会引起国民收入分配在不同收入阶层之间发生较大的差异。在这种情况下，适当运用补贴手段，有利于促进落后地区的经济发展。

以上情况都可以看作通过价格补贴有意识地运用价值规律的作用，来达到某种社会经济目标。如此看来，财政补贴是用来改变相对价格结构的，由于社会经济性质不同，实际存在的作为社会经济运行条件的相对价格结构的状况不同，财政补贴作用的方向是不同的。在计划价格体制下，当相对价格结构扭曲时，价格补贴的基本作用应是纠正价格结构的扭曲，从而弥补计划价格的不足。在自由价格体制下，价格补贴被用来有目的地改变这种价格结构，克服自由价格的自发性带来的消极作用，以实现自由价格机制所不能实现的社会目标。简言之，在运用补贴手段来调节经济运行时，必须与既定的经济制度和经济运行机制相适应。

财政补贴是在特定的条件下，为了发展社会主义市场经济和保障劳动者的福利而采取的一项财政措施。它具有双重作用：一方面，财政补贴是国家调节国民经济和社会生活的重要杠杆。运用财政补贴特别是价格补贴，能够保持市场销售价格的基本稳定，保证城乡居民的基本生活水平，有利于合理分配国民收入，有利于合理利用和开发资源。另一方面，补贴范围过广、项目过多也会扭曲比价关系，削弱价格作为经济杠杆的作用，妨碍正确核算成本和效益，掩盖企业的经营性亏损，不利于促使企业改善经营管理。如果补贴数额过大，超越国家财力所及，就会成为国家财政的沉重负担，影响经济建设规模，阻滞经济发展速度。

第三节　财政支出效益

一、财政支出效益的含义

效益的含义在中西方学者的观念中有所不同。中国经济学家一般将效益定义为资源的节约，而马克思则把效益归结为劳动时间的节约。尽管经济学家在效益概念的表达上有所不同，但其共同点都是尽量以最少的投入获取最大的产出。提供公共产品，也消耗有限的社会资源，虽然它同私人产品的提供方式不同，但同样要讲求效益。

财政支出效益包含宏观和微观两层含义：第一，宏观效益。财政支出的宏观效益是指财政支出规模效益和结构效益，即社会资源如何在公共部门与私人部门之间、在公共部门内部各类支出之间进行配置，才能实现财政支出福利最大化。第二，微观效益。财政支出的微观效益是指财政支出的使用效益，即在财政支出具体使用过程中，为提供特定的公共物品或劳务而耗用的财政支出资源量与其效果的比较。其中，宏观效益在前两节中已有所说明，本节重点分析财政支出的微观效益。

二、财政支出效益分析的方法

财政支出项目千差万别，因此财政支出效益的评价需要根据项目的不同来选择不同的方法。常用的方法有以下三种：

（一）成本–效益分析法

1.成本–效益分析法的含义

成本–效益分析法是指针对政府确定的建设目标，提出若干实现建设目标的方案，计算出每个方案的全部预期成本和预期效益的现值，通过分析比较，从中选出最优的项目作为政府投资项目的一种方法。

　　这种方法是经济决策中的一种常用方法，它是通过比较各种备选项目的全部预期效益和全部预期成本的现值来评价这些项目，以作为决策的参考或依据的一种方法。它主要运用经济学、数学和系统科学等方面的知识，按照一定的程序、准则和公式，分析政府决策（如工程项目、方案或规划、社会措施等）将会给或已经给社会造成的结果与效益，并为政府决策及其改进提供科学的依据。由于许多财政支出项目的成本和效益无法用货币来衡量，因此该方法的适用对象主要是财政支出中政府投资支出项目的分析。因为该类项目的成本和效益可用货币指标来衡量。

☑️ **拓展思考 4-9**

利用成本-效益分析法对财政支出效益进行评估有哪些利弊？

2.成本-效益分析法的几个基本概念

　　（1）成本与效益。成本-效益分析法所考虑的成本与效益，包括直接成本和直接效益、间接成本和间接效益两个方面。直接成本是一个项目本身的具体支出或投入，直接效益则是这个项目本身的具体收益或产出；间接成本是由于某个项目的存在而引起的项目以外的社会支出或投入，间接效益是由于该项目的存在而引起的项目以外的社会收益或产出。成本-效益分析法应尽可能全面、完整地考虑直接与间接的成本和支出。

　　（2）效益的衡量价值。在成本-效益分析法中，成本总是以货币的形式发生，即直接表现为一定的货币量，但效益的考察就比较复杂了。对于那些易于直接以货币形式来衡量其价值的效益，一般称为"钱衡效应"，而对于那些难以直接用货币形式来衡量其价值的效益，则称为"非钱衡效应"。对"非钱衡效应"的价值标定，一般采用非数量化、影子价格和补偿差异三种方法来处理，其中以补偿差异的方法最为常用。

　　（3）补偿差异。所谓的补偿差异，是指一个规划项目的存在，将使社会经济系统内的某些元素的现存状况产生差异——变好或变坏，即受益或受损。从补偿的角度来看，差异就表现为补偿差异。也就是说，一个规划项目的受益者，因为受益而愿意付出一定数量的金钱，或者一个规划项目的受损者，应被给予一定数量的金钱。对受益者而言，补偿差异为正（相当于正效益）；对受损者而言，补偿差异为负（相当于负效益）。可见，补偿差异是为了使人们的规划存在状态等同于规划不存在状态，而假想支付给受损者或从受益者那里取走的钱。

　　例如，由于工厂的废气污染，使工厂附近的居民健康受损，因此居民每年应该从工厂那里得到一笔钱，作为对其所受损害的一种补偿。这笔钱应该相当于这样一个数量：某个居民每年应被付给这个数量的钱，他才甘心让这个工厂存在。这笔钱就是他的补偿差异。

　　（4）帕累托改进与卡希准则。前面我们已讨论过帕累托效率与帕累托改进。与帕累托改进相比较，如果政府实施某项规划，使得至少一个人的处境比原来好而不使任何一人的处境比原来差的任何改变，都是潜在的帕累托改进。可以看出，潜在的帕累托改进是帕累托改进的一个延伸。一般认为，如果一个规划项目具有潜在的帕累托改进，或者一个项目的实施结果能实现帕累托改进，那么这个项目在社会经济效益上就是可行的。卡希准则是帕累托改进在公共规划决策中的具体运用。卡希准则指出，代表了"钱衡"与"非钱衡"两种效应的补偿差异之和为正，是实施任何项目的必要和充分条件。也就是说，任何符合卡希准则的项目，实际上都具有潜在的帕累托改进。

3.成本-效益分析法的工作程序

（1）明确决策者及其价值观，即指出哪些人应在分析中加以考虑，不同的人受不同效应的影响程度如何，以及对不同类型的效应应根据其相互关系进行加权。成本-效益分析法是服务于决策者的，其结果会随着决策者的不同而不同。对于同一个公共项目，会因为决策者是地方政府还是中央政府而用不同的价值观去评判，从而得出不同的结论。即使在同级政府中，对不同效应的价值评估也会因为组织或个人的利益关系和态度的不同而不同。很显然，私人决策仅考虑法律所要求考虑的项目对环境的影响，而不会关心除此以外的环境问题，但公共决策者考虑的问题则要顾及社会整体利益和长远利益。至于地方政府，它在进行决策的过程中，不会太多关心其决策对管辖范围以外的公共利益的影响。所以，成本-效益分析法应为决策者提供最佳服务，并准确反映决策者的价值观。

（2）确定各种可供选择的方案。一笔资金如果不能用于某一规划，就可以被用于另一规划。因此，通过这个规划所带来的效应应与以此资金作为他用时所能取得的效应进行比较。

要做好成本-效益分析，需要明确规划项目可能的行动范围及其所受到的限制，这就是决策的可选方案问题。其关键是要使资金支出规划与这笔资金的其他可能的投向规划相权衡。

（3）确定成本。成本可以是规划的支出或投入，也可以是它所带来的损失，即负效益，还可以是因为资金用于该规划而不能用于其他用途而造成的效益损失，即把由于规划的存在而使任何人的处境比原来差的一切效应和花费都视为成本。在这里粗略地把成本与负效益看成同义。

（4）确定效益。从理论上来说，每一个因为规划的存在而比原来处境好的人都是受益者。一般来说，直接的成本与效益是比较容易确定的，但间接的成本与效益的确定往往比较困难。特别是在直接效益较小而间接效益较大的情况下，效益的确定更为困难。直接效益越小，就越不容易明确间接效益。

（5）用货币形式对效益进行标价。也就是说，对所有确定了的成本和效益都要以每一个受规划影响的人的补偿差异来进行标价，从而使效益在价值标定上以货币形式表示，以便于具体地比较与计算。

4.标价的方法

（1）直接货币度量，是指效益直接就是货币的得与失。

（2）市场标价，指的是一种效益的结果可以通过市场价格计算为一定的货币量。例如，人工降雨增加了农作物的产量，多收的农作物可以用当时的市价来计算其货币金额。

（3）计量经济学估计，是通过线性回归分析等方法来估计效益的价值。

（4）假设问题，是对难以用上述方法进行标价的效益，改用直接向受益或受损的人们询问效益对他们的价值的方法来进行标价。

（5）观察政治选择，是通过对已知的政府支出程序的选择结果进行观察，来间接估计效应的价值。例如，某个沿河的下游城市通过投票，决定用10万美元来净化河流，但当成本为11万美元时，该议案无法通过，那么该河流上游某个可以使该市地段水域净化的净水工程，对于这个城市的效益就在10万美元~11万美元之间。

5.评估支出方案的基本标准

（1）净效益现值（Net Present Value，NPV）。

设NPV代表净效益现值，B_t代表第t年的效益，C_t代表第t年的成本，n代表支出方案的期限，i代表确定的社会贴现率，r代表内部收益率。净效益现值的计算公式如下：

$$NPV = \frac{B_1 - C_1}{(1 + i)^1} + \frac{B_2 - C_2}{(1 + i)^2} + \frac{B_3 - C_3}{(1 + i)^3} + \cdots + \frac{B_n - C_n}{(1 + i)^n} = \sum_{t=1}^{n} \frac{B_t - C_t}{(1 + i)^t}$$

若净效益现值大于0，则表示该支出规划可行。净效益现值越大，则项目越优，越应优先选择。

但是，不同的项目之间，NPV是不可比的。为了使不同的规划项目之间进行相互比较，可以采用另一个标准——效益成本率。

（2）效益成本率（B/C）。

效益成本率的计算公式如下：

$$\frac{B}{C} = \frac{\sum_{t=1}^{n} \frac{B_t}{(1 + i)^t}}{\sum_{t=1}^{n} \frac{C_t}{(1 + i)^t}}$$

使用效益成本率评价项目的法则是：首先，在决定是否将资源投入某个规划时，只有当效益成本率大于1时，规划项目才可实施；其次，当金额为一定的总预算在一组项目中分配时，可按效益成本率从高到低排出优劣次序，效益成本率最高者为最可取；最后，在若干个相互排斥的对比性规划中选择其中之一，且在没有预算总额和最低效益成本率的约束时，仅看项目的效益成本率是不行的，只有净效益最高者，才是最可取的。

（3）内部收益率。

除了净效益现值和效益成本率外，还可以用内部收益率作为项目选择的依据。所谓的内部收益率，就是使某项目的净效益现值为0时的贴现率。

设内部收益率为r，如前所述：$NPV = \sum_{t=1}^{n} \frac{B_t - C_t}{(1 + r)^t}$，设NPV=0，求解r值。在不同项目之间，内部收益率是可以相互比较的。一般来说，如果其他条件相同，那么内部收益率较高的项目具有较大的可选择性。

6.成本-效益分析的简单例子

假设表4-2中所列的各项目的效益和成本是已经作过计算和汇总的有关数据，现根据表中所列数据进行分析。

表 4-2 　　　　　　　　　　　**各项目的效益和成本数据** 　　　　　　金额单位：万美元

项目（或方案）	效益（B）	成本（C）	净效益（B-C）	效益成本率（B/C）
A	404	276	128	1.46
B	500	350	150	1.43
C	330	220	110	1.50
D	350	350	0	1.00
E	270	300	-30	0.90

（1）根据卡希准则，项目 A、B、C 的净效益均为正值，具备经济上的可行性。项目 D 的净效益为 0，得失相等，不必实行。项目 E 的净效益为负值，得不偿失，不应实行。

（2）假设某公共机构的年预算为一定金额，现在这个金额要在表 4-2 所列的项目中进行分配，则预算资金的分配应根据项目的效益成本率从高到低排列次序，其次序应是 C、A、B。也就是说，如果资金有限，最先得到投资的应该是项目 C；如果资金除了用于项目 C 外还有剩余，然后得到投资的是项目 A，最后是项目 B。在这种情况下，项目的优先性取决于效益成本率的高低。

（3）假设 A、B、C 是一个公共项目中的 3 个不同方案，在这 3 个方案中只能选出一个实施（即选择一个决策，方案为互斥方案），选择的方法是：在没有进一步的拨款准则约束的条件下，如果只考虑效益成本率，那么方案 C 最优，因为它的效益成本率高于方案 A 和方案 B。但是，如果进一步比较方案 A 与方案 C 的净效益，则可以发现，方案 A 比方案 C 的成本多 56 万美元，但同时效益也多 74 万美元，效益增量减去成本增量，仍得净效益增量 18 万美元。这表明方案 A 是方案 C 的潜在帕累托改进。根据卡希准则，应取方案 A 而放弃方案 C。同样，还可以推算出方案 B 是方案 A 的潜在帕累托改进，方案 B 比方案 A 好，于是方案 B 成为最佳选择。在这种情况下，效益成本率最低的方案 B 反而是最佳方案。可见，效益成本率不能作为决定方案取舍的标准，而更应看重净效益。

在具有拨款准则约束的条件下：假定要求每 1 美元的花费，其效益不得小于 1.31 美元，这时决策将由边际效益成本率来决定。方案选择的步骤是：

（1）选出效益成本率最高的方案 C 作为比较，考察比方案 C 花费更高的方案 A 和方案 B 的边际效益成本率，见表 4-3。

表 4-3 　　　　　　　　　　　**方案 A、B、C 的比较** 　　　　　　金额单位：万美元

方案	净边际效益	净边际成本	边际效益成本率
A-C	74	56	1.32
B-C	170	130	1.31

从表 4-3 中可以看出，在方案 A 与方案 B 中，方案 A 具有最佳边际效益成本率，并满足效益成本率不小于 1.31 的约束条件，因而被认为是合格的。

（2）以方案 A 作为比较，考察比方案 A 花费更高的方案 B 的边际效益成本率，见表 4-4。

表 4-4　　　　　　　　　　　　方案 A、B 的比较　　　　　　　　　　金额单位：万美元

方案	净边际效益	净边际成本	边际效益成本率
B-A	96	74	1.30

从表 4-4 中可以看出，方案 B 的边际效益成本率为 1.30，不满足效益成本率不得小于 1.31 的约束条件，因此方案 B 不合格，方案 A 则是最佳方案。以此类推，在数目更多的方案选择中，处理方法也是一样的。不断重复，直到找到没有任何成本比认为合格的最后一个方案高，且边际效益成本率又符合约束条件的方案存在为止。

拨款约束条件的经济含义是：如果这笔钱不花出去，可以将其用于效益成本率为 1.31 的其他项目中去。对方案 A、B、C 而言，其效益成本率均大于 1.31，若按照约束条件，作为单独的方案，方案 A、B、C 都是合格的。但由于是从 3 个方案中选定其中一个方案的决策，即各方案是互相排斥的，这就决定了由于方案 A 的存在，方案 B 和方案 C 不再被选择。

（二）最低费用选择法

最低费用选择法是指针对财政支出项目设想出若干种达到目的的方案，计算每个备选方案的有形成本，在对备选方案逐个分析的基础上，以成本最低为择优标准，选出最佳方案的一种方法。

该方法只计算项目的有形成本，所以比第一种方法简单。它比较适合行政管理、国防、文化卫生等项目的效益评价。因为这些项目的成本容易计算，但效益却难以衡量，且通过这类支出提供的产品和服务不能进入市场交换，所以其效益很难用成本-效益分析法来衡量。

最低费用选择法的步骤同成本-效益分析法。值得说明的是，该方法在运用时的难点问题是备选方案的确定。因为提出的备选方案应能无差别地实现同一目标，即备选方案提供的社会效益和经济效益要相同，否则是无法进行成本费用比较的。

假设项目 A 和项目 B 都是为某城镇的老年人提供便利的交通项目。项目 A 是发给老年人有效证明，使其可以凭借证明免费乘车。项目 B 是为老年人专设公共汽车，即老年人专列。我们无法用货币计量评估为老年人提供便利交通的效益是多少，但是我们可以知道这两个项目的效益必然是相同的。这时，通过比较二者的成本，就会选择廉价的项目 A，而摒弃项目 B。

✓ **拓展思考 4-10** ·······································

在财政实践中，最低费用选择法适合对哪些财政支出项目进行分析？

·······································

（三）公共定价法

公共定价法是指对由政府提供的满足社会公共需要的"市场性物品"（准公共物品）运用商品买卖的原理，实行收费使用，以使公共物品得到最节约、最有效的使用，从而提高财政支出效益的一种方法。

　　"市场性物品"主要包括城市排水、道路建设维修，桥梁、公园的建设与管理，以及邮电、通信、教育、卫生等。这些方面的支出，成本易于计算，但其效益难以确定。如果采用最低费用选择法作为其效益分析的标准，既会造成人们对这类"物品"使用的浪费，也不利于这类"物品"质量的提高。而这些"物品"又是可以部分或全部进入市场交换的，政府对此制定适当的收费标准，对这类"物品"收费使用，既可以避免无偿使用这类"物品"的浪费，又可以补偿部分或全部支出成本，回收建设资金，以便进一步提供这类"物品"，达到提高公共物品使用效率和促进公共物品合理消费的目的。

　　提供"市场性物品"的企业往往具有二重性，即公共性和企业性。企业通过提供"市场性物品"来确保其事业收入，这一点与政府的一般活动有所不同。政府之所以组织这类企业提供"市场性物品"，是因为私人部门不能充分提供这种物品。这些企业所属的行业有些是自然垄断行业，有些是受到政府管制的行业。所以，从定价政策来看，公共定价主要包括两个方面：一是纯公共定价，即政府直接制定产品和服务的价格，适用于自然垄断行业（如能源、通信、交通运输等行业）的定价；二是管制定价，即政府规定竞争性管制行业（如金融、农业、教育等行业）的定价。

　　在市场经济中，价格是由市场供求关系自发形成的，那么政府为什么要介入其中呢？政府介入价格决定过程，主要是通过公共定价发挥以下作用：

　　（1）提高资源配置效益。在现行经济运行中，完全竞争的市场结构几乎不存在，而垄断现象却到处可见。由于垄断者具有制定市场价格的能力，追求私利的动机会使其不按边际成本等于边际收益的原则来制定价格，而是减少产品提供数量来实现垄断利润。这就会使该产品的生产低于满足效益要求的产量，使资源配置的效益降低。若政府根据一定的原则，介入价格决定就可以弥补这一缺陷，提高整个社会资源配置效益。

　　（2）实现微观市场的稳定。通常情况下，市场价格是随着人们需求情况的变动而围绕均衡价格上下波动的。如果这种波动幅度过大，对生产者和消费者产生误导，就会使短期的资源配置大幅度偏离效益，长此以往，整个社会资源配置效益就会降低；如果政府根据产品的边际成本与边际效益的等价关系，对产品制定一个价格或规定价格波动的幅度，就会减缓价格波动的幅度，实现市场的稳定。

　　（3）改进收入分配。公共定价不仅有利于经济效益的提高，而且具有使收入分配公平的作用。公共定价的这种作用是通过价格差别来实现的。所谓的价格差别，是指在同一时期，具有同一单位平均成本的同一类商品对不同的买主采取不同的价格。例如，对低收入者消费较多的基本生活用品规定较低的价格，使得同等数量的货币收入能够买到更多的产品和服务，从而提高他们的实际收入水平；对高收入者消费较多的奢侈品和高档商品规定较高的价格，从而降低他们的实际收入水平。因此，通过价格差别的公共定价在一定程度上有助于收入再分配。

　　值得说明的是，与其他财政手段相比，公共定价在公平收入分配领域的作用是有限的，因为它在公平收入分配的过程中，没有充分实现效益目标。这也是公共定价能否作为收入再分配工具的争论原因。目前，经济学家对此的观点尚未统一。

　　公共定价法具体包括：

　　（1）平均成本定价法。政府在保证企业收支平衡的前提下，尽可能使经济福利最大化。从理论上来说，边际成本定价是最理想的，但会使企业长期亏损，而财政补贴是有限的。因此，在边际成本递减的企业，公共定价会高于边际成本，使企业收支平衡。

（2）二步定价法。这是由两种因素构成的定价体系，一是按使用量计算的"从量费"；二是按时间支付的与使用量无关的"基本费"。所以，二步定价法是从量定价和定额定价相结合的定价体系。基本费有利于企业收支稳定，而从量费体现了公平原则，有利于提高公共劳务的使用效率。因此，几乎所有受管制的企业都采用过这种方法。但随着市场机制的完善，为提高这些企业的服务水平，同时鼓励节约资源，这种定价方法正在被其他方法取代。

（3）负荷定价法，是根据不同时间段或时期的需要制定不同的价格。需求高峰期，收费高；需求低峰期，收费低。

本章小结

1.购买性支出是指政府及其机构购买商品和劳务的支出。这类支出直接表现为政府购买商品和服务的活动，包括公共消费性支出和公共投资性支出。

2.公共消费性支出是指政府掌握的公共资源在提供各种公共产品的过程中最终被消耗掉，包括行政支出、国防支出、科教文卫事业支出等。公共投资性支出是指财政用于公共领域的投资。

3.转移性支出是指政府对私人部门无偿的、单方面的资金支付，主要包括社会保障支出、财政补贴支出和债务利息支出等。

4.财政支出效益是指以尽量少的财政资金投入来获取最大的公共利益，包括宏观效益和微观效益两层含义。

5.财政支出效益分析的方法主要有成本–效益分析法、最低费用选择法和公共定价法。

本章基本概念

购买性支出　消费性支出　投资性支出　PPP模式　转移性支出　社会保障　财政补贴　财政支出效益　成本–效益分析法　最低费用选择法　公共定价法

综合训练

一、单项选择题

1.财政的投资性支出不包括（　　　）。

A.经济建设支出　　　B.发展农业支出　　　C.文化卫生支出　　　D.基础产业投资

2.下列项目中，属于购买性支出的是（　　　）。

A.社会保障支出　　　　　　　　　　　B.财政补贴支出

C.政府投资、国防和行政管理支出　　　　D.债务利息支出

3.下列项目中，属于社会消费性支出的是（　　　）。

A.财政部对西部大开发的支持

B.交通部门对某城市机场建设的支持

C.国家市场监督管理总局对联合利华所生产的立顿红茶投放市场后的食品安全检测
　所发生的费用支出

D.国家发展和改革委员会为长江三峡工程的某项技术论证所提供的资金支持

4.国防支出占财政支出比重的变动趋势是（　　　）。

A.持续上升　　　　　　　　　　　B.持续下降

C.基本保持不变　　　　　　　　　D.随国际形势变化而波动

5.政府的公共财政支出不断增长，主要是因为（　　　）。

A.经济因素　　　　B.政治因素　　　　C.临时因素　　　　D.国际因素

二、多项选择题

1.下列选项中，属于社会消费性支出的有（　　　）。

A.行政管理费　　　　　　　B.国防支出　　　　　　　　C.文教与科学事业费

D.卫生事业费　　　　　　　E.农业投资

2.国防作为一种十分标准的公共产品，其特点有（　　　）。

A.边际成本为零　　　　　B.内部效益较大　　　　　C.典型的内部效应

D.典型的外部效应　　　　E.边际成本大

3.在市场经济条件下，政府投资的特点有（　　　）。

A.无所不能，可以在一切领域发挥作用

B.通常不进入竞争领域

C.一般不向有明显经济效益的项目投资

D.只能是对市场投资行为的补充

E.选择有经济效益的项目投资

4.基础产业投资的特点主要表现在（　　　）。

A.投资规模大　　　　　　B.投资效益高　　　　　　　C.投资时效长

D.投资收益慢　　　　　　E.投资集中于资本密集型行业

5.财政投融资具有的特点有（　　　）。

A.有别于商业性投融资渠道的新型投融资渠道

B.目的性很强，范围严格控制

C.主要为提供公共产品的基础产业部门融资

D.融资方式和资金来源多样化

E.投资范围广

6.基础设施包括（　　　）。

A.机场　　　　　　　　　B.铁路　　　　　　　　　　C.水利设施

D.城市排污系统　　　　　E.商品房

7.财政支援农业的内容主要包括（　　）。

A.农林、水利、气象等部门的基本建设支出

B.农林企业挖潜改造资金支出

C.农林部门科技三项费用

D.农林、水利、气象等部门的事业费支出

E.农业企业生产投资

三、复习思考题

1.如何加强对行政成本的控制？

2.如何优化财政教育投入结构？

3.当前我国财政投资的重点有哪些？

4.社会保障具有哪些特征？

5.社会保障包括哪些内容？

6.社会保障资金的来源有哪些？

7.财政补贴中的明补与暗补有何不同？

8.财政支出的效益评估方法有哪些？

第五章
财政支出管理

知识目标：了解政府采购的基本知识，明确政府采购程序，掌握政府采购业务；明确国库集中收付制度，掌握国库集中收付业务；明确支出绩效评价指标体系，掌握支出绩效评价方法。

技能目标：学会政府采购、国库集中收付和支出绩效评价的业务操作。

综合目标：掌握财政支出管理的基本知识、基本原理，学会运用本章知识解决地方财政支出中的问题。

引 例

长江三峡工程绩效分析

三峡工程综合经济评价包括：

（一）国民经济评价

按影子价格和10%的社会折现率计算，三峡工程的净现值（即产出总现值减去投入总现值）为131.2亿元，经济内部收益率为14.5%。按规定，净现值大于0或经济内部收益率大于10%的建设项目，是可以接受的。这说明从国民经济总体角度来衡量，兴建三峡工程是有利的。

（二）财务评价

根据以电养电的方针和有关规定，设想的资金来源是：自有资金（包括葛洲坝水电站和三峡投产后的收入）占64.7%；防洪、航运分摊的投资为74.5亿元，豁免本息，其中国家基建投资占11.9%；国内贷款为109.8亿元，占17.5%，年利率为9.35%；国外借款37.1亿元（约10亿美元），年利率为8.5%。三峡工程从第12年起机组陆续投产后，本身收益可以基本满足后期工程施工的资金需求，因此筹措三峡建设资金的关键是前12年。前12年需要资金180.3亿元，除去自有资金，实际需要筹措的资金总额为153.1亿元，其中国家基建投资22.8亿元，国内贷款76.8亿元，短期债券5亿元。

按500kV末端上网电价9.3分/kW·h（这一电价是按10%的投资利润率测算的，低于新建水电站、火电站的电价）计算，财务内部收益率为11%，利税率为12.1%，贷款偿还期和投资回收期均为20.6年，即在工程全部竣工后的次年，就可以还清全部贷款和回收全部投资。以上这些说明三峡工程在财务上是可行的。

（三）国家承受能力分析

三峡工程的总投资仅占工程建设期（1989—2008年）国内生产总值、国民收入（均以1986年不变价计算）的0.73‰和1.23‰，低于宝钢一期工程和攀枝花钢铁基地建设总投资所占份额。所需三大材料（即钢材、木材、水泥）的消耗量占施工期国内生产总量的0.12%~0.33%，所需外汇约为10亿美元。国家完全有能力承担。

（四）物价上涨对经济评价的影响

1. 采用1986年年末的财务价格，若投资价格上涨，则电价也应同步上涨，因此对财务评价的结论没有重大影响。据估算，如果投资上涨30%，则电价需由9.3分/kW·h提高到12分/kW·h，这一电价仍是较低的，贷款偿还期和投资回收期仍基本不变。三峡工程在技术上是可行的，在经济上是合理的，在财务上也是可行的。

2. 三峡工程有巨大的防洪、发电、航运效益，从治理开发长江和国民经济发展的全局考虑，兴建三峡工程是必要的。

3. 从中下游防洪和华中、华东地区能源紧缺的情况出发，并考虑尽量避免增加移民安置的困难，三峡工程以早建为宜。

资料来源：长江水利委员会. 长江三峡水利枢纽可行性研究报告 [J]. 三峡工程科技通讯，1992（1）.

案例分析：以上案例展示了支出项目的绩效分析。公共工程的绩效分析一般要从商业（微观）、经济（宏观）、财政和福利分配四个方面进行。以上可行性研究报告在前两个方面考虑得比较周到。由于本工程计划由国家财政直接投资的比例较低（约12%），报告对后两个方面没有作出相应的分析。在进行公共工程的绩效分析时，应区别真实的（或实际的）成本收益与货币的（或金融的）成本收益，对后者一般不予考虑，报告充分地体现了这一点。在真实的成本收益中，又要区别直接的与间接的、有形的与无形的成本收益。报告中涉及的三峡工程的成本收益分类，见表5-1。

表5-1　　　　　　　　　　　　三峡工程的成本收益分类

分类	直接的		间接的	
	成本	收益	成本	收益
有形的	工程投资	发电收入	库区农产品减少	缓和华中、华东地区的能源供应紧张、煤炭运输巨大压力的情况
无形的	淹没资源	防洪、航运	库区环境破坏、人防、防震	减少华中、华东地区环境污染、发展库区旅游业

第一节　政府采购

一、政府采购的概念、特点、原则与模式

（一）政府采购的概念

政府采购又称公共采购，是指各级政府为了开展日常政务活动或为公众提供公共服务的需要，以法定的方式、方法和程序，从市场上为政府部门或所属公共部门购买商品和服务的行为。

这里的采购是指以合同方式有偿取得货物、工程和服务的行为，包括购买、租赁、委托、雇佣等。其中，货物是指各种形态和各种类型的物品，包括有形物品和无形物品（如专利），固体、液体或气体，动产和不动产。工程是指由财政性资金安排的建设工程，不包括网络工程、信息工程等与土建无关的工程项目，包括建筑物和构筑物的新建、改建、扩建、装修、拆除、修缮等。服务是指除货物和工程以外的其他政府采购对象，包括专业服务、技术服务、信息服务、课题研究、运输、维修、培训等。

知识链接 5-1

我国政府采购制度改革历程

我国政府采购制度改革大体经历了四个阶段：

1. 研究探索阶段（1996年至1998年7月）。
2. 试点阶段（1998年8月至2000年6月）。
3. 全面试点阶段（2000年7月至2002年12月）。
4. 全面实施阶段（2003年至今）。

（二）政府采购的特点

1.采购主体的特定性

在我国，政府采购的主体是指行使有关国家权力或从事某种公共职能的国家机关、事业单位和社会团体。按照世界贸易组织（WTO）《政府采购协议》的规定，政府采购的主体是直接或基本上受政府控制的实体或其他由政府指定的实体，不仅包括政府机构本身，还包括其他实体，如政府代理机构。各缔约方在加入《政府采购协议》时应提供一份采购实体清单，列入《政府采购协议》附件中。只有被列入清单的采购实体，才受《政府采购协议》的约束。因此，无论是中国还是《政府采购协议》的缔约方，政府采购的主体都是特定的。

2.资金来源的公共性

政府采购所使用的资金都是财政性资金，资金的来源是纳税人的税费或政府公共服务收费。

3.采购活动的单向性

政府采购不同于商业性采购，不是为卖而买，而是通过采购活动为政府部门提供消费品或向社会提供公共利益。

4.采购对象的广泛性

政府采购的对象包罗万象，大到宇宙空间站，小到一张办公用纸，既有有形产品又有无形产品，这些都是政府采购的范围。国际惯例是按性质分类，政府采购可分为货物、工程和服务三大类。

5.采购过程的规范性

政府采购不是简单的一手交钱、一手交货，而是按照有关的法律法规，根据不同的采购规模、采购对象及采购时间等要求，采用法定的采购方式和程序组织采购，使每项采购活动都规范运作，体现公平竞争的原则，并接受社会监督。

6.采购结果的政策性

政府采购必须遵循国家政策的要求，如节约支出、购买国货、保护中小企业、保护环境等。在很多国家，政府采购金额已占到一个国家国内生产总值的10%以上，成为各国政府经常使用的一种宏观经济调控手段。

知识链接 5-2

粮食最低收购价政策

粮食最低收购价政策是为保护农民利益、保障粮食市场供应实施的粮食价格的调控政策。一般情况下，粮食收购价格由市场供求决定，国家在充分发挥市场机制作用的基础上实行宏观调控，必要时由国务院决定对短缺的重点粮食品种在粮食主产区实行最低收购价格。当市场粮价低于国家确定的最低收购价时，国家委托符合一定资质条件的粮食企业，按国家确定的最低收购价收购农民的粮食。

（三）政府采购原则

《中华人民共和国政府采购法》（以下简称《政府采购法》）第三条明确规定：政府采购应该遵循公开透明原则、公平竞争原则、公正原则和诚实信用原则。

1.公开透明原则

公开透明原则是指有关政府采购的法律、政策、程序等都要公开，即公开透明原则要贯穿政府采购的全过程。这是因为政府采购使用的是公共资金，对公众负有管理责任。公开透明的采购可提高投标商的预测水平，提出更有竞争力的价格，还可防止政府采购当事人的不正当行为，确保投标商参与投标并中标的信心。因此，公开透明原则是国际公认的重要原则。

2.公平竞争原则

公平原则体现对所有供应商一视同仁，公平对待。所有供应商在采购信息发布、资格预审、标书评价等方面都享受同样标准。同时，采购合同授予要兼顾政府采购的社会目标。竞争原则是在政府采购过程中充分发挥市场机制作用，有效的竞争最能体现政府采购的目标。因为竞争可以打破市场封锁及其他干预，从根本上保证最有实力和能力的供应商中标，从而实现政府采购的经济有效目标和促进廉政建设目标。所以，公平原则要求充分竞争，而在公平基础上的竞争才是有效竞争，二者是辩证统一的关系。

3.公正原则

公正原则主要是指在公开、公平原则上所取得结果的公正和整个采购程序的公正。公正原则要靠政府采购管理机关、采购机关和中介机构去执行，即政府采购管理机关除制定统一的政策、法规和制度外，还必须保证这些规则在执行中不偏不倚，统一执法力度；采购机关必须公开相同的采购信息和标准，严格按采购合同组织验收；中介机构必须严格按照这些规则要求组织招投标工作。只有相关各方都依法行事，才能得到公正的结果。可见，从某种意义上来讲，公开、公平和公正的原则是统一的。

4.诚实信用原则

诚实信用原则是指采购当事人应当诚实守信，善意行使权利、履行义务，不得有欺诈等恶意行为。一方面，要求采购机关在采购全过程中做到诚实守信；另一方面，更要求供应商从资格预审到执行采购合同的过程中做到诚实守信，并建立相关的惩罚机制和过错登记制度，对连续执行政府采购合同良好的供应商在下次采购中给予优先考虑，对有高价围标等违规违法行为的供应商采取限期准入的惩罚措施。只有各方都诚实守信，才能打造健康有序的经济环境。

（四）政府采购模式

政府采购模式是指一国政府采购体系的组织方式。它通常决定该国政府采购体系的基本框架，对一国政府采购的效果有重要影响。按照集权与分权的性质不同，政府采购模式大致分三种：

1.集中采购模式

集中采购模式就是将政府机关所需要的一切商品、服务、工程的采购集中于一个特定机构，由其负责统一采购。这种模式有以下优点：一是实现政府采购的经济性和有效性目标；二是实现规模效应；三是便于监督管理部门进行有效监督。其缺点在于：对技术含量较高或比较复杂的产品进行集中采购，将导致最终用户与供应商之间缺乏沟通，也会因为政府采购规模过大而形成市场垄断。因此，很少有国家的政府采购单独采用这种模式。

2.分散采购模式

分散采购模式，即在财政监督下，政府采购由需求单位或部门自主组织采购的模式。这种模式的优点在于，最终用户与供应商之间便于沟通，采购效率高。其缺点是存在重复采购，浪费严重，难以监管，不利于实现政府采购的经济有效性目标。所以，很少有国家是完全采用这种模式的。

3.集中与分散相结合的模式

集中与分散相结合的采购模式，即重要的、通用的物品采购由一个部门统一组织，而一些个性化的、零碎的物品则由采购主体自主采购。由于这种模式可以解决集中与分散的关系，目前已被大多数国家采用。

《政府采购法》规定，我国政府采购实行集中与分散相结合的模式。这是由我国政府集权制、政府职能机构间的权限划分、政府干预经济的程度和方式等因素决定的。

知识链接 5-3

金财工程

金财工程，即政府财政管理信息系统（GFMIS），是利用先进的信息技术，支撑以预算编制、国库集中支付和宏观经济预测分析为核心应用的政府财政管理综合信息系统，是财政系统信息化建设目标和规划的统称。它是在总结我国财政信息化工作实践，借鉴其他国家财政信息化管理先进理念和成功经验的基础上，提出的与我国建立公共财政体制框架目标相适应的一套先进的信息管理系统，是我国正在实施的电子政务战略工程建设的重要组成部分。

金财工程以大型信息网络为支撑，以细化的部门预算为基础，以所有财政收支全部进入国库单一账户为基本模式，以预算指标、用款计划和采购订单为预算执行的主要控制机制，以出纳环节高度集中并实现国库现金的有效调度为特征，详细记录每个用款单位每一笔财政资金收支的来龙去脉。金财工程覆盖了财政收支管理的全过程，约占国内生产总值20%的资金流动，可监控任一时间点的财政资金收支状况，大大减少了预算执行的随意性，从根本上防止财政资金的体外运行和沉淀。

二、我国建立政府采购制度的意义

（一）建立政府采购制度是建立和完善社会主义市场经济机制的必然要求

国际经验表明，政府采购制度作为市场经济条件下的财政制度的重要组成部分，对各国市场经济机制的完善发挥了重要作用。我国正处于体制转轨和社会主义市场机制建立和完善的时期，推行政府采购制度意义非凡。其具体表现为：

（1）有利于促进市场经济的公平竞争。在现代市场经济中，竞争是促进资源配置的重要手段，有序竞争是市场经济的重要目标之一。实行市场经济的国家通过反不正当竞争法、反垄断法等法律规范市场竞争秩序，同时通过政府采购制度促进市场竞争秩序的形成。

（2）促进全国统一大市场的形成。由公开招投标形成的良好竞争环境，既有利于各市场主体公开、公平竞争，又有利于促进公共产品和劳务的有效提供，打击部门、行业、地区保护主义，充分体现市场在资源配置中的基础作用，形成全国统一市场。

（3）可以更好地弥补市场缺陷。再健全的市场机制在调节经济时都有一定的盲目性和失灵空间，但这些问题是市场自身解决不了的。而政府正好可以有效弥补市场缺陷，减少盲目性，其中政府采购制度就是政府调控的重要手段之一。

（二）有利于加强财政监督，提高财政资金使用效率

1994年，我国进行了工商税制改革和分税制预算体制改革。公共财政在收入制度方面基本能适应市场经济的要求，而公共财政支出制度还远不能满足市场经济的要求。过去政府采购按预算安排到各个部门，再由各部门自行采购，采购资金层层分解、下拨。这样既加大了采购成本、浪费了财政资金，又因采购资金不透明、不公开、随意性大等暗箱操作，极易滋生腐败。建立政府采购制度，能够细化预算，加强预算外资金的管理，促进政府消费行为的市场化、公开化，节约财政资金，还可实现财政支出由价值领域向实物领域的延伸管理，提高财政支出的效益。

（三）有利于增强财政宏观调控的功能

现代市场经济要求建立一套高效的宏观调控体系。财政作为政府掌握的极其重要的调控手段，具有法律手段、经济手段和行政手段的特征。其调节作用主要表现在：

（1）根据社会经济运行状况，采用灵活而有弹性的政府采购制度，实现社会总供求的平衡。当经济过热，需求过旺时，政府推迟采购或压缩采购规模，减少总需求，实现供求平衡；相反，当经济过冷，需求不足时，政府提前采购或扩大采购规模，增加总需求，从而实现供求平衡。

（2）政府采购制度更利于贯彻国家产业政策。政府采购实际就是政府财政资金的安排和使用行为，与相关政策配合，能更好地实现政府产业发展规划。

（3）保护我国政府采购市场和民族产业。在市场经济中，政府与企业除法律关系外的联结点就是市场，政府对企业的调节通过市场实现。随着国际贸易一体化，各国对私人采购市场的保护很有限，而对政府采购市场保持相当高程度的保护，成为各国对国内市场进行保护的最后保留地。因此，各国在政府采购的法规中都规定优先购买本国产品，促进民族产业发展。日本、韩国的政府采购制度都曾为其支柱产业的振兴立下汗马功劳。我国情况更特殊，政府采购占国内市场的比重更高，如果能够充分发挥政府采购作用，则功效不可估量；否则，过快、过早地开放政府采购市场，会极大损害我国的民族产业和国有大中型企业。

（四）有利于促进我国民主政治制度建设和政治体制改革

政府采购制度是财政支出制度的重要改革，也是政务公开的重要方面。这种将公共资金纳入法治化轨道和公共资金公众监督的做法，既可以培养公民的主人翁意识，又能增加政府官员使用公共资金的责任感；其严格而科学的内控机制，使管理者、操作者、使用者相对分离，使招标人、投标人、定标人相对分离，使采购、付款和验收三权分离，从而形成采购各环节相互联系、相互制约的监督机制，进而铲除滋生腐败的制度土壤。

三、我国政府采购制度的主要内容

(一)政府采购范围

1.采购人范围

采购人是指各级国家机关、事业单位和团体组织,不包括国有企业。按照国际通行做法,凡是属于政府财政支出中的政府消费支出和投资支出项目,无论采购主体是政府单位、公共机关还是国有企业或民营企业,都要纳入《政府采购法》所规范的主体范围。

2.采购资金范围

采购人按照《政府采购法》规定开展采购活动的采购项目,其项目资金应当为财政性资金。在实行政府采购制度的发达国家或地区,其判断是否属于政府采购,并不是根据资金来源,而是按采购项目的职能进行界定。因为采购人主要是公共部门,而公共部门的资金主要来源于国家财政拨款、政府担保借款、特许权转让所得等,法律不需要对资金来源进行规定。国际惯例中,使用公共资金的采购都属于政府采购的范围。

3.采购项目范围

采购项目范围有两个标准:一是纳入集中采购目录的采购项目;二是排除在集中采购目录之外,但在规定的采购限额标准以上的采购项目。前者实行集中采购,后者实行分散采购。

属于中央预算的政府采购项目和限额标准,其集中采购目录由国务院确定并公布;属于地方预算的政府采购预算项目和限额标准,其集中采购目录由省、自治区和直辖市人民政府或者其授权的机构确定并公布。

4.采购对象范围

采购对象是指采购人无论是采购货物还是采购工程或服务,都要执行《政府采购法》的规定。也就是说,符合《政府采购法》规定的货物、工程和服务都属于采购对象范围,包括建筑物和构筑物的新建、改建、扩建、装修、拆除、修缮等。所谓的服务,是指除货物和工程以外的其他政府采购对象,如会议服务、保险服务等。

5.例外情况

使用国际组织和外国政府贷款进行的政府采购,在贷款方、资金提供方与中方达成的协议中,对采购的具体条件另有规定的,可以适用其规定,但不得损害国家利益和社会公共利益。对因严重自然灾害和其他不可抗力事件所实施的紧急采购或涉及国家安全和秘密的采购,不适用政府采购。

(二)政府采购方式

所谓的政府采购方式,是指政府采购的组织和实现方式,是实现政府采购目的的形式表现,既要依法采购,又要便于实现政府采购的目标。

《政府采购法》规定政府采购应采用以下方式:公开招标、邀请招标、竞争性谈判、单一来源采购、询价、国务院政府采购监督管理部门认可的其他采购方式。公开招标应作为政府采购的主要方式。

1.公开招标

公开招标是一种采购程序，采购方根据已经确定的采购需求，提出招标采购项目的条件，邀请所有有兴趣的供应商参加投标，最后由招标人通过各投标人所提出的价格、质量、交货日期等因素进行综合分析，确定其中最佳的投标人为中标人，并与之签订合同的过程。其最大的特点是，给所有供应商提供公平竞争的机会，并在最大范围内进行竞争。这种采购方式最能体现政府采购的原则，也是各国政府采购的首选方式。

2.邀请招标

邀请招标是选择性招标采购方式，由采购人根据自己的实际需要，选择符合特定条件的供应商为潜在的投标人，向其发出投标邀请，被邀请的供应商自主决定参与投标，由采购人从中选择中标者的方式。它适合专业性强、供应商有限、采购时间短的政府采购项目，比公开招投标方式更节约时间和费用。除了邀请通知方式特殊外，其他方面与公开招投标方式相同，都实行公开原则。

3.竞争性谈判

竞争性谈判是政府采购人根据自己的需求与合适的供应商分别一对一谈判，由采购人根据谈判的结果选择供应商的一种采购方式。它不具有公开性和充分的竞争性，采购人有权决定供应商。所以，这种采购方式的使用有非常严格的条件和程序。

4.单一来源采购

单一来源采购是政府采购人面对某项采购任务只有唯一的潜在供应商，不得不从这唯一供应商处购买所需的货物、工程和服务。在法律上只能在使用条件上加以严格限制。

5.询价

询价是指政府采购人向有关供应商发出询价单，然后对供应商的报价进行比较，再确定中标供应商，以确保价格具有竞争性。它适用于政府采购货物规格、标准统一，现货货源充足，且价格变化不大的项目。

6.国务院政府采购监督管理部门认可的其他采购方式

国务院政府采购监督管理部门认可的其他采购方式，如定点采购、持卡采购等。这是一个兜底条款。

从《政府采购法》规定的六种采购方式来看，它们之间有递进关系。从第一种方式公开招标到第六种采购方式，均在前一种方式不合适的情况下，按顺序采用后一种采购方式，而且越是选择后面的采购方式，其限制性条件越严格。

拓展思考 5-1

为什么各国的政府采购都首选公开招标方式？

（三）政府采购程序

政府采购程序是指政府采购应在相关法规制度的规范下，采购管理和执行行为按一定的序列规程由始至终的运作过程。按照《政府采购法》的规定，包括政府采购的基本程序和采购方式的执行程序。这里主要介绍政府采购的基本程序。

（1）第一阶段是采购项目的确立阶段。其主要工作是通过编制和审批政府采购预算来确定预算年度的采购项目。

（2）第二阶段是采购合同的形成阶段。其具体工作包括确定采购模式、选择采购方式、执行采购方式、确定中标（成交）供应商、订立采购合同和采购合同备案六个步骤。

（3）第三阶段是采购合同管理阶段。政府采购合同签订以后，就进入采购合同的管理阶段。在这一阶段，管理主体发生了变化，主要是采购人对供应商履行采购合同的情况进行管理，具体包括执行采购合同、履约验收和审核付款等步骤。

（4）第四阶段是妥善保存采购文件。按常理讲，采购人付讫货款后，一个采购项目活动就基本结束了。但是，按照政府采购管理的要求，采购活动还没有全部结束，采购人还必须做好采购文件的管理和保存工作。这些文件包括活动记录、采购预算、招标文件、投标文件、评标标准、评估报告、定标文件、合同文本、验收证明、质疑答复、投诉处理决定及其他文件资料。

（四）政府采购政策

政府采购应当有助于实现国家的经济和社会发展政策目标，包括保护环境，扶持不发达地区和少数民族地区的发展，促进中小企业的发展等；规定政府采购政策性功能，赋予政府采购实施宏观调控的职能。

1.保护环境

政府采购要考虑环保要求，将政府采购形成的商业机会向符合环境保护要求的企业或产品倾斜，鼓励和支持这类企业的发展。

2.扶持不发达地区和少数民族地区的发展

政府采购可以将政府采购形成的商业机会，尤其是中央单位的政府采购向不发达地区和少数民族地区倾斜。在竞争的前提下，将采购合同优先授予相对有实力的不发达地区和少数民族地区的供应商，支持企业发展，提高企业的竞争实力，从而达到培育财源的目的，促进企业发展与财源增长的良性循环，逐步改变不发达地区的状况。

3.促进中小企业的发展

政府采购应当将一定限额下的采购项目或适合中小企业承担的项目，适度向中小企业倾斜，甚至可以规定将年度政府采购总额的一定比例留给中小企业，以此扶持中小企业的发展。

4.政府采购应当采购国货

拓展阅读5-1

2022年全国政府采购简要情况

只要本国的货物、工程和服务能够满足基本需求，政府采购就应当采购国货。在特殊情况下，政府采购可以采购外国货物、工程和服务：一是为了实现采购目的而必须进行的采购，但国内无法提供，或者虽然国内能够提供但商业条件极不合理，只能采购外国产品；二是为在中国境外使用而进行的采购。这里涉及保密和运输成本等因素，对是否采购本国货物、工程和服务不作强制性规定，由采购人视具体情况决定。

拓展思考 5-2

采购国货政策是不是贸易歧视？

第二节　国库集中收付制度

一、国库集中收付制度的概念

市场经济国家普遍采用的国库管理制度是国库集中收付制度。所谓的国库集中收付制度，是指对财政资金实行国库集中收缴和支付的制度，由于其核心是通过国库单一账户对现金进行集中管理，因此这种制度一般又称国库单一账户制度。具体而言，这种制度有以下三个基本特征：

（1）财政统一开设国库单一账户，各单位不再设银行账户。

（2）所有财政收入直接缴入国库，所有财政支出根据部门预算均由财政集中支付到商品和劳务的提供者。

（3）财政设立专门的国库现金管理和支付执行机构。在这种制度下，财政收支实现了规范管理，收入不能随意退库，支出得到了事前监督，资金使用效率明显提高。

二、建立国库集中收付制度的原则

推行国库集中收付制度应遵循以下原则：

1.有利于规范操作

合理确定财政部门、征收单位、预算单位、中国人民银行国库和代理银行的管理职责，不改变预算单位的资金使用权限，使所有财政性收支都按规范的程序在国库单一账户体系内运作。

2.有利于管理监督

增强财政收支活动的透明度，基本不改变预算单位财务管理和会计核算权限，使收入缴库和支出拨付的整个过程都处在有效的监督管理之下。

3.有利于方便用款

减少资金申请和拨付环节，使预算单位用款更加及时和便利。

4.有利于分步实施

改革方案要体现系统性和前瞻性，使改革目标逐步得到实现。

✓ 拓展思考 5-3 ---

国库集中收付制度是否会弱化单位的财务管理？

三、国库集中收付制度的主要内容

按照财政国库管理制度的基本发展要求，建立国库单一账户体系，所有财政性资金都纳入国库单一账户体系管理，收入直接缴入国库或财政专户，支出通过国库单一账户体系支付到商品和劳务供应者或用款单位。

知识链接 5-4

国家金库

国家金库简称国库，是国家财政资金的出纳机关，负责办理预算收入的收纳、划分、留解和预算支出的拨付业务。我国中央国库业务由中国人民银行经理。

根据《中华人民共和国国家金库条例》的规定，国库的基本职责有：

（1）办理国家预算收入的收纳、划分和留解；

（2）办理国家预算支出的拨付；

（3）向上级国库和同级财政机关反映预算收支执行情况；

（4）协助财政、税务机关督促企业和其他有经济收入的单位及时向国家缴纳应缴款项，对于屡催不缴的，应依照税法协助扣收入库；

（5）组织管理和检查指导下级国库的工作；

（6）办理国家交办的同国库有关的其他工作。

1.建立国库单一账户体系

（1）财政部门在中国人民银行开设国库单一账户，按收入和支出设置分类账，收入账按预算科目进行明细核算，支出账按资金使用性质设立分账册。国库单一账户为国库存款账户，用于记录、核算和反映纳入预算管理的财政收入和支出活动。

（2）财政部门按资金使用性质在商业银行开设零余额账户；预算单位在商业银行开设零余额账户。财政部门的零余额账户用于财政直接支付和国库单一账户支出清算，预算单位的零余额账户用于财政授权支付和清算。

（3）财政部门在商业银行开设预算外资金财政专户，按收入和支出设置分类账。预算外资金财政专户用于记录、核算和反映预算外资金的收入和支出活动，并用于预算外资金日常收支清算。

（4）财政部门在商业银行为预算单位开设小额现金账户。小额现金账户用于记录、核算和反映预算单位的零星支出活动，并用于与国库单一账户清算。

（5）经国务院和省级人民政府批准或授权的财政部门开设特殊过渡性账户（以下简称特设专户）。特设专户用于记录、核算和反映预算单位的特殊专项支出活动，并用于国库单一账户清算。

上述账户和特设专户要与财政部门及其支付执行机构、中国人民银行国库部门和预算单位的会计核算保持一致，相互核对有关账务记录。要在建立、健全现代化银行支付系统和财政管理信息系统的基础上，逐步实现由国库单一账户核算所有财政性资金的收入和支出，并通过各部门在商业银行的零余额账户处理日常支付和清算业务。

2.规范收入收缴程序

（1）收入类型。按政府收支分类标准，对财政收入进行分类。

（2）收缴方式。适应财政国库管理制度的改革要求，将财政收入的收缴分为直接缴库和集中汇缴。直接缴库是由缴款单位或缴款人按照有关法律法规的规定，直接将应缴收入缴入国库单一账户或预算外资金财政专户；集中汇缴是由征收机关（有关法定单位）按照有关法律法规的规定，将所收的应缴收入汇总缴入国库单一账户或预算外资金财政专户。

（3）收缴程序。一是直接缴库程序。直接缴库的税收收入，由纳税人或税务代理人提出纳税申报，经征收机关审核无误后，由纳税人通过开户银行将税款缴入国库单一账户。直接缴库的其他收入，比照上述程序缴入国库单一账户或预算外资金财政专户。二是集中汇缴程序。小额零散税收和法律另有规定的应缴收入，由征收机构于收缴收入的当日汇总缴入国库单一账户。非税收入中的现金缴款，比照本程序缴入国库单一账户或预算外资金财政专户。

3.规范支出拨付程序

（1）支出类型。财政支出总体上分为购买性支出和转移性支出。根据支付管理需要，购买性支出具体分为：工资支出，即预算单位的工资性支出；购买支出，即预算单位除工资支出、零星支出之外购买服务、货物、工程项目等的支出；零星支出，即预算单位支出中的日常小额部分，除《政府采购品目分类目录》所列品目以外的支出，或列入《政府采购品目分类目录》之内的品目但未达到规定数额的支出。转移性支出，即拨付给预算单位或下级财政部门的未指明具体用途的支出，包括拨付企业补贴和未指明具体用途的资金、中央对地方的一般性转移支付等。

（2）支付方式。按照不同的支付主体，对不同类型的支出分别实行财政直接支付和财政授权支付。

①财政直接支付。财政直接支付由财政部门开具支付令，通过国库单一账户体系，将财政资金支付到收款人（即商品和劳务供应者，下同）或用款单位账户。实行财政直接支付的支出包括工资支出、购买支出以及上级财政对下级财政的专项转移支付，拨付企业大型工程项目或大型设备采购资金等，直接支付到收款人账户。转移性支出包括中央对地方支付中的税收返还、原体制补助、过渡期转移支付、结算补助，以及未指明购买内容的某些专项支出，支付到用款单位（包括下级财政部门）账户。

②财政授权支付。预算单位根据财政授权，自行开具支付令，通过财政单一账户体系将资金支付到收款人账户。实行财政授权支付的支出包括未实行财政直接支出的购买支出和零星支出。

财政直接支付和财政授权支付的具体支出项目由财政部门在确定部门预算改革试点的具体实施办法中列出。

拓展思考 5-4

哪些公共产品适合政府提供，但由市场生产？

4.支付程序

（1）财政直接支付程序。预算单位按照批复的部门预算和资金使用计划，向财政国库支付执行机构提出支付申请，财政国库支付执行机构根据批复的部门预算和资金使用计划及相关要求对支付申请审核无误后，向代理银行发出支付令，并通知中国人民银行国库部门，通过代理银行进入全国银行清算系统实时清算，财政资金从国库单一账户划拨到收款人的银行账户。

财政直接支付主要通过转账方式进行，也可以用"国库支票"支付。财政国库支付执行机构根据预算单位的需要签发支票，并将签发给收款人的支票交给预算单位，由预算单位转给收款人。收款人持支票到其开户银行入账，收款人开户银行再与代理银行进行清算。每日营业终了前由国库单一账户与代理银行进行清算。工资性支付涉及的各项预算单位人员编制、工资标准、开支数额等，分别由编制部门、人事部门和财政部门核定。支付对象为预算单位和下级财政部门的支出，由财政部门按照预算执行进度将资金从国库单一账户直接拨付到预算单位或下级财政部门账户。

（2）财政授权支付程序。预算单位按照批复的部门预算和资金使用计划，向财政国库支付执行机构申请授权支付的月度用款限额，财政国库支付执行机构将批准后的限额通知代理银行和预算单位，并通知中国人民银行的国库部门。预算单位在月度用款限额内，自行开具支付令，通过财政国库支付执行机构转由代理银行向收款人付款，并与国库单一账户清算。

上述财政直接支付和财政授权支付流程，以现代化银行支付系统和财政信息管理系统的国库管理操作系统为基础。在这些系统建立和完善前，财政国库支付执行机构或预算单位的支付令通过人工操作转到代理银行，代理银行通过现行银行清算系统向收款人付款，并在每天轧账前，与国库单一账户进行清算。预算外资金的支付，逐步比照上述程序实施。

四、公务卡结算方式

1.公务卡的概念

随着国库集中支付改革的深入，各项财政资金均纳入了国库单一账户体系，财政部门实现了对财政资金的实时监控。但是，财政部门无法监控单位提取现金的具体用途和使用情况。少数单位利用这一点在授权支付额度内大量提取现金，以逃避监管。同时，行政事业单位无法监控公务人员的现金使用情况，难以防范和杜绝"假发票""多开发票"等违法违纪行为。此外，相当一部分单位的财务人员对现金的提取、保管、核算和退还等业务没有严格按规章制度的要求来执行，存在一定的现金管理风险。此外，根据国库集中支付的程序，只有在确定支付金额与收款单位后才能开具直接支付或授权支付凭证，不能实现"钱货两清"的同步结算，客观上造成了单位在零星、小额商品和服务采购中的不便。针对国库集中支付改革和财政财务管理中的现金管理难点问题，国家推行了公务卡结算制度改革。公务卡结算制度是对国库集中支付改革的补充。

公务卡是金融机构为行政事业单位及其在职职工发放的，具有一定透支额度与透支免息期，主要用于公务活动开支的一种贷记卡（信用卡）。公务卡可分为个人公务卡（以下简称个人卡）与单位公务卡（以下简称单位卡）。个人卡是以行政事业单位在职职工个人名义开立的贷记卡，职工个人作为持卡人承担相应的法律责任；单位卡是以行政事业单位名义开立的贷记卡，行政事业单位作为持卡人承担相应的法律责任。

2.公务卡结算方式的特点

（1）电子化、无纸化的支付方式；

（2）实时记录交易信息；

（3）方便快捷的同步结算功能；

（4）利用金融系统的融资功能，先消费后报销还款。

3.实行公务卡结算方式的意义

从宏观层面来看：

（1）有利于加强预算执行的管理。实行公务卡结算方式，财政部门和行政事业单位通过电子支付信息对公务支出进行全方位、全过程的监控，有利于增加预算执行信息的透明度，堵塞各种管理漏洞，提高财政资金使用的安全性和规范性，从机制上防范腐败行为。

（2）有利于加强国家税收管理。实行公务卡结算方式，通过对各项电子交易信息的准确记录，形成个人和商户的交易档案，有利于促进对个人所得税和企业所得税的征缴和监管，加强对商户的约束，防范偷税漏税行为，为税务检查提供有效的信息，保证国家税收应收尽收。

（3）有利于促进社会信用体系的建立健全和金融环境的改善。公务卡在行政事业单位的推广和普及，为全社会使用银行卡作出了表率，有利于增强广大居民的信用卡意识，带动其他社会人员使用银行卡，促进各金融机构加大对用卡环境的投入，调动广大商户受理银行卡的积极性，促进社会信用体系的建立健全和金融环境的改善。

（4）有利于促进银行业的发展。对各发卡银行而言，公务卡的推出满足了公务开支的市场需求，完善了银行卡的品种和功能，增加了银行卡业务收益，促进了各项业务尤其是个人银行业务的发展，为发卡机构提供了更多拓展其他相关金融业务的机会。

从微观层面来看：

（1）实现了同步结算功能。在进行零星、小额商品服务采购时，单位持卡人员可通过刷卡消费，现场完成交易，大大提高了工作效率。

（2）简化了单位财务部门的业务流程。使用公务卡后，免除了预借现金的程序，将公务开支由原先的预借款、报销两道程序，变为报销一道程序，简化了财务流程和财务人员的工作量。

（3）降低了现金流压力，使单位具有融资优势。一方面，公务人员可以利用贷记卡先消费后还款功能，充分利用金融系统的融资功能，降低资金的占用成本，使单位的资金调配更为灵活；另一方面，由于取消了单位预借现金制度，从根本上解决了少数公职人员长期占压资金的问题。

（4）有效控制了现金管理风险。实行公务卡结算后，财务人员无须存取现金、核对现金、保管现金，有利于控制现金管理风险，避免支付差错，杜绝假钞，减轻了财务人员的工作压力；持卡人凭卡消费，不必大量携带现金，较为安全。

☑️ **拓展思考 5-5** ··

公务卡真能卡住财政支出中的问题吗？
··

4.公务卡结算的适用范围

（1）行政事业单位中原使用现金结算方式的零星商品服务支出，包括差旅费、招待费、培训费、手续费等费用。

（2）行政事业单位中原使用转账结算方式、单笔金额在限额以下的小额商品服务采购支出，包括设备购置费、办公费、会议费、咨询费、租赁费、邮电费、水费、电费、维修费等费用。

（3）在公务卡结算方式的适用范围内，行政事业单位原则上只在具有刷卡条件的商户进行公务消费。

5.公务卡结算的程序

（1）行政事业单位及其职工因公务活动的需要，使用公务卡刷卡消费，并取得相应报销凭证和经持卡人消费签名的消费交易凭条（银联小票）。

（2）在公务卡透支免息期内，职工凭合规的报销凭证和消费交易凭条，按照现行财务管理制度的规定申请报销。

（3）行政事业单位的财务部门按规定对报销凭证进行审核后，对符合公务卡结算范围和财务制度规定的支出予以报销。对不予报销的部分，由持卡人自行偿还。

第三节　财政支出绩效评价

财政支出绩效评价是指运用科学、规范的评价指标和合理的评价标准，对财政支出行为过程及其效果进行客观、公正的衡量比较和综合评判。其目的在于提高政府支出的管理效率、资金使用效益和公共服务水平。因此，开展绩效评价工作，既是一项解决财政资金使用效益与效率问题的改革举措，也是完善公共财政管理体制的重要组成部分。

一、开展财政支出绩效评价工作的重要性

（一）有利于强化资金使用效果

受经济体制以及各种主客观条件的影响，以往财政改革的重点大多集中在财政收入方面，如20世纪80年代第一步、第二步利改税及国有企业所得税改革，20世纪90年代的分税制及预算外资金的"收支两条线"改革，都很少涉及对财政支出管理制度的改革。在财政支出方面，重预算分配轻支出管理、重资金拨付轻使用绩效的问题比较突出。随着公共财政框架体系的逐步建立，我国财政将逐步由政府包办型财政向市场型财政和效益型财政转变，财政支出管理的内容也由原来的纯财政资金分配，拓展到对财政支出效果的追踪问效，即绩效评价。特别是对于财政专项资金支出，通过建立科学的评价指标和评价方法进行绩效评价，可以促进部门和单位树立使用财政资金的绩效观念，使其不会随意向财政部门要钱，要了钱就得拿出对等的效益，从而进一步强化财政资金使用效益。

☑　拓展思考 5-6

财政支出绩效评价的最大难点是什么？

（二）有利于优化财政支出结构

长期以来，由于我国没有对财政资金的使用进行科学评价，在财政资金分配上一直采用"基数加增长"的办法，造成支出结构不合理，支出效益和效率不高，以及支出预算刚性不强，从而形成了"会哭的孩子有奶吃"的不良现象，这在客观上造成了财政资金使用部门和单位要钱的随意性和无效性。虽然目前对财政资金分配采取了部门预算和"零基预算"的方法，但由于没有对财政支出的绩效进行科学评价，财政资金仍难以做到科学、合理分配，部门预算尚未落到实处。因此，实施财政支出绩效评价制度，不仅是财政管理改革的重要内容，是落实部门预算、优化财政支出结构的重要手段，还是促

进财政资金使用部门和单位转变观念，树立财政资金"不是那么好要"的理念，减少部门和单位要钱的随意性、无效性，从而优化财政资金的支出结构。

（三）有利于规范财政支出行为

为了规范财政支出行为，提高资金使用效益，绩效评价从绩效的角度对财政支出行为进行监督，将有力推动部门和单位规范财政支出行为，强化内部管理职能，增强使用财政资金的绩效观念。

（四）有利于优化社会资源配置

财政资金特别是财政专项资金，不仅体现了政府投向对经济社会发展的直接作用，而且是引导社会资源有效配置的重要杠杆。因此，财政专项资金投入决策的合理性和科学性，既直接关系到财政在经济社会发展中的作用，又直接影响社会资源的合理配置和投入方向。通过财政支出绩效评价指标体系和评价方法，对财政专项支出的经济性、效率性和有效性进行科学评价，可以提高财政支出项目本身的绩效和配置效率，还可以使财政资金更好地发挥"四两拨千斤"的作用，从而优化社会资源的配置。

二、西方国家财政支出绩效评价制度的借鉴

（一）美国财政支出绩效评价制度

1949年，美国就提出了"绩效预算"概念，又先后尝试了"规划预算"等方法，取得了一定效果。1992年，克林顿上台后，针对联邦政府支出中出现的浪费和低效率情况，以及在项目立项时目标不明确，在执行过程中忽视执行结果的情况，开始了大规模的政府改革。1993年1月，美国第103届国会颁布了《政府绩效与结果法案》，这是到目前为止世界上唯一专门为政府绩效制定的法律。根据这个法案，各政府部门在编制预算、提出支出要求的同时，必须制定出一套能综合反映部门业绩、便于考评的绩效指标。该法案的主要目的是通过设定政府财政支出的绩效目标，比较绩效目标和实施成果，进行年度绩效评价，提高联邦政府的工作效率和责任心，同时要求政府各部门每年向国会提交年度绩效报告。《政府绩效与结果法案》的最终目标是利用绩效评价信息和结果指导有关政府资源分配的决策，提高政府资金的使用效益。目前，美国已经基本形成了较为完善的绩效评价工作体系，并成为政府加强宏观调控、增强公共支出科学性、提高公共支出效果的有效手段。其具体做法如下：

1.评价的组织实施

绩效评价的组织实施涉及国会会计总署、总统预算与管理办公室和各政府部门。

国会会计总署的主要职责是：

（1）代表国会对联邦政府各部门进行年度绩效考评。

（2）接受国会的委托，对部门、计划、项目、专项工作的绩效进行专题评估。

（3）授权各联邦部门内部的评价办公室对本部门进行绩效评价或计划和项目评价。

总统预算与管理办公室的主要职责是：

协助总统对预算的编制进行指导和监督，通过对各政府部门的计划、政策及工作的有效性进行评价，从而确定支出重点，保证预算支出的可行性。各联邦政府部门在新的预算年度（每年10月）开始前5个月（即每年4月中旬）要向总统预算与管理办公室上

报年度计划。结合联邦政府各部门上交的春季绩效评价报告，在总统预算与管理办公室对各部门年度计划进行评价后，决定是否对预算进行调整。联邦政府各部门负责向国会提交战略规划和年度计划。一些主要的政府部门都专门设立了"计划与评价办公室"，而没有设立该办公室的部门则是由"政策办公室"负责有关评价事宜。

2.评价的实施方式

《政府绩效与结果法案》要求联邦政府各部门制订年度计划（包括工作计划和收支计划）和长期战略规划。由国会会计总署或其聘请的中介机构，或由各政府部门内部的评价机构对绩效进行评价，然后向国会提交绩效评价报告。

3.评价的对象和内容

美国政府绩效评价对象包括"部门年度绩效考评"和"专题绩效评价"。"专题绩效评价"一般由会计总署应国会或其他部门的要求进行评价，具体评价内容包括：

（1）过程评价，又称立项决策评价，主要是对项目立项的合理性进行评价。

（2）经济效益评价，主要是评价项目的获利能力、成本效益情况等。

（3）综合影响评价，主要是评价项目运行对地区、行业的经济发展，对项目周边自然环境及相关社会环境的影响。

（4）持续性评价，主要是评价项目完成后，是否可对经济和社会产生持续或长期的影响。

4.评价结果的应用

美国财政支出绩效评价的重要特点是由国会直接领导和监督，并由国会会计总署负责对联邦政府各部门实施绩效评价，所以其评价的力度很大，评价的效果可以充分运用到提高政府工作效率中。其主要表现在：能及时发现政府部门在管理中的问题，及时提出解决方案，供国会和政府参考；绩效评价结果与各部门和单位的管理责任紧密结合；绩效评价结果与预算编制结合。美国政府的一个工作重点就是把各政府部门工作的绩效与其部门预算紧密结合起来，充分应用绩效评价结果，加强对各部门管理责任的落实，进一步加强政府支出管理，提高政府支出效益和效率。

✏️ **拓展思考 5-7**

美国财政支出绩效评价有哪些可供借鉴的地方？

（二）加拿大财政支出绩效评价制度

1981年，加拿大政府发布的《绩效评价工作指南》和国会财政委员会委员长办公室发布的《联邦部门和组织项目评价准则》，为联邦政府各部门组织绩效评价工作提供了政策指导与帮助。1989年，加拿大政府发布的《联邦政府和部门绩效评价的工作标准》，建立了联邦政府各部门进行绩效评价的工作标准。

2001年，加拿大政府出台了《加拿大政府绩效评价政策和标准》，以区别绩效评价与内部审计的不同，并把绩效评价的范围扩大到对政府各部门的政策和计划的评价，强调以结果为基础和导向的管理体制模式，努力使绩效评价深植于政府各部门的管理工作中，具体做法如下：

1.评价的组织实施

加拿大政府绩效评价工作由内阁财政委员会秘书处统一领导和部署，并成立专门机构"评价中心"进行协调，政府各部门由副部长负责绩效评价工作，并在各部门内部成立专门的绩效评价机构对本部门进行绩效评价。

联邦财政委员会秘书处作为政府的管理委员会，负责组织政府各部门的绩效评价工作，为加拿大政府的绩效评价提供方向和导向。其职责主要包括：

（1）建立评价机构，即"评价中心"，对绩效评价的运用提供指导和帮助。

（2）在决策制定时适当地运用评价结果。

（3）制定评价标准。

（4）在政府中监督评价工作。

各部门的副部长是各政府部门绩效评价的负责人。各部门副部长必须根据本部门的工作需要和资源分配情况，建立适当的评价体系，对本部门政策和计划的执行情况进行评价。其职责主要包括：

（1）聘任一位高级领导具体从事评价研究。

（2）组织一个评价委员会，任命一位执行长官。

（3）除了内部工作外，还必须经常与联邦财政委员会秘书处联系，掌握影响管理或政策、计划有效实施的因素，以及可能出现的评价结果。

2.评价的实施方式

每个联邦部门都要提供部门战略规划及预期结果的报告，这个报告是各个联邦部门和机构关于其战略规划和所取得的成果对加拿大国会和公众的承诺，每年有80多个联邦部门和机构要提交200多个报告。各政府部门每年都要对本部门的绩效进行评价，评价分析其实际执行结果与战略规划及预期结果的区别，并向国会提交绩效评价报告，同时向公众公开报告。

3.评价的对象和内容

加拿大政府绩效评价的对象主要包括对各政府部门和单位的评价及对项目的评价。加拿大政府绩效评价的另一个特点是，作为一个国家综合能力的评价报告，它用包括19个指标（如经济指标、健康指标、环境指标和社区指标等）在内的评估体系分析评价加拿大公众的生活质量问题。

4.评价结果的应用

加拿大政府各部门已经把绩效评价工作作为本部门的一项日常工作，由常设的机构和人员专门负责绩效评价工作。绩效评价对各部门管理过程中存在的问题和风险进行客观分析，并提出可供采纳的建议，因此对加强和完善各部门的管理工作发挥了重要作用。由于各评价报告都必须上报国会、联邦财政委员会，并向公众公开，因此也受到了国会及公众对各政府部门工作的监督。

（三）国外经验对我们的启示

从上述两国财政支出绩效评价发展过程和现状可以看出，建立一个成功的绩效评价模式要受到以下因素的影响：一是确定绩效评价在政府工作中的职责定位，包括相应机构的设置和具体职责等；二是确定一套可行的绩效评价指标体系和评价标准；三是建立一个可以把绩效评价渗入到宏观管理环境的制度，绩效评价制度不仅应该保证评价工作能够客观公正地进行，而且应该保证评价结果能够被合理地应用，以提高财政支出的效益。

1.高度重视和促进绩效评价工作的开展

从上述国家的经验来看，绩效评价制度一般是建立在财政收支出现赤字或财政支出效率较低及社会公众民主意识较强的历史条件下。当前，我国财政收支规模不断扩大，财政收支矛盾依然突出，但资金使用缺乏监管，资金使用效率相对较低，浪费严重的情况普遍存在。因此，我国的财政管理改革已经开始注重财政支出改革，包括当前正在实施的政府采购、部门预算和国库集中支付等。如何更好地加强财政支出管理，堵塞支出中的漏洞，提高财政支出的效率，是当前社会各界都非常关心和重视的问题。同时，社会公众参政、议政的意识不断增强，建立完善的财政支出绩效评价制度已经摆上了议事日程。

2.如何进行绩效评价工作的定位

从美国和加拿大的绩效评价工作来看，经过几十年的探索与实践，这些国家的绩效评价工作制度是一个相对完善的整体，即建立了一套项目评价、单位评价、部门评价和综合评价四个层次的绩效评价体系和制度。从我国目前的情况来看，企业绩效评价制度已经相对成熟，成为企业管理和提高生产力的重要手段和工具。但在财政支出绩效评价中，项目评价工作刚刚起步，综合评价还处于试点探索过程中。

3.绩效评价工作的实施主体

在西方国家的政治体制下，由议会和政府共同组织实施绩效评价工作是一种比较理想的办法。例如，美国由国会直接领导绩效评价工作；加拿大由政府组织实施，但议会或国会的监督力度很大，成为绩效评价能够顺利实施的保障。但从我国目前的情况来看，由立法机关组织和保障实施的条件尚未成熟，财政部门具有制定和分配财政资金的职能，是国家财政资金管理和监督的主体。对财政资金的使用效益进行评价，实行"跟踪问效"，提高财政支出效率，是财政监管的重要手段。因此，由财政部门组织实施财政支出绩效评价工作应该是比较实际和可行的，待条件成熟时，再由国务院制定相应的法律法规进行规范，但目前迫切需要建立绩效评价指标体系及标准等。

4.建立绩效评价指标体系及标准

要建立一个完整、可靠的绩效评价体系，关键在于如何确定评价指标，但又不可能像企业绩效评价那样，建立一个统一的放之四海皆可用的指标体系。由于每个部门和单位的特点不同，加上财政支出项目的多样性，其评价指标应该是不一样的，在建立绩效评价体系时，需要考虑建立不同层次的指标体系，如共性指标和个性指标、基本指标和具体指标。有些指标可能会用于性质和业务相似的部门或单位，有的指标可能只会用于个别部门或单位。因此，建立绩效评价体系是一项重要的系统工程，评价指标的确定将是建立绩效评价制度的重点与难点。

5.绩效评价工作的具体实施方式

西方国家主要采取以各部门和单位自我评价为主、以外部评价为辅的实施方式。当前，由于我国社会监督机制和自我约束机制的缺乏，如果全部采取自我评价，则有可能影响评价结果的质量和真实性，进而影响绩效评价结果的最终应用。为此，我国的绩效评价拟采取以外部评价为主、以内部评价为辅的实施方式，从而保证评价工作不流于形式，确保评价的效果和质量。外部评价可由财政部门、专家等组成专家组实施绩效评价，也可由有相应资质的社会中介机构参与绩效评价。

6.建立绩效评价结果应用机制

绩效评价工作是否成功在于其结果能否得到充分的应用，绩效评价结果的充分应用反过来又会促进绩效评价工作的进一步开展。因此，绩效评价结果应作为项目立项、优化结构、资金分配的重要依据，从而提高财政资金使用效益和效率，提高政府运行效率和公共服务管理水平，使政府部门和单位能够更好地为公众服务。

三、财政支出绩效评价制度

（一）基本指标设置

财政支出绩效评价指标体系是综合反映财政支出绩效总体现象的特定概念，是衡量和评价财政支出经济性、效率性和有效性的载体。

绩效评价指标根据评价内容和设置要求，可分为基本指标和具体指标。基本指标是对评价内容的概括性指标，具体指标是基本指标的进一步细化与分设。绩效评价基本指标是动态的、可扩充的。财政部门可根据绩效评价工作的开展情况，不断完善基本指标；主管部门和单位要按照指标设置的要求，根据基本指标的内容，结合评价对象的不同特点，同财政部门研究确定具体指标。

财政支出绩效评价基本指标包括：

1.业务指标

（1）目标设定情况，是指评价对象对预定目标的设定、规划是否科学、合理，能否体现财政支出的经济性、效率性和有效性等。

（2）目标完成程度，是指评价对象总体目标或阶段目标的完成情况，具体可表述为：

目标完成程度=实际达到效果÷目标绩效×100%

其中，实际达到效果是指评价对象实际达到的效益，当效益可以量化时，则采用相应的数额；当效益不可量化时，可以采用专家评议、调查问卷等方法，得出结论。目标绩效是指评价对象为实现其职能所确定的预定目标，目标绩效为100。

（3）组织管理水平，是指评价对象按照国家政策法规和实际情况，逐步形成和运用的组织结构、管理模式、基础管理制度、激励与约束机制、信息支持系统以及由此形成的组织、协调和管理能力等。

（4）经济效益，是指评价对象对国民经济和区域经济发展所带来的直接或间接效益等，主要包括对国民经济及区域经济增长的贡献、对财政税收的贡献、对外贸出口的贡献等。

（5）社会效益，是指评价对象对社会发展的影响。不同性质的财政支出具有不同的社会影响，如卫生支出对提高全民医疗保健水平、满足基本医疗需要的影响；教育支出对全民素质的提高、社会风气好转的影响等。

（6）生态环境效益，是指评价对象对生态环境保护的影响，主要包括在治理环境、污染控制、恢复生态平衡和保持人类生存环境等方面的影响。

（7）可持续性影响，是指评价对象对社会经济和资源环境的持续影响力等。

2.财务指标

（1）资金落实情况，主要反映计划投入情况、资金到位情况（如资金到位率、资金到位及时性）及财政投入乘数等。

（2）实际支出情况，主要反映实际支出结构的合理性、超支或结余情况、资金利用效率等。

（3）会计信息质量，主要反映会计信息资料的真实性、完整性和及时性等。

（4）财务管理状况，主要反映财务制度的健全性、财务管理的有效性及财务制度的执行状况等。

（5）资产配置与使用，主要反映资产配置的合理性和资产使用情况等。

☑ 拓展思考 5-8 --------------------------------

在基本指标设置中，应考虑哪些因素？

（二）具体指标设置

具体指标是在评价对象确定后，根据评价对象的不同特点，对基本指标内容细化、分设的评价指标，又可分为定量指标和定性指标。

1.定量指标

定量指标是指可以直接通过数据计算分析评价内容、反映评价结果的指标。

2.定性指标

定性指标是指无法直接通过数据计算分析评价内容，需对评价对象进行客观描述和分析来反映评价结果的指标。

对定性指标的测定，可从以下三个方面取得判断基础或依据：一是专家经验判断，即专家凭借工作经验，结合当时的政治经济发展形势，综合以往年份同类资金所产生的经济效益和社会效益所作出的经验判断；二是问卷测试，即对于一些涉及服务满意度、应达到的支出目标等指标，可通过公众评判的方式测定；三是横向比较，即综合比较同类财政支出绩效所达到的结果作出判断。

（三）评价指标的运用

当评价对象确定后，从具体指标中选取若干指标，构成评价对象的一套完整指标。具体指标的设定、选用、权重（或分值）原则上由主管部门、单位与财政部门研究确定。

（四）评价结果的确定

评价结果分为优秀、良好、合格、不合格四个评价等级，根据计算结果的分值，确定评价对象最后达到的等级。

（五）绩效评价组织实施

1.财政部门、主管部门和单位的职责

财政部门负责制定绩效评价制度、办法和操作规范，统一组织和规划绩效评价工作，指导、监督和检查主管部门和单位绩效评价工作，并选择重大项目直接组织实施绩

效评价。主管部门和单位负责拟定本部门、单位绩效评价的具体实施办法，并报财政部门确定；负责组织实施本部门、单位的绩效评价工作。重大项目的绩效评价原则上应委托具有相应资质的中介机构或组织专家组实施评价，并可邀请相关人士参加；一般性项目可由本部门、单位内部相关业务人员实施，也可委托具有相应资质的中介机构或专家组实施。

2.绩效评价的工作程序

为确保评价结果的客观、公正，绩效评价工作应当遵循严格、规范的工作程序，一般分为前期准备、实施评价和撰写报告三个阶段。

（1）前期准备阶段。

① 确定评价对象。绩效评价对象由财政部门、主管部门和单位根据绩效评价工作的重点及预算管理的要求来确定。对确定的评价对象，主管部门和单位在向财政部门编报年度预算时，应提出评价对象的预期绩效目标，经财政部门审核后，批复下达。如遇特殊情况需对绩效目标作出调整的，应当及时报财政部门审定。

② 成立评价工作组。评价对象确定后，组织实施绩效评价的财政部门、主管部门和单位应成立评价工作组，负责制订评价实施方案、选择评价机构和审核评价报告等。

③ 下达评价通知。在具体实施绩效评价工作前，组织实施绩效评价的财政部门、主管部门和单位应下达评价通知，内容包括评价目的、任务、依据、评价机构、评价时间和有关要求等。

（2）实施评价阶段。

① 资料审核。评价机构应对主管部门和单位提交的相关资料进行审核。主管部门和单位对所提供资料的真实性和准确性负责。

② 现场和非现场评价。绩效评价的形式包括现场评价和非现场评价，评价机构可根据具体情况采取不同的评价形式。现场评价是指评价机构到现场采取勘查、询查、复核等方式，对有关情况进行核实，并对所掌握的有关信息资料进行分类、整理和分析，提出评价意见。非现场评价是指评价机构在对提交的资料进行分类、整理和分析的基础上，提出评价意见。

③ 综合评价。评价机构在现场评价和非现场评价的基础上，运用相关评价方法对项目绩效情况进行综合性评价。

（3）撰写报告阶段。

① 撰写报告。评价机构按照规范的文本格式和要求撰写绩效评价报告，绩效评价报告要依据充分、内容完整、数据准确、分析透彻、逻辑清晰。

② 提交报告。评价机构应将评价报告在规定时间内提交给评价工作组，经评价工作组审定后，将评价结果通知被评价者。

③ 归档存查。评价工作结束后，组织实施评价的财政部门、主管部门和单位应及时将评价报告、评价通知书和实施方案等资料归档存查。财政部门和主管部门组织的绩效评价，应将评价结果及相关意见和建议，及时反馈给评价项目单位，然后予以整改，并抄送同级财政部门作为安排下一年度部门预算的重要依据。

☑ **拓展思考 5-9** ···

部门、单位的自我评价与中介机构或专家组的评价有何不同？

四、绩效评价的作用

财政支出绩效评价，又称财政资金使用绩效测定，是指对不同的评价对象——财政支出设定不同的具体评价指标和评价标准，按照一定的程序与方法，对财政资金的安排、使用及其运行效果进行测量与评价。在未实行绩效预算前，它将起着推动财政支出管理模式转变的作用。

（一）肯定政府各部门的成绩与效果

开展财政支出绩效评价工作，可以将部门的绩效以一个量化的形式，总括反映部门履行各方面的职能和行为，较为直接地体现部门投资的决策效率和管理水平，从而促进树立财政绩效意识。一个部门通过绩效评价反映结果较好，则表明该部门较好地使用了财政资金，较好地承担了社会和政府赋予该部门的职责。因此，通过对部门使用财政资金全过程的绩效评价，肯定其投资决策及运行过程的成绩与效果，在社会经济发展和生态环境保护等方面将发挥积极的作用。同时，提出预算执行中存在的问题和不足及改进意见，使之更好地加强预算管理，提高财政资金使用效益和效率。

（二）促进各部门管理方式的创新与改革

在我国目前的部门预算管理体制下，财政支出行为是通过各部门发生的，一个部门的财政支出绩效如何，直接反映该部门主管的事业发展状况和预算执行情况，也反映该部门的工作效率和业绩。通过绩效评价方式，一方面可以让政府领导和上级主管部门了解该部门职能发挥情况；另一方面可以促进该部门规范内部管理行为，提高管理水平和服务质量。因此，实行财政支出绩效评价制度，既是落实部门预算、国库集中支付改革的有效手段，又是一种面向结果的新型的公共财政管理方式，更是一项财政改革。它必将成为加强财政管理的规范性、安全性和有效性，提高财政资金安排和使用的透明度，自觉接受公众监督，更好地满足公众利益需要的重要保障。

（三）转变预算管理方式

财政支出绩效评价工作，既强化了财政资金使用的事前、事中监督和事后的问责，又要求政府各部门规范财政支出行为。绩效评价要求各部门在编报所需的项目资金时，必须要有明确的预期绩效目标——以遵从投入的经济性、讲求产出的效率性和注重影响的有效性为前提，而且要对财政支出运行全过程和使用结果负责。也就是说，通过财政支出绩效评价工作来转变预算管理方式，进一步加强对财政资金使用的监控力度，改进和加强各部门的预算管理水平，有效控制财政投资风险。同时，能更好地协调与各部门之间的关系，增强各部门使用财政资金的责任感和绩效意识，提高资金成本运行效率。

（四）促使政府领导转变政绩观

20世纪90年代，西方国家已经广泛开始了公共管理改革，即政府转变过去单纯追求行政效率和管理秩序的观念，转而追求政府活动是否符合经济效益和效率——绩效管理。我国在市场经济和公共财政框架构建的过程中，逐步建立绩效评价的长效机制势在必行。也就是说，政府在利用公共资源提供服务时，必须考虑所提供的公共服务的质量和效用是否有效地实现了公共管理的目标，且又谋求了公众效益的最大化。

为使政府领导转变政绩观，树立"强国富民、勤政廉政、务实高效、群众满意"的观念，杜绝不必要的"形象工程""政绩工程"，减少投资决策失误及相应的损失，提高风险意识，切实履行政府公共服务的质量和效用，应通过绩效评价手段，并以此为推动力，促使政府领导树立正确的政绩观，努力提高执政能力和服务水平。

（五）为探索绩效预算创造条件

全面推行绩效预算需要一个渐进的过程，开展财政支出绩效评价工作，有利于探索建立一套比较科学、规范，且具有可操作性的绩效评价体系，逐步实现财政资金从注重投入的管理转向注重支出绩效的管理。由于我国财政管理历来都是"重分配轻管理，重收入轻支出"，对财政资金分配效果、资金使用效率和产出结果缺乏监督与评价，造成大量低效率和无效率的投资。

党的十六届三中全会提出，要"建立预算绩效评价体系"的财政改革目标，其目的就是要将部门预算与绩效评价相挂钩，政府的预算拨款与政府绩效匹配，最终实现绩效预算。也就是说，财政部门要求各部门在编制部门预算时，要给出相应的预算说明，即详细说明该预算实施后要达到的基本目标——绩效目标；将预算项目完成后实际达到的目标与年初绩效目标进行比较——绩效评价，再将绩效评价结果作为下一年度编报和安排部门预算的重要依据。这样能够促使各部门形成良好的绩效意识，提高绩效预算管理水平，为部门绩效预算管理夯实基础，为全面实施绩效预算创造有利条件。

本章小结

1.政府采购是指各级政府以法定的方式、方法和程序，从市场上为政府部门或所属公共部门购买商品和服务的行为。政府采购应该遵循公开透明原则、公平竞争原则、公正原则和诚实信用原则。

2.我国政府采购实行集中与分散相结合的管理模式。其采用的方式有公开招标、邀请招标、竞争性谈判、单一来源采购、询价、国务院政府采购监督管理部门认可的其他采购方式。

3.国库集中收付制度是指对财政资金实行集中收缴和支付的制度。它具有以下三个基本特征：（1）财政统一开设国库单一账户；（2）收入直接缴入国库，支出均由财政集中支付到商品和劳务的提供者；（3）财政设立专门的国库现金管理和支付执行机构。

4.实行财政直接支付和财政授权支付。财政直接支付由财政部门开具支付令，通过国库单一账户体系，财政资金支付到收款人（即商品和劳务供应者，下同）或用款单位账户。财政授权支付是指预算单位根据财政授权，自行开具支付令，通过财政单一账户体系将资金支付到收款人账户。

5.财政支出绩效评价是指运用科学、规范的评价指标和合理的评价标准，对财政支出行为过程及其效果进行客观、公正的衡量比较和综合评判。

6.财政支出绩效评价制度主要包括基本评价指标和具体评价指标的设置、绩效评价的组织实施、评价结果的确定等内容。

本章基本概念

政府采购　公开招标　国库集中支付　国库单一账户体系　国家金库　财政直接支
付　财政授权支付　财政支出绩效评价

综合训练

一、单项选择题

1.从世界范围来看，国库体制的类型主要是（　　　）。

A.独立国库制　　　　　　　　　　B.委托国库制

C.联合国库制　　　　　　　　　　D.银行存款制

2.我国政府采购的采购人不包括（　　　）。

A.各级国家机关　　　　　　　　　B.事业单位

C.团体组织　　　　　　　　　　　D.国有企业

3.我国的中央国库业务由（　　　）经理。

A.中国银行　　　　　　　　　　　B.中国人民银行

C.交通银行　　　　　　　　　　　D.中国农业银行

4.在我国，政府采购的最主要方式是（　　　）。

A.公开招标　　　　　　B.邀请招标　　　　　　C.竞争性谈判

D.单一来源采购　　　　E.询价

二、多项选择题

1.从世界范围来看，国库体制的类型主要有（　　　）。

A.独立国库制　　　　　　B.委托国库制　　　　　　C.联合国库制

D.银行存款制　　　　　　E.委托银行制

2.国库单一账户体系需要建立的账户有（　　　）。

A.国库单一账户　　　　　B.零余额账户　　　　　　C.预算外资金财政专户

D.小额现金账户　　　　　E.特设专户

3.政府采购的原则有（　　　）。

A.公开透明原则　　　　　B.公平竞争原则　　　　　C.公正原则

D.营利性原则　　　　　　E.诚实信用原则

4.在我国，政府采购方式包括（　　　）。

A.公开招标　　　　　　　B.邀请招标　　　　　　　C.竞争性谈判

D.单一来源采购　　　　　E.询价

三、复习思考题

1.为什么要进行政府采购？

2.政府采购的方式有哪些？

3.国库集中支付方式有哪些？

4.简述国库单一账户体系。

5.财政支出绩效评价有何意义？

6.如何设置财政支出绩效评价的基本指标？

7.财政支出绩效评价的作用有哪些？

8.政府采购应遵循哪些原则？

第六章

财政收入

知识目标：了解财政收入的形式；掌握财政收入规模的含义和衡量指标，理解影响财政收入规模水平的主要因素。

技能目标：分析我国财政收入规模的现状及其发展趋势。

综合目标：掌握财政收入的基本知识，运用本章知识解决财政收入方面的基本问题。

引　例

解析 2023 年中央一般公共预算收入预算表

2023 年中央一般公共预算收入预算见表 6-1。

表 6-1　　　　　　　　　　2023 年中央一般公共预算收入预算表　　　　　　　金额单位：亿元

项目	2022年执行数	2023年预算数	预算数为上年执行数的百分比（%）
一、税收收入	89 975.12	98 365	109.3
国内增值税	24 255.05	33 290	137.2
国内消费税	16 698.81	16 880	101.1
进口货物增值税、消费税	19 994.78	20 610	103.1
进口货物增值税	18 964.79	19 560	103.1
进口消费品消费税	1 029.99	1 050	101.9
出口货物退增值税、消费税	−16 258.06	−19 600	120.6
出口货物退增值税	−16 220	−19 550	120.5
出口消费品退消费税	−38.06	−50	131.4
企业所得税	27 866.45	29 050	104.2
个人所得税	8 953.77	9 810	109.6
资源税	108.48	85	78.4
城市维护建设税	259.41	270	104.1
印花税	2 759.33	2 520	91.3
其中：证券交易印花税	2 759.33	2 520	91.3
船舶吨税	53.02	55	103.7
车辆购置税	2 398.35	2 480	103.4
关税	2 860.29	2 915	101.9
其他税收收入	25.44		
二、非税收入	4 909.86	1 800	36.7
专项收入	234.52	220	93.8
行政事业性收费收入	638.64	340	53.2
罚没收入	596.7	220	36.9
国有资本经营收入	1 240.08	160	12.9
国有资源（资产）有偿使用收入	2 028.12	760	37.5
其他收入	171.8	100	58.2
中央一般公共预算收入	94 884.98	100 165	105.6
中央财政调入资金	12 665	7 250	57.2
从预算稳定调节基金调入	2 765	1 500	54.2
从政府性基金预算调入	9 000	5 000	55.6
从国有资本经营预算调入	900	750	83.3
支出大于收入的差额	26 500	31 600	119.2
新疆生产建设兵团体制性收入	450.46	475.77	105.6

注：1. 中央一般公共预算支出大于收入的差额＝支出总量（中央一般公共预算支出＋补充中央预算稳定调节基金＋向政府性基金预算调出资金）−收入总量（中央一般公共预算收入＋中央财政调入资金）。

2. 从 2022 年起，新疆生产建设兵团参照地方编制预算，预算由汇入中央本级调整为汇入地方预算。为完整反映中央财政收支，本表中增列"新疆生产建设兵团体制性收入"反映新疆生产建设兵团在中央对地方转移支付之外通过自有财力安排的收入。新疆生产建设兵团上述收入已经计入地方收入，不再重复计作中央收入。

资料来源：中华人民共和国财政部预算司. 2023 年中央一般公共预算收入预算表［EB/OL］.
［2023-03-27］. http://yss.mof.gov.cn/2023zyczys/202303/t20230327_3874779.htm.

上述财政部官网公布的 2023 年中央一般公共预算收入预算表，清晰地说明了中央财政收入来自哪里。第一项"税收收入"显示，中央税收收入主要来自国内增值税，企业所得税，国内消费税，个人所得税，进口货物增值税、消费税等税种；第二项"非税收入"显示当年各项非税收入的预算数据。这些重要数据的及时公开，不仅和老百姓利益息息相关，也事关经济社会运行，一方面是为了社会各界更多地了解中央财政的收支安排，另一方面也有助于督促财政部门在公众监督下更好地执行预算。本章将介绍有关财政收入的具体内容。

第一节　财政收入原则

一、财政收入的定义

财政支出是政府提供公共商品，耗费或运用物质财富的过程，但是这一过程是以政府占有一定的财力为前提的。财政收入表明政府获取社会财富的状况，它是政府为实现其职能的需要，在一定时期内以一定方式取得的可供其支配的财力。财政收入，是指政府为了履行其职能，保证财政支出的需要，依法取得的货币收入。

社会物质财富是财政收入的实质内容，但在不同的历史条件下，财政收入的形态存在很大的区别。财政收入也是一个历史的范畴，财政收入的形式、规模、构成都随历史的发展而变化。在商品货币经济充分发展以前，财政收入主要以劳役和实物的形态存在。随着商品货币经济的逐步发展，尤其是在资本主义经济制度出现以后，财政收入一般以货币形式取得。在现代社会，财政收入均表现为一定量的货币收入。

财政收入作为财政分配活动的基本阶段，是一个组织收入、筹集资金的过程。财政收入不仅仅充当财政支出的源泉，而且也是贯彻政府政策意图的手段。例如，行政收入中的特别课征是为了加快公共建设，补充工程费用；特许金是为了把某些个人或企业的行为限制在一定范围内；罚款是为了抑制危害国家利益和公共利益的行为等。政府取得财政收入主要凭借公共权力，包括政治管理权、公共资产所有权或占有权、公共信用权等。其中，政治管理权是取得财政收入最主要和最基本的形式，这取决于政府供给的公共产品性质。公共产品消费的非竞争性、非排他性，使公共产品的供给无法采用经营性方式进行，因而只能凭借政府的政治管理权对社会成员课征收入来补偿公共产品的成本。凭借政府其他权力取得的收入则随政府活动内容、范围、方式和需要的变化而变化。政府取得财政收入不仅是政府自身的行为，而且具有广泛影响。财政收入的规模、构成、方式，对利益分配关系、经济主体的行为选择、产品的供需结构以及经济活动的总量等，均有重要的制约作用。因此，政府组织财政收入应当有确定的收入政策，以协调各方面的利益关系，促进资源的合理配置和经济的正常发展。

二、财政收入的一般原则

财政收入是政府运用国家强制力在参与社会总价值分配过程中所形成的资金，在筹集的整个过程中，政府不能滥取无度，也不能因噎废食，而应该遵守一定的客观原则。组织财政收入活动也可以看成是公共产品成本的一种分摊活动。在现代经济条件下，经济学家为这种成本分摊提供了两大基本原则。

（一）效率原则

所谓的效率，就是所得和所费之间的一种对比关系。组织财政收入的效率原则实际包含两个基本层面的含义：一是在筹集财政收入的过程中，这种筹集活动对整个国民经济是有效率的，即通过组织财政收入活动，整体资源配置得到了改善，国民经济结构得到了优化，地区间经济的发展也较为均衡；二是筹集活动本身是有效率的，即组织财政收入的耗费是最小的。总而言之，组织财政收入活动效率原则不仅要求提高国民经济的整体运行效率，而且要求这种活动本身所耗费的成本最小。

（二）公平原则

公平是一个带有价值判断的概念。经济学家在运用公平概念时，一般撇开伦理因素，而将受益和支付能力标准引入经济学的公平概念之中。一般认为，在分摊公共产品成本或组织财政收入的过程中，将公共产品的供给成本与从中获益的社会成员及其获益程度联系起来，是一种较为公平的做法，受益较多的人比受益较少的人多承担公共产品的提供成本是合理的，要求其他社区的居民为本社区的公共产品买单是没有依据的。当然，由于公共产品本身的特点，要判断具体的受益大小存在技术上的障碍。绝对的公平是难以取得的，在现实生活中要穷人与富人就某项公共产品承担同等的成本也是不公平的。因此，支付能力原则也构成了公平原则的内容之一。在现代社会中，一般认为赚钱能力强的人比赚钱能力弱的人负担更多的公共产品供给成本是一种较为合理的制度安排。显然，出于自利，一般人都可能会隐瞒自己是富人的信息，从而给判定其赚钱能力的强弱带来一定的困难。现代经济学理论一般将收入、财产和消费支出的多少来作为衡量支付能力强弱的标准。

三、我国组织财政收入的具体原则

财政收入本质是国家参与社会总价值的分配，表现为价值的转移。因此，这种活动不仅与经济发展水平相关，同时也与各利益相关主体的利益相关。在我国，组织财政收入一般遵循以下几项原则：

（一）发展经济，广开财源

发展经济、广开财源是我国组织财政收入的首要原则。从马克思理论来说，财政与经济的哲学辩证关系表现为经济决定财政，财政影响经济。在社会再生产的四个环节，即生产、交换、分配和消费中，财政作为一种分配关系，能分配多少首先是由生产状况决定的。所以，财政收入的取得要以国民经济发展为前提，同时取得财政收入要有利于促进国民经济的发展。

（二）合理负担，兼顾各利益相关者的利益

在既定的国民经济发展水平下，组织财政收入或分摊公共产品成本必须充分考虑各利益相关主体的利益。首先，要考虑中央与地方之间的关系，在具体的国民收入分配过程中，没有统一的标准来定量分析中央与地方财政收入的比例关系。从理论上来分析，中央掌控太多，则不利于对地方理财和发展经济形成正向激励；地方掌控太多，则不利于全国经济宏观调控。因此，中央与地方的财政关系究竟如何处理，总体上并没有一个

固定的模式。其次，要考虑国家与各收入负担主体之间的关系，依靠收入负担主体通过自愿行动在公共产品成本分摊上形成所谓的"林达尔均衡"是不太现实的。这就是说在分摊过程中，做利益调节工作的必然是政府，其不仅要解决政府与收入主体间的矛盾，同时也要解决各收入负担主体间的矛盾。对于前一种问题，从制度上可以通过公共选择来解决，借此可避免政府在利益调节中的双重角色带来的不公平现象；对于后一种问题，现代国家一般都偏好采用受益原则和支付能力原则来作为处理收入负担主体间矛盾的原则。

尽管我国在组织财政收入上表现出了不同的处理原则，但从根本上还是未能脱离公平和效率这两个方面。

第二节　财政收入形式

财政收入的形式是指国家取得财政收入的具体方式，即各个部门、单位和个人的财政收入通过什么方式上交给国家。从财政收入的历史沿革及各国的现状看；财政收入的具体形式主要包括税收、公有财产收入、公有企业收入、行政收入、公债收入、货币发行收入、使用费收入、战争赔款、捐献收入等。税收及公债在财政收入中占有举足轻重的地位，并有着重要的经济影响，我们将在第七章与第八章进行专门讨论。本章主要概括地介绍其他形式的财政收入。

一、公有财产收入

所谓的公有财产收入，是指国家直接占有财产获得的收入，指来自公有财产的租金及其转让溢价收入，历史上它曾作为财政收入的主要来源。公有财产可以分为动产和不动产。公有不动产如图书馆、公园、道路、机场、公有土地、森林、矿山、河流等。公有动产包括有形动产与无形动产两类。有形动产主要有债券、股票、储金、基金与资金等；无形动产主要有专利权、商标权、著作权等。一般来说，各国公有财产的范围、种类、数量、价值、保管使用和处理方法及其收益大小都各不相同，但各国政府都在保护财产、收取租息等收益的基础上积极地对其加以经营或开发，以取得营业利润或投资收益。

二、公有企业收入

所谓的公有企业收入，是指政府以法人资格经营的企业所取得的收入，包括公有企业利润收入和价格收入。对于收支独立核算、只需向政府上缴利润的国有企业，这类收入仅包括其利润收入，如果国家对企业的经营完全不干预，则也可将其视为公有财产收入。不过，为了真正体现所有权，国家一般不可能对国有企业完全放任不管。一般来说，公有财产收入与公有企业收入的区别在于公有财产收入无须经营管理即可获得，而公有企业收入则全靠经营管理。

知识链接 6-1

国有独资企业应交利润比例

财政部决定从2014年起，对国有独资企业应交利润的收取比例在现有基础上提高5

个百分点，即第一类企业为25%，第二类企业为20%，第三类企业为15%，第四类企业为10%，第五类企业免交当年应交利润。符合小型微型企业规定标准的国有独资企业，应交利润不足10万元的，比照第五类企业，免交当年应交利润。根据党的十八届三中全会通过的《中共中央关于全面深化改革若干重大问题的决定》，提高国有资本收益上交公共财政比例，2020年提高到30%，更多用于保障和改善民生。

三、行政收入

行政收入一般包括规费、特别课征、特许金和罚款。规费是经法律法规授权由公共机关对公民、法人和其他组织进行登记、注册、颁发证书时，所收取的证书费、执照费、登记费等。规费是现代社会许多国家在对一部分单位和个人提供特殊服务时，所收取的带有工本费性质的一种收费。这种收费的主要目的是补偿在服务中所耗费的实物成本（如证书成本、登记账表成本等），至于服务中的人工成本一般不在规费之中，因为提供服务的人员是国家公务员，他们的劳动补偿由财政拨款解决。特别课征是指政府因公共目的新增设施或改良旧有营建，根据受益区域内受益人所受利益的大小按比例进行的课征，以充实工程费用的全部或部分。比如，修建沟渠、公园等可增加附近房地产的价值，其费用由房地产所有者分摊负担。特许金是指政府公共机关对于给个人或企业的某种行为或经营活动的特别权利而收取的一定金额的费用。罚款是指政府公共机关对于个人或企业违反法律以致危害国家利益或公共利益的行为课以的罚金。

四、货币发行收入

货币发行按其性质可分为经济性发行、信用性发行和财政性发行三种。其中，经济性发行是根据国民经济发展的需要而增加的货币发行。经济性发行符合货币流通规律的要求，是适应国民经济发展和商品生产流通扩大需要的正常的货币发行，是有相应物资保证的。信用性发行是由银行信用膨胀和信用失衡而引起的货币发行，也称"隐蔽的财政性货币发行"。财政性发行是国家为弥补财政赤字或财政透支而增加的货币发行，它不同于一般的正常发行，没有相应的物资作保证，会导致社会购买力超过社会商品可供量，使市场供求紧张、物价上涨，出现通货膨胀。一般来讲，后两者都是政府取得货币发行收入的渠道，而第三种发行方式即财政性发行，政府具有主观意愿。为了弥补政府支出，政府可以开动印刷机印制钞票，或者通过向中央银行借款或透支的办法扩大货币供给，其结果都是物价水平的普遍上涨，也就是发生通货膨胀。由于货币供给增加，商品和劳务的市场价格上涨，因此必然造成人们手中持有货币的购买力下降，而政府部门所能支配的资源即公共收入增加。这样，实质上是将私人部门占有的一部分社会资源转到公共部门，只不过采取的是一种较为隐蔽的形式。从这个意义上说，它和税收无异，所以也被喻为"通货膨胀税"。

拓展阅读6-1

2022年地方一般公共预算收入决算表

知识链接6-2

我国财政收入构成

2022年，预算执行情况总体良好，民生等重点领域支出得到有力保障。

　　数据显示，2022年，中央一般公共预算收入94 885亿元，比上年增长3.8%，扣除留抵退税因素后增长13.1%；地方一般公共预算本级收入108 818亿元，比上年下降2.1%，扣除留抵退税因素后增长5.9%。全国税收收入166 614亿元，比上年下降3.5%，扣除留抵退税因素后增长6.6%。

　　主要税收收入项目情况如下：国内增值税48 717亿元，国内消费税16 699亿元，企业所得税43 690亿元，个人所得税14 923亿元，进口货物增值税、消费税19 995亿元，出口退税16 258亿元，城市维护建设税5 075亿元，车辆购置税2 398亿元，印花税4 390亿元，资源税3 389亿元，契税5 794亿元，土地增值税6 349亿元，房产税3 590亿元，耕地占用税1 257亿元，城镇土地使用税2 226亿元，环境保护税211亿元，车船税、船舶吨税、烟叶税等其他各项税收收入合计1 309亿元。

五、使用费收入

　　使用费收入是使用人对政府提供的特定公共服务按一定标准缴纳的费用，如电费、水费、过路（桥）费、公立医院住院费、公立学校学费等。不难发现，各种类别的使用费几乎都可包含在公有财产收入或者公有企业收入的范围内，但使用费作为一种公共收入的形式又有其自身的特点。政府收取的使用费，通常低于提供该种公共设施或公共服务所需的平均成本，两者之间的差额就是对使用者的补贴，这一补贴是以税收为资金来源的。政府收取使用费的作用，除了为政府筹集一部分公共收入外，更重要的还在于增进政府提供公共设施或服务的效率。在大多数情况下，政府收费的产品或劳务会产生一定的外部收益项目，如教育、公共保健、文化设施等，为了能够有效地提供这些准公共产品，应使直接受益者承担一定的成本，也就是应按他们的直接受益情况向其收取一定的费用，另一部分成本则由政府税收解决。有时政府提供的产品或服务的消费中存在拥挤问题，在这些场合，收取使用费也是实现效率原则的必然要求。比如，对于拥挤的公路或桥梁收取的使用费，应等于通过量增加带来的边际拥挤成本。

拓展阅读6-2

2022年全国政府性基金收入决算表

知识链接 6-3

41项中央设立的行政事业性收费取消或停征

　　继财政部2017年3月17日宣布取消城市公用事业附加和新型墙体材料专项基金之后，财政部、国家发展改革委3月23日再度发布通知，包括白蚁防治费、婚姻登记费在内的41项中央设立的行政事业性收费，4月1日起取消或停征，商标注册收费标准降低50%。两部委要求，各省、自治区、直辖市财政部门会同有关部门要对本地区出台的行政事业性收费政策进行全面清理，4月30日前将清理规范情况报送财政部。

第三节　财政收入结构

　　财政收入结构是指财政收入来源的多种构成、比例及其相互关系。它主要包括财政收入的价值构成、社会经济结构、部门结构、项目结构以及地区结构。

一、财政收入的价值构成

从价值构成角度分析财政收入的来源，是为了分析财政收入同C、V、M之间的相互关系，制定相应的财政政策，寻求增加财政收入的途径。

首先，补偿基金C有可能形成财政收入。C可以分成两个部分：一部分是补偿劳动对象消耗的价值，其属于补偿流动资金方面的消耗。只要企业的再生产不间断地进行下去，这部分价值补偿就必须不间断地用于购买劳动对象，投入生产。因此，这部分补偿价值不可能通过财政分配用于社会的其他方面，因而不能构成财政收入的来源。C的另一部分是补偿劳动手段消耗的价值，即折旧基金。折旧基金属于补偿基金，但它又具有积累基金的属性，因为在原有固定资产报废更新之前，这部分折旧基金是以货币准备金的形式存在的，可以进行追加投资，即可以当作积累基金使用。这使得折旧基金有可能通过财政在全社会范围内进行再分配。在传统高度集中的财政体制下，国有企业的折旧基金曾经全部或部分地上缴财政，成为财政收入的一种来源。现在，根据社会主义市场经济的要求，折旧基金仍然属于固定资产的简单再生产和企业经营管理权限的范畴，已将其留给企业管理使用。

其次，劳动者个人收入V形成财政收入。目前，我国来自V的财政收入主要有以下几个方面：第一，直接向个人征收的税，如个人所得税，个人缴纳的房产税、城镇土地使用税、车船税等。第二，直接向个人收取的规费收入（如户口证书费、结婚证书费、护照费等）和罚没收入等。第三，居民购买的国库券。第四，国家出售高税率消费品所获得的一部分收入，这实质上是由V转移来的。第五，服务行业和文化娱乐业等企事业单位上缴的税收，其中一部分是通过对V的再分配转化来的。从我国目前的情况来看，V在全部财政收入中所占的比重很小。随着我国经济体制改革的逐步深入和经济的发展，人民生活水平的不断提高，个人所得税制的改革与完善，财政收入来自V的部分会不断增长。

✓ **拓展思考 6-1**

为什么说财政收入来自V的部分会不断增长？

最后，剩余产品价值M是财政收入的主要来源。M是财政分配的主要对象，要增加财政收入，就必须增加剩余产品价值M。在一定价格水平的基础上，影响M增减变化的因素主要是生产和成本。生产是从绝对量上来影响M的。在劳动生产率不变的情况下，扩大生产、增加产量和产值必然同时也增加M，但增加M的同时必然伴随着生产资料的大量消耗，因而增加产量和产值往往是有前提的。在产品产量和价格不变的情况下，成本和M成反比例变化：成本提高，则M减少，财政收入也相应减少；反之，成本降低，则M增加，财政收入也相应增加。因此，要增加财政收入，根本的途径就是增加生产和厉行节约。目前，降低成本是我国提高经济效益的根本方法，是增加财政收入的主要途径。

二、财政收入的所有制结构

财政收入的所有制结构是指来自不同经济成分的财政收入所占的比重。分析这种结构的意义在于，通过了解财政收入所有制构成对财政收入规模和结构的影响及变化趋势，确立应采取的财政对策及增加财政收入的有效措施。

我国政府的财政收入一直以国有经济为主体，来自国有经济的收入占财政总收入的比重，中华人民共和国成立初期为半数左右，以后逐年增加，"四五"时期达到80%以上的最高点，之后又有所下降，"六五"时期降到80%以下，随着改革的发展，其有所下降，但仍达60%左右。财政收入结构的这种变化趋势，是与中国经济体制发展的过程大致吻合的。中华人民共和国成立初期，个体和私人经济在国民经济中占有相当大的比重。随着社会主义改造的进行，国有经济和集体经济的比重急剧增加，个体和私营经济则退居次要地位，国有化程度逐年提高。1979年以后，随着经济体制改革的推进，集体和其他经济成分有了较快的发展，提供的财政收入逐年增加，国有经济的比重有所下降。目前我国许多县（市）大力发展个体私营经济和乡镇企业，主要是为了开辟富民的通路，同时也为了增加财政收入。2019年，全国国有企业应交税费46 096.3亿元，占我国财政收入的23.9%。

拓展思考 6-2

我国财政所有制结构进一步变化的趋势如何？

三、财政收入的部门结构

财政收入的部门结构主要反映国民经济各部门为政府提供收入的情况。财政收入的部门结构与经济中的部门结构具有直接联系。在一般的农业国家，农业经济比重较高，财政收入主要由农业部门提供；随着工业化的不断推进，工业部门提供的财政收入会相应增加，并成为财政收入的主要来源；在工业化走向现代化的过程中，商业服务业等第三产业会有更快的增长，其提供财政收入的比重也会迅速上升。

分析财政收入的部门结构一方面说明各部门对财政收入的贡献及贡献程度，另一方面能充分认识部门结构变动对财政收入的影响，把握财源建设的重点领域及方向。

（一）农业部门的财政收入

农业是国民经济的基础，农业影响整个国民经济的发展，从这个意义上说，农业也是财政收入的基础。农业对财政收入的影响主要表现在两个方面：一是直接来自农业的收入，主要是农业税，这部分在整个财政收入中所占的比重很小，我国已于2006年全面取消农业税。二是间接来自农业的收入，主要是国家通过价格形式从农业中获得的财政收入，具体是指工农业产品交换中存在的价格剪刀差，使农业部门创造的一部分价值转移到工业部门后形成的财政收入。现阶段，在我国经济生活中仍存在着工农业产品价格剪刀差，尽管我国采取逐步缩小剪刀差的政策，但是由于工农业劳动生产率存在着差别，这种剪刀差不可能在短期内消除。因此，农民通过价格形式为国家提供积累的情况还会继续存在下去。

拓展思考 6-3

我国全面取消农业税的意义是什么？取消农业税后，农民还是纳税人吗？

（二）工业部门的财政收入

工业是国民经济的主导，是创造并实现国民收入的主要部门，也是财政收入的主要来源，工业对财政收入的状况起决定作用。同时，由于我国现行工商税收选择在产制环节课征，工业品价值主要在本部门销售时实现，这就使工业部门对财政收入的影响更为直接。在工业中，从轻重工业比较看，轻工业对财政收入具有特别重要的意义。这是因为轻工业具有投资少、建设周期短、见效快等特点，相对来说，能为社会提供更多的积累。

（三）商业部门的财政收入

商业物资部门属于再生产过程的流通环节。这些部门的活动从性质上可分为两类：一类是从事与生产过程有关的对商品物资的加工、分类、包装、储运等活动，这是生产活动在流通中的继续，它能够创造价值，增加国民收入，为社会提供积累；另一类是与商品物资买卖有关的纯流通活动，一般这类流通活动是不创造价值的，它的职能在于使生产部门创造的价值在流通活动中得到实现，从而参与其中一部分剩余产品价值 M 的再分配，商业物资部门的盈利是通过购销差价形成的。商业的售价高于购价的差额叫毛利，毛利扣除流通费用和营业外损失之后，即为商业物资部门的盈利，它是提供财政收入的来源。购销差价是形成商业物资部门盈利的基础，其大小决定了我国的价格结构和工商利润的分配关系。

（四）交通运输业的财政收入

交通运输业（包括邮电通信业）是沟通工农业生产和城乡物资交流、内外交流的中介，是国民经济的重要部门之一。目前，我国由于交通运输业还不发达，收费也比较低，因而来自交通运输业的财政收入也比较少。今后，随着交通运输业的大力发展和适当提高其收费价格，来自交通运输业的财政收入比重将会提高。

（五）服务部门的财政收入

在国民经济中，服务部门是一个较为特殊的部门。服务业不提供有形商品，而是提供劳动，这种无形商品成为国民经济的重要组成部分。服务行业收入的大部分，是通过对国民收入的再分配取得的。服务行业通过收取各种服务费用形成自己的营业收入，扣除各项开支以后的余额，形成服务行业的盈利。服务行业的盈利通过上缴利税形成财政收入。从性质上讲，来自服务行业的财政收入，一部分是 V 的转化形态，一部分是 M 的转化形态，还有一部分属于生产性活动，属于 M 的价值，即对外服务所得的收入。大力发展服务行业，既可以满足人民的需要，又可以为国家提供一定的财政收入，因而应当积极发展服务行业，为国家增辟财源。

☑ **拓展思考 6-4** ....

在我国，服务业提供的财政收入的发展趋势是什么？为什么？

四、财政收入分项目构成

财政收入分项目构成，是按财政收入形式分析财政收入的结构及其变化趋势。分析财政收入各项目在总体结构中的比例及其变化，有利于确保财政收入的集中，有效地调节收入分配。这种结构的发展变化，是我国财政收入制度变化的反映。在过去的计划经济体制下，财政收入对国有企业主要采取上缴利润和税收两种形式。由于实行统收统支体制，区分上缴利润和税收并没有实质性的意义，而且长期存在简化税制、以利代税的倾向，所以直到1978年改革开放前，以上缴利润为主的企业收入项目仍占财政收入的50%以上。改革开放后，随着经济体制改革的逐步深化，税收才逐步取代上缴利润，至今已占主导地位。当前，财政收入分项目构成主要由各项税收、企业收入（企业上缴利润）、债务收入（内债和外债收入）等组成。

五、财政收入的地区结构

财政收入的地区结构指财政收入在中央和地方之间以及各地区之间的分布。

（1）财政收入在中央和地方之间的分布，组成财政收入的级次构成。中央支配的财政收入比例，不但制约中央财政的宏观调控能力，而且直接影响地方积极性的发挥。

（2）财政收入在全国各省、自治区、直辖市的分布，形成地区性财政收入结构。一些经济较发达的地区，财政总收入和人均财政收入均高于经济不发达地区。2022年上半年上海、北京、浙江等省份人均财政收入超过7 000元，而云南、甘肃、广西、吉林等省份的人均财政收入不足2 000元。

进行地区结构分析，有利于国家财政统筹规划、合理分工，使地区之间优势互补、协调发展、利益兼顾，走上共同富裕之路。

财政收入结构分析还可以从其他角度进行，如按财政收入是否纳入政府预算管理划分，可以分析预算内与预算外收入的关系；按财政收入级次划分，可以分析中央财政与地方财政以及地方各级财政间的关系等。这些分析均有其特定的意义和作用。

☑ **拓展思考 6-5** ··

你所在的地区财政收入现状如何？在全国、全省处于什么位置？

··

第四节　财政收入规模

一、财政收入规模及其衡量

财政收入规模是指在一定时期内（通常为一年）国家以社会管理者、国有资产所有者或债务人等多种身份，通过税收、国有资产收益和公债等多种收入形式占有的财政资金的绝对量或相对量。

（一）财政收入规模的绝对量

财政收入规模的绝对量是指一定时期内财政收入的实际数量。从静态考察，财政收入的绝对量反映了一国或一个地区在一定时期内的经济发展水平和财力集散程度，体现了政府运用各种财政收入手段调控经济运行、参与收入分配和资源配置的范围和力度；从动态考察，即把财政收入规模的绝对量连续起来分析，可以看出财政收入规模随着经济发展、经济体制改革以及政府调控而变化的趋势。衡量财政收入规模的绝对指标是财政总收入。

（二）财政收入规模的相对量

财政收入规模的相对量是在一定时期内财政收入与有关经济和社会指标的比例。财政收入占GDP的比例是衡量一国财政收入规模的基本指标。此外，税收收入占GDP的比重也是衡量财政收入规模的重要指标。

1.财政收入占GDP的比例

这一指标反映了在财政年度内的GDP中，由国家以财政方式筹集和支配使用的份额。它综合体现了政府与微观经济主体之间占有和支配社会资源的关系，体现了政府介入社会再生产分配环节调控国内生产总值分配结构，进而影响经济运行和资源配置的力度、方式和地位等。在GDP一定时，财政收入占GDP的比例越高，表明社会资源由政府通过财政预算机制集中配置的数额越多，私人经济部门的可支配收入相应减少。或者说，在整个社会资源配置中，政府配置的份额扩大，市场配置的份额则相对缩小，从而引起社会资源在公共产品与私人产品之间配置结构上的变化。反之，财政收入占GDP的比例越低，表明政府介入国内生产总值分配和直接配置资源的份额和力度越小，市场配置的作用也相对增强，地位也相对提高。

2.税收收入占GDP的比例

税收已成为现代财政收入中最主要、最稳定和最可靠的来源，税收收入通常占财政总收入的90%左右。因此，财政收入的相对规模在很大程度上可由税收收入占GDP的比例体现出来。税收收入占GDP的比例又称为宏观税负率，它是衡量一国（地区）宏观税负水平高低的基本指标。

知识链接 6-4

量出为入

量出为入是指根据支出来决定征收的数量。该原则出于杨炎的"两税法"，即"凡百役之费，一钱之敛，先度其数而赋于人，量出以制入"（《旧唐书·杨炎传》）。在中国历史上，量出为入原则的提出是在量入为出原则之后。在长期的历史实践中，根据当时的具体形势，往往两种原则交替使用。在实际生活中，量出为入原则常被用作任意增加税收负担、满足支出膨胀的依据。当代一些国家，实行凯恩斯主义财政政策，财政支出的膨胀和不断增长的财政赤字，成为不断增加税负和积累巨额国债的决定性因素。

资料来源：作者根据相关资料整理所得。

二、财政收入规模的影响因素

财政收入规模是衡量国家财力和政府在社会经济生活中职能范围的重要指标。财政收入的规模及其增长受到各种政治、经济条件的制约和影响，它是多种因素共同作用的结果。

（一）经济发展水平

经济发展水平从总体上反映一个国家社会产品的丰富程度和经济效益的高低，它对财政收入规模形成基础性制约。经济总量与财政收入之间是源与流、根与叶的关系，源远则流长，根深则叶茂。一般来讲，经济发展水平越高，国内生产总值就越多，财政收入规模就越大，占GDP的比重也会越高。因为财政收入来源于对社会产品的分配，在其他条件不变的前提下，财政收入会随着社会产品总量的增长而提高。从世界各国的实际情况看，发达国家在财政收入规模的绝对数和相对数两方面均高于发展中国家。1978年，我国财政收入占 GDP 的比重为 31.2%，远远高于改革开放之后的其他年份，但财政收入的绝对规模却只有 1 132.25 亿元。其原因就在于当时我国经济发展水平很低，底子很薄，GDP 总量只有 3 629 亿元。虽然从绝对值角度看财政收入规模连年增长，但从相对量角度来看自 2015 年至 2022 年我国财政收入占 GDP 的比重连续下降，从 2015 年的 22.10% 降低到 2022 年的 16.83%。

（二）生产技术水平

生产技术水平内含于经济发展水平之中，也是影响财政收入规模的重要因素。较高的经济发展水平以较高的生产技术水平为支柱，所以对生产技术水平的分析是对经济发展水平分析的深化。

生产技术水平是指生产中采用先进技术的程度，它制约着财政收入的规模。一是技术进步导致生产速度加快、生产质量提高，技术进步速度越快，社会产品和 GDP 的增长速度也越快，财政收入的增长就有了充分的财源；二是技术进步必然带来物耗降低，经济效益提高，剩余价值所占的比例扩大。由于财政收入主要来自剩余产品价值，所以技术进步对财政收入的影响更为直接和明显。

（三）收入分配政策

制约财政收入规模的另一个重要因素是政府的收入分配政策。分配政策对财政收入规模的制约主要表现在两个方面：一是收入分配政策决定剩余产品价值占整个社会产品价值的比例，进而决定财政分配对象的大小，即在国民收入既定的前提下，剩余产品价值占国民收入的比重；二是分配政策决定财政集中资金的比例，即 M 中财政收入所占的比重。

（四）价格因素

价格因素对财政收入的影响是，产品或劳务的价格上涨会导致名义财政收入增加。具体地说，一是价格上涨会相应扩大税基，使名义税收增加。在税率一定时，价格上涨，税基扩大，财政收入增加。二是名义收入的增加和税基的扩大，会引起税率的变化。在累进税制下，较高的收入会使纳税人自动地进入到较高的纳税等级，甚至原来不纳税的人也会因名义税收的增加而自动进入纳税人行列，因而也会使名义财政收入增加。

一般而言，在经济发展水平和财政分配程度都保持不变的情况下，价格水平的升高总会使以货币形式表现的财政收入规模不断增大，而并不使财政收入的规模产生实质性的变化。但当一个国家的财政收入制度主要采用累进所得税的征收方式时，则情况就会有所不同。由于以货币计量的各种收入所得会随价格的升高而增大，其纳税所适用的税率也会随之升高，这就必然起到一个提高财政收入分配比例的作用，即出现所谓的"档次爬升"效应，其结果是财政收入的增长幅度快于价格水平的上升幅度；反之，也会使财政收入的下降幅度快于价格水平的下降幅度，起到降低财政收入分配比例的作用。此外，如果一个国家价格水平的提高是由于财政性货币发行所引起的，那么财政收入会因此获得额外的增加，这就是所谓的"通货膨胀税"。

（五）体制因素

体制因素直接影响财力集中度。在其他因素一定时，一般地说，实行计划经济体制的国家，其财政集中度要高于实行市场经济体制的国家。同一国家，如中国，在计划经济体制时期，在社会主义市场经济体制时期，其财政集中度也大不相同，其差异源于不同财政经济体制下的政府职能和财政职能的不同。

（六）财政政策因素

财政收入占GDP的比例还受财政政策的制约。在财政支出一定时，若经济运行状况需要政府实施扩张性财政政策，则减税，降低财政收入占GDP的比例，或者说，这一比例的降低反映了财政政策的扩张性。同理，紧缩性财政政策要求提高这一比例，或者说，这一比例的提高反映了财政政策的紧缩性。

三、财政收入规模的确定

（一）合理确定财政收入规模的重要性

适度的财政收入规模是保证社会经济健康运行、资源有效配置、国民收入分配使用结构合理、财政职能有效发挥，从而促进国民经济和社会事业稳定、协调发展的必要条件。具体地说，合理确定财政收入占GDP的比例的意义有：

1.财政收入占GDP的比例影响资源的有效配置

在市场经济中，市场主体主要包括企业、居民和政府三个部分。各个主体对国民经济和社会发展具有不同的职能作用，并以一定的资源消耗为实现其职能的物质基础。社会经济资源是有限的，各利益主体对资源的占有、支配和享用，客观上存在着此增彼减的关系。按照边际效益递减规律，无论哪一个利益主体的资源投入增量超过了客观上所需要的数量，就整个社会经济资源配置而言，都不会实现资源配置的最优化。问题的焦点集中在政府对有限经济资源的集中配置程度，即财政收入占GDP的比例上。理想状态的集中度应是政府集中配置的资源与其他利益主体分散配置的资源形成恰如其分的互补关系，或者说，形成合理的私人产品与公共产品结构，使一定的资源消耗获得最优的整体效益。

2.财政收入占GDP的比例影响经济结构的优化

在一定时期内，可供分配使用的国内生产总值是一定的，但是经过工资、利息、利润、税收等多种分配形式的分配和再分配最终形成的GDP分配结构则有可能是多种多样的，分配结构不同对产业部门结构的影响也不同。在GDP一定时，若政府财政集中过多，就会改变个人纳税人可支配收入用于消费与投资的结构，税负过高也会降低企业纳税人从事投资经营的积极性。若消费与休闲的成本因政府加税而变得相对较低，人们就愿意选择消费和休息，而不是投资和工作，致使国内生产总值在投资与消费之间的结构失衡。当然，在宏观财税负担一定时，若财税负担在不同产业部门、不同地区、不同所有制等之间的分布不合理，也会通过误导生产要素向财税负担相对较轻的产业、地区和所有制的不合理流动，而造成GDP的生产与分配结构失衡，影响整个国民经济的稳定协调发展。

3.财政收入占GDP的比例既影响公共需要的满足，也影响个别需要的满足

经济生活中的任何需要（公共需要和个别需要）都要以GDP所代表的产品和劳务来满足。政府征集财政收入的目的在于实现国家职能，满足公共需要。公共需要是向社会提供的安全、秩序、公民基本权利和经济发展的社会条件等方面的需要。其中，既有经济发展形成的公共需要，又有社会发展形成的公共需要。前者的满足，可直接推动社会经济发展；后者的满足，则可直接推动社会发展并间接推动经济发展。总之，满足公共需要实际上形成了推动经济和社会发展的公共动力。GDP中除财政集中分配以外的部分，主要用于满足个别需要。个别需要是企业部门和家庭的需要，满足个别需要是经济生活中形成个别动力的源泉。个别动力对国民经济发展具有直接的决定作用，实际上，公共动力对经济社会的推动作用最终也要通过个别动力来实现。而个别动力对经济的决定作用也需借助于公共动力的保障来实现。在GDP一定时，需要寻找公共需要满足程度与个别需要满足程度的最佳结合点，实际上也就是财政收入占GDP的合理比例。

（二）财政收入规模的确定

财政收入规模是由多种因素综合决定的，不仅在不同国家里财政收入规模有较大差异，而且在同一国家的不同历史时期，财政收入规模也不相同。因此，在现实财政经济生活中，很难用一成不变的固定数值或比例来衡量世界各国各个时期财政收入规模的合理性。当然，这也并不是说适度、合理的财政收入规模就无法测定。实际上，在一定的时间和条件下，衡量一国财政收入规模是否适度、合理，大致有一个客观标准。这个标准主要包括两个方面：

1.效率标准

效率标准是指政府财政收入规模的确定应以财政收入的增减是否有助于促进整个资源的充分利用和经济运行的协调均衡为标准。

第一，资源利用效率。征集财政收入的过程，实际上是将一部分资源从企业和个人手中转移到政府手中的过程，转移多少应考虑是否有助于提高整个资源的配置效率。若财政集中过多，虽然政府能为企业和居民提供良好的公共服务，但因相应加重了微观主体的财税负担，使微观经济主体的活动欲望、扩张能力、自主决策能力等都因缺乏资源基础而受到不恰当的限制，不利于经济发展和提高效率；若财政集中过少，微观经济主体虽然因减轻了财税负担而有足够的活力从事投资和消费活动，但同时也会因政府缺乏经济资源导致公共服务水准下降，从而直接或间接地增加微观经济主体的单位产品消耗、提高交易成本和导致消费结构畸形等，出现资源配置和利用的低效浪费现象。总之，财政转移资源所产生的预期效率应与企业和个人利用这部分资源所产生的预期效率进行比较，若国家利用的效率高，则可通过提高财政收入占GDP的比重来实现转移；否则，应降低这一比例。

第二，经济运行的协调均衡。一般地说，当经济处于良好态势时，财政收入规模应以不影响市场均衡为界限，即这时的财政收入规模，应该既满足公共财政支出需要，又不对市场和经济发展产生干扰作用。当经济运行处于失衡状态时，财政收入规模就应以能够有效地矫正市场缺陷、恢复经济的协调均衡为界限。

2.公平标准

公平标准是指在确定财政收入规模时应当公平地分配财税负担。具体地说就是财政收入占 GDP 的比例要以社会平均支付能力为界限，具有相同经济条件的企业和个人应承担相同的财税负担，具有不同经济条件的企业和个人应承担不同的财税负担。国家应在公平负担的基础上，确定社会平均支付能力，并据以确定财政收入规模尤其是财政收入占 GDP 的比例。

本章小结

1.我国组织财政收入的具体原则：发展经济，广开财源；合理负担，兼顾各利益相关者的利益。

2.财政收入的形式是指国家取得财政收入的具体方式，财政收入的具体形式主要包括税收、公有财产收入、公有企业收入、行政收入、公债收入、货币发行收入、使用费收入、战争赔款、捐献收入等。

3.财政收入结构是指财政收入来源的多种构成、比例及其相互关系。它主要包括财政收入的价值构成、社会经济结构、部门结构、项目结构以及地区结构。

4.财政收入规模是指在一定时期内（通常为一年），国家以社会管理者、国有资产所有者或债务人等多种身份，通过税收、国有资产收益和公债等多种收入形式占有的财政资金的绝对量或相对量。

5.财政收入的规模及其增长受到各种政治、经济条件的制约和影响，它是多种因素共同作用的结果，主要有：经济发展水平、生产技术水平、收入分配政策、价格因素、体制因素和财政政策因素。

本章基本概念

财政收入　效率原则　公平原则　财政收入的形式　公有财产收入　货币发行　使用费收入　财政收入规模

综合训练

一、单项选择题

1.目前，我国财政收入的最主要形式是（　　　）。

A.税收收入　　　　　　B.企业收入　　　　　　C.债务收入

D.事业收入　　　　　　E.国有资产收益

2.在财政收入中，凭借资产所有权获得的收入是（　　　）。

A.税收收入　　　　　　B.国有资产收益　　　　C.债务收入

D.公共收费　　　　　　E.其他收入

3.按经济部门分类，我国财政收入的主要来源是（　　　）。

A.农业　　　　　　　　　B.工业　　　　　　　　　C.交通运输业

D.商业及服务业　　　　　E.采掘业

4.从社会总产品价值的构成来看，财政收入主要来自（　　　）。

A.C 部分　　　　　　　　B.V 部分　　　　　　　　C.M 部分

D.V+M 部分　　　　　　 E.C+V+M 部分

二、多项选择题

1.影响财政收入规模的因素有（　　　）。

A.经济发展水平　　　B.生产技术水平　　　C.价格变动　　　　D.居民生活水平

E.经济体制和财政政策

2.按照第一、第二、第三产业的划分，第三产业具体包括（　　　）。

A.流通部门　　　　　　　　　　　　B.生产和生活服务部门

C.工业部门　　　　　　　　　　　　D.为社会提供公共服务的部门

E.为提高科学文化和居民素质服务的部门

3.按照部门结构划分，上缴财政收入的部门有（　　　）。

A.农业部门　　　　　　　B.工业部门　　　　　　　C.建筑业部门

D.交通运输业部门　　　　E.商业及服务业部门

4.财政收入中直接来自农业的收入比例较小，主要原因有（　　　）。

A.农民负担重　　　　　　B.农业结构单一化　　　　C.农业的投资收益率低

D.长期稳定的负担政策　　E.农产品价格偏低

5.来自必要劳动产品价值 V 的财政收入有（　　　）。

A.个人所得税　　　　　　　　　　　B.企业所得税

C.居民购买的国库券　　　　　　　　D.直接向个人收取的规费收入

E.出售高税率消费品的部分收入

三、复习思考题

1.什么是财政收入？

2.我国财政收入的具体原则有哪些？

3.财政收入的具体形式有哪些？

4.什么是货币发行收入？其包括哪些内容？

5.请解析财政收入的价值构成。

6.什么是财政收入的部门结构和所有制结构？

7.什么是财政收入的相对量？

8.财政收入规模的影响因素有哪些？

9.价格与财政收入的关系是怎样的？

四、实训题

【实训项目】

组织学生到市（县）财政局调研财政收入状况。

【实训目标】

1.培养组织能力和分析问题、解决问题的能力。

2.亲身体会财政收入的形式。

【实训内容与要求】

1.搜集某市（县）某年财政收入决算表。

2.分析该市（县）的财政收入的结构。

3.每人撰写一份分析报告。

【成果与检验】

1.调研报告。

2.老师对调研报告进行评价。

第七章

税收原理

知识目标： 了解税收的概念及形式特征；明确税收的基本原则及适用原则；掌握税收的构成要素；理解税收的最终归宿；掌握现行税收制度体系及主要税种。

技能目标： 学会分析税收对经济的影响；学会以税收构成要素解构税法；学会运用税收的基本原理解决实际问题。

综合目标： 掌握税收的基本知识、基本原理，学会运用本章知识解决税收的基本问题。

引　例

交多少税合理

　　73 岁的西尔维亚·哈代是英国德文郡一位退休的社会工作者，住在德文郡埃克塞特市贝洛克路一套两居室的房屋中。根据英国地方政府的规定，她应该就这套住房缴纳市政税。市政税是英国地方政府根据居民的房产而征收的地方税，居民根据房产价值按相应的税率纳税，市政税是英国地方政府最重要的收入来源。近两年，由于房价上升和通货膨胀，英国各地的市政税都大幅增加，居民对此意见纷纷。根据埃克塞特市地方政府的规定，2004—2005 财年，西尔维亚·哈代应缴市政税 683 英镑，但她认为太高了，所以只按她自己认为合理的数额缴纳了 629.29 英镑，其余的 53.71 英镑一直未缴，因而遭到埃克塞特市地方税务部门的起诉，但哈代女士拒绝缴纳所欠税款。她说，过去 4 年里，市政税税率提高了 38%，而她的退休金只增加了 6.8%。她说："我只根据通货膨胀的情况，按我自己认为合理的数额缴纳市政税，除此之外不会多缴一分钱。"这样，哈代女士被判监禁 7 天，2005 年 9 月底从监狱释放。10 月 7 日，埃克塞特市地方法院又向她发出了传票，原因是哈代女士还欠缴 2005—2006 财年的市政税 323 英镑。按规定，她应缴市政税 708.25 英镑，但她只缴了 385.25 英镑，还欠 323 英镑。地方法院表示，如果哈代女士不缴欠税，将查封她的财产或再次判她监禁。但她愿意为此再次走进监狱。

　　由于市政税税率提高过快，英国许多地方的居民纷纷表示抗议。他们认为，通货膨胀率和房价上升，使许多退休者承担不起税率过高的市政税，如果全额缴纳，他们必须省吃俭用，降低生活水平。据报道，在英国，1/5 的退休者靠房产等不动产生活，他们希望改革市政税，使之更公平。另据报道，2005 年 11 月下旬，英国一家保险和资产管理公司公布的研究报告让大部分英国人大吃一惊：如果夫妇两人年收入 4 万多英镑，两人一生中就要支付 100 万英镑的各类税收；即使年收入刚刚超过英国平均家庭年收入 3 万英镑的家庭，夫妇两人一生中也要面临 60.3 万英镑的税单。税收的公平与否是一个永恒的话题，在设计税收制度的时候必须充分考虑征税对社会各方面的影响，否则将会带来不良后果。

　　资料来源：作者根据相关资料整理所得。

　　从以上案例中，你怎么看待哈代女士缴税的问题？你怎样认识税收的特性？通过对本章有关税收的学习，就能解决这些问题。

第一节　税收概述

一、税收概念

　　税收是一个古老的财政范畴，在奴隶制国家出现时，税收就已经产生。在现代社会中，税收不仅是政府取得财政收入最主要的形式，是政府机器和社会公共活动的经济基础，还是政府干预和调控经济的重要经济手段。税收是政府为满足社会公共需要，凭借政治权力，按照法律规范，强制地、无偿地参与社会产品分配而取得财政收入的一种形式。

（一）税收分配的目的是满足社会公共需要

社会公共需要的满足需要公共产品的提供。由于其特殊性，公共产品不能由私人部门提供，而国家则不从事任何物质资料的生产，无力满足提供公共产品的人力、物力等需要，只能凭借政治权力无偿占有社会成员的经济资源，这就是税收。满足社会的公共需要既是税收的最初目的，也是税收的最终目的。

（二）税收分配的主体是国家

税收本质上是一种以国家为主体的特殊分配。分配是解决社会产品归谁占有、归谁支配以及占有多少、支配多少的问题。这就决定了社会产品分配的实现总要依据一定的权力，或是依据生产资料的所有权，或是依据政治权力。

国家取得任何一种财政收入都要凭借国家的某种权力，而国家的权力归根结底不外乎两种：财产权力和政治权力。不论是历史上国家的王室土地收入、官产收入，还是现在国有企业的利润收入，都是国家凭借对土地和其他生产资料的所有权取得的。国家征税的过程，也就是税收分配实现的过程。在这一过程中，一部分社会产品由企业单位及个人所有转变为国家所有，从而改变了社会组织及成员各自占有的社会产品份额。实现税收分配过程凭借的是国家政治权力而不是财产权力。在征税时，国家的政治权力以法律、法规形式来表现。

（三）税收是政府取得财政收入最主要的形式

政府取得财政收入的形式多种多样，但只有税收才是最主要的形式。政府以征税的形式取得财政收入，这部分收入有物资保证，不会引起通货膨胀。税收是无偿的，不需要支付任何代价；税收是强制的，可以保证收入的及时、足额实现。总之，以税收形式取得收入可以保证财政收入及时、足额、稳定，使政府有充足的资金来提供公共产品。

知识链接 7-1

初税亩

公元前594年，鲁宣公因势利导，适应土地私有制这一历史潮流，以法律形式承认土地私有，实行"初税亩"。《左传》记载："宣公十五年（公元前594年）秋七月，初税亩。"初，是开始的意思；税亩，是按土地亩数对土地征税，即"公田之法，十足其一；今又履其余亩，复十取一"。凭借政治权力对"私田"开始征税，规定不论"私田""公田"一律"履亩而税"。从此，井田之外的"私田"开始纳税。"初税亩"取得了预期效果，鲁国财政收入大幅增加，诸侯列国纷纷仿效。

"初税亩"以法律形式承认土地私有，不再凭借所有者的身份收取地租，而是凭借国家统治者的身份依靠政治权力按土地数量征税。可见，这种财政收入形式已具有政治强制性、收取固定性、缴纳无偿性的税收"三性"特征，并形成了法律制度。因此，"初税亩"的出现标志着我国税收制度的正式形成。

（四）税收是政府调节经济的重要手段

政府向纳税人征税会直接影响纳税人的经济利益。征与不征，对谁征收和对什么征收，征收多少以及在哪些环节征收等，不仅直接影响着纳税人的投资与消费选择以及投资能力与消费水平，进而影响着社会需求的总量与结构，而且直接或间接地影响着不同产业和不同产品的盈利水平以及社会供给的总量与结构。因此，税收成为现代市场经济国家用来调节经济运行、分配收入和诱导资源流动的一个重要手段。

二、税收的形式特征

税收的特征，通常被概括为"三性"，即强制性、无偿性和固定性。税收的这三个特征，是对税收本质的反映，也是使税收作为一种财政收入形式区别于任何其他分配形式的关键所在，因此，也常被称为"税收的形式特征"。税收的形式特征是税收区别于其他任何分配形式的标志，是不同社会制度下税收的共性。

（一）强制性

所谓的税收的强制性，是指国家以社会代表的身份，凭借政治权力，通过法律形式确定征税人和纳税人的权利和义务，实行强制征收，负有纳税义务的纳税人必须依法纳税，否则就要受到法律制裁。税收的强制性是税收法律地位的体现，是国家凭借政治权力征税引起的。

自觉纳税不能否认税收的强制性。自觉纳税是治税环境和法治观念问题，体现着纳税人的纳税观念，与一个国家的法治程度密切相关。无论在资本主义国家还是在社会主义国家，自觉纳税和不自觉纳税的现象并存，关键是看一个国家依法治税的程度如何。依法治税程度越高的国家，其公民纳税的自觉性越高。

☑ **拓展思考 7-1** ···

为什么税收具有强制性？请举出你身边的例子。
···

（二）无偿性

所谓的税收的无偿性，是指国家征税以后，纳税人缴纳的实物或货币随之转变为国家所有，不需要付给纳税人任何代价或报酬，也不再直接返还给纳税人。税收的无偿性是由社会公共费用补偿的性质决定的，税收的无偿性决定了税收是筹集财政收入的最主要的手段。

社会成员享受公共产品不能否认税收的无偿性。对具体纳税人来说，纳税义务和享受公共利益的权利，在量上不是直接的对等关系，不能表现为直接的交换。纳税人享受公共利益的大小不是确定其纳税义务的依据。

（三）固定性

固定性是指国家通过法律形式和税收制度预先规定每一种税的课税对象、纳税人、税率和征税标准等，征纳双方都必须共同遵守。固定性体现在两个方面：一是按照法定标准征收，二是连续征收。

税收的上述三个特征是密切联系的。税收的强制性，决定着征收的无偿性，因为如果是有偿的话就无须强制征收，而税收的强制性和无偿性又决定和要求征收的固定性。否则，如果国家可以随意征收，那就会侵犯和剥夺现存的所有制关系，使正常的经济活动无法维持，从而危及国家的存在。当然，征税本身也是对所有制的一种侵犯，但由于税收的固定性，把这种侵犯限制在所有制允许的范围内。税收的强制性、无偿性和固定性是统一的、缺一不可的，只有同时具备这三个特征才构成税收。

三、税收的职能

税收的职能是一切社会制度下税收具有的内在的、稳定的、共同的属性，是税收本身所固有的职责和功能。

（一）财政职能

税收的财政职能是指国家凭借政治权力，通过税收把经济单位及个人占有的一部分社会产品或价值集中起来，形成由国家集中支配的财政收入，以满足国家提供公共产品需要的职责或功能。它是税收的基本职能。

（二）经济职能

税收的经济职能是指税收所具有的国家通过制定和实施税收政策和税收制度，影响个人、企业的经济利益，进而影响经济活动和经济运行的职责或功能。

（三）监督管理职能

税收的监督管理职能是指税收在取得收入的过程中，能够借助于它和经济的必然联系来反映国民经济运行和企业生产经营中的某些情况及存在的问题，并为国家和企业解决这些问题提供线索和依据。税收的监督管理职能贯穿于税收活动的全过程。

四、税收与税法

税法与税收密不可分，税法是税收的法律表现形式，税收则是税法所确定的具体内容，所谓的"有税必有法，无法不成税"。

（一）税法的概念

税法是国家制定的用以调整国家与纳税人之间在征纳税方面的权利及义务关系的法律规范的总称。它是国家及纳税人依法征税、依法纳税的行为准则，其目的是保障国家利益和纳税人的合法权益，维护正常的税收秩序，保证国家的财政收入。

（二）税收法律关系

税收法律关系在总体上与其他法律关系一样，都是由权利主体、权利客体和税收法律关系的内容三方面构成的，但在这三方面的内涵上，税收法律关系具有特殊性。

1.权利主体

权利主体即税收法律关系中享有权利和承担义务的当事人。在我国税收法律关系中，权利主体一方是代表国家行使征税职责的国家税务机关，包括国家各级税务机关、海关和财政机关；另一方是纳税人、担保人及其他当事人。

在税收法律关系中，权利主体双方法律地位平等，只是因为主体双方是行政管理者与被管理者的关系，所以双方的权利与义务不对等，因此与一般民事法律关系中主体双方权利与义务平等是不一样的。这是税收法律关系的一个重要特征。

2.权利客体

权利客体即税收法律关系主体的权利、义务所共同指向的对象，也就是征税对象。税收法律关系客体也是国家利用税收杠杆调整和控制的目标，国家在一定时期根据客观经济形势发展的需要，通过扩大或缩小征税范围调整征税对象，以达到限制或鼓励国民经济中某些产业、行业发展的目的。

3.税收法律关系的内容

税收法律关系的内容就是权利主体所享有的权利和所应承担的义务，是税收法律关系中最实质的部分，是税法的灵魂。它规定权利主体可以有什么行为，不可以有什么行为，若违反了这些规定，须承担相应的法律责任。

税法是引起税收法律关系的前提条件，但税法本身并不能产生具体的税收法律关系。税收法律关系的产生、变更和消灭必须有能够引起税收法律关系产生、变更或消灭的客观情况，也就是由税收法律事实来决定的。这种税收法律事实，一般指税务机关依法征税的行为和纳税人的经济活动行为，发生这种行为才能产生、变更或消灭税收法律关系。

第二节　税收的原则

任何一个国家，无论采用什么样的税制结构，都必然会对社会经济发展产生一定的影响：或者起积极的作用，或者起消极的作用。要使税收对社会经济发展起积极的作用，税收制度的设计和实施是十分重要的问题。税收原则就是国家设计、制定税收制度，贯彻和实施税收政策方面应遵循的基本指导思想，也是评价税收制度优劣以及考核税务行政管理状况的基本标准。

一、税收原则的历史演变

税收原则不仅对政府设计和实施税收制度十分重要，而且还是评价既定税收制度是否合理、考核税务行政管理效能的基本标准。税收原则决定政府对什么征税（课税对象）、征收多少（课税规模）、怎样征收（课税方式与方法）等税收制度的基本要素。人们对税收原则的认识，是随着社会经济的发展而不断深化的。

1.西方国家税收原则的演进

西方国家税收原则的演进大致经历了三个阶段。

一是资本主义上升时期亚当·斯密的"税收四原则"。古典经济学奠基人亚当·斯密在总结前人思想的基础上，在其代表作《国民财富的性质和原因的研究》中提出了著名的"税收四原则"，即平等、确定、便利和最少征收原则。亚当·斯密的这四项原则是当时对税收原则的最系统的阐述，它体现了资本主义上升时期经济自由发展、国家不干预或少干预的客观要求。

二是垄断资本主义时期瓦格纳的"四项九端"税收原则。当资本主义由自由竞争发展到垄断时期，资本主义社会的矛盾日益突出，社会财富分配不公日益严重，国家不仅是"守夜者"，还要执行社会政策。于是柏林大学的瓦格纳教授提出了"四项九端"的税收原则，即财政收入原则，包括财政充分原则和弹性原则两方面；国民经济原则，包括选择税源原则和选择税种原则两方面；社会正义原则，包括普遍原则和平等原则两方面；税务行政原则，包括确实原则、便利原则、最小费用原则三方面。可以看出，进入垄断资本主义时期的税收原则已不完全等同于自由资本主义时期的税收原则。瓦格纳提出税收收入充足并有弹性以及普遍、平等的纳税原则，是适应当时国家从消极的"守夜者"向社会政策执行者职能转变需要的。而且他提出税源和税种的选择要以保护税本为前提，这就把经济与税收的关系放到了突出的地位。

三是现代的"公平与效率"两大税收原则。从20世纪30年代资本主义世界爆发经济危机以来，随着经济形势的变化，税收原则也发生了变化。适应国家干预经济的需要而提出的现代税收原则，可以概括为公平和效率两大原则。前者讲求税收在经济与社会领域的一视同仁，后者则提倡以最小的税收成本获取最大的税收利益。

2.我国古代的理财治税思想

我国古代思想家关于理财治税思想的阐述远远早于西方。春秋时期，管仲就认为"治国必先富民"，唐朝的刘晏也提出"理财当以养民为先"，这些主张深刻地体现了税收与经济的辩证关系，核心思想就是在发展经济的基础上增加财政收入。同时，古代理财家还注意到税收制度必须明确和便利，以减轻征税对经济的消极影响。西晋时期傅玄就提出"至平""积俭而趣公""有常"三条税收原则，这些都体现了税收效率的思想。而税收公平的思想则最早体现在《禹贡》记载的古代土地税制度中，其主要特点是根据土地肥沃程度以及距离帝都的远近、水陆交通、产品种类等因素，将土地分为若干等级，在此基础上确定税负水平。管仲提出的"相地而衰征"也体现了类似的思想。

3.我国社会主义税收原则的发展过程

中华人民共和国成立初期，为了取消旧中国的苛捐杂税、恢复生产和加快国家建设，人民政府确立了"简化税制、合理负担"的治税原则。在随后的社会主义改造直至1979年这段时期，我国税收主要起财政收入的保证作用和充当"限制、改造"私有经济的工具，与此相适应，确立了"区别对待、合理负担"的治税原则。党的十一届三中全会以来，随着公有制基础上有计划的商品经济发展模式的确立，为适应多种经济成分并存、平等竞争、发展商品经济的需要，税收上逐步确立"公平税负、鼓励竞争"的原则。进入20世纪90年代后，党的十四大又进一步决定在我国实行社会主义市场经济体制。根据市场经济的要求，党的十四届三中全会通过的《中共中央关于建立社会主义市场经济体制若干问题的决定》，对税收原则明确提出"统一税法、公平税负、简化税制、合理分权"的要求。

二、现代市场经济国家的税收原则

当代西方税收学界关于税收原则的理论，主要源于凯恩斯主义和福利经济学的思想，而且基本上都是围绕着税收在现代经济生活中的职能作用来立论的。一致公认的、带有倾向性的两大原则是税收公平原则和税收效率原则。

（一）税收公平原则

当代西方税收学界认为，税收公平原则是设计和实施税收制度最重要、最首要的原则。这是因为，税收的公平性对于维持税收制度的正常运行必不可少。同时，通过税收可以消除收入分配不均或差距悬殊的弊端，维护社会稳定，避免社会动乱。

税收公平原则是指国家征税要使各个纳税人承受的负担与其经济状况相适应，并使各个纳税人之间的负担水平保持均衡。简单地说，就是指对所有纳税人都要公正、平等。它包括两方面的含义：一是经济能力或纳税能力相同的人应当缴纳数额相同的税收，即以同等的方式对待条件相同的人，这可以称为税收的"横向公平"或"水平公平"；二是经济能力或纳税能力不同的人应当缴纳数额不同的税收，即以不同的方式对待条件不同的人，这可以称为税收的"纵向公平"或"垂直公平"。

（二）税收效率原则

西方税收学界所倡导的税收效率原则，就是要求国家征税要有利于资源的有效配置和经济机制的有效运行，提高税务行政的管理效率。它具体分为税收经济效率原则和税收本身的效率原则。

1.税收经济效率原则

这一原则主要是考察税收对经济资源配置和经济机制运行的影响状况，而检验税收经济效率的标准，一个是税收的额外负担最小化，另一个是税收的额外收益最大化。

西方税收界引进"帕累托效率"概念来解释税收经济效率。他们认为，税收的征收活动同样存在"得者的所得"和"失者的所失"的比较问题。如果国家通过征税将社会资源从纳税人手中转移到政府部门手中所产生的影响会使经济活动受阻，社会利益受到削弱，那么，必然会产生税收的额外负担；相反，如果在资源转移过程中所产生的影响会使经济活动得到促进，社会利益得到增加，那么必然会产生税收的额外收益。不论上述的额外负担发生在哪一方面，都说明经济处于无效率或低效率状态，也就是说，税收的额外负担越大，给社会带来的消极影响就越大。因此，国家征税必须遵循这样一个原则：征税必须使社会承受的额外负担最小，以最小的额外负担换取最大的经济效率。同时，在增加税收的额外收益方面，主要途径是重视税收的经济杠杆作用，区别各种不同情况，采用比较灵活、有效的措施，使经济保持在就业充分和物价稳定的水平。

2.税收本身的效率原则

这一原则主要考察税务行政管理方面的效率状况，而检验税收本身效率的标准，主要在于税收成本与税收收入的对比情况，即能否以最小的税收成本取得最大的税收收入。

所谓的税收成本，是指在税收征纳过程中所发生的各类费用支出。狭义上的税收成本，专指税务机关为征税而花费的行政管理费用；广义上的税收成本，除了指行政管理费用外，还包括纳税人在纳税过程中所支付的费用。目前，大多数国家对税收效率的考察，基本上是以税收征收费用占全部税收收入的比重为主要依据。因此，必须寻求降低税收成本占税收收入比重的途径，最大程度地提高税收本身的效率。

三、我国的税收原则

税收原则是在具体的社会经济条件下，根据客观要求，从税收实践中总结出来的。因此，税收原则也是发展变化的。我国社会主义税收原则在不同历史时期，随着经济的发展，具体内容和侧重点也不完全相同，如在国民经济恢复时期，主要强调税收的财政原则；在社会主义生产资料改造时期，则强调区别对待原则，生产资料改造完成后，税收原则侧重于保证收入和适当简化两方面；在社会主义市场经济条件下，税收原则又有了新的内容，其重点是适应市场经济客观规律的要求，理顺各方面的分配关系，充分运用税收职能作用，增加财政收入，加强宏观调控，使税收负担公平，促进社会主义市场竞争机制的确立。概括起来，就是遵循财政、效率、公平和征纳便利四大原则。

（一）财政原则

征税本身是国家取得财政收入，满足国家实现其职能需要的手段。因此，中外税收学者都将财政原则作为税收的首要原则，在制定税收制度、税收政策时优先加以考虑。根据我国现阶段的经济体制和经济发展的要求，税收的财政内涵应包括以下几个层次：

（1）充裕的税源，即在选择税种和设计税制时，首先应考虑如何保证国家有充裕的财政收入，选择税源充沛、收入可靠的税种作为主体税种。这样才能满足国家经常性的支出需要，增强国家的宏观调控能力。

（2）弹性的机能，即税收应能随国家的需要而相应地伸缩。要保证财政收入稳定增长，使税收同国民收入保持同步增长的关系，就必须在进行税制改革时，选择收入弹性较大的税种。

（3）保护税本，即税收的课征只限于税源，不可伤及税本。因此，在设计税制时，不仅要保护基础产业的发展，而且要大力支持新兴产业的发育成长，以免经济因征税而受损，导致税源枯竭，财政收入难保。

（4）适度合理，即税率的设计必须适度，不宜过高。要防止因取之过度而影响企业和劳动者个人的积极性，影响生产的发展。

（二）效率原则

设计税收制度，确定税收管理体制，既要考虑税收的财政原则，也要考虑税收对经济运行的能动作用。税收的效率原则，就是通过对资源的优化配置和对税务机构、纳税人实施科学、严格的管理，促进国民经济持续、稳定、协调发展。

税收效率原则的内涵大致可以从以下两个层次来说明：

第一个层次是税收的经济效率。其主要从国家征税对纳税人以及整个国民经济产生的正负效应来判断税收是否有效益，包含社会的宏观经济效益和企业的微观经济效益两方面。在宏观上，通过税收分配，调节生产和消费，促进社会总供给和总需求的平衡，体现国家的产业政策，正确引导资金流量和流向，实现各生产要素的合理配置；在微观上，通过税收分配，增强企业活力，排除各种客观因素对企业和劳动者生产积极性的影响，创造良好的平等的竞争环境，促进企业加强经营管理，提高经济效益，适应市场经济的客观要求。

第二个层次是税收的工作效率。其主要是比较一定时期内直接的征税成本与实际的税收收入。这里的税收收入是税收的直接收益，而直接的征税成本，主要指税务部门为取得税收收入而耗费的一切费用。税收工作要力求节约，力争降低直接的征税成本占税收收入的比重，严格征收管理，不断提高工作效率。

（三）公平原则

税收能影响国民收入的分配状况，进而影响人们的社会地位。税收也会引起社会矛盾的激化。因此，运用税收手段矫正社会财富的分配不均，缓和社会矛盾，对任何一个国家都非常必要。设计税制时，既要考虑税收的效率原则，又要考虑税收的公平原则。在社会主义市场经济条件下，公平税负、促进竞争，是维护正常的税收秩序、提高公民纳税自觉性的重要前提。税收公平原则包括以下几点：

1.普遍征税

一个国家在税收管辖权范围内有权对一切有应税收入或行为的自然人和法人实行普遍征税。普遍征税不仅是实现税负公平的前提，也是保证社会主义经济正常运行和财政收入稳定增长的重要条件。

2.量能负担

量能负担要求纳税人的纳税负担与其纳税能力相适应，即具有同等纳税能力的人应该负担同等的税负，做到一视同仁；具有不同纳税能力的人应该负担不同的税负，做到公平合理。

3.社会公平

社会公平是指对不同性质的收入、不同地区的纳税人区别对待，以解决社会分配不公问题，防止税收政策和制度引起社会矛盾的激化，促进社会的安定团结和经济的繁荣发展。

（四）征纳便利原则

征纳便利原则，就是税收的征纳手续应尽量从简。过繁的税收制度和纳税手续，不仅会降低税收工作的效率，提高征纳费用，给征纳双方带来困难，而且容易引起纳税人的反感和厌倦。因此，在设计税制时，必须遵循这一原则。当然，强调征纳便利原则，并非追求过分的税制精简。过于简化的税制同样有害，尤其是不利于税收职能作用的正常发挥。

第三节　税收构成要素

税收构成要素是构成税收制度，尤其是税种的基本要素，也是进行税收理论分析和税制设计的基本工具。它包括征税对象、纳税人、税率、纳税期限、纳税环节、减免税与加成征收、违章处理等。其中，征税对象、纳税人、税率是税制的三个基本要素。

一、征税对象

（一）征税对象的概念

征税对象，又称课税对象，是指对什么东西征税，是课税的客体或标的物。每一种税都必须有明确的征税对象，如消费税的征税对象是消费品（具体如烟、酒等），所得税的征税对象是应税所得等。

（二）征税对象的作用

征税对象作为税收的最基本要素之一，在税收制度中所起的作用主要有：

1.征税对象是征税与否的界限

每一种税的设立，都必须首先确定它的征税对象。只要被选为某种税的征税对象，就属于该税种的征税范围，就要征税。

2.征税对象是不同税种相互区别的主要标志

税种名称的由来以及税种在性质上的差别，主要取决于征税对象。按征税对象的性质划分税种，是税制分类的重要方法之一。

3.征税对象限定了税收调节的范围

由于征税对象是征税与否的分界线，税收调节的范围必然被限制在税制所规定的征税对象的范围之内。所以，一个国家征税对象选择范围的大小，不仅直接关系到财政收入的多少，而且影响税收调节职能的发挥。

（三）与征税对象有关的两个重要概念

1.税目

税目是课税对象的具体化，反映具体的征税范围，代表征税的广度。不是所有的税种都规定税目。划分税目的主要作用：一是进一步明确征税范围；二是解决课税对象的归类问题，并根据归类确定税率。

2.计税依据

计税依据，即计算应纳税额的依据，是与征税对象相关的、合理的数量特征，一般选择征税对象的价值、价格或征税对象的某些物理数量特征。

二、纳税人

（一）什么是纳税人

纳税人又称纳税义务人，是指税法规定的直接负有纳税义务的单位和个人，包括自然人和法人。自然人是指依法享有民事权利，并承担民事义务的公民。法人是指依法成立，能够独立地支配财产，并能以自己的名义享有民事权利和承担民事义务的社会组织。

（二）与纳税人有关的两个概念

扣缴义务人，是指税法规定的，在其经营活动中负有代扣税款并向国库缴纳税款义务的企业或单位，也称代扣代缴义务人。对税法规定的扣缴义务人，税务机关应向其颁发代扣代缴证书，并付给扣缴义务人代扣代缴手续费。设置扣缴义务人是控制税源、加强税收管理的一种措施。

负税人，是最终负担国家征收税款的单位和个人。纳税人与负税人是两个既有联系又有区别的概念。有的税种税负不易转嫁，税款由纳税人自己负担，纳税人本身就是负税人，如个人所得税就属于这种情况。有的税种税负较易转嫁，纳税人和负税人往往是不一致的，如对商品或劳务征收的消费税、关税、增值税等流转税。国家在制定税法时，只规定由谁负责缴纳税款，并不规定税款最终由谁负担，但政府在制定税收政策和设计税收制度时，必须认真研究税收负担及其分布问题。

✎ **拓展思考 7-2** --

就一个家庭而言，哪些是私人需要？哪些是公共需要？你及你的父母什么时候是纳税人，什么时候是负税人？

三、税率

（一）什么是税率

税率是税额与计税依据之间的法定比例。它是计算纳税人应纳税额的尺度，反映了征税的深度。税收的固定性特征主要是通过税率来体现的。在征税对象已经明确的前提下，税率的高低直接关系到国家财政收入和纳税人的负担水平。国家一定时期的税收政策也主要体现在税率上。因此，税率是税制的三个基本要素之一。

（二）税率的类型

税率可以分为比例税率、定额税率、累进税率三大类，每一类又可以细分为若干种具体形式。不同的税种以及不同的历史时期适用税率的种类及其高低均有所不同，由此形成了一国的税率结构体系。税率种类及其结构的大体情况是：

1.比例税率

比例税率是指对同一课税对象，不论数额多少，均按同一比例征税的一种税率制度。它是我国现行税率中最重要的一种形式。比例税率在实际运用中，又可以分为单一比例税率、差别比例税率、幅度比例税率三种具体形式。

（1）单一比例税率，即对一个税种只规定一个比例税率，所有纳税人都按照同一比例纳税。

（2）差别比例税率，即对一个税种设置两个或两个以上的比例税率。其在实际运用中又分为四种类型：一是产品差别比例税率，是指按产品大类或产品品种分别设计不同的税率，如消费税；二是行业差别比例税率，是指按不同行业设计不同的税率，如营业税采用的税率；三是地区差别比例税率，是指对同一征税对象按照不同地区分别设计不同的税率，如农业税采用的税率；四是投资项目差别比例税率，是指依据固定资产投资的不同类型、项目和项目投资规模设计高低不同的税率，如固定资产投资方向调节税采用的税率。

（3）幅度比例税率，即中央只规定最低税率和最高税率，各地可根据本地区实际情况，在中央规定的幅度内，确定一个适用的比例税率来征税。例如，增值税中娱乐业采用的税率就属于幅度比例税率。

比例税率的优点是：一是计算征收和缴纳税款简便，便于税收的征收管理；二是同一课税对象、不同纳税人的税收负担相同，有利于鼓励先进，督促落后，促进企业在大体同等的条件下竞争。比例税率的缺点是：比例税率的税收负担与负担能力不相适应，不能体现负担能力大的多征、负担能力小的少征的量能负担原则，税收负担水平不尽合理。比例税率一般适用于对商品流转额的征税。

2.定额税率

定额税率，亦称固定税额，是按照征税对象的一定数量直接规定一定的税额，而不是规定征收比例。它是用绝对量表示税率的一种特殊形式，一般适用于从量定额征税的商品或税种。定额税率在实际运用中又可分为以下几种：

（1）地区差别定额税率，即对同一征税对象按照不同的地区，分别规定不同的税额。

（2）分类分级定额税率，即把征税对象按一定标准分成若干等级，然后按不同级别，分别规定不同的税额。

（3）幅度定额税率，即中央只规定最高定额税率和最低定额税率，各地可根据本地区的实际情况，在中央规定的幅度内，确定一个执行定额税率。

定额税率的优点包括：一是计算简便，有利于征管工作的开展；二是从量计征，有利于促进企业提高产品质量。在优质优价、劣质劣价的情况下税额固定，优质优价产品税负相对较轻，劣质劣价产品税负相对较重。定额税率的缺点是：由于不是从价计征，税额一般不随征税对象价值（价格）的增长而增长，因而不能使国家财政收入随国民收入的增长而同步增长。

✅ **拓展思考 7-3** ··

根据生活实际思考一下，为什么要实行定额税率？

···

3. 累进税率

累进税率是按征税对象数额的大小，划分为若干等级，不同等级规定高低不同的税率，征税对象数额越大税率越高的一种税率形式。累进税率因计算方式的不同，又可分为全额累进税率和超额累进税率。

（1）全额累进税率，指对征税对象的全部数额都按其相应等级的累进税率计算征税。当征税对象数额提高一个级距时，对征税对象全额都按提高一级的税率征税。

（2）超额累进税率，指把征税对象数额按大小划分为若干等级，并对每个等级规定相应的税率，分别计算税额。当征税对象数额超过某一等级时，仅就超过部分按高一级税率计算征税。

全额累进税率的优点是计算简便，并且由于它的名义税率与实际税率一般是相等的，所以在调节收入方面，较之比例税率要合理一些。但是，在两个级距的临界部分会出现税负增加超过应税所得额增加的不合理现象，使税收负担显得极不合理。

超额累进税率的优点是累进幅度比较小，税收负担较为合理。特别是在征税对象级次临界部分，只就超过部分按高一级税率计算征税，一般不会发生增加的税额超过征税对象数额的不合理现象，有利于鼓励纳税人增产增收。但是，采用超额累进税率计算应纳税额过于复杂，特别是征税对象数额越大，包括的级次和适用的税率越多，计算步骤也就越多。为此，通常使用一种简单的计算方法，即速算扣除数法，其计算公式为：

应纳税额=用全额累进方法计算的税额−速算扣除数

速算扣除数是按全额累进税率计算的税额减去按超额累进税率计算的税额的常数差额。

四、其他税制要素

（一）纳税期限

纳税期限是指税法规定的纳税人向国家缴纳税款的期限。纳税期限保证国家能及时地取得财政收入，是税收强制性和固定性在时间上的体现。纳税期限的确定一般应考虑纳税人生产经营和课税对象的特殊性以及应纳税额数量的大小等情况。不能按期纳税的，可以按次纳税。

（二）纳税环节

纳税环节是指税法规定的在商品流转过程中和劳务活动中应当缴纳税款的环节。商品从生产到消费往往需要经过多个流转环节，如工业品一般要经过工业生产、商业批发、商品零售等环节。在商品流转过程中，哪些环节应该纳税，税收制度必须作出明确的规定。虽然一般来讲，纳税环节是指流转税的纳税环节，但其他任何一种税都有纳税环节的问题，只不过除流转税外的其他税通常都属于单环节征税，纳税环节的确定比较简单。按照纳税环节的不同，纳税制度一般分为三种类型：

（1）一次课征制，即只对商品流转过程中的一个环节征税，对其他环节不征税的制度，如消费税。

（2）两次课征制，即在商品流转环节中选择两个环节征税的制度。

（3）多次课征制，即在商品流通过程中选择多个环节征税的制度。例如，我国现行的增值税制度规定，商品每流转一次，就应按商品的增值额征一次增值税。

纳税环节的确定关系到税制结构和整个税收体系，关系到税款能否及时、足额入库，关系到地区间财政分配关系的处理，也关系到是否便利纳税人缴税等。

（三）减税、免税与加成征收

减税、免税（以下简称减免税），是指税法规定的对某些特殊情况给予减轻或免除税收负担的一种税收优惠措施。减税是对应征税款少征收一部分，免税是全部免除其税收负担。减免税体现了国家一定时期的经济和社会政策，有较强的政策目的性和针对性，是一个重要的税制要素。减免税的具体形式主要有税基式减免、税率式减免和税额式减免三种：

1.税基式减免

税基式减免是指通过缩小计税依据来实现减免税的一种形式，具体包括起征点、免征额、项目扣除和跨期结转等形式。其中，起征点是指税法规定征税对象开始征税的数额，征税对象数额未达到起征点的不征税，达到或超过起征点的应就其全部数额征税。免征额是指税法规定的征税对象中免于征税的数额，免征额部分不征税，只对超过免征额的部分征税。

2.税率式减免

税率式减免是指通过降低税率来实现减免税的一种形式，具体包括重新确定新税率、归入低税率和规定零税率等。

3.税额式减免

税额式减免是指通过减少一部分税额或免除全部税额来实现减免税的一种形式，具体包括全部免征、减半征收、核定减征率、核定减征额等。

与减免税相对应的是在一些税种中实行加成、加倍征税的办法。这是对某些纳税人按应纳税额加征一定成数或倍数的税款，是限制某些生产经营或调节纳税人取得过多利润而采取的加重征税的一种措施和方法，实际上是税率的一种延伸。例如我国现行的个人所得税制度，对劳务报酬所得一次收入畸高的，规定可以实行加成征收的办法。

（四）违章处理

违章处理是对纳税人违反税收法规行为所采取的处罚措施。它是税收强制性特征在税制上的具体体现。

知识链接 7-2

税收筹划

税收筹划是指纳税人在符合国家法律及税收法规的前提下，按照税收政策法规的导向，事前选择税收利益最大化的纳税方案处理自己的生产、经营和投资、理财活动的一种企业筹划行为。税收筹划的前提条件是必须符合国家法律及税收法规；税收筹划的方向应当符合税收政策法规的导向；税收筹划的发生必须是在生产经营和投资理财活动之前；税收筹划的目标是使纳税人的税收利益最大化。所谓的"税收利益最大化"，包括税负最轻、税后利润最大化、企业价值最大化等内涵，而不仅仅指税负最轻。

第四节　税负转嫁与归宿

一、税负转嫁与税负归宿的概念

所谓的税负转嫁，是指纳税人将其应纳税额通过各种途径全部或部分地转嫁给他人负担的经济过程和经济现象。由于税负转嫁，最初缴纳税款的法定纳税人不一定是该项税收的最后负担者。

所谓的税负归宿，是指税收负担的最终归着点或税负转嫁的最后结果。税负经过转嫁，总是要落在负税人身上的，只要税负的转嫁过程结束，税收负担归着于最后的负担者，便找到了税负归宿。

税负的转嫁运动，从纳税人到负税人，可能只经过一次税负转移，也可能要经过数次税负转移。如果一笔税款从纳税人到负税人，其转嫁运动只发生一次，可称作一次转嫁；如果同一税额从纳税人到负税人，其转嫁运动发生两次或两次以上，可称作辗转转嫁。经过转嫁，可能把税负全部转移出去，也可能只把部分税负转移出去。如果纳税人通过转嫁把全部税负都转移给负税人，可称作完全转嫁；如果纳税人通过转嫁仅把部分税负转移给负税人，可称作部分转嫁。还可以据此将税收负担分为两类，即直接负担和间接负担。纳税人在纳税后不能将税负转嫁给他人，由自己负担的，是直接负担。在这种情况下，纳税人就是负税人，两者是一致的。纳税人在纳税后可以将税负转嫁给他人，由别人负担的，是间接负担。在这种情况下，纳税人不是负税人或不是全部的负税人，两者发生了分离。凡不能或不易转嫁的税收，就是直接税；凡在形式上具有转嫁可能性的税收，就是间接税。

二、税负转嫁的基本形式

税负转嫁通常是针对商品课税而言的，因此税负转嫁与商品的价格有十分密切的关系。根据商品价格的变化情况，税负转嫁一般有以下几种形式：

（一）前转

前转又称为顺转，是指税收负担通过商品的市场买卖活动，由卖方向买方转移，即纳税人将其所缴纳的税款通过提高商品价格的方式，在商品交易中顺利地转嫁给其他人。前转是税负转嫁的一般形式。前转的原因是价格能够完全吸收税款。

（二）后转

后转亦称逆转，指税收负担无法通过市场买卖前转给买方，而是逆着商品流转的顺序向商品供应者转嫁。例如，某批发商纳税之后，由于商品价格下跌，税负不能通过提高商品价格顺利地前转给零售商，于是，该批发商请求厂商降低商品价格，税负因此而向后转给厂商。后转既可以一次完成，也可以多次完成，多次后转称为复后转。在前转的情况下有税负归宿点，在后转的情况下税负归宿点难以确定。发生后转的原因是市场价格提高，导致需求减少，所纳税款无法通过价格转嫁出去。

（三）混转

混转是指纳税人所承担的税负，一部分向前转，一部分往后转，从而使税收负担分散给许多人。混转的原因是商品价格提高，无法全部消化所纳税款。

（四）消转

消转也称税收转化，是指纳税人所纳税款在既不通过前转也不通过后转的条件下，由于采取某些措施使所纳税款在增加的收入中消失，不由任何特定的人负担。消转不同于前面所介绍的几种转嫁形式，它不存在具体的转嫁过程，实际上是一种直接的税收归宿，所以它的确切含义应该是转化。

（五）税收资本化

除了以上几种转嫁形式以外，税负转嫁还有一种特殊的形式，即税收资本化。税收资本化，也称税收还原，或税收折入资本、税收偿本，它是指在买卖某商品时，买主将该商品以后应缴纳的税款从商品的价格中预先一次性扣除，这样该商品的税款名义上由买主缴纳，实际上已由卖主负担。比如一个农场主想向土地所有者租用10亩土地，租用期限为10年，每年每亩地要缴纳税款200元。农场主在租用之际就向土地所有者索要其租用期内所租土地的全部税款。这样便获得2 000元的由土地所有者10年累计应纳10亩地的全部税额，而该农场主每年所支付的税额只有200元，余下的1 800元就成了他的创业资本。这种名义上由农场主按期纳税，实际上全部税款均由土地所有者负担的结果必然导致资本化。

☑ 拓展思考 7–4 ···

你能结合生活中的实际举出税收前转、后转、混转的例子吗？

···

三、税负转嫁的制约因素

税负转嫁能否实现及实现的程度如何，主要取决于商品供求弹性、课税范围、计税依据等因素。

（一）商品供求弹性

1.税负转嫁与需求弹性

所谓需求弹性，是指商品或生产要素的需求量（购买量）对市场价格升降所做的反应程度。需求弹性可以用需求弹性系数来表示：

需求弹性系数=需求量变动的百分比÷价格变动的百分比。

如果用Ed代表需求弹性系数，P代表价格，ΔP代表价格变动量，Q代表需求量，ΔQ代表需求的变动量，则：

$$Ed＝（\Delta Q÷Q）／（\Delta P÷P）$$

下面分四种情况分析：

（1）需求完全无弹性，即Ed=0。

需求完全无弹性，意味着购买者对增值税引起的价格提高没有任何反应，其购买量不会减少，所征税款会全部向前转嫁，落在商品或生产要素的购买者身上。

（2）需求完全有弹性，即 Ed→∞。

需求完全有弹性，意味着当某种商品或生产要素因征税而提价时，购买者对价格的提高反应极其强烈，购买量会减少为零。在这种情况下，所征税款会向后转嫁或不能转嫁，落在生产要素的提供者或生产者自己身上。

（3）需求富有弹性，即 1<Ed<∞。

需求富有弹性，意味着当某种商品或生产要素因政府征税而提高价格时，购买者因价格提高而作出的反应较为强烈，购买量下降的幅度会大于价格提高的幅度，从而迫使价格不得不回调或不再提高。在这种情况下，所征税款向前转嫁困难，只能更多地向后转嫁而落在生产者身上。

（4）需求缺乏弹性，即 0<Ed<1。

需求缺乏弹性，意味着当某种商品或生产要素因政府征税而提高价格时，购买者因价格提高作出的反应较弱，购买量下降幅度小于价格提高幅度，价格提高的阻力小。纳税人转嫁税负相对容易，税负更多地向前转而落在购买者身上。

2.税负转嫁与供给弹性

所谓供给弹性，是指商品或生产要素的供给量（生产量）对市场价格升降作出的反应程度。供给弹性可以用供给弹性系数来表示：

供给弹性系数=供给量变动的百分比÷价格变动的百分比

如用 Es 代表供给弹性系数，P 代表价格，ΔP 代表价格变动量，Q 代表供给量，ΔQ 代表供给的变动量，则：

$Es=（ΔQ÷Q）/（ΔP÷P）$

下面分四种情况分析：

（1）供给完全无弹性，即 Es=0。

供给完全无弹性，意味着某种商品或生产要素因政府征税而价格不能相应提高时，生产者对价格的相对下降没有任何反应，生产量不会因价格的相对下降而减少。在这种情况下，政府所征税款会全部向后转嫁或不能转嫁，而落在生产要素的提供者或生产者身上。

（2）供给完全有弹性，即 Es→∞。

供给完全有弹性，意味着某种商品或生产要素的价格因政府征税不能相应提高时，生产者对价格相对下降而作出极为强烈的反应，生产量因价格的下降而减至零。生产量剧减，驱使价格上涨。在这种情况下，所征税款会全部向前转嫁而落在购买者身上。

（3）供给富有弹性，即 1<Es<∞。

供给富有弹性，意味着当某种商品或生产要素因政府征税而价格不能相应提高时，生产者因价格相对下降而作出强烈的反应，生产量下降的幅度大于价格相对下降的幅度。生产量减少，驱使价格上升。在这种情况下，所征税款的大部分会通过价格的提高向前转嫁出去，更多地落在购买者身上。

（4）供给缺乏弹性，即 0<Es<1。

供给缺乏弹性，意味着某种商品或生产要素因政府征税而价格不能相应提高时，生产者因生产条件限制，转产困难而对价格相对下降作出的反应极弱，生产量下降的幅度小于价格下降的幅度。由于产量保持原来的水平，因此价格难以提高。在这种情况下，生产者转嫁税负困难，所征税款会更多地向后转嫁或不转嫁，而落在生产要素的提供者或生产者身上。

3.税负转嫁的程度最终取决于供求弹性的力量对比

供求完全有弹性或完全无弹性的情况在现实中极为少见，大多数商品或生产要素的供求属于富有弹性或缺乏弹性，所以完全可以转嫁或完全不可以转嫁的情况基本不存在。常见的是，一部分税款通过提价向前转嫁给商品或生产要素的购买者，另一部分税款则通过压价向后转嫁给生产者或生产要素的提供者。转嫁的比例取决于供求弹性的力量对比（供给弹性与需求弹性的比率）。如果需求弹性大于供给弹性，则向后转嫁或不能转嫁的部分较大，即所征税款会更多地落在生产者或生产要素提供者身上；如果需求弹性小于供给弹性，则向前转嫁的部分较大，即所征税款会更多地落在购买者身上。

（二）课税范围

课税范围越窄，对商品或生产要素的购买者越有替代效应，需求就越具有弹性。换句话说，课税范围如果只包括部分商品或生产要素，就极有可能驱使购买者改变购买决策，减少课税商品或生产要素的购买量，而增加无税或低税商品或生产要素的购买量。在这种情况下，课税商品或生产要素价格的提高就要受到限制，税负显然难以转嫁。课税范围越宽，对商品或生产要素的购买者越不易发生替代效应，需求就越缺乏弹性。

（三）计税依据

从量计税，税额不受价格变动影响。课税加价，负税者容易感觉到，购买者会倾向于少买或不买课税或重税商品或生产要素，而多买或全买无税或轻税商品或生产要素。在这种情况下，税负转嫁困难。从价计税，税额随价格的升降而增减，商品或生产要素的价格越高，税负越重；反之，商品或生产要素的价格越低，税负越轻。所以，课税加价，负税者不易感觉到，购买者购买商品和生产要素的决策不易受到影响。在这种情况下，税负转嫁容易。

（四）税种

一般说来，课于商品、劳务等的流转税易于转嫁，课于所得、财产等的所得税、财产税等税种不易转嫁。如果对商品或劳务课税，纳税人可以利用价格机制的作用，通过提高商品或劳务的出售价格或者压低原材料等生产要素的购进价格将税负转嫁出去，而对所得、财产课税，由于它们是以社会生产的最终成果分配的，纳税人往往难以通过价格机制的作用将税负转嫁出去。不过，在实际中，这些税种也并非绝对不存在税负转嫁的情况。例如，对企业征收的所得税，企业就可以通过压低劳动力价格等手段将其转嫁出去。

（五）课税商品的性质

就不同种类的商品而言，对生产用品的课税，税负辗转次数多，转嫁速度快；对生活用品的课税，税负辗转次数少，转嫁速度慢。就消费者而言，由于生活必需品是必不可少的消费品，需求弹性小，消费基础大，所以对生活必需品的课税，税负易转嫁；由于对奢侈品的消费可有可无，需求弹性大，消费基础小，所以对奢侈品的课税，税负不易转嫁。

（六）市场结构

资本主义条件下的市场结构分为四类：完全竞争、垄断竞争、寡头垄断、完全垄断。市场结构不同，税负转嫁状况也不同。

1.完全竞争

这是一种竞争完全不受任何阻碍和干扰的市场结构，竞争具有充分性。在这种情况下，每一个生产者只能遵从由市场供求决定的价格，这一价格是既定的。政府征税后，任何生产者都无法在短期内将价格提高而把税负转嫁给消费者。从长期来看，各个生产者会形成一股行业力量去提高价格，向前将税负转嫁给消费者。

2.垄断竞争

这是一种既有垄断又有竞争，既不完全垄断又不完全竞争的市场结构。在这种情况下，单个生产者可以利用自己产品的差异性对价格进行适当调整，从而有可能把政府所征的税款部分地加到价格中，向前转嫁给消费者。但是，在这种情况下，仍然存在竞争，厂商不能将税款完全转嫁出去而保留垄断利润，只能是部分前转、部分后转。

3.寡头垄断

这是一种由少数生产者供给某产品的大部分，几个生产者的产量在该行业的总产量中占较大的份额，从而可以对市场价格和产量发挥举足轻重作用的市场结构。在这种情况下，各生产者在价格或产量方面的变化会影响整个市场和竞争对手的行动。每个生产者在作出价格和产量决策时，不仅要考虑本身的成本和收益情况，还要考虑对市场的影响以及竞争对手可能作出的反应。因此，政府征税后，各寡头会将政府所征的税款加到价格中，转嫁给消费者。通常情况是，寡头生产者早已达成协议，一旦各家成本同时增加（如加税时），就在原价的基础上自动提高价格。

> ☑ **拓展思考 7-5** ···
>
> 现实生活中有哪些市场属于寡头垄断市场？它们是如何进行税负转嫁的？
> ···

4.完全垄断

这是指整个行业的市场完全处于一家厂商控制下的市场结构。在这种情况下，实际上是生产者独家定价。政府对其产品征税，生产者就会通过提价把税负向前转嫁给消费者，转嫁程度视商品供求弹性而定。

第五节　税收制度

税收制度是指一个国家根据其税收政策、税收原则，结合本国的国情和财政需要所制定的各项税收法规及征税办法的总称。狭义的税收制度仅指各税种构成的税制体系。我国现行税收制度由五大类共十九个税种构成，五大类即流转税类、所得税类、资源税类、财产税类、行为税类。

一、流转税类

流转税又称流转额课税，即对流转额的课征，是指以商品和劳务的流转额为征税对象的税种。流转额课税的经济前提是商品经济，其计税依据是商品销售额或业务收入额，一般采用比例税率。我国的增值税、消费税、关税、城市维护建设税等税种都属于流转税。

（一）增值税

1.增值税的概念

增值税是以单位和个人生产经营过程中取得的增值额为课税对象征收的一种税。从理论上讲，增值额是企业在生产经营过程中新创造的那部分价值，即货物或劳务价值中的 V+M 部分，在我国相当于净产值或国民收入部分。现实经济生活中，对增值额这一概念可以从以下两方面理解：第一，从一个生产经营单位来看，增值额是指从该单位销售货物或提供劳务的收入额中扣除为生产经营这种货物（包括劳务，下同）而外购的那部分货物价款后的余额；第二，从一项货物来看，增值额是该货物经历的生产和流通的各个环节所创造的增值额之和，也就是该货物的最终销售价值。

2.增值税的分类

世界各国征收增值税时，对外购项目中的固定资产处理并不完全相同，据此可将增值税分为三种类型：

（1）生产型增值税。生产型增值税不允许扣除购入固定资产价值中所含的增值税款，也不允许扣除生产经营过程中固定资产磨损的那部分转移价值（即折旧）。其实际征税对象相当于国内生产总值，故称为生产型增值税。我国在1994年至2008年期间征收生产型增值税。

（2）收入型增值税。收入型增值税允许扣除购入固定资产价值中所含的增值税款，但只能按照磨损程度相应地给予扣除。其实际征税对象相当于国民收入，故称为收入型增值税。

（3）消费型增值税。消费型增值税允许在购进固定资产时一次性扣除固定资产价值中所含的增值税款。其实际征税对象相当于全社会消费资料，故称为消费型增值税。绝大多数国家采用消费型增值税，我国从2009年1月1日起实行消费型增值税。

知识链接 7-3

全面营改增

营改增即由征收营业税改为征收增值税。2011年，经国务院批准，财政部、国家税务总局联合下发营业税改征增值税试点方案。从2012年1月1日起，在上海交通运输业和部分现代服务业开展营业税改征增值税试点。至此，货物劳务税收制度的改革拉开序幕。自2012年8月1日起至年末，国务院扩大营改增试点至10省市。截至2013年8月1日，"营改增"范围已推广到全国试行。时任国务院总理李克强2013年12月4日主持召开国务院常务会议，决定从2014年1月1日起，将铁路运输和邮政服务业纳入营业税改征增值税试点，至此交通运输业已全部纳入"营改增"范围。自2014年6月1日起，将电信业纳入营业税改征增值税试点范围。2014年3月13日，财政部税政司发布营改增试点运行的基本情况，2013年减税规模超过1400亿元。自2016年5月1日起，我国全面实施"营改增"，营业税退出历史舞台，增值税制度更加规范。这是自1994年分税制改革以来，财税体制的又一次深刻变革。

3.增值税制度

（1）增值税纳税人。增值税暂行条例规定，凡在中华人民共和国境内销售货物或者加工、修理修配劳务，销售服务、无形资产、不动产以及进口货物的单位和个人，为增值税的纳税人。增值税的纳税人又分为一般纳税人和小规模纳税人。

（2）增值税征税范围。增值税征税范围包括货物的生产、批发、零售和进口四个环节，2016年5月1日以后，营业税改征增值税试点行业扩大到销售服务、无形资产或者不动产，增值税的征税范围覆盖第一产业、第二产业和第三产业。

（3）增值税税率。增值税一般纳税人销售货物、劳务、有形动产租赁服务或者进口货物，适用基本税率13%；纳税人销售交通运输、邮政、基础电信、建筑、不动产租赁服务，销售不动产，转让土地使用权，销售或者进口特定货物适用低税率，税率为9%；纳税人销售服务、无形资产以及增值电信服务，除另有规定外适用低税率，税率为6%，出口货物、劳务或者境内单位和个人发生的跨境应税行为，税率为零。小规模纳税人增值税征收率为3%。

（4）增值税应纳税额。①增值税一般纳税人销售货物或提供劳务，应纳税额等于当期销项税额减当期进项税额。销项税额是指纳税人销售货物、劳务、服务、无形资产或不动产，按照销售额和税法规定的税率计算收取的增值税额。销项税额的计算公式为：销项税额=销售额×适用税率。纳税人购进货物、劳务、服务、无形资产、不动产支付或者负担的增值税额为进项税额。销项税额同时是购买方的进项税额。②小规模纳税人经营规模小，且会计核算不健全，因此实行按销售额与征收率计算应纳税额的简易办法。

（二）消费税

1.消费税的概念

我国消费税是对在我国境内从事生产、委托加工和进口应税消费品的单位和个人，就其销售额或销售数量征收的一种流转税。现行消费税仅对特定消费品在特定环节价内一次征收。

（1）生产销售应税消费品。生产销售应税消费品是消费税的主要征收环节，因单一征税，货物在生产销售环节征税后，以后商业批发、零售环节不再征税。自产的应税消费品用于连续生产应税消费品不纳税，用于其他用途的应视同销售征收消费税。

（2）委托加工应税消费品。委托加工应税消费品是指由委托方提供原料和主要材料，受托方只收取加工费和代垫部分辅助材料加工的应税消费品。委托加工环节已扣缴消费税的应税消费品收回后直接销售的，不再征收消费税。

（3）进口应税消费品。

（4）零售应税消费品。其仅限于金基、银基合金首饰以及金、银和金基、银基合金的镶嵌首饰、钻石、钻石饰品在零售环节征收消费税。

2.消费税的征税范围

征收消费税的消费品包括四大类：①一些过度消费会对人类健康、社会秩序、生态环境等方面造成危害的特殊消费品，如烟、酒、鞭炮、焰火、木制一次性筷子、实木地板等；②奢侈品、非生活必需品，如贵重首饰及珠宝玉石、化妆品、高档手表、游艇、高尔夫球及球具等；③高能耗及高档消费品，如摩托车、小汽车；④不可再生和替代的石油类消费品，如成品油。

3.消费税的计税方法

消费税的计税方法有从价计征、从量计征、复合计征三种形式。

（1）从价计征。

应纳税额=计税价格×消费税税率

其中，计税价格是指应税消费品销售额或应税消费品组成的计税价格。

进口时的组成计税价格=（关税完税价格+关税+定额消费税）÷（1−消费税税率）

委托加工时的组成计税价格=（材料成本+加工费+定额消费税）÷（1−消费税税率）

（2）从量计征。

应纳税额=计税数量×消费税额

其中，计税数量是指销售数量、委托加工收回数量或进口数量。

（3）复合计征。

应纳税额=计税价格×消费税税率+计税数量×消费税额

（三）关税

关税是对准许进出境的货物和物品征收的一种流转税，由海关负责征收。关税通常分为进口关税、出口关税、过境关税等，关税主要用于保护国内经济和限制出口。

（四）城市维护建设税

城市维护建设税是对缴纳增值税、消费税的单位和个人就其实际缴纳的"三税"税额作为计税依据征收的一种税，具有附加税性质。城市维护建设税收入专门用于城市的维护建设。

二、所得税类

（一）企业所得税

1.企业所得税的概念

企业所得税是以企业和其他取得收入的组织的生产经营所得和其他所得为征税对象所征收的一种税。这里的企业是指企业和其他取得收入的组织，但不包括个人独资企业和合伙企业。

2.企业所得税的纳税人

企业所得税的纳税人分为居民企业和非居民企业。居民企业是指依法在中国境内成立，或者依照外国（地区）法律成立但实际管理机构在中国境内的企业。非居民企业是指依照外国（地区）法律成立、实际管理机构不在中国境内，但在中国境内设立机构、场所或者在中国境内未设立机构、场所但有来源于中国境内所得的企业。居民企业应就来源于中国境内、境外的所得纳税，非居民企业仅就来源于中国境内的所得纳税。

3.企业所得税税率

企业所得税基本税率为25%，适用于居民企业和在中国境内设有机构、场所且所得与机构、场所有关联的非居民企业。低税率为20%，适用于在中国境内未设立机构、场所的企业，或者虽设立机构、场所但所得与其所设机构、场所没有实际联系的非居民企业，但实际征税时适用10%的税率。

4.企业所得税的计算

企业所得税的计算公式为：

企业所得税应纳税额=企业所得税应纳税所得额×适用税率

应纳税所得额是企业所得税的计税依据，按照《中华人民共和国企业所得税法》的规定，应纳税所得额为企业每一个纳税年度的收入总额减去不征税收入、免税收入、各项扣除以及允许弥补的以前年度亏损后的余额。其基本公式为：

应纳税所得额=收入总额-不征税收入-免税收入-各项扣除-以前年度亏损

（1）收入总额，包括销售货物收入，劳务收入，转让财产收入，股息、红利等权益性投资收益，利息收入，租金收入，特许权使用费收入，接受捐赠收入，其他收入及视同销售的收入。

（2）不征税收入，包括财政拨款、依法收取并纳入财政管理的行政事业性收费、政府性基金及国务院规定的其他不征税收入。

（3）免税收入，包括国债利息收入，符合条件的居民企业之间的股息、红利等权益性收益，符合条件的非营利组织的收入等。

（4）准予扣除的项目。企业实际发生的与取得收入有关的、合理的支出，包括成本、费用、税金、损失和其他支出，准予在计算应纳税所得额时扣除。

（5）以前年度亏损。企业某一纳税年度发生的亏损可以用下一年度的所得弥补，下一年度的所得不足以弥补的，可以逐年延续弥补，但最长不得超过5年。

（二）个人所得税

1.个人所得税的概念

个人所得税是以个人（自然人）取得的各项应税所得为征税对象征收的一种税。世界各国的个人所得税制大体可分为三种类型：分类所得税制、综合所得税制和混合所得税制，我国现行个人所得税采用的是分类所得税制，即将个人取得的各种所得划分为十一类，分别适用不同的费用减除规定、不同的税率和不同的计税方法。

2.个人所得税纳税人

个人所得税的纳税人即取得应税所得的个人，包括中国公民、个体工商户、个人独资企业、合伙企业，以及在中国境内有所得的外籍人员（包括无国籍人员）、华侨、港澳台同胞，分为居民纳税人和非居民纳税人。居民负无限纳税义务，就其来源于境内外的所得纳税；非居民负有限纳税义务，就其来源于境内的所得纳税。

3.个人所得税税率

我国个人所得税采用分项所得税制，税率按不同征税对象确定，具体分为累进税率和比例税率两大类。累进税率分为七级超额累进税率和五级超额累进税率，比例税率为20%。

（1）居民个人综合所得适用税率。

居民个人每一纳税年度的综合所得，包括工资、薪金所得，劳务报酬所得，稿酬所得，特许权使用费所得，适用3%~45%的七级超额累进税率，见表7-1。

表7-1　　　　　　　　　　**个人所得税税率表（一）（综合所得适用）**

级数	全年应纳税所得额	税率（%）	速算扣除数（元）
1	不超过36 000元的部分	3	0
2	超过36 000元至144 000元的部分	10	2 520
3	超过144 000元至300 000元的部分	20	16 920
4	超过300 000元至420 000元的部分	25	31 920
5	超过420 000元至660 000元的部分	30	52 920
6	超过660 000元至960 000元的部分	35	85 920
7	超过960 000元的部分	45	181 920

注：①本表所称全年应纳税所得额是指依照《中华人民共和国个人所得税法》第六条的规定，居民个人取得综合所得以每一纳税年度收入额减除费用60 000元以及专项扣除、专项附加扣除和依法确定的其他扣除后的余额。

②非居民个人取得工资、薪金所得，劳务报酬所得，稿酬所得和特许权使用费所得，依照本表按月换算后的税率表计算应纳税额。

（2）经营所得适用税率。

经营所得，包括个体工商户的生产、经营所得、对企事业单位的承包经营、承租经营所得、各独资企业和合伙企业的生产经营所得，适用5%~35%的五级超额累进税率，见表7-2。

表7-2　　　　　　　　　　**个人所得税税率表（二）（经营所得适用）**

级数	全年应纳税所得额	税率（%）	速算扣除数（元）
1	不超过30 000元的部分	5	0
2	超过30 000元至90 000元的部分	10	1 500
3	超过90 000元至300 000元的部分	20	10 500
4	超过300 000元至500 000元的部分	30	40 500
5	超过500 000元的部分	35	65 500

（3）财产租赁所得，财产转让所得，利息、股息、红利所得，偶然所得，适用20%的比例税率。

（4）居民个人分月或分次取得工资、薪金所得，劳务报酬所得，稿酬所得，特许权使用费所得时，支付单位预扣预缴个人所得税的预扣率。其中，工资、薪金所得适用3%~45%的七级超额累进预扣率，见表7-3；劳务报酬所得适用20%~40%的三级超额累进预扣率，见表7-4；稿酬所得、特许权使用费所得适用20%的比例预扣率。

表7-3　　　　个人所得税税率表（三）（居民个人工资、薪金所得预扣预缴适用）

级数	累计预扣预缴应纳税所得额	税率（%）	速算扣除数（元）
1	不超过36 000元的部分	3	0
2	超过36 000元至144 000元的部分	10	2 520
3	超过144 000元至300 000元的部分	20	16 920
4	超过300 000元至420 000元的部分	25	31 920
5	超过420 000元至660 000元的部分	30	52 920
6	超过660 000元至960 000元的部分	35	85 920
7	超过960 000元的部分	45	181 920

表7-4　　　　个人所得税税率表（四）（居民个人劳务报酬所得预扣预缴适用）

级数	预扣预缴应纳税所得额	税率（%）	速算扣除数（元）
1	不超过20 000元的部分	20	0
2	超过20 000元至50 000元的部分	30	2 000
3	超过50 000元的部分	40	7 000

（5）非居民个人取得工资、薪金所得，劳务报酬所得，稿酬所得，特许权使用费所得，分所得项目按月或按次计算个人所得税，统一适用3%~45%的七级超额累进税率，见表7-5。

表7-5　　　　个人所得税税率表（五）（非居民个人工资、薪金所得，
劳务报酬所得，稿酬所得，特许权使用费所得适用）

级数	应纳税所得额	税率（%）	速算扣除数（元）
1	不超过3 000元的部分	3	0
2	超过3 000元至12 000元的部分	10	210
3	超过12 000元至25 000元的部分	20	1 410
4	超过25 000元至35 000元的部分	25	2 660
5	超过35 000元至55 000元的部分	30	4 410
6	超过55 000元至80 000元的部分	35	7 160
7	超过80 000元的部分	45	15 160

4.专项附加扣除范围及标准

专项附加扣除，是指个人所得税法规定的子女教育、继续教育、大病医疗、住房贷款利息、住房租金、赡养老人六项专项附加扣除。

（1）子女教育专项附加扣除。纳税人的子女接受全日制学历教育的相关支出，按照每个子女每月1 000元的标准定额扣除。

（2）继续教育专项附加扣除。纳税人接受学历（学位）继续教育的支出，在学历（学位）教育期间按照每月400元定额扣除，同一学历（学位）继续教育的扣除期限不能超过48个月。

（3）大病医疗专项附加扣除。在一个纳税年度内，纳税人发生的与基本医保相关的医药费用支出，扣除医保报销后个人负担（指医保目录方位内的自付部分）累计超过15 000元的部分，由纳税人在办理年度汇算清缴时，在80 000元限额内据实扣除。

（4）住房贷款利息专项附加扣除。纳税人本人或者配偶单独或者共同使用商业银行或者住房公积金个人住房贷款为本人或者其配偶购买中国境内住房，发生的首套住房贷款利息支出，在实际发生贷款利息的年度，按照每月1 000元的标准定额扣除，扣除期限最长不超过240个月。纳税人只能享受一次首套住房贷款的利息扣除。

（5）住房租金专项附加扣除。纳税人在主要工作城市没有自有住房而发生的住房租金支出，可以按照以下标准定额扣除：①直辖市、省会（首府）城市、计划单列市以及国务院确定的其他城市，扣除标准为每月1 500元；②除第一项所列城市以外，市辖区户籍人口超过100万人的城市，扣除标准为每月1 100元；市辖区户籍人口不超过100万人的城市，扣除标准为每月800元。

（6）赡养老人专项附加扣除。纳税人赡养60岁（含）以上父母的，按照每月2 000元标准定额扣除，其中，独生子女按每人每月2 000元标准扣除，非独生子女与其兄弟姐妹分摊每月2 000元的扣除额度。

5.居民个人综合所得预扣预缴税款的计算方法

（1）工资、薪金所得。扣缴义务人向居民个人支付工资、薪金所得时，应当按照累计预扣法计算预扣税款。计算公式为：

$$\text{本期应预扣预缴税额} = \left(\text{累计预扣预缴应纳税所得额} \times \text{预扣率} - \text{速算扣除数}\right) - \text{累计减免税额} - \text{累计已预扣预缴税额}$$

$$\text{累计预扣预缴应纳税所得额} = \text{累计收入} - \text{累计免税收入} - \text{累计减除费用} - \text{累计专项扣除} - \text{累计专项附加扣除} - \text{累计依法确定的其他扣除}$$

（2）劳务报酬所得、稿酬所得、特许权使用费所得预扣预缴税款计算方法。以每次或每月收入额为预扣预缴应纳税所得额，分别适用三级超额累进预扣率（见表7-4）和20%的比例预扣率，按此或按月计算每项所得应预扣预缴的个人所得税。计算公式为：

劳务报酬所得应预扣预缴税额=预扣预缴应纳税所得额（收入额）×预扣率-速算扣除数

稿酬所得、特许权使用费所得应预扣预缴税额=预扣预缴应纳税所得额（收入额）×20%

（3）个体工商户生产经营所得。经营所得，以每一纳税年度的收入总额减除成本、费用以及损失后的余额，为应纳税所得额。采取按月或按季度预缴税款，按年汇算清缴的纳税方式。计算公式为：

全年应纳税额=全年应纳税所得额×适用税率−速算扣除数

汇算清缴税额=全年应纳税额−全年累计已预缴税额

（4）企事业单位的承包经营、承租经营所得。企事业单位承包经营、承租经营所得是用每一纳税年度的收入总额减除必要费用后的余额作为应纳税所得额。其中，收入总额是指纳税人按照承包经营、承租经营合同规定分得的经营利润和工资、薪金性质的所得。"减除必要费用"是指按月减除5 000元。计算公式为：

应纳税所得额=个人承包、承租经营收入总额−5 000×实际月数

应纳税额=应纳税所得额×适用税率−速算扣除数

（5）利息、股息、红利所得，偶然所得，其他所得。利息、股息、红利所得，偶然所得，其他所得，以个人每次取得的收入额为应纳税所得额，不得从收入额中扣除任何费用。

应纳税额=应纳税所得额×适用税率

三、资源税类

（一）资源税

1.资源税的概念

资源税是以应税资源为课税对象，对在中华人民共和国领域和中华人民共和国管辖的其他海域开发应税资源的单位和个人，就其应税资源销售额或销售数量为计税依据而征收的税种。对应税资源征收资源税是贯彻习近平生态文明思想、落实税收法定原则、完善地方税体系的重要举措，是绿色税制建设的重要组成部分。

2.资源税的征税范围

（1）能源矿产。

① 原油。其征税对象是原矿。

② 天然气、页岩气、天然气水合物。其征税对象是原矿。

③ 煤。其征税对象是原矿或者选矿。

④ 煤成（层）气。其征税对象是原矿。

⑤ 铀、钍。其征税对象是原矿。

⑥ 油页岩、油砂、天然沥青、石煤。其征税对象是原矿或者选矿。

⑦ 地热。其征税对象是原矿。

（2）金属矿产，包括黑色金属和有色金属。

（3）非金属矿产，包括矿物类、岩石类和宝玉石类三类。

（4）水气矿产。

① 二氧化碳气、硫化氢气、氦气、氡气。

② 矿泉水。

水气矿产的征税对象是原矿。

（5）盐。

① 钠盐、钾盐、镁盐和锂盐。其征税对象是原矿。

② 天然卤水。其征税对象是原矿。

③ 海盐。

3.应纳税额的计算

应纳税额=销售额×适用税率

（二）城镇土地使用税

城镇土地使用税是以城市、县城、建制镇和工矿区范围内的国有土地为征税对象，对拥有土地使用权的单位和个人征收的一种税。城镇土地使用税以纳税人实际占用的土地面积（平方米）为计税依据，大、中、小城市，县城，建制镇和工矿区，采用差别幅度税额计税。

（三）土地增值税

1.土地增值税的概念

土地增值税是以纳税人转让国有土地使用权、地上的建筑物及其附着物所取得的增值额为征税对象，依照规定税率征收的一种税。

2.土地增值税应纳税额的计算

（1）土地增值税计税依据。土地增值税的计税依据是纳税人转让国有土地使用权、地上建筑物及其附着物所取得的增值额。

$$增值额=\frac{转让房地产}{收入}-\frac{取得土地使用权}{支付金额}-\frac{房地产}{开发成本}-\frac{房地产}{开发费用}-\frac{转让房地产}{有关税金}-\frac{财政部规定}{的其他费用}$$

（2）土地增值税适用税率。土地增值税适用税率为四级超额累进税率。增值额未超过扣除项目金额50%的部分，税率为30%；增值额超过扣除项目金额50%、未超过扣除项目金额100%的部分，税率为40%；增值额超过扣除项目金额100%、未超过扣除项目金额200%的部分，税率为50%；增值额超过扣除项目金额200%的部分，税率为60%。上述所列四级超额累进税率，每级"增值额未超过扣除项目金额"的比例均包括本比例数。

四、财产税类

（一）房产税

1.房产税的概念

房产税是以房产为征税对象，依据房产价格或房产租金收入向房产所有人或经营人征收的一种税。房产税的征税范围为：城市、县城、建制镇和工矿区。

2.房产税的计算

（1）自己经营用房产。

应纳房产税税额=房产原值一次减除10%~30%后的余值×1.2%

各地扣除比例由当地省、自治区、直辖市人民政府确定。

（2）出租房产。

应纳房产税额=租金收入×12%

（二）车船税

车船税是指对在中国境内的车辆、船舶的所有人或管理人按车船税暂行条例征收的一种税。车船税实行定额税率，载客汽车和摩托车按辆计税，载货汽车及船舶分别按自重和净吨位计税。

（三）契税

契税是以所有权发生转移变动的不动产为征税对象，向产权承受人征收的一种财产税。所有权的转移变动包括土地使用权的出让、出售、赠与、交换或者其他方式将土地使用权转移给其他单位和个人的行为及房屋的买卖、抵债、投资入股、赠与、交换等。

契税的计税依据为不动产的价格，税率实行3%~5%的幅度税率，各省、自治区、直辖市人民政府可以在3%~5%的幅度税率规定范围内，按照本地区的实际情况决定。从2010年10月1日起，对个人购买90平方米及以下且属家庭唯一住房的普通住房，减按1%的税率征收契税。

（四）车辆购置税

车辆购置税是以在中国境内购置规定车辆为征税对象，在特定环节向车辆购置者征收的一种税。车辆购置税在退出流通进入消费领域的特定环节征收，以应税车辆的不含增值税价格为计税依据，税率统一为10%。

知识链接 7-4

房产税改革

房产税是国家以房产作为课税对象向产权所有人征收的一种财产税。对房产征税的目的是运用税收杠杆，加强对房产的管理，提高房产使用效率，控制固定资产投资规模和配合国家房产政策的调整，合理调节房产所有人和经营人的收入。2010年国务院同意国家发展改革委《关于2010年深化经济体制改革重点工作的意见》，出台资源税改革方案，逐步推进房产税改革。重庆市、上海市为开征房产税试点，于2011年1月28日起正式开征房产税。此后，房产税的征收一直处于试点阶段。全面征收房产税必须要立法通过，随着经济转型的进行，房产税也要进入一个全面铺开的新纪元。

五、行为税类

（一）印花税

1.印花税的概念

印花税，是对经济活动和经济交往中书立、使用、领受具有法律效力的凭证的单位和个人征收的一种税。其具体包括：应税合同的立合同人、产权转移书据的立据人、立账簿人、权利许可证照的领受人。

2.印花税的计算

（1）权利许可证照、营业账簿。按件计税，每件5元，记载资金的账簿除外。

（2）其余应税凭证。以凭证记载的金额或收取的费用为计税依据，记载资金的账簿以实收资本、资本公积的金额为计税依据。其余应税凭证均适用比例税率。印花税实行"三自纳税"，即自行计算应纳税额，自行购买印花税票，自行一次贴足印花税票并加以注销。

知识链接 7-5

印花税的由来

公元1624年，荷兰政府发生经济危机，财政困难。当时执掌政权的统治者摩里斯为了解决财政上的需要问题，拟提出要用增加税收的办法来解决支出的困难，但又怕人民反对，便要求政府的大臣们出谋献策。众大臣议来议去，想不出两全其美的妙法来。于是，荷兰的统治阶级就采用公开招标办法，以重赏来寻求新税设计方案，谋求敛财之妙策。印花税，就是从千万个应征者设计的方案中精选出来的"杰作"。可见，印花税的产生较之其他税种更具有传奇色彩。

印花税的设计者可谓独具匠心。他观察到人们在日常生活中使用契约、借贷凭证之类的单据很多，连绵不断，所以一旦征税，税源将很大；而且，人们还有一个心理，认为凭证单据上有政府盖章，就成为合法凭证，在诉讼时可以有法律保障，因而对缴纳印花税也乐于接受。正是这样，印花税被资产阶级经济学家誉为税负轻微、税源畅旺、手续简便、成本低廉的"良税"。英国的哥尔柏说过："税收这种技术，就是拔最多的鹅毛，听最少的鹅叫。"印花税就是这种具有"听最少的鹅叫"特点的税种。

从1624年第一次在荷兰出现印花税后，由于印花税"取微用宏"，简便易行，欧洲各国竞相效法。丹麦在1660年、法国在1665年、奥地利在1686年、英国在1694年先后开征了印花税。它在不长的时间内，就成为世界上普遍采用的一个税种，在国际上盛行开来。

（二）耕地占用税

耕地占用税是对占用耕地建房或者从事非农业建设的单位或者个人，就其实际占用的耕地面积征收的一种税。耕地占用税以纳税人实际占用的耕地面积为计税依据，按照规定的适用税额一次性征收。

（三）环境保护税

1.环境保护税的概念

环境保护税是对直接向环境排放应税污染物的企业事业单位和其他生产经营者征收的一种税。

2.环境保护税的征税范围

根据《中华人民共和国环境保护税法》的规定，环境保护税主要针对四类重点污染物征收，即大气污染物、水污染物、固体废物和噪声。

3.环境保护税应纳税额的计算

环境保护税应纳税额按照下列方法计算：

① 应税大气污染物的应纳税额为污染当量数乘以具体适用税额；

② 应税水污染物的应纳税额为污染当量数乘以具体适用税额；

③ 应税固体废物的应纳税额为固体废物排放量乘以具体适用税额；

④ 应税噪声的应纳税额为超过国家规定标准的分贝数对应的具体适用税额。

本章小结

1.税收概念的本质特征在于凭政治权力征收，因此具有无偿性、强制性、固定性三个形式特征。

2.公平和效率是现代税收的两大基本原则，效率原则包括对经济的效率和税收本身的效率，其余税收原则可因地制宜。

3.纳税人、征税对象、税率是三个最基本的要素。

4.税负转嫁是过程，税负归宿是结果。税负转嫁一般和价格有关。

5.现代税收制度总是由一系列的税种构成，它们形成一个有机的体系，一般分为流转税、所得税、资源税、财产税、行为税。每一个税种又由税收构成要素组成。

本章基本概念

税收　税收原则　纳税人　比例税率、累进税率纳税环节　税基式减免　税率式减免　税负转嫁　税负归宿　税收资本化

综合训练

一、单项选择题

1.税收三个最基本的要素是（　　　　）。

A.纳税义务人、税率、违章处理　　　　B.纳税义务人、税目、税率

C.纳税义务人、税率、征税对象　　　　D.纳税义务人、税率、减免税

2.对同一征税对象或同一税目，不论数额大小只规定一个百分比的税率，称为（　　　　）。

A.比例税率　　　　B.累进税率　　　　C.定额税率　　　　D.累退税率

3.税收是国家凭借（　　　），无偿地征收实物或货币，以取得财政收入的一种工具。

A.政治权力　　　　B.民主权力　　　　C.行政权力　　　　D.财产权力

4.用于区别不同税种的重要标志是（　　　）。

A.纳税人　　　　B.征税对象　　　　C.税率　　　　D.税目

5.按税负是否转嫁划分，税收可分为（　　　）。

A.从价税和从量税　　　　　　　　　　B.价内税和价外税

C.直接税和间接税　　　　　　　　　　D.一般税和目的税

6.税负通过市场买卖，由卖方向买方转嫁，称为（　　　）。

A.前转　　　　B.后转　　　　C.消转　　　　D.税收资本化

7.下列税种中，（　　　）属于价外税。

A.消费税　　　　B.关税　　　　C.资源税　　　　D.增值税

二、多项选择题

1.税收具有（　　　）的形式特征。

A.强制性　　　　B.无偿性　　　　C.固定性　　　　D.波动性

2.我国现行税法规定的税率有（　　　）。

A.比例税率　　　　B.累进税率　　　　C.超额累进税率　　　　D.定额税率

3.税负转嫁的方式有（　　　）。

A.前转　　　　　　　B.后转　　　　　　　C.税收资本化　　　　D.自转

4.税收活动的全过程包括（　　）。

A.税收征收　　　　　B.税收负担　　　　　C.税负转嫁　　　　　D.税收归宿

5.按征税对象的性质分类，我国现行税种可分为（　　）。

A.流转税　　　　　　B.所得税　　　　　　C.财产、行为税　　　D.资源税

6.下列税种属于间接税的有（　　）。

A.增值税　　　　　　B.所得税　　　　　　C.财产税　　　　　　D.关税

7.按税收收入的归属权分类，我国税收可分为（　　）。

A.中央税　　　　　　B.地方税　　　　　　C.基层税　　　　　　D.共享税

三、复习思考题

1.什么是税收？税收的三个形式特征是什么？

2.税收的职能与作用有什么关系？

3.税收的基本构成要素有哪些？

4.每个税收基本构成要素分别解决什么问题？

5.超额累进税率与全额累进税率的主要区别是什么？有什么影响？

6.哪些税种的税负比较容易转嫁？

7.税负转嫁受到哪些因素的影响？

8.如何计算增值税？

9.如何计算企业所得税？

四、实训题

【实训项目】

计算一件商品售价中所包含的税收。

【实训目标】

1.培养分析问题、解决问题的能力。

2.了解我国税制的基本构成及主要税种计算。

3.体会税负的转嫁与归宿。

【实训内容与要求】

1.一包零售价10元、烟草公司批发价8元、出厂价7元的香烟，其中大概包括多少税收？

2.列出所涉及的税种，大致计算各税种金额。

3.指出这些税收的归宿。

【成果与检验】

1.计算过程及心得体会。

2.老师对计算过程及心得体会进行评价。

第八章
国债

知识目标：了解国债的含义；了解国债的发行市场和流通市场；明确国债的种类，掌握国债的结构；明确国债的功能和效应，掌握国债的承受能力和限度。

技能目标：学会分析现实的国债市场环境；学会运用理论来分析中国的国债限度和承受能力。

综合目标：掌握国债的基本知识、基本原理，学会运用本章知识解决现实的基本问题。

引 例

"327"国债期货——一段不可不知的历史

1995年2月23日，上海证券交易所发生了震惊中外的"327"国债期货事件。

1992年12月28日，上海证券交易所首先向券商自营业务推出了国债期货。但由于国债期货不对公众开放，交投极其清淡，并未引起投资者的兴趣。1993年10月25日，上海证券交易所向社会公众开放国债期货交易。与此同时，在期货交易所中，北京商品交易所率先推出国债期货交易。1994年到1995年春节前，国债期货成交量飞速增长，全国推出国债期货品种的交易场所从2家陡增到14家。由于当时股票市场走势低迷且钢材、煤炭、食糖等大宗商品期货品种相继被叫停，因此大量资金聚集到国债期货市场上，特别是上海证券交易所。1994年，全国国债期货市场总成交量达2.8万亿元。

1993年年中，我国实行宏观调控，决定把通货膨胀压下去。万国证券的管金生当时认为，财政部不会再掏出16亿元来补贴"327"国债，因此决定率领万国证券做空国债期货。

1995年2月23日，财政部发布了1995年新国债发行公告，记账式国债3年期的年利率就达14.5%，再加保值贴补。这预示着百元面值的"327"国债可能获得更多的保值补贴，价值大幅增加，将按148.50元或更高进行兑付，也就意味着"327"国债期货价格可能会大幅上涨，这对已经在"327"国债期货上重仓持有空单的管金生来说无异于晴天霹雳。据传当时管金生曾经要求上海证券交易所总经理尉文渊为万国证券的持仓多开敞口，但遭到尉文渊的拒绝。而尉文渊并不知道的是，管金生此时在"327"国债期货上的头寸已经超过持仓量上限很多。全国各大国债期货市场纷纷走出向上突破行情。

1995年2月23日上午一开盘，中经开公司率领的多方，借利好拉升"327"国债期货价位，用80万口将前日148.21元的"327"国债期货收盘价一举上推至148.50元，接着又用120万口攻到149.10元，用100万口攻到150元。在2月23日上午的交易过程中，管金生曾发现出自无锡国泰的200万口空单，当然他明白其幕后操作者是其空头同盟——辽宁国发集团。为此，管金生找到了上海证券交易所总经理尉文渊，要求停止当天的交易，理由是局势已失控，多空双方均存在大量违规行为。从现在来看这也是尉文渊的最后一次机会，抓住了，不仅可以拉管金生一把，更可以使自己的危机消于无形，可惜尉文渊放弃了。2月23日下午，"327"国债期货价位被拉升至151.98元，随后万国证券的空头同盟——辽国发突然"空翻多"，"327"国债期货价位在1分钟内竟上涨了2元，10分钟后上涨了3.77元！"327"国债期货价位每上涨1元，万国证券就要赔进十几亿元。输红了眼的管金生在下午4时22分突然发难，先以50万口把价位从151.30元打到150元，然后连续用几十万口的卖单把价位打到148元，最后以一个730万口的巨大卖单将价位打到147.40元（按照上海证券交易所的规定，国债期货交易1口为2万元面值的国债，730万口的卖单面值为1460亿元，而"327"国债现货发行的总额才240亿元）。最后8分钟内，共砸出1056万口卖单，导致"327"国债期货价格暴跌2.80元，令当日开仓的多头头寸全部爆仓（即交易保证金全部亏掉）。

收市后，上海证券交易所当晚紧急宣布：2月23日16时22分13秒之后的所有"327"国债期货品种的交易无效。经过这一调整，当日国债期货的成交额变为5 400亿元，当日"327"国债期货品种的收盘价为违规前最后成交的一笔交易价格——151.30元。但如果将最后8分钟的成交计算在内，当日国债期货的成交额为创纪录的8 536亿元，其中"327"国债期货占80%左右。

如果按照上海证券交易所确定的收盘价到期进行交割，万国证券将亏损60亿元；如果按照万国证券在最后8分钟打下去的收盘价计算（假设所有成交均有效），万国证券将赚42亿元。第二天，万国证券发生挤兑。2月27日，上海证券交易所暂停了国债期货交易，组织实施"协议平仓"。最终，万国证券亏损16亿元，随后不久与申银证券合并为申银万国证券公司。3月7日，上海证券交易所恢复了除"327"国债期货外的其他品种的竞价交易。

资料来源：佚名. "327"国债期货——一段不可不知的历史［EB/OL］.［2023-05-10］. http：//www.360doc.com/content/15/0215/23/2377452_448871384.shtml.

上述事件是我国国债期货市场的重大事件，其根本原因在于我国国债期货市场不发达、市场机制不健全。分而述之，则在于：法律手段不健全，缺乏法律法规约束；保证金规定不合理，炒作成本极低；缺乏规范管理和适当的预警监控体系等。

第一节　国债的含义、种类与结构

一、国债的含义

拓展阅读8-1

2022年和2023年中央财政国债余额情况表

信用经济高度发展的今天，举债已经成为一种非常普遍的经济现象。举债主体或者称为借债人主要有两类：一类是私人和企业；另一类是政府。私人和企业举借的债务称为民间债务或者私债，政府举借的债务称为国债或者公债。一般来讲，中央债称为国债，地方债称为公债。

国债是一种非经常性的财政收入，是指国家为了实现其职能，平衡财政收入，增加政府经济建设能力，按照有借有还的原则，从国内或国外筹集财政资金时形成的债务。国债具有三个鲜明特征：有偿性、自愿性和灵活性。

有偿性是指通过发行国债筹集的财政资金，政府必须作为债务如期偿还，并且还要按事先规定的条件向认购者支付一定数额的利息。

自愿性是指国债的发行或认购是建立在认购者自愿承购的基础上。认购者买与不买，购买多少，完全由认购者自己根据个人或单位的情况自主决定，国家不能指派具体的承购人。

灵活性是指国债发行与否以及发行多少，一般完全由政府根据国家财政资金的充足程度灵活确定，不必通过法律形式预先规定。这是国债具有的一个非常重要的特征，也是与税收固定性的明显区别。

✓ **拓展思考8-1** ....

国债和税收特征有何异同？为什么？

二、国债的种类

现代国家有名目繁多的债券。为了便于国债的管理，有必要对国债进行分类。

（一）按券面形式分为无记名国债、凭证式国债和记账式国债

1.无记名国债

无记名国债为实物国债，是一种票面上不记载债权人姓名或单位名称，以实物券面形式（券面上印有发行年度、券面金额等内容）记录债权而发行的国债，又称实物券。无记名国债发行时通过各银行储蓄网点、财政部门国债服务部以及国债经营机构的营业网点面向社会公开销售，投资者也可以利用证券账户委托证券经营机构在证券交易所场内购买。无记名国债从发行之日起开始计息，不记名、不挂失，可以上市流通。发行期结束后如需进行交易，可以直接到国债经营机构按其柜台挂牌价格买卖，也可以利用证券账户委托证券经营机构在证券交易所场内买卖。

无记名国债是我国发行历史最长的一种国债。我国在20世纪50年代发行的经济建设公债和从1981年起发行的国库券，实质上都可以归入无记名国债范畴。历年来发行的无记名国债面值有1元、5元、10元、100元、500元、1 000元、5 000元、10 000元等。

2.凭证式国债

凭证式国债是指面向城乡居民和社会各类投资者发行，以"中华人民共和国凭证式国债收款凭证"记录债权的储蓄国债。凭证式国债的票面形式类似银行定期存单，利率通常比同期银行存款利率高，是一种纸质凭证形式的储蓄国债。凭证式国债又分为纸质凭证式国债和电子记账凭证式国债两种。

（1）纸质凭证式国债。纸质凭证式国债通过各银行储蓄网点和邮政储蓄柜台面向社会发行，主要面向普通百姓，从投资者购买之日起开始计息，可以记名、挂失，虽然不能上市流通，但总体而言不失为一种安全、灵活、收益适中的投资方式，是集国债和储蓄的优点为一体的投资品种，是以储蓄为目的的个人投资者理想的投资方式。我国的凭证式国债自1994年开始发行以来，至今已历时20多年，对筹集财政资金、促进经济发展、满足人民群众投资需求发挥了重要作用，目前已成为我国国债发行的主要品种之一。

（2）电子记账凭证式国债。电子记账凭证式国债源于传统的纸质凭证式国债，发行基本条款与纸质凭证式国债大体相似，只是电子记账凭证式国债应用了计算机技术，以电子记账凭证形式取代了纸质凭证用于记录债权。

（3）纸质凭证式国债与电子记账凭证式国债的区别。首先是申请购买手续不同。购买纸质凭证式国债，投资者可直接填写申请办理；购买电子记账凭证式国债，投资者须开立债券账户和资金账户，并填写购买申请后办理。其次是债权记录方式不同。纸质凭证式国债采取填制纸质"中华人民共和国凭证式国债收款凭证"的形式记录，由各承销团成员分支机构进行管理；电子记账凭证式国债债权采取二级托管体制，由各承办银行总行和中央国债登记结算有限责任公司以电子形式记录管理。最后是到期兑付方式不同。在国债利息计付方面，纸质凭证式国债到期后，投资者需前往承销机构网点办理兑

付事宜，逾期不加计利息。而电子记账凭证式国债到期后，用户可通过网银中的"国债兑付"完成兑付事宜，逾期不加计利息。这种灵活的计息方式，增强了国债作为投资品种的竞争力。

3.记账式国债

记账式国债是指以记账形式记录债权，通过证券交易所的交易系统发行和交易，可以记名、挂失的国债。投资者买卖记账式国债，必须在证券交易所开立账户。由于记账式国债的发行和交易均无纸化，所以效率高、成本低、交易安全。

2023年记账式附息国债发行计划见表8-1。

表8-1　　　　　　　　　　　2023年记账式附息国债发行计划表

期限（年）	招标日期	首发/续发	付息方式
1	1月13日	首发	按年付息
	2月22日	续发	
	3月22日	续发	
	4月24日	首发	
	5月24日	续发	
	6月21日	续发	
	7月24日	首发	
	8月24日	续发	
	9月20日	续发	
	10月24日	首发	
	11月22日	续发	
	12月20日	续发	
2	1月18日	续发	按年付息
	2月8日	续发	
	3月14日	首发	
	4月12日	续发	
	5月17日	续发	
	6月14日	首发	
	7月12日	续发	
	8月9日	续发	
	9月22日	首发	

期限（年）	招标日期	首发/续发	付息方式
2	10月18日	续发	按年付息
	11月8日	续发	
	12月14日	首发	
3	1月11日	续发	按年付息
	2月14日	首发	
	3月8日	续发	
	4月19日	续发	
	5月12日	首发	
	6月7日	续发	
	7月5日	续发	
	8月14日	首发	
	9月14日	续发	
	10月11日	续发	
	11月14日	首发	
	12月6日	续发	
5	1月13日	首发	按年付息
	2月22日	续发	
	3月22日	续发	
	4月14日	首发	
	5月10日	续发	
	6月14日	续发	
	7月14日	首发	
	8月9日	续发	
	9月6日	续发	
	10月13日	首发	
	11月22日	续发	
	12月14日	续发	

续表

期限（年）	招标日期	首发/续发	付息方式
7	1月11日	续发	按年付息
	2月14日	续发	
	3月24日	首发	
	4月19日	续发	
	5月17日	续发	
	6月21日	首发	
	7月24日	续发	
	8月14日	续发	
	9月14日	首发	
	10月18日	续发	
	11月14日	续发	
	12月22日	首发	
10	1月18日	续发	按半年付息
	2月24日	首发	
	3月14日	续发	
	4月24日	续发	
	5月24日	首发	
	6月7日	续发	
	7月12日	续发	
	8月24日	首发	
	9月20日	续发	
	10月24日	续发	
	11月24日	首发	
	12月20日	续发	

☑ **拓展思考 8-2**

为何记账式国债的利率水平一般高于期限相同的凭证式国债的利率水平？

（二）按偿还期限分为短期国债、中期国债、长期国债和永久国债

短期国债是一国政府为满足先支后收所产生的临时性资金需要而发行的短期债券。短期国债在英国和美国被称为国库券。英国是最早发行短期国债的国家。19世纪70年代，英国政府因为地方政府融资及开发苏伊士运河的需要，经常缺乏短期周转资金，遂接受经济学家及财政专家的建议，于1887年发行了国库券。短期国债自英国创立以后，在美国得到了极大的发展，成为非常重要的货币市场工具。短期国债风险低，是政府的直接负债，由于政府在一国有最高的信用地位，一般不存在到期无法偿还的风险，因此投资者通常认为投资于短期国债基本上没有风险。短期国债具有高度的流动性，由于短期国债的风险低、信誉高，所以工商企业、金融机构、个人都乐于将短期资金投资到短期国债上，并以此来调节自己的流动资产结构，这也为短期国债创造了十分便利和发达的二级市场。短期国债期限短，基本上是1年以下，大部分为半年以下。

中期国债是指偿还期限在1年以上10年以下的国债（包含1年但不含10年），其偿还期限较长，可以使国家对债务资金的使用相对稳定。其或是弥补赤字，或是投资，不再做临时周转。

长期国债是指偿还期限在10年或10年以上的国债。长期国债可以使政府在更长时期内支配财力，但持有者的收益将受到币值和物价的影响。长期国债一般被用作政府投资的资金来源，在资本市场上有着重要的地位。

永久国债没有规定还本期限，但规定了按时支付利息，在政府财力允许时可以随时从市场买入而予以注销。

（三）按流通与否分为可转让国债和不可转让国债

可转让国债又叫可流通国债，也称为上市国债，指发行后可以在公开债券市场上自由流通交易的债券。其交易价格受市场供求及利率、物价等因素的影响而起伏波动，是金融市场上的重要交易对象。

不能在金融市场上自由买卖、只能按规定时间兑付的国债称为不可转让国债或不可流通国债。这种国债的认购者如急需资金，可在持有一定期限后向政府要求提前偿还。

（四）按举债主体的不同类型分为中央债和地方债

中央债是以中央政府为债务人发行的国债，也有人将国债特指为中央债。中央债的发行由中央政府决定，债务收入由中央政府支配使用，还本付息由中央政府承担。

地方债是以地方政府为债务人发行的国债。其债务收入归地方政府支配使用，用于本地区社会经济发展，债务期满后的还本付息由地方政府负责。西方国家实行分级财政管理体制，中央政府和地方政府具有独立的财政收支体系，中央债和地方债分别是中央和地方政府各自独立的财政收入来源。在中国，目前只有中央政府有权发行国债，地方政府尚无自行发行国债的权力。

（五）按付息方式分为到期一次还本付息国债和定期付息国债

到期一次还本付息国债是指期满时本息一次偿还的国债。定期付息国债是指按年或半年支付利息，本金在期满时一次偿还的国债。

（六）按利率性质分为固定利率国债、市场利率国债和保值国债

固定利率国债是指国债发行时的利率一旦确定，不管市场利率以后如何变动，政府

都按照既定利率付息的国债。

市场利率国债是指国债利率随市场利率的变化而浮动的国债。市场利率上升，国债利率上浮；市场利率下降，国债利率下调。

保值国债是指发行时不规定债券利率，而只规定其将随着某个经济指标，如储蓄存款利率浮动的国债。

三、国债的结构

国债的结构是指一个国家各种性质债务的相互搭配，以及债务收入来源和发行期限的有机结合。国债结构主要包括国债期限结构、国债利率结构、国债种类结构和国债持有者结构。

（一）国债期限结构

国债期限是指国债从发行到偿还的时间间隔。根据一般的期限分类，短期国债的期限在1年以下，中期国债的期限为1~10年，长期国债的期限在10年以上。一个国家的国债往往是由各种不同长短期限的国债所组成的。

知识链接 8-1

人民胜利折实公债

人民胜利折实公债的募集与还本付息，均以实物为计算标准，其单位定名为"分"。每分公债应折合的金额由中国人民银行每旬公布一次。中华人民共和国成立之初，为了巩固全国解放的胜利成果，恢复和发展经济，于1950年发行人民胜利折实公债。该公债的募集和还本付息，均以实物为计算基础。

该公债以"分"为计算单位，原定发行总额为2亿分，分两期发行。第一期于1950年1月5日开始发行，总额为1亿分，面值有1分、10分、100分和500分4种，年息为5%，从1951年起，分5年5次抽签偿还。第一年偿还总额的10%，第二年15%，第三年20%，第四年25%，第五年30%。其后因国家财政经济状况好转，第二期停止发行。

有关每分值的规定：（1）每分所含的实物为：大米（天津为小米）6市斤，面粉1市斤，白细布4市尺，煤炭16市斤。（2）实物价格以上海、天津、汉口、西安、广州、重庆六大城市的批发价，按加权平均法计算，加权比重为：上海45%、天津20%、汉口10%、广州10%、西安5%、重庆10%。（3）每分值应折合的金额，每旬公布一次，并以上旬平均每分的折合金额为本旬收债款的标准。

目前，我国国债发行期限结构较为单一，基本上是2~5年的中期国债，从1981年恢复国债发行至今，只有1994年、1995年、1996年3年发行过短期国债，即期限在1年以下的国库券。1998年以后发行了10年期、15年期、20年期的长期国债。虽然国债期限结构已逐渐呈多样化发展，但目前我国的1年以下与6年以上的国债所占比重均不到10%，而2~5年期国债占80%以上，国债的偿还期限平均为6.6年。而西方发达国家短期国债一般占全部国债的40%~50%。与西方发达国家的债券市场比，我国国债市场呈现出"中间多，两边少"的格局。

一般认为，合理的国债期限结构应该是短期、中期、长期国债并存的结构。这种结构既有利于满足不同投资者的投资需求，又有利于满足政府不同的筹资需要，还有利于拉开还债时间，分散还债压力。目前我国的内债期限结构单一，3~5年的中期国债比重过大，缺乏1年以下的短期国债和在10年以上的长期国债，使国债的偿还期过于集中。从发展趋势上看，增加短期国债和长期国债的比重是非常必要的。这里的关键是要注意不同性质的资金在国债期限上的合理分流。私人投资者的资金较适宜于投资中短期国债，而长期国债的认购对象则应主要是社会保险基金的结余部分。这不但有利于充分动员社会闲置资金参与国家的中长期经济建设，而且通过保险基金对国债的再投资，还可以为保险基金的保值增值创造有利的条件。

（二）国债利率结构

国债利率是国债利息占国债票面金额的比率。国债利率结构是指不同利率水平的国债在国债总额中的构成比例。国债利率水平的高低对国债的发行和偿还有双向制约作用，应当根据经济发展中资金的供求状况、市场利率水平、国债使用方向等因素，兼顾发行的需要和偿还的可能以及国债期限结构来确定合理的利率水平和利率结构。对于投资者和发行者来说，利率有不同的作用：对于国债发行者，利率是其负担大小的表示；对于国债投资者，利率则是其收益大小的表示。

（三）国债种类结构

国债种类结构又叫应债主体结构。我国国债种类在1987年以前只有一种，即国库券。自1995年开始，我国国债分为记账式国债、无记名国债、凭证式国债和特种定向国债四种。应债主体结构实际上就是社会资金或者收入在社会各经济主体之间的分配格局。

（四）国债持有者结构

国债持有者是各应债主体即各类企业和各阶层居民实际认购和持有国债的比例。如果贫富差距较大，社会财富分配不均，社会资金集中在少数企业和个人手中，国债持有者则比较集中；反之，社会资金相对分散，国债持有者必然相对分散。我国国债持有者结构是与国债发行对象以及发行方式相联系的。我国国债发行对象包括各级机关、团体、部队、企事业单位、金融机构以及个人等。

第二节　国债的功能与效应

一、国债的功能

发行国债筹集资金，有利于实现财政职能，强化政府对市场的宏观调控。具体来讲，国债的功能主要表现在以下几个方面：

（一）弥补财政赤字

弥补财政赤字是国债的基本功能。财政赤字一般是指财政收入小于财政支出的差额。弥补财政赤字的途径一般有三种：向银行借款、增加税收、发行国债。用国债来弥补财政赤字，实质上是将不属于国家支配的民间资金在一定时间内让渡给国家使用，是社会资金使用权的单方面转移。发行国债是部分社会资金使用权的暂时转移，国债的认购通常遵循自愿的原则，基本上是从社会资金运动中游离出来的资金，一般不会对经济产生不利的影响。

通过发行国债来弥补赤字比通过增加税收和向银行借款的方式产生的副作用要小。由于国债具有偿还性、收益性，而税收具有强制性，并且税制的修改需要严格遵循法律程序，因此发行国债与税收相比更具灵活性，且容易被人们从心理上接受；与向金融机构集中借款相比，发行国债弥补赤字可以分散风险，因为国债的购买者通常是众多的经济体和个人，其由于购买国债而承担的负担较低；与发行货币相比，国债不会引起通货膨胀，它只是改变了需求结构。因此，国债已经成为各国政府最普遍采用的筹资方式。

（二）调节国民经济运行

政府通过发行国债，集中了社会上的闲散资金，用于公共购买性支出或者投资于公共项目，拉升社会总需求。政府的行为不仅会带动公共行业产业的发展，而且会通过公共支出的辐射作用引起一系列连锁反应，大大提高整个社会的总需求和总产出，促进社会经济的发展。国家集中私人资金投资于私人不愿意涉足的公共项目，达到了资源优化配置的目的。此外，如果国债资金的来源和使用方式不同，国债还可以调节社会投资和消费的比例。国债资金来源于非金融机构的投资资金，政府将筹得的资金用于消费性支出，则整个社会需求中的消费比例将上升。国债既可以作为一种财政政策的手段，也可以作为货币政策公开市场操作的主要手段，它是连接财政政策和货币政策的纽带。在实际中，央行通过公开市场操作买卖国债，调节基础货币存量，影响利率水平，从而影响投资，达到政府期望的调节经济的目的。

（三）筹集建设资金

筹集建设资金是从财政支出或资金使用角度来说明国债的功能。国债是政府在正常收入形式以外，筹集资金用于经济建设的一种重要手段。从国债收入的性质上看，国债筹集建设资金的功能，表明国债可以是稳定的、长期的收入，国家发行国债就可以在经常性收入之外安排更多的支出。国债作为稳定的、长期的财政收入是可行的。社会资金的运动是一个连续不断的过程，而在这一过程中游离出的闲散资金也是持续和稳定的，发行国债具有可靠的来源保证。国债发行遵循自愿认购和有借有还的信用原则，容易为社会接受。世界各国的经济发展程度不同，资金占有量及充裕程度也不同，因而不仅可以发行内债筹集本国资金，还可以发行外债引进其他国家的资金。

（四）金融功能

国债是一种金融产品，具有一般金融产品所有的功能，国债的投资者可以通过投资获得利息。同时，作为一种特殊的债券，国债的金融功能具有重要的意义。

国债是一国市场的基准金融产品，其利率是市场的基准利率，也叫无风险利率。其他一切金融产品都根据这个利率进行套算和操作，而且国债是央行公开市场操作的主要手段，央行需要通过一个发达的国债市场达到调节货币供应量的目的。此外，国债是机构和企业进行流动性管理的主要手段，特别是一些金融机构，需要持有国债这种高流动性、无风险的资产保持流动性，以防范风险。

✓ **拓展思考 8-3** ···

为什么说国债具有财政和金融双重功能？

···

二、国债的效应

国债的效应是指国债运行对社会经济生活产生的影响。这种影响是通过国债的功能来实现的。根据国债产生效应的不同侧面，可以把国债效应分为国债的分配效应和国债的调节效应。

（一）国债的分配效应

国债的发行、使用和偿还都会对国民财富的分配产生影响，这种影响就是国债的分配效应。国债的分配效应体现在国债发行、使用和偿还等各个环节。

1.国债发行的分配效应

发行国债实质上是一个国民收入再分配的过程，无论政府借债的目的是弥补财政赤字，还是筹集建设资金，这种再分配的结果都可以使国民收入从认购者手中转向国家，在增加政府可支配财力的同时，减少了个人、企业作为认购者可支配的财力。这种国民收入分配结构的改变，在不同的经济条件下可能会产生不同的影响。

在政府正常收入不能随国民收入增长而增长、财政财力匮乏的情况下，发行适量国债可以在不影响认购者正常支出的同时增加政府财政支出，起到优化国民收入分配主体结构的作用；同时，政府支出的扩大为政府职能的实现创造了财力前提，这也有利于经济的稳定增长。反之，如果国民收入分配中政府集中度已经过高，居民个人和企业的财力在满足了必要的消费和生产发展后所余不多，则国债发行余地十分有限，此时若强制性摊销国债，势必给人民生活和经济发展带来消极影响。

2.国债使用的分配效应

在国家以发行国债的方式集中了社会闲散资金之后，还要将这部分资金按照实现政府职能的要求去安排和使用。国债对国民收入使用方向产生何种效应，主要取决于购买国债的资金性质和国债的使用方向两个因素。如果国债由个人消费者购买，或由企业用消费基金购买，并用于生产建设方面，则国债再分配是将消费基金转化为积累基金，产生对国民收入分配的积累效应。如果国债由企业积累基金购买，或由个人投资者购买，并用于政府消费性支出，则国债再分配是将积累基金转化为消费基金，产生对国民收入分配的消费效应或称对积累的"挤出"效应。这种情况会缩小积累规模，减缓经济增长速度。

3.国债偿还的分配效应

国债的偿还也是国民收入再分配的重要手段。根据政府偿债资金的不同来源，国债偿还所产生的分配效应表现为以下几种情况：

（1）国债投资收益在政府与国债投资者之间进行分配。如果政府将国债用于经济建设投资，则国债再投资产生的收益可作为还本付息的资金来源。在这种情况下，国债偿还不会形成债务人（政府）或纳税人的经济负担，债权人所得到的将是国债投资收益的一部分，它产生的是一种良性的分配效应。

（2）偿债期提高税负，还债负担由纳税人承担。当政府使用国债并未获得应有的收益，或者国债再投资产生的收益低于筹资成本时，如果政府采取提高税负的办法来筹资偿债，则偿债所引起的是收入从纳税人手中通过政府转移给债权人，从而形成纳税人的国债负担。

（3）借新债还旧债，信用关系的延续或替代。在债务偿还期，政府往往采用借新债的办法来偿还旧债，这种方法产生了一种新旧债权主体的替代效应，并延长了政府对国债的使用时间，在分配上，是国民收入通过政府在新旧债权主体之间的转移。

（二）国债的调节效应

国债的调节效应是指国债作为国家宏观调控的重要手段，对社会经济运行产生的影响。这种影响可以从以下几个方面来分析：

1.国债对经济发展速度的调节效应

在社会总需求小于社会总供给、经济发展处于"疲软"的状态时，发行国债可以动员社会闲置资金参与经济建设，从而推动经济的发展。在社会总需求大于社会总供给、经济发展处于"过热"的状态时，发行国债可以回笼流通中的货币资金，起到收缩社会总需求、稳定经济增长的作用。国债对社会总需求的这种双向调节效应，是税收等其他经济手段难以替代的。

2.国债对社会经济结构的调节效应

社会经济结构协调是社会经济持续稳定发展的重要前提。由于发行国债是非政府财政财力向政府财政财力的转化，它在增加政府投资能力的同时，会减弱非政府渠道的投资能力。这种投资主体的转化，意味着投资结构的改变，即由政府负责的社会公益设施、基础设施及重点建设投资的比重必然加大，而由企业及个人投资的一般性产业投资比重则相应降低。其表现在国民经济结构中，会引起生产性产业与非生产性产业、基础产业与加工产业等的比例结构的相应变化。

3.国债对货币流通量的调节效应

一般认为，政府发行国债只是货币购买力从认购者向政府转移，对流通中的货币量没有影响。实际上，国债对货币流通量是否产生影响，还要取决于它的认购者及认购国债的资金来源及其与央行货币发行的关系。这可能表现为以下几种情况：

（1）居民购买国债对货币流通量的影响。居民购买国债的资金主要是手持现金和储蓄存款。从资金运动的角度看，居民购买国债表现为居民手持现金和银行储蓄存款减少，财政财力增加，央行的财政性存款增加。在这种情况下，如果央行将财政性存款安排为商业银行贷款，则可能引起货币流通量的增加；如果央行将其专供财政使用，则不会增加流通中的货币量，甚至会因商业银行的储蓄存款减少，相应的派生存款减少，导致流通中的货币量也相对减少；如果国家实行财政、货币"双紧"的政策，将国债所筹货币扣留国库不用，则会使流通中的货币量绝对减少。

（2）企业购买国债对货币流通量的影响。企业购买国债是企业资金向财政资金转化。如果企业用闲置的资金购买国债，则这种转化不会增加流通中的货币量；如果企业用生产或消费的资金购买国债，则可能增加其对银行的贷款需求，商业银行贷款增加，如果没有促使央行发行货币，则对流通中货币量的影响也不大。如果商业银行自身难以满足企业贷款需求，并且不得不因此增加其对央行的借款，央行又不得不以货币发行来扩大资金来源，满足商业银行的借款需求，则会增加流通中的货币量。

（3）商业银行认购国债对货币流通量的影响。在国债由商业银行认购的情况下，如果商业银行正常的资金来源充裕，或能以压缩其他贷款需求来满足政府财政的需求，则不会增加流通中的货币量。如果商业银行原来的资金来源和运用缺乏调节余地，则只能通过向央行申请贷款来满足购买国债所扩大的资金运用。这可能成为央行增加货币发行的诱因，也可能使流通中的货币量增加，如果央行并未因此而发行货币，则流通中的货币量也没有改变。

✓ 拓展思考 8-4

国债的分配效应和调节效应在我国具体体现在哪些方面？

第三节　国债的承受能力与限度

一、国债的承受能力

国债的承受能力是指一个国家发行国债的负担，是国家发行国债给各相关方面造成的利益损失和政府因负债所承受的经济压力。发行国债是国民收入的再分配行为，它既影响社会需求的结构，进而影响着资源配置和经济发展，也影响着国民收入在政府、债权人、纳税人之间的收入再分配的比例。因此，国债的负担既包括国民经济的整体负担，也包括不同利益主体的负担。

（一）国民经济的国债负担

国民经济的国债负担是指政府负债给国民经济发展带来的损失。是否会形成负担，取决于国债的使用方向和使用收益。如果国债用于经济发展，它并不减少社会积累的总规模，并且形成了良好的宏观经济环境，对国民经济发展产生了推动作用，那么发行国债并没有给经济发展带来损失，也不构成对国民经济的国债负担。反之，如果发行国债仅仅是为了满足政府的纯消费性开支，它减少了社会积累的总规模，使经济难以以正常的速度增长，甚至因国债增长而使经济发展速度有所下降，则会构成国民经济的国债负担。

（二）政府的国债负担

政府的国债负担是指政府作为债务人因负债所承受的经济压力。政府的国债负担往往体现在政府对国债还本付息的能力上。如果国债增长推动了经济增长，并且产生足够的偿还能力或者具备借新债还旧债的经济条件，那么国债的增长并不会形成政府的还债压力，也不会增加政府的国债负担。反之，如果国债的偿还是通过增加税负或压缩正常的支出来实现的，则可能干扰正常的财政活动，形成政府财政的拖累，构成政府作为债务人的国债负担。

（三）认购者的国债负担

认购者的国债负担是指认购者作为债权人因认购国债所承担的利益损失。认购国债作为公民投资的一种方式，具有风险低、收益高等特点，通常能给投资者带来收益而不是带来损失。因此，投资国债往往并不构成认购者的国债负担。但在以下两种情况下，这种负担却是客观存在的：一是在强制发行的情况下，购买国债并非购买者的自愿行为，其结果可能是因购买国债而降低认购者的福利水平，或者是强行改变购买者的行为偏好，这些都使购买者的利益受到损害，从而构成认购者的国债负担；二是在国债利率低于通货膨胀率，即出现国债负利率的情况下，认购者的国债投资收益将低于其所让渡货币的时间价值，从而构成实实在在的国债负担。

（四）纳税人的国债负担

纳税人的国债负担是指因偿还国债而增加税负给纳税人造成的利益损失。国债在发行期可以增加财政财力，但在偿还期则会增加财政支出。国家还债资金的重要来源是税收收入，如果国债的增加推动了经济发展，使税源得以扩大，则偿债增加的税收本应是国债收益的一部分，是国债再投资所产生的还债能力，只不过是以税收形式征集而已。在这种条件下，国债偿还并不构成纳税人的国债负担。反之，如果国债使用并未增加社会的或宏观的经济效益，也没有引起税源的相应扩大，而是靠减少微观利益主体的利益来增加税收，以满足偿债的需要，则实质上构成了纳税人的国债负担。

二、国债的限度

（一）国债的限度及衡量指标

国债的限度一般是指国家债务规模的最高额度或国债适度规模问题。这主要包括三方面的意思：一是历年累积债务的总规模；二是当年发行的国债总额；三是当年到期需还本付息的债务总额。国债规模的大小并不是绝对量，而是受多种因素影响和制约的相对量。

1.国债绝对规模的衡量指标

国债绝对规模的衡量指标主要有以下几种：①历年累积债务的总规模；②当年发行的国债总额；③当年到期需还本付息的债务总额。对国债总规模的控制是防止债务危机的主要环节，而控制当年发行额和到期偿还额，特别是严格控制未偿还的国债余额，是防止国债规模失控的主要手段。2021年中央财政国债余额情况见表8-2。

2.国债相对规模的衡量指标

衡量国债相对规模的指标主要有：

（1）国债依存度，即当年国债发行额与当年财政支出的比率。这一指标用以表示当年财政预算中，国债收入占财政预算支出的比重，它反映了当年财政支出对国债的依赖程度，是控制国债规模的重要指标。当发行量过大、依存度过高时，表明财政支出过分依赖债务收入，财政运行具有较高的风险，财政处于脆弱状态，对财政未来的发展构成潜在的威胁。根据国际通用的控制指标，国债依存度一般以15%~20%为宜。

（2）财政偿债率，即当年国债还本付息额占当年财政收入的比率。这一指标反映了财政偿还到期国债本息的能力。国债收入的有偿性决定了债务规模必须受国家财政资金状况的制约，因此要把国债规模控制在与财政收入相适应的水平上。一般认为，财政偿债率应小于20%。

表 8-2　　　　　　　　　2021 年中央财政国债余额情况表　　　　　　　　单位：亿元

项　目	国债限额	国债余额
一、2020 年末国债余额		208 905.87
内债余额		206 290.31
外债余额		2 615.56
二、2021 年末国债限额	240 508.35	
三、2021 年国债发行额		68 683.96
内债发行额		67 922.28
外债发行额		761.68
四、2021 年国债还本额		44 794.92
内债还本额		44 568.88
外债还本额		226.04
五、2021 年末国债余额		232 697.29
内债余额		229 643.71
外债余额		3 053.58

注：1.中央国债余额不得突破国债限额，余额低于限额，形成部分待发国债，主要是按照国债余额管理规定，根据库款和市场变化情况等，适当调减了国债发行规模，以降低国债筹资成本。

2.本表国债余额包括国债、国际金融组织和外国政府贷款。除此之外，还有一部分需要政府偿还的债务，主要是偿付金融机构债务，以及部分政府部门及所属单位举借的债务等，这部分债务在规范管理后纳入国债余额。

3.本表 2020 年末外债余额按照国家外汇局公布的 2020 年 12 月外汇折算率计算，2021 年末外债余额按照国家外汇局公布的 2021 年 12 月外汇折算率计算，2021 年外债发行额和外债还本额按照当期汇率计算。2021 年国际金融组织和外国政府贷款发生额为预算下达数。

4.受外币汇率变动，以及国际金融组织和外国政府贷款项目实际提款数与预算下达数存在差异等影响，2021 年末外债余额≠2020 年末外债余额+2021 年外债发行额-2021 年外债还本额。

5.2021 年中央财政发行内债 67 922.28 亿元，其中储蓄国债 3 068.19 亿元，平均发行期限 3.99 年；记账式国债 64 854.09 亿元，平均发行期限 5.29 年。2021 年内债还本额 44 568.88 亿元，内债付息 5 821.89 亿元。2021 年中央财政发行外债 761.68 亿元，其中主权债券 744.71 亿元，平均发行期限 6.68 年。2021 年外债还本额 226.04 亿元，外债付息 45.80 亿元。

6.外债还本付息金额中包括当年对统借自还项目实施减免的支出。

资料来源：中华人民共和国财政部预算司.2021 年中央财政国债余额情况表〔EB/OL〕.〔2024-03-05〕.http://yss.mof.gov.cn/2021zyjs/202207/t20220712_3826574.htm.

（3）国债负担率。国债负担率又称国民经济承受能力，是指国债累计余额占国内生产总值（GDP）的比率。这一指标着眼于国债存量，反映了整个国民经济对国债的承受能力。国际公认的国债负担率的警戒线为发达国家不超过 60%，发展中国家不超过 45%。

国债负担率=（累积国债余额÷年度国内生产总值）×100%

这个指标反映了国家累积债务的总规模，是研究控制债务问题和防止出现债务危机的重要依据。一国的 GDP 越大，国债负担率越小，则国债的发行空间越大。

（4）国债发行额占国内生产总值的比率。这一指标一方面反映了当年国债发行总量与经济总规模的数量关系，另一方面反映了当年国家通过国债再分配对国内生产总值的占有情况。发行国债在当年是对国内生产总值的一种再分配，其对社会需求总量的影响似乎不大，但在负债期和偿还期则形成国家的债务余额，影响国家的还债能力。按照经验，对这一指标的控制应在 5%~8% 之间。

（5）国民经济偿债率，即当年国债还本付息额占当年国内生产总值的比率。这一指标反映了当年国债偿还额与国内生产总值的数量比例关系。通常情况下，该指标以5%~10% 为宜。应当指出的是，控制偿债率的关键是控制国债的发行额。

（二）影响国债规模的因素

1.国民经济的分配结构

生产力发展水平越高，社会所能创造的物质财富越多，国民经济的分配规模越大，国债规模也就可以越大；反之，国债规模只能越小。在国内生产总值一定的前提下，在社会的初次分配中，国家所得部分比重越低，国家举债的必要性和可能性就越大，同时，集体和个人所得部分比重越高，应债能力就越强，从而国债规模就可以越大；反之，国债规模就越小。

2.经济与社会发展战略

国债是为实现国家经济与社会发展战略服务的工具，国债规模在一定程度上，也受到国家经济与社会发展战略的影响。我国实行改革开放，需要大量的建设资金，因此，在一定时期适当扩大举债规模，满足经济建设发展的需要，是必要的政策选择。

3.国民经济宏观调控的任务

国债作为国家宏观调控的重要经济杠杆，其规模大小必然受到国民经济宏观调控任务的制约。国民经济宏观调控的任务加重，控制力度需要加大时，国家必然扩大举债规模，以适当集中资金，增强对经济的调控能力。我国从 1998 年起实行积极财政政策，扩大内需，拉动经济增长，国债发行规模相应扩大。

4.认购者负担能力

认购者负担能力的强弱是决定国债规模的重要因素。国债认购者主要是个人和企业，如果个人和企业的收入较为充裕，则认购的国债数量就可能多一些，国债的规模就可以大一些。改革开放以来，我国居民的收入增长较快，认购国债的能力随之增强。国债的规模因此有了较大幅度的增长。

5.政府偿债能力

国债规模归根到底取决于政府的还本付息能力。政府用于还本付息的经常性来源是中央政府的财政收入，包括国家投资创造的新增收入，因而国家的还本付息能力取决于经济产出能力及财政经常性收入的增长。财政的经常性收入增长较快，国债规模可适当大些，反之则不能随意扩大国债规模。

6.国债的使用方向、结构和效益

国债的使用方向和结构合理，经济效益和社会效益提高，自然会提高认购者的应债能力，也会产生一种"内生"的偿债能力，从而提高国债的限度。投入小、产出大、经济效益好，财政经常性收入增加得多，表明国家还本付息的能力强，国债规模相应就可以大一些。

国债钟

国债钟（national debt clock）是一个位于美国纽约曼哈顿的大型数字计数器，实时更新美国的公共债务总额，并显示每个美国家庭所要负担的数额。国债钟于1989年由纽约房地产商人西摩尔·德斯特（Seymour Durst）赞助安装。1995年西摩尔去世后，他的儿子道格拉斯·德斯特（Douglas Durst）仍维持着大钟的运转。2008年10月8日，由于席卷全球的次贷危机和伊拉克战争等，国债钟已经用光了位数，无法再记录不断增长的国债数字。美国国债数字已达10.2万亿美元，而当时国债钟的电子告示牌只能容纳13位数字，无法显示10兆的14位数字，国债钟突破上限。

三、我国国债的发行与管理

我国国债发行规模的演变大致可以分为五个阶段：

第一阶段：1949—1957年。为了筹集国家建设资金，发展国民经济，我国在这一阶段发行了几亿元的人民胜利折实公债和经济建设公债，发行规模不大，每年的国债发行额在当年GDP中的比重不到1%。

第二阶段：1958—1980年。我国坚持财政平衡的思想，没有发行国债，大多数年份预算保持平衡，即便有赤字，规模也很小，主要靠向央行透支解决。

第三阶段：1981—1993年。为了弥补财政赤字，筹集经济建设资金，我国于1981年恢复国债的发行。但国债发行额较小，这一阶段年平均发行量为162亿元，累计发行量为2 106亿元，国债增幅比较平稳。

第四阶段：1994—1997年。由于国家预算体制改革，不再允许财政向央行透支解决赤字，因而改为发行国债，加之过于集中的还本付息，国债发行量呈现较大增幅。1994年国债发行量突破1 000亿元，1995年以后，每年发行量均比上年增长30%以上，远高于同期财政收入年均增长速度和GDP的年均增长速度。

第五阶段：1998年至今。为拉动内需和应对亚洲金融危机对中国经济的冲击，并保持一定的经济增长，我国实行了积极的财政政策，扩大政府投资，国债发行量陡升，导致1998年国债发行额高达3 310.93亿元，比上年增长了33.7%。此后，国债年发行量一直节节攀升。2003年国债发行总量达到6 355亿元，创下国债发行总量的新高。受2008年国际金融危机的影响，在实施刺激政策的背景下，2009年我国发行国债1.64万亿元。

近年来，我国财政赤字率一直低于3%的标准。即使在2009年，为抵御全球金融危机，我国实施大规模财政支出，当年赤字率也仅为2.2%。2007—2009年，我国国债负担率分别为20.7%、17%和18.7%。以2008年为例，我国国债负担率为17%，同期，美国为72.40%，欧元区国家为67%，日本达到163%。如果按照发行5年期、总额1万亿元的民生特别国债计算，每年将新增2 000亿元民生领域的资金投入。根据2009年财政收支水平，发行民生特别国债后，我国赤字率水平仅为2.8%，低于国际警戒水平。近年来，受各种因素的影响，我国赤字率已达3%，但考虑到我国经济正处于快速发展时期，国债负担率也仍处在总额控制的合理范围内，国债发行仍有较大空间。2020年积极的财政政策更加积极有为，赤字率拟按3.6%以上安排，财政赤字规模比去年增加1万亿元，同时发行1万亿元抗疫特别国债（这是特殊时期的特殊举措）；安排地方政府专项债券3.75万亿元，比去年增加1.6万亿元。

当然，我们应规范和完善国债的发行管理，建立市场经济下国债发行管理机制，使国债管理逐步走向成熟。目前，从我国国债发展的实际情况来看，要使国债能充分发挥作用，必须改进和完善国债管理。

1.正确评估我国国债的实际规模，建立符合我国现阶段基本国情的国债警戒指标体系

评估国债的指标有国债负担率和国债依存度等，从长期看主要是前一个指标，从短期看主要是后一个指标。指标本身的确定，一是依据经济现实与历史情况，借鉴西方先进国家的经验，着眼未来，未雨绸缪；二是联系我国的实际，必须保持一定的经济增长，要求保持一定的社会总需求，不能过大，更不能过小；三是从宏观经济看，是否能促进社会总需求的扩大尤其是消费需求的扩大，是否能增加财政收入，增强宏观调控能力。只有依以上标准建立符合我国国情的国债警戒指标体系，才能达到为经济建设而发行国债的目的，实现经济的高速增长。

2.全方位设计国债品种

首先，要调整国债期限结构，合理分配短期、中期和长期国债的比重。国债期限结构的合理化，有助于调整偿债期限结构，降低举债成本，避免和缓解偿债高峰的压力。短期国债品种具有短期调剂功能，短期国债的发行要逐步实现制度化、周期化。同时，中期和长期国债品种的发行主要是为了弥补财政赤字、满足重点建设资金的需要，也为了满足部分投资者获取稳定投资收益的需要，在低通货膨胀时期的有利条件下应多发一些中期和长期国债。

其次，要调整国债品种结构。增加社会保障专项债券、专项建设债券、可转换债券和储蓄债券等券种的发行，使国债品种结构进一步多样化。在未来一段时间里，国债发行应以可上市国债为主，同时，应进一步实现国债发行无纸化，逐步减少凭证式、无记名式等实物券国债，扩大记账式国债发行，增强国债的流通性。

再次，要调整国债持有者结构，充分发挥不同国债持有者对国债市场乃至整个国民经济的不同作用和影响。随着国债市场上国债品种的不断创新，发行频率加快，发行方式日趋复杂，国债投资的专业性明显增强，加之市场运作效率的要求，个人直接投资国债将越来越受到客观条件的制约。相比之下，商业银行、证券公司、证券投资基金甚至专门的国债投资基金等机构投资者则大有用武之地。在商业银行实行资产负债比例管理之后，国债作为一种安全性、流动性、收益性高度结合的金融产品，无疑是商业银行资

产组合中的理想选择。因而商业银行持有国债的比例将逐步上升，这也为央行公开市场业务的有效实施、货币政策由直接向间接控制过渡奠定基础。在发行市场上，商业银行会凭借其雄厚的资金实力及其星罗棋布的营业网点等优势，在国债承销团中扮演着重要角色。证券公司和作为散户投资者集合的国债投资基金，具有较强的专业性。它们通过在国债市场上进行专业化的投资操作，实现最佳投资组合，并促进市场的高效运行，成为国债市场上稳定债市、调节供求的重要投资主体之一。此外，随着我国金融市场的进一步开放，特别是人民币自由兑换的逐步实现，外国投资者也将成为我国国债的持有者。

最后，要调整国债利率结构，逐步实现利率市场化。调整国债利率结构，使债利率水平基本反映国债市场的供求关系，形成央行引导市场利率，市场利率引导国债市场的市场调节机制。采取开放国债市场利率，适量发行浮动利率国债的手段，实现其作为基准利率的作用，改变历时已久的国债利率高而银行储蓄存款及其他金融产品利率低的状况，增强国债利率弹性，充分发挥国债利率机制在市场经济中的重要作用。

第四节 国债市场

一、国债市场概述

国债市场是指国债交易的场所或系统，是证券市场的重要组成部分。国债是一种财政收入形式，国债券是一种有价证券。证券市场是有价证券交易的场所，政府通过证券市场发行和偿还国债，意味着国债进入了交易过程。而在证券市场中进行的国债交易即为国债市场。

国债市场按照国债交易的层次或阶段可分为两个部分：一是国债发行市场；二是国债流通市场。

国债市场一般具有两个方面的功能：一是实现国债的发行和偿还，国家可以采取固定收益出售的方式和公募拍卖的方式在国债市场的交易中完成国债发行和偿还的任务。二是调节社会资金的运行，在国债市场中，无论国债承销机构和国债认购者以及国债持有者与证券经纪人从事的直接交易，还是国债持有者和国债认购者从事的间接交易，都是社会资金的再分配过程，最终使资金需要者和国债需要者得到满足，使社会资金的配置趋向合理。若政府直接参与国债交易活动，以一定的价格售出或收回国债，就可以发挥诱导资金流向和活跃证券交易市场的作用。

二、国债发行市场

国债发行市场又称国债一级市场或初级市场，是国债交易的初始环节，一般是政府与证券承销机构如银行、金融机构和证券经纪人之间的交易，通常由证券承销机构一次性买下全部发行的国债。我国1981年恢复发行国债之初，主要采取行政摊派方式，由财政部门直接向认购人（主要是企业和居民个人）出售国债，带有半摊派的性质。中国真正意义上的国债发行市场始于1991年。该年4月，财政部第一次组织了国债承销团，有70多家国债中介机构参加了国债承销。1993年，我国建立了一级自营商制度，当时有19家金融机构参加，承销了1993年第三期记账式国债。

所谓一级自营商，是指具备一定的条件并由财政部认定的银行、证券公司和其他非银行金融机构，它们可以直接向财政部承销和投标竞销国债，并通过开展分销、零售业务，促进国债发行，维护国债发行市场顺畅运转。1994年，在以前改革的基础上，国债发行侧重于品种多样化，推出了半年和一年期短期国债和不上市的储蓄国债。1996年开始采取招标发行方式，通过竞价确定国债价格，市场化程度大为提高。例如，对贴现国债采取价格招标，对附息国债采取收益率招标，对已确定利率和发行条件的无记名国债采取划款期招标。同时，推出了3个月、6个月、1年、3年、7年和10年等7个不同期限的国债品种，其中3个月、7年和10年国债是新品种，3个月国债是最短期国债，7年和10年则是长期国债，又是附息国债，在国债品种与期限结构上开始同国际接轨。经过几年的发展，我国国债发行市场已基本形成，其基本结构是：以差额招标方式向国债一级承销商出售可上市国债；以承销方式向承销商，如商业银行和财政部门所属的国债经营机构，销售不上市的储蓄国债（凭证式国债）；以定向招募方式向社会保障机构和保险公司出售定向国债。这种发行市场结构，是多种发行方式配搭使用、适应我国当前实际的一种发行市场结构。

三、国债流通市场

国债流通市场，又称国债二级市场，是国债交易的第二阶段，一般是指国债承销机构与认购者之间的交易，也包括国债持有者与政府或国债认购者之间的交易。国债流通市场又分证券交易所交易和场外交易两类。证券交易所交易是指在指定的交易所营业厅从事的交易，不在交易所营业厅从事的交易为场外交易。国债的流通市场主要包括现货市场、回购市场、期货市场和期权市场。

我国从1981年恢复发行国债到1988年的7年间，还没有国债二级市场。我国从1988年开始，首先允许7个城市，随后又批准了54个城市进行国库券流通转让的试点工作，允许1985年和1986年的国库券上市，试点地区的财政部门和银行部门设立了证券公司参与流通转让工作。试点主要是在证券中介机构进行，因此中国国债流通市场始于场外交易。1991年又进一步扩大了国债流通市场的开放范围，允许全国400个地区市一级以上的城市进行国债流通转让。同年，国债承销的成功、证券机构的迅速增加，促进了场外市场交易活跃起来。时至1993年，国债场外交易量累计达450亿元，大于当时的场内交易量。但是，由于场外交易的先天弱点（比如管理不规范，信誉差，拖欠现象严重，容易出现清算与交割危机；场外市场统一性差，地区牌价差价大，买卖差价大；不少场外市场有行无市，流动性差等），导致场外市场交易不断萎缩，至1996年场外市场交易量的比重已不足10%。与此同时，场内交易市场虽然起步较晚，但由于自身优势却获得稳步发展。场内交易主要集中在4家场所：上海证券交易所、深圳证券交易所、武汉国债交易中心（1992年建立，专营国债转让）、全国证券交易自动报价中心。由于这些场所的管理相对规范，信誉良好，市场统一性强，因而保证了场内交易量的稳定增长，至1996年已占整个国债交易总量的90%以上。当前中国国债流通市场的结构已形成以场内交易为主、以证券经营网点的场外交易为辅的基本格局，基本上符合中国当前的实际。我国自 1991 年兴起国债回购市场，所谓国债回购，是指国债持有人在卖出一笔国债的同时，与买方签订协议，承诺在约定期限后以约定购回同笔国债的交易活动。如果交易程序相反，则称为国债逆回购。国债回购是在国债交易形式下的一种融券兼融资活动，具有金融衍生工具的性质。

首个国债期货品种于 1992 年 12 月在上海证券交易所挂牌。1993 年 12 月，北京商品交易所在期货交易所中率先上市国债期货品种。从 1994 年开始，国债期货快速发展，成交金额超过同期的股票市场。1994 年当年，上海证券交易所国债期货成交金额达 2.3 万亿元，到 1995 年最多有 14 家相关机构上市国债期货品种。在国债期货市场飞速发展的同时，各种制度缺陷和其他原因导致的风险因素也在不断积累，终于导致了 1995 年 2 月发生的"327 国债期货事件"。之后，虽然管理层严格规范了国债期货市场的运作行为，补充完善了相关制度，加大了管理力度，但市场的先天不足和过度弥漫的投机气氛再次导致 1995 年 5 月的"319 国债期货事件"发生。1995 年 5 月 17 日，证监会下达了暂停国债期货交易的通知，中国国债期货市场历经 2 年多的试验性运行后告一段落。2012 年 2 月 13 日中国金融期货交易所启动国债期货仿真合约交易，2013 年 9 月 6 日 5 年期国债期货合约成功上市，2015 年 3 月 20 日推出 10 年期国债期货合约，2018 年 8 月 17 日再次推出 2 年期国债期货合约。自上市交易以来，随着投资者对新产品的逐渐熟悉及市场参与度不断提高，国债期货市场迅速发展壮大，其合约和规则也不断地优化，我国国债期货市场已逐渐形成一定规模，发展前景乐观。

四、我国国债市场的现状

（一）我国国债市场的发展历程

我国国债市场自 1981 年重新恢复发行国债至今，已走过了 40 多年的发展历程。伴随着改革开放的不断深入，国债市场也在探索中逐步发展壮大，取得了有目共睹的成就。

（1）国债市场从无到有且规模不断扩大。一是多层次的国债市场体系初步建立，1988 年，我国建立国债柜台交易市场；1991 年，交易所国债市场建立；1997 年，商业银行撤离交易所，进入新组建的银行间国债市场，银行间市场和交易所市场并存的格局从此形成；2002 年，我国又推出了商业银行记账式国债柜台交易市场。二是国债的年度发行规模不断扩大，由 20 世纪 80 年代初的每年仅发行几十亿元，到 2019 年我国中央财政发行国债内债 41 834.71 亿元，地方政府发行一般债券 17 742.02 亿元。三是国债存量逐年递增。截至 2019 年末，我国国债余额达 168 038.04 亿元。

（2）国债品种不断丰富。主要面对个人发行的凭证式国债于 1994 年问世；2006 年储蓄国债（电子式）的试点启动；主要面对机构发行的记账式国债于 1995 年推出。2006 年我国将国债年度发行额管理改为余额管理后，财政部开始定期滚动发行关键期限国债和短期国债，逐步形成了固定利率与浮动利率品种并存，短、中、长期品种兼备的利率和期限品种结构。2019 年中央财政发行国债 41 834.71 亿元，其中储蓄国债 3 998.24 亿元，记账式国债 37 836.47 亿元。储蓄国债包括凭证式国债和电子式国债，期限包括 3 年、5 年期。2019 年我国发行 22 次储蓄国债，包括 8 次凭证式国债和 14 次电子式国债，筹资占比分别为 36.8%、63.2%，3 年、5 年期国债占比分别为 51.6%、48.4%。

（3）国债发行方式不断创新。20世纪80年代我国主要通过行政分配方式发行国债，90年代初开始试行承购包销方式，1993年建立了国债一级自营商制度，1995年引入招投标方式，2000年初步建立了国债承销团制度，开始全面采用市场化的方式发行国债，综合运用了荷兰式、美国式和混合式等多种招投标方式。为了规范国债承销团组建工作，保障国债顺利发行和国债市场稳定发展，2017年8月31日财政部会同中国人民银行、证监会制定了《国债承销团组建工作管理办法》并于2023年12月对此办法进行了修订。

（二）当前我国国债市场存在的主要问题

尽管我国的国债市场已初具规模，市场化程度也不断提高，但与成熟市场国家相比还存在不小差距，很多问题尚待解决。

1.市场的法律基础和监管体系存在的问题

一是市场的法律基础薄弱。成熟市场国家的国债市场法律基础通常比较健全，有专门一部或多部法律对市场行为进行规范。在我国，与股票市场相比，国债市场缺乏一部像《中华人民共和国证券法》这样能系统地规范市场行为的基本法，目前沿用的仍是1992年颁布的《中华人民共和国国库券条例》（2011年1月8日，根据《国务院关于废止和修改部分行政法规的决定》修订），然而该条例与市场发展的需要仍有差距。二是市场的监管体系有待完善。成熟市场的国家往往指定财政部或央行，或是成立专门的债务管理部门作为国债市场的主管机构，对市场发展负全责。而目前，我国国债市场处于多头管理的格局。财政部、中国人民银行、证监会、国家发展改革委和金融监管总局等部门均参与国债市场的管理。

2.一级市场存在的主要问题

（1）我国国债的发行规模偏小。国债由于具有最高信用等级、免税等诸多优势，因此是市场机构最为青睐的投资品种。我国是一个高储蓄率的国家，银行、保险等金融系统内积聚了海量资金，对债券投资的需求巨大。而目前相对有限的国债年度发行规模与机构的投资需求相差甚远。

（2）我国国债的发行频率较低。目前，我国定期、滚动发行1年、3年、7年、10年期的关键期限国债和3个月、6个月的短期国债。但是，上述各期限品种国债的发行频率均较低，平均每年仅3次左右。至于20年、30年期的长期品种则往往每年仅发行1次。2007年，我国记账式国债的发行总次数为29次，而美国高达220次，且美国国债市场上的关键期限品种至少每月发行1次，可见我国与成熟市场国家仍有较大的差距。国债的发行频率低，不利于国债收益率曲线的构建。

（3）我国国债的定价机制有待进一步完善。从2000年起，财政部一直坚持采用招标方式发行国债，综合运用过荷兰式、美国式和混合式等多种招标方式。目前，以混合式价格招标方式为主。该方式在一定程度上兼顾了荷兰式和美国式招标方式的优点，但仍难以避免"承销团成员为满足承销义务而导致非理性投标"，以及"承销团成员联合垄断发行市场、操纵中标结果"等不良情况的发生，致使一级市场定价失真。

3.二级市场存在的主要问题

（1）我国国债市场分割状况较为突出。由于历史原因，目前我国同时存在银行间国债市场和交易所国债市场，且两个市场基本处于分割状态。财政部也采取了"跨市场发行国债""允许国债在两个市场间转托管"等措施，设法推进市场统一。但由于两个市场的参与主体、资金性质、资金量和交易机制等基本因素差别较大，市场分割的状况依然突出，集中表现在两个市场的规模失衡和收益率水平混乱两个方面。从托管量来看，银行间国债市场持续增长，而交易所国债市场持续萎缩。

（2）我国国债市场流动性较差。我国国债二级市场流动性较差，造成交易价格不够真实。我国国债市场换手率不但与欧美发达市场经济国家有较大差距，而且与一些亚洲国家也有不小的差距。

（3）我国国债市场缺乏风险规避工具。当前，我国国债市场的交易方式以现券和质押式回购为主，相关衍生金融产品匮乏。在"做多才能盈利"的单边市场下，市场参与者的投资行为趋同，一旦发生中国人民银行大幅降息等情况，市场会出现单边大幅下跌的走势。由于基本没有风险规避工具可供选择，所以投资者不是斩仓亏损就是被套。

（4）我国国债市场尚未形成完整、可靠的收益率曲线。国债收益率曲线是反映国债投资收益率与期限之间关系的曲线，它解决的是一系列关键期限国债的定价问题。由于国债收益率通常被作为无风险利率而成为其他金融资产的定价基准，所以国债收益率曲线被称为"金融市场的基石"。成熟市场国家基本上都各自形成了较为完善的国债收益率曲线，在金融市场中发挥着基础性的作用。一直以来，我国以财政部为代表的政府主管部门和以中央国债登记结算有限责任公司为代表的市场成员均对国债收益率曲线的建设十分重视，市场中也出现了"中债收益率曲线"等产品。但是，由于国债在一、二级市场存在的上述问题容易造成收益率曲线的数据基础——市场价格的不完整或者失真，所以直接影响了收益率曲线的完整性和可靠性。

（三）加快促进国债市场的发展

1.进一步完善市场基础设施建设和监管体系

加快对国债市场相关法律法规的制定和修订工作，并尽早出台国债管理的基本法——国债法，使国债发行、兑付、交易、托管、结算、监管等各个环节均有法可依。国家在有关法律中明确国债市场的主管部门，对市场进行统一管理。同时，明确行业协会的法律地位，形成政府部门的行政监管和行业内部的自律监管并存的多层次监管体系，以提高监管效率。

2.进一步完善一级市场

逐步扩大国债发行规模，提高国债发行频率，完善国债发行定价机制；尽早推出国债预发行，促进国债发行的合理定价和一、二级市场的更好衔接。国债预发行是指在国债已被授权核准发行但尚未正式发行的情况下，市场就对该期国债先行报价买卖的行为，其实质是对即将发行的国债进行的一种远期交易。目前，美国、日本等成熟市场国家均建立了国债预发行制度。国际经验表明，预发行市场的效率很高。

3.进一步完善二级市场

"打通"交易所国债市场和银行间国债市场，建立统一互联的国债市场体系；充分发挥做市商的作用，活跃国债二级市场交易；积极研究推出国债利率期货、期权等金融衍生产品，为市场投资者提供可以主动进行风险规避的手段和工具，促进国债市场健康、稳定发展。

4.进一步加强财政政策和货币政策协调配合

借鉴国际经验，采取参照当期国债二级市场收益率制定储蓄国债发行利率的做法，使储蓄国债同记账式国债的利率水平趋于一致；继续用特别国债的形式承接绝大部分的外汇占款。此外，财政部通过提高滚动发行短期国债的数量和频率，使国债逐步取代央行票据成为中国人民银行公开市场操作的主要工具。中国人民银行通过在二级市场上进行国债的大额双边交易，向市场投放或从市场回笼资金，不仅实现了其公开市场操作目标，也提高了国债二级市场的流动性。

本章小结

1.国债具有三个鲜明特征：有偿性、自愿性和灵活性。

2.发行国债可以弥补财政赤字、筹集建设资金、维持国民经济运行。国债效应包括国债的分配效应和国债的调节效应。

3.国债的负担既包括国民经济的整体负担，也包括不同利益主体的负担。国债规模的大小并不只是绝对量，更是受多种因素影响和制约的相对量。

4.国债绝对规模的衡量指标：（1）历年累积债务的总规模；（2）当年发行国债的总额；（3）当年到期需还本付息的债务总额。

5.衡量国债相对规模的指标主要有：（1）国债依存度；（2）财政偿债率；（3）国债负担率；（4）国债发行额占国内生产总值的比率；（5）国民经济偿债率。

6.国债市场按照国债交易的层次或阶段可分为两个部分：国债发行市场、国债流通市场。

本章基本概念

国债　无记名国债　凭证式国债　记账式国债　国债依存度　财政偿债率　国债负担率　国债发行市场　国债流通市场

综合训练

一、多项选择题

1.衡量我国国债应债能力的指标有（　　　）。

A.国债负担率　　　　　　B.国债借债率　　　　　　C.国债依存度

D.国债偿债率　　　　　　E.居民应债能力

2.在市场经济条件下，影响国债利率的因素是（　　　）。

A.政府资信程度　　　　　B.社会资金的供求状况　　C.国债的发行方式

D.银行利率　　　　　　　E.市场利率

3.国债的功能体现为（　　　）。

A.弥补财政赤字　　　　　B.筹集建设资金　　　　　C.调节经济

D.平衡国际收支　　　　　E.稳定社会秩序

4.国债流通市场上的投资者包括（　　　）。

A.中央银行　　　　　　　B.商业银行　　　　　　　C.机构投资者

D.居民个人　　　　　　　E.外国投资者

二、复习思考题

1.什么是国债？国债有什么特点？

2.什么是无记名国债、凭证式国债和记账式国债？

3.纸质凭证式国债和电子记账凭证式国债的区别是什么？

4.什么是可转让国债和不可转让国债？

5.什么是保值国债？

6.国债有哪些功能？

7.什么是国债的分配效应？

8.什么是国债的调节效应？

9.什么是国债依存度？

10.什么是财政偿债率？

11.什么是国债负担率？

12.影响国债规模的因素有哪些？

13.什么是国债市场？它有哪些功能？

三、实训题

【实训项目】

学生自愿组成小组模拟国债购买和偿还过程。

【实训目标】

1.培养组织能力和分析问题、解决问题的能力。

2.体验国债的购买和偿还过程。

【实训内容与要求】

1.学生自愿组成小组，成员6~8人为宜。

2.每人扮演不同的角色，体验购买和偿还过程。

【成果与检验】

1.写出总结。

2.老师对每组成员的活动进行评价和分析。

第九章
财政收入管理

知识目标：了解税收收入和税收收入管理的含义；了解税收收入管理的对象和基本内容；了解我国税收收入管理的主要模式；掌握加强税收收入管理的目标和主要任务；明确非税收入的含义，掌握非税收入的管理。

技能目标：学会分析我国税收收入管理和非税收入管理。

综合目标：掌握税收收入管理和非税收入管理的基本知识、基本原理；学会运用本章知识分析现实中存在的问题。

引 例

"小金库"，"大"问题

"小金库"是改革开放以来，在计划经济向市场经济转轨过程中产生的衍生物。它的雏形是20世纪70年代末财政部组织清理的"小钱柜"，1986年开展税收财务物价大检查时开始俗称"小金库"，主要指违反国家财经法规及其他有关规定，侵占、截留国家和单位收入，未列入本单位财务会计部门账内或未纳入预算管理，私存私放的各项资金。2010年全国开展了"小金库"专项治理工作，取得了重要阶段性成果。截至2010年12月10日，全国党政机关和事业单位共发现"小金库"25 738个，涉及金额127.86亿元。同时，社会团体和国有企业"小金库"治理工作扎实推进，截至2010年12月10日，全国社会团体和国有企业共发现"小金库"19 855个，涉及金额88.49亿元。

近年来的审计结果和财政监督检查结果显示，"小金库"的易发区已不再限于工商企业，而是慢慢向行政事业单位延伸，特别是少数权力部门、金融机构和垄断行业及其二级以下预算单位设置"小金库"的现象更为突出。某省审计厅对省属46所高校进行专项审计时发现，约有80%的高校不同程度地存在"小金库"问题。2004年，审计署对某市所属10家医院进行年度审计时发现，各家医院均设有"小金库"。2006年，财政监督检查机关仅对某银行6家分行及部分分支机构进行检查，就查出"小金库"6.74亿元。

在各种原因的作用下，如今的"小金库"也出现了许多新的变化和特点。一是资金来源除了乱收乱罚，截留、挤占、挪用、转移合法收入，收取不法收入及接受赞助、捐赠等传统手法外，还出现了虚列支出，虚报冒领套取财政资金等新手段。二是除了以现金形式，由相关人员保管或以个人名义在银行公款私存外，又出现了向下属或关联单位进行转移的方式。三是使用方向发生新变化，不仅有用于职工福利、补助、奖金以及超标准、超范围办公费用等的"灰色消费"，还出现了相当一部分为满足个人私欲贪污腐败等的"黑色支出"。

私设"小金库"危害很大，处罚规定相当严厉，但却屡禁不止，结合我国加强财政收入管理的实际，你认为应怎样加强收入管理，才能使"小金库"无处藏身？

资料来源：王泽云."小金库"，"大"问题 [J]. 招商周刊，2015（25）.

从以上案例可以看出，私设"小金库"危害很大，是财政领域的毒瘤，必须清除。"小金库"屡禁不止，说明我国财政收入管理方面出了问题，是管理不严的结果。本章就将详细介绍有关财政收入的管理问题。

第一节 税收收入管理

一、税收收入的含义

税收收入是指国家依据其政治权力向纳税人强制征收的收入。它是最古老，也是最主要的一种财政收入形式。税收收入历来是国家财政收入的主要来源。从19世纪末到20世纪80年代，西方各主要国家的税收一般占财政收入的80%以上。目前，我国财政收入中绝大部分都是依靠税收收入取得的。在我国的税收收入结构中，流转税和所得税居于主体地位。税收收入具体包括：增值税、消费税、企业所得税、个人所得税、资源税、城镇土地使用税、房产税、城市维护建设税、车船税、耕地占用税、土地增值税、车辆购置税、契税、印花税、烟叶税、关税、船舶吨税等。

二、税收收入管理的含义和主要内容

（一）税收收入管理的含义

税收收入管理是指主管税收工作的职能部门，代表国家对税收分配的全过程所进行的计划、组织、协调和监督工作，旨在保证财政收入及时、足额入库，充分发挥税收对经济的调节作用。

税收收入管理的主体是国家，即由国家负责管理。各级政府主管税收工作的职能部门是税收收入管理的具体执行机构，代表国家行使税收管理权限。各级政府主管税收工作的职能部门的分工是：国家税务总局和所属的税务分支机构以及各级地方政府税务局负责各种工商税收；财政部及各级地方政府的财政机关负责耕地占用税、契税；海关总署及其所属机构负责关税、船舶吨税以及进口商品所缴纳的增值税、消费税。

税收收入管理的客体是指税收分配的全过程。从宏观角度分析，税收分配涉及国家与企业、中央与地方等的分配关系；从微观角度分析，税收分配是指各级税务机关与纳税人之间的征纳关系。前者构成税收管理体制问题，后者形成税收征收管理的重要内容。从狭义的角度讲，税收收入管理的客体主要是指税收的征收管理过程。

税收收入管理的职能是指税收分配过程中的计划决策、组织实施、协调控制和监督检查。税收收入管理是实现税收分配目标的手段，因此，税收分配的目标也就是税收收入管理的目标。税收分配的目标通常表现在两个方面：一是财政目标，即筹集收入的目标；二是调节经济的目标，即实现宏观调控、促进经济稳定和发展的目标。在日常工作中，税收收入管理的目标又具体体现在各项管理活动中。

（二）税收收入管理的主要内容

税收收入管理的主要内容包括税收法制管理、税收征收管理、税收计划管理、税务行政管理。

1.税收法制管理

税收法制管理是指税法的制定和实施，具体包括税收立法、税收执法和税收司法的全过程。税法是国家法律的组成部分，是整个国家税收制度的核心，是税收分配活动的准则和规范。税收立法工作由国家立法机关负责，税收执法工作由各级税务机关承担，税收司法工作由国家司法机关来执行。

税收立法主要包括税收立法体制和税收立法程序两大方面。其中，税收立法体制主要是指立法机关和立法权限的划分。税收立法权限一般包括国家立法、地方立法、授权立法和行政立法。由于各级机构的税收立法不同，因此其制定的税收法律规范的级次、效力也不同。对税收立法活动来说，税收立法程序也十分重要。税收立法程序是指国家立法机关或其授权机关在制定、修改和废止税收法律规范的活动中应该履行的步骤和方法。税收立法的实践证明，严格按照立法程序进行活动，对于保证国家税法的严密、规范，提高法律的权威性和适用性都是十分重要的。

2.税收征收管理

税收征收管理是一种执行性管理，是指税法制定之后，税务机关组织、计划、协调、指挥税务人员具体实施的过程。税收征收管理具体包括税务登记管理、纳税申报管理、税款征收管理、减税免税及退税管理、税收票证管理、纳税检查和税务稽查、纳税档案资料管理。

知识链接 9-1

日本的税务警察制度

第二次世界大战结束后，为了确保国家的财政收入，日本在大藏省国税局内部增设了查察部，也称税收犯罪调查部，并在各地财政局内部增设了相应的查察部，从而完成了税务警察机构的组建。同时，国会通过了《打击国税犯罪法》，授予查察官（即税收犯罪调查人员）调查税收违法犯罪行为的刑事调查权和一系列相应的刑侦权，规定税法犯罪行为由查察官直接移交检察机关追究刑事责任，而不必通过税务警察部门。

在组织设置上，日本的税务机关采用的是厅、局、署三级机构，虽然税务警察部门内设同级税务机关，但在业务上各地国税局的查察部由国税厅的查察部所统领，保持其相对的独立体系。而且，税务警察部门只在厅、局两级机构内设置，在税务署一级不设税务警察部门。日本现有税务警察 1 300 多名，分别部署在国税厅和全国 12 个国税局。

资料来源：佚名. 日本的税务警察制度［EB/OL］.［2023-04-20］. http://www.chinadmd.com/file/x3ct3p336p3oeuzx6vzai63x_1.html.

3.税收计划管理

税收计划管理主要包括税收重点税源管理、税收会计管理、税收统计管理。

4.税务行政管理

税务行政管理又称税务组织管理，是对税务机关内部的机构设置和人员配备进行的管理。税务行政管理具体包括税务机构的设置管理、征收机关的组织与分工管理、税务工作的程序管理、税务人员的组织建设与思想建设管理、对税务人员的监督与考核、税务行政复议与诉讼管理。

知识链接 9-2

金税工程

一、金税四期背景——新税制改革

（一）1994 年，税务总局开始推行金税一期，建成了增值税防伪税控系统，实现了利用计算机网络对增值税专用发票进行交叉稽核。

（二）2001 年 7 月，金税二期实现了发票数据的自动采集，同时把海关增值税完税凭证纳入金税工程进行管理，并推广至全国。

（三）2016 年，金税工程被纳入电子政务建设的"十二金"工程，金税三期正式启动。金税三期最重要的就是实现国地税和其他部门的联网，对税务系统业务流程的全监控，同时对岗责体系和征管流程进行梳理和配置，实现数据标准采集，包括企业交易情况、资金往来、个税、社保、发票等，形成大数据，对数据进行比对、核实、预警。

（四）金税四期项目，旨在加强在技术层面上的监控，加强国家税务总局的统筹监管能力。2023年1月开始试点，这意味着，企业更多的数据将被国家税务总局掌握，监控也呈现全方位、立体化，国家的"监控之网"会越织越密。

二、金税四期最大的特点——以数治税

金税三期是以票治税，仅覆盖税收业务。金税三期通过互联网把工商、公安、税务、社保、质监和国家统计局、银行等所有行政管理部门全部打通，行政监管，一号联控，但是非税业务存在管理欠缺。

金税四期是以数治税，覆盖税收业务和非税收业务。

金税四期通过大数据，税务系统会对接银行、上下游企业、关联企业等，可以监管到每个交易、每个合同，甚至使每一块钱都会成为透明的。

金税四期全面推开后将实行全电子发票。企业和个人不需要税控设备，不需要领用发票，在有效防范假发票能力上大大超越了纸质发票，同时也提升了发票管理的便利性。

金税四期全面推开后将实行智能监管。企业如果建立好几套账，会导致很多比率不对，比如税负率，净利率等，系统比率异常会弹窗，然后国家税务总局就会人工审查。

三、进一步加强我国税收收入的管理

（一）我国税收收入管理中存在的问题

1.单纯追求收入目标，税收职能单一化倾向日益明显

我国自1994年税制改革以来，工商税收收入以年平均近1 000亿元的速度递增。除了经济增长、加强征管等因素外，维系高增长的主要因素是政府行为和支持政府行为的税收"超常措施"。为了完成任务，各级政府和财税部门继续采取"超常措施"，"寅吃卯粮""无税空转"等现象日益公开化、普遍化。任务高压下的税收征管，其危害是显而易见的。其一，刚性的任务标准弱化了刚性的税收执法，看似力度很大，实质上是对法律尊严的自我践踏。其二，大面积的超常征收，人为地改变了正常情况下的税收数量和规模，掩盖了税制的运行质量和真实的税收负担程度，为宏观决策提供了虚假的数字依据。

2.一些税种先天不足，税收对经济调节乏力

税种设置、税率设计的目的，最终要通过征收管理来实现。税收征管中的一系列问题，使一些税种的设置初衷大打折扣。现行消费税的征税对象主要是烟酒，而由于大量的欠税和税收流失，该税种的调节作用无法发挥，与政策设计的初衷大相径庭。而且，从中央到地方，政府对烟酒税收的依赖程度越来越大，并在实际工作中采取了一些积极扶持的政策，完全偏离了限制消费和生产的初衷，导致税收调节严重乏力。

知识链接 9-3

税收管理员制度

税收管理员制度是指国家为了加强税源管理而建立的，税务管理人员亲自接触纳税

人、了解掌握辖区内纳税人税源及其变动情况，解决税务人员对纳税人税源情况了解不足、掌握不实、疏于管理等问题的一项制度。在该制度下，税收管理员的职责范围包括：税收政策宣传送达、纳税咨询辅导；掌握所辖税源户籍变动情况；调查核实"管户"生产经营、财务核算情况；核实"管户"申报纳税情况；进行税款催报催缴；开展对所管企业的纳税评估及税务约谈；提出一般性涉税违章行为纠正处理意见；协助进行发票管理等。概括地讲，税收管理员集"信息采集、纳税辅导、税收宣传、纳税评估和税收监控"于一体。但税收管理员不负责税款征收、税负核定、涉税审批和涉税案件的稽查。

3.财务核算虚假，税收监督不到位

偷税逃税普遍化、社会化，税收差额严重。税收差额是衡量一国税收征管效率的重要指标。据调查，我国的税收差额大体在30%~40%。当前的突出问题是，一些不法分子大肆盗窃、伪造、倒卖和虚开、代开增值税专用发票，违法数额巨大，触目惊心。财务核算成果由人为控制，经营指标虚假。受各种利益因素的影响，许多企业建有两套或三套账目，在上报经营成果或计算税金时，往往使用虚假账目，形成税收监督的真空。一些没有设立两套账目的单位，在财务核算上也掺杂了许多虚假成分，看似规范合理的会计核算掩盖着许多经过处理的问题。虚假的财务核算不仅导致税收流失，还造成国民经济统计指标的失真。某些企业腐败严重，侵蚀税基；企业负责人的腐败屡禁不止，在局部地区愈演愈烈，已经成为社会毒瘤和顽症。尽管企业腐败的表现形式多种多样，但反映在财务上，毫无例外都是化公为私，侵吞国家资财，侵蚀税基。

（二）进一步完善我国税收收入的管理

1.完善税收法律体系，规范税收执法，进一步推进依法治税

完善的税收法律体系是依法治税的基础，没有健全的税收法律体系，依法治税也就成为一句空话。为此，要建立一个完备的税收法律体系，一是要尽快制定和出台《中华人民共和国税收基本法》；二是要将现行税种的实体法予以法律化；三是要进一步完善《中华人民共和国税收征收管理法》（以下简称《税收征管法》）；四是要设立《中华人民共和国税收处罚法》，对税收的违法、违章处罚作出统一的法律规定，以规范税收处罚行为。规范税收执法行为，强化税收执法监督，要求税务干部一方面应深入学习和掌握税法及相关法律法规，不断提高依法治税、规范行政的意识，坚持依法征税，增强执法为民的自觉性；另一方面应认真执行税收执法检查规则，深入开展执法检查，进一步健全执法过错责任追究制度。

2.建设统一的税收征管信息体系，加快税收征管现代化进程

税务机关应促进税收征管软、硬件的协调发展，使税务征管机构之间以及与政府其他管理机关（财政、工商、国库、银行等部门）之间的信息资源实现共享，从而提高税收征管信息的使用效果。

3.建设统一的税收征管信息系统

统一的税收征管信息系统包括统一标准配置的硬件环境、统一的网络通信环境、统一的数据库及其结构，特别是统一的业务需求和统一的应用软件。

4.实施专业化、精细化管理，建立税收征管新格局

《国家税务总局关于加速税收征管信息化建设推进征管改革的试点工作方案》明确指出，税务机关和税务干部应在信息化基础上，建立以专业化为主、综合性为辅的流程化、标准化的分工、联系和制约的税收征管新格局。

5.规范服务，构建和谐的征纳关系

《税收征管法》及《中华人民共和国税收征收管理法实施细则》将"纳税服务"作为税收征管的一种行政行为，使之成为税务机关的法定义务和责任。税务机关要全面履行对纳税人的义务，必须确立"以纳税人为中心"的服务理念，强化税收服务于经济社会发展、服务于纳税人的意识；规范纳税服务，构建和谐、诚信的税收征纳关系；加大税法宣传，建立征纳双方的诚信体系；提高服务质量，为纳税人提供深层次、高质量的纳税服务，在服务手段、服务形式和服务内容上实现新的突破。

第二节　非税收入管理

一、非税收入

（一）非税收入的含义

一般来说，税收收入是取得财政收入最主要的形式和手段，除了税收以外，取得财政收入的手段还包括政府收费、公债、国有资产收益、捐赠等。税收以外的财政收入统称为非税收入。而公债和社会保障缴款由于其特殊性，不包括在非税收入范围内。

对于非税收入，各国的界定不尽相同。按照国际货币基金组织的统计方法，财政收入可以分为三大类：经常性收入、资本性收入和赠与收入。经常性收入除了包括税收，还包括政府性收费、罚款和没收收入、公有企业的利润上缴等。资本性收入包括政府持有的固定资产的销售收入，政府的战略性物资库存的销售收入，土地、森林、内河和地下矿藏的销售收入，以及来自非政府单位的、不偿还的资本性转移等。赠与收入包括来自外国政府的赠与、来自国际组织的赠与和来自其他广义政府单位的赠与。其中，资本性收入和赠与收入属于非税收入的范畴。而经济合作与发展组织则是以征收是否具有对应的补偿性作为界定税收收入和非税收入的标准。但是，不管各国对非税收入如何界定，非税收入都是一国政府财政收入体系的重要组成部分。

（二）非税收入的主要内容

按一般的财政统计，规范的非税收入主要包括国有资产收益、政府性收费、罚款和没收收入、捐赠收入等。

1.国有资产收益

国有资产收益是国家凭借对生产资料的所有权取得的收入，它和税收收入形成了鲜明的对照。国有资产通常是指国家依照法律规定所拥有的自然资源以及由于资金投入、资产收益及接受捐赠而形成的资产，包括国家依法拥有的土地、森林、河流、矿藏等资源性国有资产，国家以投资方式形成的经营性国有资产，以及国家向行政事业单位拨款所形成的非经营性国有资产。非经营性国有资产由于不具有保值、创造盈利的功能，因此不构成财政收入的主要来源。所以，国有资产收益的主要来源是经营性国有资产和资源性国有资产。

经营性国有资产的核心是指各类国有企业的资产，包括有形资产和无形资产，也包括国有独资企业向其他企业出资所形成的资本的权益。经营性国有资产的表现形式有资本金、公积金、盈余公积金及未分配利润。财政来源于国有资产的收入有：（1）利润上缴，是指国有独资企业税后利润上缴财政的部分；（2）股息、红利收入，是指国家作为出资者或国有独资企业作为出资者在股份公司中分得的股息、红利；（3）租赁收入，是指国有企业承租人按照合同的规定上缴的租金收入，相当于国有资产的使用费；（4）国有企业资产或产权的转让收入。

资源性国有资产形成的收入主要是转让国有资源使用权的收入，如土地出让金、矿产资源使用补偿费等，还包括国家凭借所有权从国有资源的开发经营单位的收益中分得的收入。

除了经营性国有资产和资源性国有资产形成的收入以外，非税收入还有可能来自一些金融或非金融的公共部门，如央行、国家彩票、邮政和货币当局的净利润或利息转移。

2.政府性收费

政府性收费是一种有偿性的收入，内容广泛，主要包括规费、使用费、特许权费三部分。

（1）规费。规费主要是指政府部门为居民（个人或企业）提供某些特殊服务时所收取的工本费和手续费。规费是对政府提供服务的一种补偿，与政府提供的服务数量密切相关。规费的标准主要是由政府来规定的。规费可分为行政规费和司法规费。行政规费是指伴随着政府部门各项行政活动而收取的费用，如户口证书费、工商执照费、商品检验费、商标登记费等。而司法规费主要由诉讼规费和非诉讼规费组成。诉讼规费有民事诉讼费和刑事诉讼费之分；非诉讼规费包括结婚登记费、财产转移登记费、出生登记费、遗产管理（继承）登记费等。

知识链接 9-4

清理涉企收费

供给侧结构性改革的重要一环就是为市场主体减税降费。2016年，我国全面实施"营改增"，为企业减税超过5 000亿元。但企业仍感到负担不轻，仔细分辨，其中反映最普遍的问题，集中在剪不断、理还乱的各种收费问题。涉企收费确实太多了，必须清理和规范。只有"清费"与"减税"联动，方能切实收获减负实效。不大力清理和规范涉企收费，之前减税的效果便会大打折扣，而对于稳定市场预期便会打更大的折扣。因此，这被视为贯彻稳中求进总基调的重要举措。

（2）使用费。使用费是政府部门由于提供特定的公共设施或服务而向使用者按一定的标准所收取的费用，包括高速公路通行费、电信收费、公共娱乐设施收费，以及一些非营利性的公共事业的收费。这类收费项目主要是受益对象比较明确、受益数量能在一定程度上进行计量的公共设施和公共服务。使用费的收费标准要通过特定的程序来制定，根据受益原则来收取。使用费收取后，一般要求专款专用，用于设施的维护和建设。

（3）特许权费。特许权费是指为获得政府的某些特别许可所支付的价格，如建筑许可、烟草专卖许可、资源开发许可等。

在政府性收费中，还有一种性质的收费——惩罚性收费。惩罚性收费的目的是使产生负外部性的企业或个人负担一部分其应当承担的社会成本，以对其行为进行修正和限制，如对污染企业收取的污染治理费、对生产伪劣产品企业的罚款等。

3.罚款和没收收入

罚款和没收收入是指政府有关部门依法对违反国家法律、法规的行为处以罚款和没收物品所取得的变价收入，如交通罚款、刑事罚款、法院裁定的罚款、其他罚款及没收收入。

4.捐赠收入

捐赠收入是指来自私人部门的自愿捐款以及外国政府和国际组织的赠与。在现代社会经济条件下，捐赠收入在政府财政收入中只占到很小一部分。

二、我国非税收入的主要内容

（一）预算内管理的非税收入

由于我国的预算按一般预算和基金预算编制，因此预算内管理的非税收入又可以分为一般预算管理的非税收入和基金预算管理的非税收入。

1.纳入一般预算管理的非税收入

纳入一般预算管理的非税收入按"类"级科目划分，包括以下内容：

（1）专项收入。这是指预算中列收列支、规定用途、必须专款专用的收入项目，包括排污费收入、城市水资源费收入、教育费附加收入、矿产资源补偿费收入、探测权采矿权使用费及价款收入、国家留成油销售后上缴收入、内河航道养护费收入、公路（水路）运输管理费收入等。

（2）彩票资金收入。这是指彩票机构上缴财政部门的彩票公益金和发行费等资金。

（3）行政性收费收入。这是指依据国家有关法律、法规和国家有关部门颁布的规章制度收取的，并按规定纳入预算管理的各项行政性收费，包括各类许可证收费和各类按规定收取的注册费、登记费、手续费、工本费、管理费等。

（4）罚没收入。这是指执法部门根据国家有关法律、法规及规章制度查处违法行为所取得的罚款收入和所没收的财物。

（5）国有资产经营收益。国有资产经营收益包括国有企业投资收益、国有企业缴纳所得税后的上缴利润、产权转让收入、其他各类型企业中国有资产经营收益及其他国有资产经营收益。

（6）国有资源（资产）有偿使用收入。这是有偿转让国有资源（资产）使用权而取得的收入，包括海域使用金、石油矿区使用费、对外商投资企业征收的场地使用费、特种矿产品出售收入、专项储备物资销售收入、利息收入、非经营性国有资产出租收入、出租车经营权有偿出让和转让收入等。

（7）其他收入。这是指不包括在以上种类中的一般预算收入，如基本建设收入、捐赠收入、动用国家储备棉糖油上缴财政收入、动用国家储备粮油上缴差价收入、免税商品特许经营费收入、石油特别收益金专项收入等。

☑ **拓展思考 9-1** ······

你在日常生活中接触过哪些非税收入？

2.纳入基金预算管理的非税收入

纳入基金预算管理的非税收入主要包括土地有偿使用的收入、地方财政税费附加收入及各项政府性基金。土地有偿使用的收入主要是国有土地使用权有偿使用收入和新增建设用地土地有偿使用费收入等。纳入基金预算管理的政府性基金包括：三峡基金、库区维护建设基金、农网还贷资金收入、养路费、铁路建设基金、民航基础设施建设基金、邮电附加费、港口建设费、市话初装基金、能源建设基金、外资发展基金、育林基金、水利建设基金、国家电影发展基金、农业发展基金、文化建设事业费、旅游发展基金等。地方财政税费附加收入则包括农牧业附加收入、城镇公用事业附加收入、渔业建设附加收入等。

（二）预算外管理的非税收入

预算外管理的非税收入主要是指预算外资金。预算外资金是指国家机关、事业单位和社会团体为履行或代行政府职能，依据国家法律、法规和具有法律效力的规章而收取、提取和安排使用的未纳入国家预算管理的各种财政性资金。2016年财政部发布《政府非税收入管理办法》，明确规定非税收入全部纳入预算管理。

（三）制度外收入

现阶段，我国还存在第三种非税收入——制度外收入，这是指未纳入财政（包括预算内和预算外）的各种基金、集资和各类型的行政性收费。这类收入是没有按法定程序经政府或有关部门正式批准，而由政府及其所属机构凭借行政权力或者垄断地位取得的收入，是待清理的非税收入。这种非规范的政府收入的名目很多，如集资、摊派、收费、配套费、捐款、借款等。

☑ **拓展思考 9-2** ······

制度外收入和小金库的区别是什么？

三、我国非税收入的管理

为了规范各级政府行为，完善公共财政的建设，国家必须采取各种措施来加强非税收入的管理。根据《国务院办公厅关于财政国库管理制度改革方案有关问题的通知》（国办函〔2001〕18号）和《财政部关于加强政府非税收入管理的通知》（财综〔2004〕53号）的精神，我国各地全面启动了政府非税收入收缴改革相关工作。2016年，财政部根据新的情况，颁布实施了《政府非税收入管理办法》（财税〔2016〕33号）。经过改革实践，成效十分明显。

（一）我国非税收入管理存在的问题

在实践中，我国非税收入管理尚未形成完善的体系，还存在着一些问题，主要表现在：

1.管理制度还不够完善

非税收入作为国家财政收入的重要组成部分，至今没有全国性的法律法规。不少地方根据自身的情况制定了相应的地方性法规或者政府规章，如湖南省人民代表大会常务委员会颁布的《湖南省非税收入管理条例》，将非税收入的收支、管理、使用初步纳入法治化的轨道。从预算外资金管理到非税收入管理，不是简单的概念置换，而是公共财政改革过程中一次质的飞跃。这些地方性法规和政府规章，在概念、范围、管理形式、方法、手段等方面均赋予了非税收入新的内涵，实现了新的突破，对促进当地非税收入的管理起到了积极有效的作用。但是，各地区情况差异较大，权威性不够，特别是最近几年财政改革变化比较大，及时性不足，这些都对非税收入管理产生了不利的影响，制约了非税收入管理的法治化、规范化进程。

2.征收管理还存在许多问题

目前，政府非税收入的征收主要采取的是由财政部门直接征收和委托执收执罚单位分散征收相结合的形式。现阶段，政府非税收入中的行政事业性收费、政府性基金、罚没收入等均由各级执收执罚单位受财政部门委托代为征收，财政部门直接征收的政府非税收入种类较少。由于监督力度不够，因此在实际征收过程中，逐渐出现了征收行为不规范、随意性较大等问题，具体表现在：一是票据使用不规范。在政府非税收入的实际征缴过程中，一些执收执罚单位并没有使用由财政部门监制的标准票据，上级主管部门的收据、单位内部往来结算的票据、税务部门的发票甚至白条等常常被作为执收执罚的凭证。二是征收标准不统一。一方面，由于受到利益的驱使，一些地方或单位为了争取到更多的"可支配"经费，经常越权批准或擅自出台收费项目、提高收费标准、扩大收费范围，甚至随意将行政事业性收费转为经营性收费；另一方面，考虑到某些利害关系，一些地方或单位往往不按程序，越权减免收费项目，或降低收费标准，只是象征性地收取少量"人情费"。

3.监督机构分工不明，监督查处不力

目前，承担政府非税收入监督任务的部门并不少，但由于缺乏明确分工，各监督机构大多只重事后监督而轻事前、事中监督，只看重收入取得的合法性而忽略资金使用的合理性，从而使得"防患未然"的根本目的没有达到。同时，所有监督机构的工作都集中在事后监督检查上，往往使基层单位在这一阶段穷于应付，不但耗费了巨大的人力、物力，还影响了正常工作的进行。此外，当前一些监督检查工作仍停留在"走形式"的阶段。

4.没有彻底解决好激励与约束机制的问题

建立有效的激励与约束机制是规范非税收入管理的重要手段，可是从目前所进行的改革来看，这一问题并没有彻底解决。为了调动执收单位征收的积极性，财政部门需要给执收部门一定的激励。目前国家对于非税收入主要采取收支挂钩的"收支两条线"管理方式，即纳入预算管理的上缴国库，未纳入预算管理的上缴财政专户。而实行财政专

户管理的非税收入，基本上全额拨给执收单位，即使部分地区对非税收入按一定比例统筹资金，但其余大部分仍拨给执收单位，基本维持"谁收谁用"的分配格局。由于预算安排紧张，因此"收费大户"与"清水衙门"形成了收入反差，部门之间、单位之间收入不均的现象严重，具体表现为：一方面，无收费和罚款来源、全靠财政预算安排经费的单位，资金较为紧张；另一方面，有收费和罚款来源的单位花钱大方，职工待遇等各方面都较其他单位好。

5.票据使用管理存在问题

票据使用管理存在的问题有：一是部分省市重票据发放，轻票据使用监管，"限量发放、验旧领新、以票管收"流于形式；二是各省市推广使用电脑开票的进展缓慢，执收单位手工开票居多，从而造成作废票多，财政部门核销作废票号的工作量大；三是执收单位票管人员更换频繁，票管人员管理票据的责任心不强，票据管理制度不健全、不落实，丢失票据的现象时有发生。

✓ **拓展思考 9-3** --

我国非税收入的管理还存在哪些有待改进的地方？
- -

（二）进一步深化我国非税收入的管理

1.完善机制，努力构建公共财政框架下非税收入管理新模式

（1）进一步深化非税收入管理改革，完善非税收入管理信息系统，提高非税收入科学化、精细化的管理水平，提高资金运行效率和透明度，确保非税收入全额上缴国库或财政专户，杜绝隐瞒、截留、挤占、坐支和挪用现象的发生。

（2）加快推进非税收入"收支脱钩"改革，即将非税收入与税收收入统筹安排使用，实行综合财政预算，彻底解决"两张皮"，真正实现"收支脱钩"，从根本上解决分配不公、收入不均的问题。

（3）健全全面监督机制，即健全非税收入财政监督、人民代表大会监督、审计监督和社会监督新机制。

2.对非税收入进行分类管理

明确非税收入的性质后，政府就应该进行分类管理，对于制度外的收费应坚决取缔；对于某些政府部门履行管理职能而对管理对象收取的行政管理费，原则上也应该取消；对于一些具有税收性质的收入应改为税种来征收。

（1）严格控制行政单位收费和政府性基金的规模。首先，应该严格把好收费、基金审批关。各部门、各单位要坚持以法律、法规为依据，按规定的审批权限设立收费或基金的项目。其中，审批行政许可收费要严格执行《中华人民共和国行政许可法》，除法律、法规另有规定外，凡是行政机关实施行政许可、对行政许可事项进行监督检查以及提供行政许可申请书格式文本的，一律不得批准收费。其次，规范收费、基金征收行为。符合国家规定审批程序批准设立的行政事业性收费和政府性基金，必须严格按规定范围及时定额征收。未经有关部门批准，执收单位不得减免行政事业性收费和政府性基金。

（2）依法推行国有资源使用权招标、拍卖，进一步加强国有资源有偿使用收入征收

管理。国有资源有偿使用收入应严格按照财政部门规定缴入国库或财政专户。

（3）尽快建立健全国有资产有偿使用收入管理制度，防止国有资产收入流失。同时要积极探索城市基础设施开发权、使用权、冠名权、广告权、特许经营权等无形资产有效管理方式，盘活城市现有基础设施存量资产。

（4）进一步完善国有资产经营收益征收管理方式，逐步完善国有资产经营预算，将国有资产经营收益纳入国家预算管理，确保国有资产经营收益的安全和有效使用。

（5）加强彩票公益金管理，切实规范彩票发行和销售方式，加强彩票机构财务收支管理，进一步改进彩票公益金分配管理方式，对彩票公益金实行专项预算管理。

（6）规范其他非税收入管理，确保非税收入应收尽收。

3.强化非税收入的预算管理

（1）政府非税收入要分步纳入财政预算，实行"收支两条线"管理。根据公共财政的要求，所有财政收支都必须纳入预算管理，使之法治化、制度化和规范化。所以，从健全我国公共财政的要求出发，所有在预算外的财政资金最终也都要纳入预算内进行管理。财政部有关文件规定，2004年7月后新批准设立的行政事业性收费、政府性基金以及其他政府非税收入，一律上缴国库，纳入预算，不得作为预算外资金管理。同时，财政部门应积极推进政府收支分类改革，为非税收入纳入预算、实行分类管理提供制度保证。

（2）编制综合财政预算，统筹安排政府税收和非税收入。通过编制综合财政预算，财政部门要合理核算支出标准，进一步明确预算支出范围和细化预算支出项目；要继续扩大实行"收支脱钩"管理的范围，实行"收支脱钩"的部门和单位，其收取的政府非税收入必须全部缴入国库或财政专户，支出与政府非税收入不再挂钩，统一由同级财政部门按照部门和单位履行职能需要核定的预算予以拨付；要尽快研究制定政府非税收入成本性支出管理办法，确保"收支两条线"改革工作的稳步进行。

4.加大对非税收入的稽查和处罚力度

中央政府应强化对执收执罚单位行政执法权力的制约和监督。各级执收执罚单位和人员必须牢固树立"有权必有责，用权受监督"的观念，完善行政执法的内外监督约束机制。

（1）完善行政自律制度。各级政府应按照建立结构合理、配置科学、程序严密、制约有效的行政权力运行机制的要求，对执收执罚行为的全过程进行有效制约和监督。

（2）健全质询制度。执收执罚单位要自觉接受各级人民代表大会的法律监督、政协的民主监督、新闻媒体的舆论监督和人民群众的社会监督。

（3）建立举报、投诉制度。

（4）强化监察审计监督。各级政府要把事前介入、事中把关、事后监察审计有机结合好，充分发挥作用。

（5）推行公告和公开评议制度。执收执罚单位要实行公开招标的办法，增强支出管理的透明度，有效防止腐败的发生并节省财政支出。

本章小结

1.税收收入是指国家依据其政治权力向纳税人强制征收的收入。它是最古老也是最主要的一种财政收入形式。

2.税收收入管理是指主管税收工作的职能部门，代表国家对税收分配的全过程所做的计划、组织、协调和监督工作，旨在保证财政收入及时足额入库，充分发挥税收对经济的调节作用。

3.税收收入管理的主体是国家，即由国家负责管理。税收收入管理的客体是指税收分配的全过程。税收收入管理的职能是指税收分配过程中的计划决策、组织实施、协调控制和监督检查。

4.税收收入管理的具体内容包括税收法制管理、税收征收管理、税收计划管理、税务行政管理。

5.除了税收以外的财政收入统称为非税收入。按一般的财政统计，规范的非税收入主要包括国有资产收益、政府性收费、罚款和没收收入、捐赠收入等。

6.我国非税收入的主要内容有预算内管理的非税收入、预算外管理的非税收入、制度外收入。

7.中华人民共和国成立以来，我国税收收入管理模式的发展共经历了四个阶段。

本章基本概念

税收收入管理　　税收法制管理　　税收征收管理　　非税收入　　政府性收费　　制度外收入

综合训练

一、多项选择题

1.税收收入管理的具体内容包括（　　　　）。

A.税收法制管理　　　B.税收征收管理　　　C.税务行政管理　　　D.税收计划管理

2.按一般的财政统计，规范的非税收入主要包括（　　　　）。

A.国有资产收益　　　B.政府性收费　　　C.罚款和没收收入　　D.捐赠收入

3.纳入一般预算管理的非税收入主要有（　　　　）。

A.专项收入　　　　　　　　　　　　B.彩票资金收入

C.国有资源（资产）有偿使用收入　　D.税收收入

4.进一步深化我国非税收入管理的主要措施有（　　　　）。

A.依法行政　　　　　　　　　　　　B.分类管理

C.强化非税收入的预算管理　　　　　D.加大非税收入的稽查和处罚力度

二、复习思考题

1.税收收入的管理主要包括哪些方面？

2.我国目前的税收收入管理现状怎么样？

3.什么是非税收入？

4.我国现行的非税收入有哪些内容？

5.如何加强对税收收入的管理？

6.如何加强对非税收入的管理？

三、实训题

【实训项目】

学生组成小组模拟对税收收入和非税收入进行管理。

【实训目标】

1.培养学生分析问题、解决问题的能力。

2.检验学生对理论知识的掌握和实践运用。

【实训内容与要求】

1.学生自愿组成小组，成员5~6人为宜。

2.每人扮演不同的角色，体验对税收收入中的任一税种的管理，如对个人所得税的管理等。

【成果与检验】

1.写出总结报告。

2.老师对每组成员的活动进行评价和分析。

第十章

政府预算

知识目标：了解政府预算的基本知识；明确政府预算的原则，掌握政府预算的编制和审批程序；明确政府预算的执行机关在预算执行中的职责，掌握政府预算调整的方法和程序；明确政府预算改革的意义，掌握复式预算、零基预算和部门预算改革的主要内容。

技能目标：学会编制政府预算；学会运用政府预算的基本原理解决政府预算编制中出现的实际问题。

综合目标：掌握政府预算制度、政府预算程序和政府预算政策；学会运用本章知识分析政府预算的执行情况。

引 例

广东代表呼吁公开省级财政预算　别让百姓"被均等"

　　广州市开先河，在网上"晒"出了市本级预算，广东省级预算能否也向社会公开？在广东省第十一届人民代表大会第三次会议财经委员会预算审查座谈会上，广东省人民代表大会财经委员会委员辛瀑建议公开省级财政预算。

　　辛瀑说，现在经常提"公共财政均等化"，但这其实是一个非常复杂的问题，只有有了预算公开的体系，老百姓才能真正感觉到有福利、有好处，而不是"被均等"。

　　湛江团代表、雷州市税务局局长吴德建议，对于财政预算，应该成立专门的预算委员会进行审查。"不然，开两天会，看那么多材料，代表消化不了。几百页的部门预算，看了挑不出毛病，觉得什么都好。"

　　《中华人民共和国预算法》第四十七条规定："国务院在全国人民代表大会举行会议时，向大会作关于中央和地方预算草案以及中央和地方预算执行情况的报告。地方各级政府在本级人民代表大会举行会议时，向大会作关于总预算草案和总预算执行情况的报告。"第四十三条规定："中央预算由全国人民代表大会审查和批准。地方各级预算由本级人民代表大会审查和批准。"

　　政府预算是具有法律效力的政府年度财政收支计划。它是国家调节、控制、管理社会经济的重要经济杠杆。政府预算应遵循公开性、统一性、完整性、可靠性、法律性和年度性等基本准则。公开性是指全部预算收支必须经过权力机关审查批准，并向社会公布，让民众了解政府的财政收支状况，使之置于民众的监督之下。

　　资料来源：吴博. 广东代表呼吁公开省级财政预算　别让百姓"被均等"［EB/OL］.［2023-05-01］. http: //www.chinanews.com/gn/news/2010/02-01/2101757.shtml.

　　本章将详细介绍有关政府预算的问题。

第一节　政府预算概述

一、政府预算的概念

　　政府预算是具有法律效力的政府年度财政收支计划，它是国家调节、控制、管理社会经济的重要杠杆。

（一）政府预算是具有法律效力的政府年度财政收支计划

　　从政府预算产生和发展的历史情况来看，政府预算是由政府编制、经过国家权力机关按一定的法律程序审查批准、具有法律效力的年度财政收支计划。它规定了年度内政府财政收支应达到的指标及其平衡状况。政府预算编制成立后，经立法机关审查批准并公布，成为具有法律效力的文件。政府负有贯彻执行的责任，并以政府预算为法律依据，按照政府预算规定的收入支出项目组织财政活动，保证政府提供的公共产品对公共资源的需要，以达到编制年度预算的目的。

　　编制和执行政府预算是全体人民的大事，是一个关系到国家各项政治经济任务能否顺利完成的重大问题。政府预算由各级人民政府分别编制，经各级人民代表大会审查批准并具有法律效力。各级人民政府必须遵照执行，保证预算的正确实施和圆满完成。《中华人民共和国预算法》（以下简称《预算法》）明确规定，国务院编制和执行政府预算；全国人民代表大会审查和批准政府预算以及预算执行情况的报告。可见，我国的政府预算是具有法律效力的政府财政计划。

（二）政府预算是对社会经济进行宏观调节、控制和管理的重要杠杆

政府预算历来是政府用来调节、控制和管理社会经济的重要手段。政府预算在萌芽时期，就对封建经济起抑制作用，对资本主义经济起促进作用。在市场经济国家，各国的政府预算都在不同程度上对社会经济起到了宏观调节、控制和管理的作用。在混合经济时期，政府预算成为政府干预社会经济、反经济周期的重要手段。在经济过热、通货膨胀时期，政府采取紧缩性预算政策来抑制经济的过快增长，从而使物价逐渐回落，实现经济"软着陆"。在生产过剩、通货紧缩时期，政府采取扩张性预算政策来拉动国内的消费需求和投资需求，从而推动经济的增长。

我国的宏观经济同样存在着周期性波动，政府需要通过财政预算的扩张和收缩，以及财政预算结构的调整，对整个社会经济进行宏观调节和控制。政府预算的宏观调控主要是调节社会总供给与社会总需求的平衡关系，调节不同部门的投资结构，以熨平经济的周期性波动，保证国民经济持续、稳定增长。

二、政府预算的组成

政府预算的组成是指政府预算体系的组成环节。我国政府预算的组成是与我国国家政权结构和行政区域的划分密切相关的，原则上凡属一级政权都应建立一级独立的预算。我国的政权结构由中央政府和地方政府统一组成，与此相适应，政府预算由中央预算和地方预算两部分组成，地方预算由省（自治区、直辖市、计划单列市）预算、市预算、县（市）预算和乡镇预算四级预算组成。

（一）中央政府预算

中央政府预算是指经法定程序批准的、反映中央政府活动的年度财政收支计划。该预算在政府预算组织体系中居主导地位，其主要作用有：

（1）通过直接调控国家预算资金的主要部分，为国家政治、经济、军事、外交等各项事业提供财力保证。

（2）作为各地区预算平衡的调节中枢，为促进民族地区和经济落后地区的发展提供必要的资金援助。

（3）在对国家预算资金实施纵向调节和横向调节的基础上，以必要的预算手段消除影响预算平衡的各种突发性事件和潜在因素，实现整个预算体系的平衡。

☑ 拓展思考 10-1 ⸱⸱⸱

中央政府预算是如何平衡各地区的预算的？

（二）地方政府预算

地方政府预算是指经法定程序批准的、反映各级地方政府活动的年度财政收支计划。该预算在政府预算组织体系中居重要地位，其主要作用有：

（1）组织本地区预算资金的合理运行，促进地方经济发展和各项事业的全面推进。

（2）在保证本地区预算平衡的前提下，为中央政府预算的协调和平衡创造条件、提供支援。

（3）在地区预算管理权限内，针对各地区的特点拟定和实施地区性预算管理细则和条例，全面强化预算管理。

（4）实施党的民族政策。

政府预算按照收支管理范围，又可分为总预算、本级预算和单位预算。单位预算是指实行预算管理的国家机关、社会团体和其他单位的年度收支预算。本级预算是指本级政府所属单位预算的汇总预算。总预算是由本级政府预算和汇总的下一级总预算组成的，如我国的省总预算是由省级各部门的单位预算和所属市的总预算组成的。

三、政府预算的分类

政府预算在产生之初是十分简单的，政府将财政收支数字按一定程序填入规定的表格，预算就编制完成了。在这里，政府预算就是政府的财政收支一览表。但是，随着社会经济生活和财政分配活动的日趋复杂化，政府预算也由单一的收支表格逐步演变为包含多种预算形式和预算方法的复杂系统。这就需要对其进行科学、合理的分类，以便更好地认识和分析研究预算，更好地安排和管理预算资金。

（一）从编制组织形式来看，政府预算分为单式预算和复式预算

1.单式预算

单式预算是将政府的全部预算收支汇集编入一个统一的预算表之中，而不区分各项财政收支的经济性质的预算形式。其优点是符合预算的完整性原则，整体性强，便于立法机关审批和社会公众了解。其缺点是没有把全部的财政收支按经济性质分列和分别汇集平衡，不利于政府对复杂的经济活动进行深入分析。

2.复式预算

复式预算是将政府的全部预算收支按收入来源和支出性质的不同，分别汇集编入两个或两个以上的收支对照表，从而编成两个或两个以上预算表的预算形式。典型的复式预算通常分为经常预算和资本预算。其中，经常预算又称经费预算、线上预算或普通预算，是政府编制的满足国家经常性开支需要的预算，其支出主要用于文教、行政、国防、社会保障等方面，其收入主要是税收。资本预算又称建设预算、线下预算或投资预算，是综合反映建设资金来源与运用的预算，其支出主要用于经济建设，其收入主要是经常预算盈余和债务收入。

虽然各国使用的复式预算的名称和具体项目不尽相同，但从内容上看，经常预算是政府作为政权或社会管理者身份的预算，包括政府一般财政收支。在一般情况下，经常预算的收支应保持平衡并力争结余，这项结余转入资本预算。资本预算是政府作为国有资产（本）所有者身份的预算，反映了政府用于经济建设和公共投资的支出及借款。复式预算的另一种形式是多重预算，即由一个主预算和若干个分预算组成。例如，日本的中央政府预算包括一般会计预算、特别会计预算和政府关系机关预算，此外，还有一个财政投融资预算。我国的复式预算包括政府一般公共预算、国有资产（本）经营预算、

社会保障预算和其他预算。

☑ 拓展思考 10-2

我国的经常预算是什么预算？我国的资本预算是什么预算？

目前，大多数西方国家以及不少发展中国家都实行复式预算。其优点是科学、严谨，便于政府对财政活动进行分析，有利于政府对收支的控制。其缺点是复式预算的资本支出的资金主要来源于举债，如果举债规模控制不当，容易导致物价上涨，引起通货膨胀，影响国民经济的稳定。另外，复式预算总体功能较弱，编制和审批比较复杂。

（二）从计划指标的确定方法上看，政府预算分为增量预算和零基预算

1.增量预算

增量预算是指财政收支计划指标是在以前预算年度的基础上，按照新的预算年度的社会经济发展情况加以调整后确定的。

2.零基预算

零基预算是指财政收支计划指标的确定，只以社会经济在预算年度的发展状况为依据，不考虑以前年度的财政收支状况。

世界各国的预算主要采用增量预算的方法，零基预算尚未成为编制预算的一般方法，通常只用于某些具体的收支项目预算的编制。

（三）从是否具有法律效力的角度来看，政府预算分为正式预算和临时预算

1.正式预算

正式预算是指政府依法就各预算年度的预计收支编成预算草案，经立法机关审核通过，宣告正式成立并取得法律地位的预算。

2.临时预算

临时预算是指预算年度开始时，由于某种特殊原因使得政府编制的预算草案未能完成法律程序，因而不能依法成立，在这种情况下，为了保证正式预算成立前政府活动的正常进行而编制的暂时性的预算。这种临时性预算不具备法律效力，只是作为政府在正式预算成立前进行必要的财政收支活动的依据。

☑ 拓展思考 10-3

我国的临时预算指的是什么预算？

（四）从预算内容的分合来看，政府预算分为总预算和分预算

这里有两种理解：一方面，从预算项目（科目）的分合来看，总预算就是政府财政收支的综合计划，它分列一般经费收支和各类特别收支项目；而分预算则是总预算中一般经费收支和各类特别收支的详细款项。另一方面，从预算部门的分合来看，部门预算如国防预算就是分预算，而各部门预算的汇总就是总预算。

四、政府预算的原则

政府预算的原则是指国家政府确定预算形式和编制预算的指导思想与准则。影响较大并为世界大多数国家所接受的原则主要有以下几个：

（一）公开性

公开性是指全部预算收支必须经过权力机关审查批准，并向社会公布，让民众了解政府的财政收支状况，使之置于民众的监督之下。

（二）完整性

完整性是指政府预算应包括全部财政收支，不准少列收支、造假账、预算外另列预算。国家允许的预算外收支，也应在预算中有所反映。

（三）可靠性

可靠性是指每一个收支项目的数字指标必须运用科学的计算方式，依据充分，资料确实，不得假定、估算，更不准任意编造。

（四）统一性

各级政府都设有相应级别的财政部门并编制相应的预算，这些预算都是政府预算的组成部分，所有的地方政府预算连同中央政府预算一起组成了统一的国家预算。这就要求设立统一的预算科目，每个科目都要严格按统一的口径、程序计算和填列。

（五）法律性

法律性是指政府预算的成立和执行结果都要经过立法机关审查批准，才具有法律效力。通常，政府预算按照一定的立法程序成立之后，就是法律性文件。它是反映国家集中性财政资金来源规模、去向用途的法律性规范。世界上许多国家都制定了预算法，以法的形式，把国家财政资金的筹集和分配方式，组织机构及其职权范围，预算的编制、审核、批准、执行程序固定下来，从而建立起政府预算工作的法律程序。1951年，我国制定的《预算决算暂行条例》，一直起着代预算法的作用；1991年，我国颁布了《国家预算管理条例》；1994年3月22日第八届全国人民代表大会第二次会议通过了《中华人民共和国预算法》，自1995年1月1日起施行。2014年8月31日第十二届全国人民代表大会常务委员会第十次会议通过《全国人民代表大会常务委员会关于修改〈中华人民共和国预算法〉的决定》，新的《中华人民共和国预算法》自2015年1月1日起实施。新修订的《中华人民共和国预算法实施条例》，自2020年10月1日起施行。

（六）年度性

年度性是指政府预算必须按年度编制，要列清全年的财政收支，不允许将不属于本年度财政收支的内容列入本年度的政府预算之中。也就是说，任何一个国家的政府预算的编制和实现，都要有时间上的界定，即所谓预算年度（亦称财政年度）。预算收支起止的有效期限通常为一年。目前，世界各国普遍采用的预算年度有两种：一是历年制，即预算年度从每年的1月1日起至12月31日止。这些国家有中国、法国、德国、西班牙等。二是非历年制，即从预算年度每年的某月某日开始至次年某月某日止，中间历经12个月，但却跨越了2个日历年，如美国、泰国的预算年度是从每年的10月1日开始，到次年的9月30日止；英国、日本等国的预算年度是从当年的4月1日起至次年的3月31日止。采用非历年制的国家主要考虑：（1）议会每年例会时间；（2）预算年度开始日期一般安排在每年的收入旺季。

应当指出，上述预算原则属于一般性的原则，并不是绝对的，具体到一个国家，又有其特殊性。也就是说，一种预算原则的确立，不仅要以预算本身的属性为依据，而且要与本国的经济实践相结合，要充分体现国家的政治和经济政策。一个国家的预算原则通常体现在该国的预算法中。

第二节　政府预算制度

政府预算制度有狭义和广义之分。狭义的政府预算制度是指预算形式本身以及由预算工作程序所体现的财政管理的准则和规范。广义的政府预算制度是指国家财政管理预算收支的准则和规范的总称。它包括预算体制、各级政府管理预算的权限和责任、预算工作程序、预算报告、收支范围和标准、编制人与执行人等。无论是广义的理解，还是狭义的理解，政府预算制度的核心内容都是预算程序。本节所说的政府预算制度是指狭义的政府预算制度。

一、政府预算的编制

（一）政府预算的编制原则

为了保证政府预算编制的质量，依据《中华人民共和国预算法》（以下简称《预算法》）和《中华人民共和国预算法实施条例》（以下简称《预算法实施条例》），各级政府预算的编制必须遵循以下原则：

（1）中央预算和地方各级政府预算，应当参考上一年度预算执行情况和本年度收支预测进行编制。

（2）中央政府公共预算不列赤字。中央预算中必需的建设投资的部分资金，可以通过举借国内和国外债务等方式筹措，但是借债应当有合理的规模和结构。

（3）地方各级预算按照量入为出、收支平衡的原则编制，不列赤字。

（4）各级预算收入的编制，应当与国内生产总值的增长率相适应。按照规定必须列入预算的收入，不得隐瞒、少列，也不得将上年的非正常收入作为编制预算收入的依据。

（5）各级预算支出的编制，应当贯彻厉行节约、勤俭建国的方针，应当统筹兼顾，确保重点，在保证政府公共支出合理需要的前提下，妥善安排其他各类预算支出。

此外，编制政府预算还应遵守以下几项规定：

（1）中央预算和有关地方政府预算中应安排必要的资金，用于扶助经济不发达的民族自治地方、革命老根据地、边远贫困地区发展经济文化建设事业。

（2）各级政府预算应按照本级政府预算支出额的1%~3%设置预备费，用于当年预算执行中的自然灾害救灾开支及其他难以预见的特殊开支。

（3）各级政府预算应按照国务院的规定设置预算周转金，以应付由于季节性等因素出现收不抵支时，临时垫支之用。

（4）各级政府预算的上年结余，可以在下年用于上年结转项目的支出；有余额的，可以用于补充预算周转金；再有余额的，可以用于下年必需的预算支出。

（二）政府预算的编制程序

现代政府预算的编制程序一般要经过政府行政部门编制草案、政府财政部门汇总审核、政府首长审核、议会审核批准四个阶段。我国政府预算的编制程序与其他国家的预算编制程序基本一致，但我国的政府预算具体实行的是"两上两下"的编制程序。

1.自下而上编拟预算收支建议数

基层预算单位编制本单位在预算年度的收支建议数，上报上级部门。上级部门根据国务院关于编制预算的指示和财政部下达的编制预算的具体要求，结合国家社会经济发展情况和本部门的具体情况，提出本部门预算年度的收支建议数，上报财政部门。

2.自上而下下达预算收支控制指标

财政部门根据政策要求和工作任务，认真审核各主管部门上报来的预算收支建议数，再根据征收部门报来的财政收入测算数，审核汇总年度预算收支草案并报政府批准。财政部门将政府批准的预算控制指标数下达到各主管部门，再层层下达到各基层预算单位。

3.自下而上编拟预算草案

各主管部门将财政部门下达的预算控制数下达到所属下级预算单位并落实到具体项目，下级预算单位按照财政部门的要求编制本单位的预算草案，主管部门将各下级预算单位的预算草案汇编成本部门的部门预算草案并上报财政部。

4.自上而下批复正式预算

各级人民代表大会批准预算后，财政部门在规定的时间内批复并下达各部门预算。

> **拓展思考 10-4** --
>
> 我国政府预算的编制为什么采取"两上两下"的程序？

（三）政府预算的审批

按照预算法律文件的规定，预算的审批工作包括四项内容：政府预算草案的初步审查；政府预算草案的审批；政府预算的备案；政府预算的批复。

1.政府预算草案的初步审查

各级政府预算草案的编制机关是各级政府，具体编制工作由本级政府财政部门负责。《预算法》第四十四条规定：国务院财政部门应当在每年全国人民代表大会会议举行的四十五日前，将中央预算草案的初步方案提交全国人民代表大会财政经济委员会进行初步审查。省、自治区、直辖市政府财政部门应当在本级人民代表大会会议举行的三十日前，将本级预算草案的初步方案提交本级人民代表大会有关专门委员会进行初步审查。设区的市、自治州政府财政部门应当在本级人民代表大会会议举行的三十日前，将本级预算草案的初步方案提交本级人民代表大会有关专门委员会进行初步审查，或者送交本级人民代表大会常务委员会有关工作机构征求意见。县、自治县、不设区的市、市辖区政府应当在本级人民代表大会会议举行的三十日前，将本级预算草案的初步方案提交本级人民代表大会常务委员会进行初步审查。

2.政府预算草案的审批

政府预算草案的审批机关是人民代表大会。《预算法》第四十七条规定："国务院在全国人民代表大会举行会议时，向大会作关于中央和地方预算草案以及中央和地方预算执行情况的报告。地方各级政府在本级人民代表大会举行会议时，向大会作关于总预算草案和总预算执行情况的报告。"中央预算由全国人民代表大会审查和批准。地方各级政府预算由本级人民代表大会审查和批准。

3.政府预算的备案

《预算法》第五十条规定:"乡、民族乡、镇政府应当及时将经本级人民代表大会批准的本级预算报上一级政府备案。县级以上地方各级政府应当及时将经本级人民代表大会批准的本级预算及下一级政府报送备案的预算汇总,报上一级政府备案。县级以上地方各级政府将下一级政府依照前款规定报送备案的预算汇总后,报本级人民代表大会常务委员会备案。国务院将省、自治区、直辖市政府依照前款规定报送备案的预算汇总后,报全国人民代表大会常务委员会备案。"

4.政府预算的批复

《预算法》第五十二条和《预算法实施条例》第三十条规定,各级政府预算经本级人民代表大会批准后,本级政府财政部门应当自本级人民代表大会批准本级政府预算之日起20日内,向本级政府各部门批复预算。各级政府各部门应当自财政部门批复本部门预算之日起15日内,批复所属各单位预算。

知识链接 10-1

持续提升预算透明度 推动打造阳光财政

预算公开是现代财政制度的基本特征和必然要求,是提升预算管理水平、提高资源配置使用效率、强化预算约束力的重要举措。近年来,我国预算公开范围不断扩展,内容不断完善,形式不断优化,持续提升预算透明度和可获得性,推动建设阳光政府、责任政府、服务政府。

一、推进预算公开,"钱花得更明白"

在中央预算方面,2023年公开的内容涵盖中央四本预算情况、中央对地方转移支付预算情况和有关说明。如,中央一般公共预算、政府性基金预算、国有资本经营预算收支情况及其变动说明,46项转移支付项目分地区情况及其说明等。

预算"晒"得更细,也更加可读。在公开上述预算报表的同时,各部门还对预算收支增减变化、机关运行经费安排、"三公"经费、政府采购、国有资产占用、预算绩效管理、提交全国人大审议的项目等情况予以说明,并对专业性较强的名词进行解释。

自2009年中央预算首次向社会公开,今年已是中央部门预算连续第15年"晒预算"。"近年来,财政部认真贯彻落实党中央、国务院决策部署,持续推动我国预算公开取得新进展。"一方面,不断加强顶层设计,确立预算公开制度框架;另一方面,不断加大工作力度,有序推进预算公开工作。

二、强化绩效导向,"钱花得更有效"

对于公众来说,不仅关心各部门公开的预算"账本"是否详细,还关心"账本"里的各项支出能否花得有效。近年来,财政部不断加强预算绩效管理。在绩效目标管理方面,着力规范绩效目标设置、提高绩效目标质量、推动绩效目标向社会公开。今年项目支出绩效目标表的公开范围继续扩大,进一步敞开了社会各界了解政府履职的"窗口",更加清晰展现了财政资金的"任务单、时间表、效果图"。

三、落实机构改革要求，预算批复作出相应安排

提交十四届全国人大一次会议审查批准的中央预算是按机构改革前的部门和职能编制的。为保证机构改革工作稳妥推进和部门预算顺利执行，对机构改革涉及部门的预算，仅有部分职责调整的部门，先按现有预算批复，执行中根据职责调整情况办理预算划转和调整，对于不涉及职责调整的部门，在预算批复后第15日（即3月28日）当天完成集中公开。

二、政府预算的执行

政府预算经过批准之后，就进入执行阶段。正确组织政府预算的执行工作是实现政府预算收支任务的核心，是政府预算管理的重要组成部分。政府预算的执行不仅关系到国家方针政策的贯彻执行以及国民经济和社会发展计划的全面实现，而且是一项经常的、细致的、艰苦复杂的系统工程。

（一）政府预算执行的组织机构

健全的政府预算执行组织机构是做好预算执行工作的前提，只有组织机构分工明确，合作密切，才能达到政府预算执行的预期效果。政府预算执行组织机构由政府行政领导机关和职能机构组成。

国务院和地方各级人民政府是预算执行的行政领导机关，负责组织执行各级政府预算。国务院负责组织中央预算和地方预算的执行，并监督中央各部门和地方政府的预算执行。县级以上地方各级政府组织本级总预算的执行，并监督本级各部门和下级政府的预算执行。乡、民族乡、镇政府组织本级预算的执行。

各级财政部门是预算执行的职能机构，在各级人民政府的领导下，全面负责预算执行的具体组织工作。财政部在国务院的领导下，具体负责组织中央预算的执行和地方预算的执行。地方各级财政部门在同级人民政府的领导下，具体负责组织本级总预算的执行。

为了更好地组织政府预算的执行工作，政府预算执行的职能机构还包括税务机关、海关、国家金库、主管部门和单位等。

税务机关和海关是组织预算收入的专职机关，主要负责有关税收和企业利润的监缴工作。主管部门负责组织和监督本部门预算的执行工作。各单位负责本单位的预算执行工作。

国家金库是预算执行的重要职能机构，是办理预算收入的收纳、划分、留解和库款支拨的专门机构。我国实行的金库制度是委托金库制，即国家金库业务由中国人民银行代理。按照一级财政一级金库的设立原则，我国金库的组织体系分为中央金库和地方金库。中央金库业务由中国人民银行总行经理，地方金库业务由中国人民银行的分支机构经理。县支金库是国家金库的基层金库。未设中国人民银行分支机构的地区，由上级中国人民银行分支机构与地方政府财政部门协商后，委托有关银行办理。具备条件的乡、民族乡、镇，应当设立乡金库。

☑ **拓展思考 10-5** ....

实行国库集中收付制后，国家金库的职能发生了哪些变化？

（二）政府预算执行的主要任务

政府预算执行的主要任务是：根据国家的方针政策，积极组织政府预算收入，使其正确、及时、足额地上缴国库；按照计划及时合理地拨付资金，督促企业和单位加强经营管理，合理、节约、有效地使用资金；根据国民经济的发展情况，组织政府预算执行的平衡，保证政府预算收支的圆满完成。简单地说，政府预算执行的任务就是"收、支、管、平"。各级人民政府、财政部门、政府各主管部门及各单位在政府预算的执行中，必须按照《预算法》规定的职权范围，各司其职，各负其责，以保证执行任务的顺利完成。

（三）政府预算执行中的平衡

参与政府预算执行的组织机构的共同任务有四项，其中心任务是做好政府预算执行中的平衡工作。

尽管在年初编制政府预算时，各级政府部门按照预算法律文件的规定，在经过科学预测和反复核算后，实现了收支平衡。但是，人们的主观认识不可能完全符合客观实际，这决定了各项预算收支计划的安排不可能完全准确无误。同时，在政府预算执行过程中，客观事物是不断发展变化的，影响政府预算收支执行的有利因素和不利因素时刻困扰着政府预算执行中的平衡工作。为了随时解决政府预算执行中出现的新情况、新问题，保持政府预算执行中的平衡，进而保证年度预算的圆满完成，政府预算执行中的调节工作就必不可少。政府预算执行中的调节方式主要有编制季度收支计划和政府预算调整。

1.编制季度收支计划

季度收支计划是政府年度预算在各个季度的具体执行计划。编制季度收支计划对于加强政府预算执行的计划性，避免和减少政府预算执行的盲目性，保持政府预算执行中的平衡，保证政府预算的顺利执行和圆满实现，具有重要意义。

季度收支计划的编制依据有年度预算数、上季收支预计完成数、本季各项经济指标和事业发展计划、本季影响收支的有利和不利因素等。从内容上讲，季度收支计划的编制内容宜粗不宜细，一般包括年度预算数、上季预计执行数和本季计划数。

季度收支计划由政府财政部门负责编制，并报同级人民政府备案。各部门、各单位的季度收支计划，由各部门、各单位按同级财政部门的有关规定编报。

2.政府预算调整

政府预算调整包括全面调整和局部调整，常见的是后一种。政府预算在执行中的调整，是平衡政府预算的一种主要方式。

（1）政府预算调整的含义和范围。

按《预算法》规定，预算调整是指经全国人民代表大会批准的中央预算和经地方各级人民代表大会批准的本级预算，在执行中因特殊情况需要增加支出或者减少收入，使原批准的收支平衡的预算的总支出超过总收入，或者使原批准的预算中举借债务的数额增加的部分变更。在政府预算执行中，部分地修改原批准预算主要有三种情况：一是因追加支出或追减收入，需要修改预算收支总额的；二是不变更原批准预算收支数额，只是部分改变支出用途或收入来源，而不影响收支平衡的；三是由于某些收支在上、下级之间或地区、部门之间的互相转移，而影响到上、下级之间或地区、部门之间预算收支变化，但不影响各级总预算收支平衡的。从广义上讲，以上三种情况都属于政府预算调整的范围，因此我们可以把广义的政府预算调整概括为：政府预算调整就是通过改变政府预算收支总规模或局部改变收入来源和支出用途，从而组织政府预算新的平衡的方法。我们这里所说的政府预算调整主要是指第一种情况，亦可以理解为狭义的政府预算调整。

在预算执行中，因上级政府返还或者给予补助而引起的预算收支变化，不属于政府预算调整。接受返还或者补助款项的县级以上地方各级政府应当向本级人民代表大会常务委员会报告有关情况；接受返还或者补助款项的乡、民族乡、镇政府应当向本级人民代表大会报告有关情况。决算时，这些款项作为自动增加预算处理，但不得随意改变用途。因为在政府预算各类支出计划中，有些开支如重大自然灾害救济费、特大防洪或抗旱补助费等专项开支，在编制预算时事先不能确定拨付给哪个地区，往往是在事件发生后才能确定拨给谁。这就是说，这类专款是在政府预算执行中上级政府拨给下级政府使用的。虽然影响上下级预算收支发生变化，但就各级总预算来说，并未追加支出或追减收入，也不影响各级总预算的收支平衡，所以不属于政府预算调整。

（2）政府预算调整的条件和基本要求。

政府预算调整的条件是指在什么样的情况下，才可以办理政府预算调整。依照法律规定，经各级人民代表大会批准的各级政府预算，各级政府必须认真执行，在正常情况下，不能随意变更。政府预算在执行中，只有遇到突发事件，经济政策调整，预备费入不敷出，直接影响预算平衡的情况时，才可进行调整。

预算调整的基本要求是：追加支出必须有相应的收入来源弥补；追减收入必须有相应的压缩支出的措施，从而确保预算收支平衡。

（3）政府预算调整的程序。

《预算法》规定，各级政府对于必须进行的预算调整，应当由本级政府财政部门具体负责编制预算调整方案，方案中应当列明调整的原因、项目、数额、措施及有关说明，经本级政府审定后，提请本级人民代表大会或人民代表大会常务委员会批准。

未经批准调整预算，各级政府不得作出任何使原批准的收支平衡的预算的总支出超过总收入或者使原批准的预算中举借债务的数额增加的决定。地方各级政府预算的调整方案经批准后，由本级政府报上一级政府备案。

各部门、各单位的预算支出，必须按照本级政府财政部门批复的预算科目和数额执行，不得挪用；确需作出调整的，必须经本级政府财政部门同意。

（4）政府预算调整的其他方式。

① 预算流用。预算流用，又称"科目流用"或"经费流用"，是指在原定预算支出总额内，部分改变资金用途的一种预算调整的方式。在政府预算执行中，各预算支出科目间往往会发生有的项目资金有余、有的项目资金不足的情况，在保证完成原定各项建设事业计划，而又不超过原定预算支出总额的前提下，经过一定的批准程序，在科目间进行必要的调整。这种通过在预算支出科目间的调出调入而形成的预算资金的再分配，既不影响总的收支平衡，又能充分发挥预算资金的使用效果，是组织预算平衡的较好方法。但是，不同科目表明资金的用途不同，而不同用途的资金又和相应的物资供应密切相关。因此，预算流用必须遵守国家规定的流用范围，严格划清资金性质，并按照一定的批准程序方可办理。

② 预算划转。在政府预算执行中，由于行政区划和行政、企业及事业单位隶属关系的改变，相应的预算隶属关系也必须同时改变，即将全年预算划归新的地区、部门和接管单位。这种预算关系的变更，称为预算划转。预算划转要将全年的预算收支，包括已经上缴的预算收入和已拨付的预算资金全额划转。预算划转应由财政部门按规定办理。

③ 动用预备费。各级政府预算的预备费，又称总预备费。它是事先不规定用途，为了解决在政府预算执行中某些临时性的急需和事先难以预料的开支而设置的后备基金。在预算执行中，如果发生较大的自然灾害救灾开支或原来预算没有列入而又急需解决的临时性开支等情况，可以动用预备费。在一般情况下，预备费上半年不宜动用，动用预备费应经过一定的批准程序。中央预备费的动用，应由财政部编报预备费动用方案，并由国务院批准；地方各级政府预备费的动用，应由地方各级财政部门编报本级预备费动用方案，并由地方同级人民政府批准。动用预备费，只是使预备费有了具体的用途，并不改变政府预算总的支出规模和总的平衡。

三、政府决算

政府决算是对政府预算执行情况的总结，也是国家经济活动在财政上的集中反映。政府决算的编制，既有利于加强政府预算管理，总结平衡收支方面的经验教训，提高以后年度的预算工作水平，也为政府制定经济政策提供参考和依据。

政府决算的编制，通常采取自下而上的方法。编制程序如下：执行预算的基层单位首先编制决算并报送上级主管部门；主管部门进行审核后汇编成部门总决算，上报同级财政部门；县、市财政部门根据基层单位报送的单位决算汇编成县、市级总决算，报送省级财政部门；省级财政部门将本级收支决算和县、市总决算汇编成总决算报送财政部；财政部根据地方总决算和中央总决算编制国家决算。

国家决算编成后，由财政部报送国务院审查并提交全国人民代表大会批准。地方各级总决算由地方财政部门报请同级人民政府审查后，提交同级人民代表大会审查批准。

第三节　政府预算改革

改革开放以来，为加强政府预算管理，优化政府预算结构，提高政府预算的科学性，我国政府和财政部门，在预算领域进行了一系列改革。主要改革措施有：在预算形式上，由单式预算改为复式预算；在预算编制方法上，由基数预算改为零基预算；在预算构成上，由分项预算改为部门预算，加编国有资产（本）经营预算。

一、复式预算

（一）复式预算的产生

20世纪初期，随着政府职能的扩张和政府在国民经济中的作用与活动范围不断扩大，财政收支活动发生了重大变化。

1.赤字政策成为财政政策的主流

由于政府活动范围不断扩大，财政支出日益膨胀，而政府税收收入增长有限，收支矛盾十分突出，政府不得不举债来应付支出需要。随着赤字的积累，政府债务规模急剧扩张，债务收支成为财政收支的一项重要内容。

拓展思考 10-6 ······························

复式预算与凯恩斯主义有何关系？

2.支出的性质与以往相比有了很大变化

政府的支出不再是纯消费性的开支，而有很大一部分是直接用于经济建设方面的开支。这些开支不仅对目前的经济发展产生影响，还将对今后的经济发展产生长远的影响，政府的收支活动对整个宏观经济调控的作用越来越大。

3.国有资产管理成为经济活动的重要方面

政府支出不仅包括纯消费性的支出，还包括资本性支出，而这些资本性支出形成了国有资产。一些行业国有资产的比重很大，有些行业（如邮电、铁路等）的国有资产甚至占垄断地位，国有资产管理已成为经济活动的一个重要方面。

4.社会福利支出成为政府支出的重要组成部分

为了保证社会稳定，追求社会的公正和公平，世界各国政府普遍采取了扩大社会福利支出的办法，社会低收入阶层的基本生活可以通过政府行为来保证。

由于以上这些变化，传统的单式预算已难以反映政府的全部财政活动，适应不了对不同性质资金进行管理的要求，更不利于宏观经济分析和财政收支效益的考核。因此，许多国家都根据预算管理的需要进行了预算制度方面的改革，纷纷放弃单式预算的编制形式而改为复式预算，复式预算逐步成为一种潮流。

（二）我国的复式预算

改革开放以后，我国财政在职能、收支结构等方面发生了巨大的变化。这些变化对政府预算管理提出了新的要求。首先，从财政职能来看，在计划经济条件下，财政职能的重点是筹集和供应资金；在市场经济条件下，财政职能的重点是收入分配、资源配置和调节宏观经济。其次，从财政收支结构变化来看，在计划经济条件下，财政收支基本上是平衡的，只有20世纪50年代初至60年代中期有部分赤字。财政收支平衡是政府在计划经济条件下追求的重要目标。改革开放以后，我国财政收支结构发生了重大变化。从财政收入来看，债务收入由过去的基本没有变为规模、比重不断上升；从财政支出来看，经济建设由国家财政投入为主变为投资渠道多元化，社会保障支出由数量不大变为急剧增长，国有资产的规模也不断扩大。所有这些变化都在客观上呼唤一种新的政府预算管理形式，我国的复式预算因此应运而生。

我国实行复式预算制度，基本上采取了一种循序渐进的方式。早在1986年末，一些全国人大代表就提出了实行复式预算的议案。经过一系列研究，1988年，财政部向国务院报送了实行复式预算的初步方案。1989年，全国人民代表大会常务委员会正式提出了实行复式预算的意见。1991年末，财政部再次向国务院报送了修订的复式预算方案。1991年，国务院颁布了《国家预算管理条例》，规定从1992年1月1日起，国家预算按复式预算编制。

我国的复式预算分一般公共预算、国有资产（本）经营预算、政府性基金预算和社会保障预算。

（1）公共预算，是指政府凭借国家政治权力，以社会管理者身份筹集以税收为主体的财政收入，用于保障和改善民生、维持国家行政职能正常运转、保障国家安全等方面的收支预算。某省省级××××年公共预算收支见表10-1。

表10-1　　　　　　　　　　　**某省省级××××年公共预算收支表**　　　　　　　单位：万元

收入		支出	
项目	预算数	项目	预算数
一、税收收入	540 000	一、一般公共服务	773 490
增值税	166 000	二、国防	43 260
企业所得税	373 000	三、公共安全	257 815
城市维护建设税	1 000	四、教育	1 295 124
		五、科学技术	86 796
二、非税收入	690 000	六、文化体育与传媒	85 842
专项收入	383 000	七、社会保障和就业	1 362 700
行政事业性收费收入	235 000	八、医疗卫生	216 575
罚没收入	42 000	九、节能环保	244 006
国有资产（本）经营收入		十、城乡社区事务	3 428
国有资源（资产）有偿使用收入	30 000	十一、农林水事务	1 358 111
		十二、交通运输	1 574 454
		十三、资源勘探电力信息等事务	208 093
		十四、商业服务业等事务	48 031
		十五、金融监管等事务	12 470
		十六、国土资源气象等事务	388 077
		十七、住房保障支出	164 512
		十八、粮油物资储备事务	296 159
		十九、预备费	90 000
		二十、国债还本付息支出	700
		二十一、其他支出	508 437
收入合计	1 230 000	支出合计	9 018 080
上级补助收入	19 400 387	补助下级支出	13 923 371
返还性收入	2 465 736	返还性支出	1 253 323
一般性转移支付收入	12 573 761	一般性转移支付支出	11 018 203
专项转移收入	4 360 890	专项转移支出	1 651 845
下级上解收入	1 990 500	上解上级支出	213 727
调入资金		调出资金	24 744
上年结余结转收入	559 035	年终结余	
收入总计	23 179 922	支出总计	23 179 922

（2）国有资产（本）经营预算，是国家以所有者身份依法取得国有资产（本）收益，并对所得收益进行分配而发生的各项收支预算，是政府预算的重要组成部分。国有资产（本）经营预算支出按照当年预算收入规模安排，不列赤字。

国有资产（本）经营预算收入主要包括从国家出资企业取得的利润、股利、股息和国有产权（股权）转让收入、清算收入等，支出主要用于支持国有经济和产业结构调整以及弥补国有企业的改革成本等。某省省级××××年国有资产（本）经营预算收支见表10-2。

表10-2　　　　　　　某省省级××××年国有资产（本）经营预算收支表　　　　　单位：万元

收入		支出	
项目	预算数	项目	预算数
利润收入	30 000	教育	500
股利、股息收入	26 000	科学技术	3 500
产权转让收入		文化体育与传媒	2 000
清算收入		农林水事务	2 000
其他国有资产（本）经营收入		交通运输	5 000
		资源勘探电力信息等事务	18 000
		商业服务业等事务	20 000
		其他支出	5 000
收入合计	56 000	支出合计	56 000

（3）政府性基金预算，是指政府通过向社会征收基金、收费，以及出让土地、发行彩票等方式取得收入，专项用于支持特定基础设施建设和社会事业发展等方面的收支预算。政府性基金预算的管理原则是：以收定支，专款专用，结转结余下年继续使用。

根据《2021年政府收支分类科目》确定的收支范围，2020年全国政府性基金预算管理范围包括农网还贷资金、铁路建设基金、民航发展基金、海南省高等级公路车辆通行附加费、旅游发展基金、国家电影事业发展专项资金、国有土地使用权出让金、国有土地收益基金、农业土地开发资金、中央水库移民扶持基金、中央特别国债经营基金财务、彩票公益金、城市基础设施配套费、地方水库移民扶持基金、国家重大水利工程建设基金、车辆通行费、核电站乏燃料处理处置基金、可再生能源电价附加、船舶油污损害赔偿基金、废弃电器电子产品处理基金、彩票发行和销售机构业务费、污水处理费、抗疫特别国债财务基金、其他政府性基金、专项债务对应项目专项等25项。2021年全国政府性基金决算见表10-3。

（4）社会保障预算，是指政府通过社会保险缴费、公共预算安排的补助等方式取得收入，专项用于社会保障支出的收支预算。目前，我国建立社会保障预算的条件还不成熟。为积极推进此项工作，按照党中央、全国人大、国务院要求，近年来财政部门会同有关部门积极研究在全国范围内建立社会保险基金预算制度。2010年，国务院发布了《关于试行社会保险基金预算的意见》，决定在全国范围内建立统一规范的社会保险基金预算制度，这是我国社会保险基金管理历史上一个新的里程碑，不仅是政府公共服务职能的重要体现和完善政府预算体系的重大举措，也是确保基金收支平衡和加强基金监管的重要手段。在 2010 年将企业职工基本养老保险基金、失业保险基金、城镇职工基本医疗保险基金、工伤保险基金和生育保险基金等 5 项社会保险基金纳入社会保险基金预算编报范围的基础上，2011 年我国将新型农村社会养老保险和城镇居民基本医疗保险基金纳入预算编报范围，2012 年将新型农村合作医疗和城镇居民社会养老保险基金纳入编报范围。

表 10-3　　　　　　　　　2021 年全国政府性基金收入决算表　　　　　金额单位：亿元

项　　目	预算数	决算数	决算数为预算数的%	决算数为上年决算数的%
一、农网还贷资金收入	248.94	268.69	107.9	110.1
二、铁路建设基金收入	535.65	567.45	105.9	110.4
三、民航发展基金收入	319.07	264.65	82.9	127.2
四、海南省高等级公路车辆通行附加费收入	25.66	23.63	92.1	124.3
五、旅游发展基金收入	5.00	0.48	9.6	13.0
六、国家电影事业发展专项资金收入	29.30	21.67	74.0	320.1
七、国有土地使用权出让金收入	82 159.24	84 977.85	103.4	103.4
八、国有土地收益基金收入	1 893.00	1 992.38	105.2	105.3
九、农业土地开发资金收入	148.00	162.12	109.5	109.3
十、中央水库移民扶持基金收入	297.85	324.83	109.1	112.3
十一、中央特别国债经营基金财务收入	631.71	634.34	100.4	100.2
十二、彩票公益金收入	797.93	1060.33	132.9	109.0
十三、城市基础设施配套费收入	2 919.89	2 706.88	92.7	107.9
十四、地方水库移民扶持基金收入	56.87	63.76	112.1	115.7
十五、国家重大水利工程建设基金收入	170.81	157.33	92.1	93.6
十六、车辆通行费收入	1 270.04	993.87	78.3	109.8
十七、核电站乏燃料处理处置基金收入	36.30	41.22	113.6	136.3
十八、可再生能源电价附加收入	881.80	963.58	109.3	108.0
十九、船舶油污损害赔偿基金收入	1.60	1.75	109.4	165.1
二十、废弃电器电子产品处理基金收入	27.00	28.10	104.1	106.4
廿一、彩票发行和销售机构业务费收入	131.74	156.39	118.7	100.5
廿二、污水处理费收入	681.91	711.01	104.3	115.7
廿三、抗疫特别国债财务基金收入	277.35	272.35	98.2	
廿四、其他政府性基金收入	579.96	848.86	146.4	108.7
廿五、专项债务对应项目专项收入	400.00	780.65	195.2	297.1
全国政府性基金收入	94 526.62	98 024.17	103.7	104.8
地方政府专项债务收入	36 500.00	36 500.00	100.0	97.3
从一般公共预算调入资金		90.00		
上年结转收入	240.12	240.16	100.0	

2021年，全国社会保险基金预算按险种分别编制，包括：基本养老保险基金、基本医疗保险基金、工伤保险基金、失业保险基金、生育保险基金等社会保险基金。2021年全国社会保险基金收入89 180.75亿元，增长27.7%，其中，保险费收入63 191.35亿元，财政补贴收入22 741.75亿元。全国社会保险基金支出86 412.68亿元，增长10.6%。

某省省级××××年社会保险基金预算的情况如下：正式编制社会保险基金预算并报省人大审议，基金收入包括保险缴费收入、财政补贴收入和利息收入等，专项用于社保对象待遇支出。省级社会保险基金收入预算707.8亿元（其中财政补贴收入162.9亿元），支出预算673.9亿元。其中：企业职工基本养老保险基金收入679.6亿元，支出653亿元；失业保险基金收入3.8亿元，支出1.2亿元；城镇职工基本医疗保险基金收入15.9亿元，支出12.7亿元；工伤保险基金收入7.3亿元，支出6.1亿元；生育保险基金收入1.3亿元，支出8 295万元。

二、部门预算

（一）部门预算的内容和特点

通俗地讲，部门预算就是一个部门一份预算。根据国际经验，部门预算是指由政府各部门编制，经财政部门审核后，由权力机关审议通过的反映部门所有收入和支出的预算。在2000年以前，我国没有编制部门预算，每年向各级人民代表大会提交的是收入按类别、支出按功能编制和汇总的预算。实行部门预算后，部门编制的预算要反映部门所有的收入和支出，既要反映一般预算收入和支出，又要反映基金预算的收入和支出。

1.部门预算的内容

部门预算主要包括一般预算、基金预算和债务预算三部分。

（1）一般预算。一般预算也称普通预算，其收入与支出没有对称性，具体包括一般预算收入和一般预算支出两部分。一般预算收入包括各类税收收入、国有资产（本）经营收益和行政性收费、罚没收入、事业收入、其他收入以及一般预算调拨收入。一般预算支出包括基本建设支出、挖潜改造资金支出、地质勘探费支出、科技三项费用支出、各项事业支出、社会保障支出及其他支出。

（2）基金预算。基金预算也称专款专用预算，其收入与支出具有对称性，因此基金预算收入科目和基金预算支出科目具有一一对应的特点。基金预算收入包括工业交通部门基金收入、商贸部门基金收入、水利部门基金收入、电力部门基金收入、社会保险部门基金收入、农业部门基金收入、土地有偿使用收入、政府住房基金收入、其他部门基金收入、地方财政税费附加收入和基金预算调拨收入。基金预算支出包括工业交通部门基金支出、商贸部门基金支出、水利部门基金支出、电力部门基金支出、社会保险部门基金支出、农业部门基金支出、土地有偿使用支出、政府住房基金支出、其他部门基金支出、地方财政税费附加支出和基金预算调拨支出。

（3）债务预算。债务预算反映各级政府筹措的国内和国际债务收支状况，包括债务收入预算和债务支出预算。债务收入包括国内债务收入和国外债务收入。债务支出也相应包括国内债务还本支出和国外债务还本支出。债务利息支出记入一般预算支出。

2.部门预算的特点

（1）涉及面广。部门预算涉及各预算部门及其所有下属单位。据不完全统计，中央部门预算就涉及5 000多个二级、三级预算单位，各预算单位又涉及不同的管理部门。

（2）数据量大。由于部门预算是从基层单位开始按科目、分项目进行编制，然后逐级上报，层层汇总，因此部门预算处理的数据非常庞大。

（3）内容复杂。各预算部门及其下属单位的预算情况千差万别、互不相同，既有行政单位，又有事业单位，还包括企业集团；既有垂直管理的部门，又有代管部门；既有支出预算部门，还有有预算分配权的部门。这种差别决定了部门预算的内容非常复杂。

（二）我国编制部门预算的原因

编制部门预算是发达国家和大多数发展中国家的通行做法，也是我国深化社会主义市场经济体制改革、建立公共财政框架的基本要求。在2000年以前，我国预算编制存在一些问题，概括起来主要有以下几点：

1.预算编制职责过度分散

在我国预算管理中，预算编制不是一个独立的系统，预算的编制、执行、监督三个环节没有明晰的职责界定和划分，财政部门内的各个业务部门和其他部门同时兼有这三项职能，工作交叉，管理低效。在预算编制运作上，职责过度分散，没有权威的部门负全部责任。预算部门在名义上是预算编制的专职部门，但事实上对预算编制的介入程度不深、不细，只是在业务部门编制好的预算的基础上进行局部调整和汇总，很多预算编制工作由业务部门承担。而业务部门由于既管资金分配又管执行、监督，客观上不能集中过多精力去深编、细编预算，以至于预算较粗，质量较低。在预算执行运作上，预算资金的分配权分散。我国的支出预算是按资金的性质归类编制，由于部门、单位的资金性质和来源渠道不同，因此各种资金（如行政经费、科研经费、基建支出等）分别由不同的职能部门分配和管理，从而使得财政难以对一个预算单位的经费整体使用情况实施有效的监督和控制。

2.预算编制时间过短，缺乏严肃性

我国的预算编制时间过短，一般在上年11月份下达预算编制通知，3月份就开始由全国人民代表大会讨论预算草案，短短几个月的时间很难将偌大一个国家的预算编细、编好。基层财政部门用于编制预算的时间则更短。预算作为一种科学的预测，理应建立在客观可靠的基础之上，而这种编制上的"高效率"使收支安排明显带有很大的草率性和盲目性，其反映的经济信息难免失真，无法发挥对收支执行的约束力，从而带来实际执行中的低效率。

3.预算编制内容不完整

预算的完整性要求政府预算应包括政府的全部预算收支项目，完整地反映以政府为主的全部财政收支活动，不允许在预算规定范围之外还有任何以政府为主体的资金收支活动。预算完整性是建立规范化、法治化预算的前提条件。长期以来，我国在财政分配中把财政性资金分为预算内资金、预算外资金、制度外资金，但实际上只对预算内资金进行了分配，而没有将预算外资金和制度外资金作为政府宏观调控的财力来使用，从而导致预算外资金和制度外资金游离于预算管理之外，既违背了预算的完整性原则，又削

弱了财政的宏观调控能力。

4.预算编制过于粗放

预算编制内容细化是预算管理的基础。虽然《预算法》对预算编制作出了较为严格的规定，但是预算编制的部门、科目、项目等具体内容仍相当粗放。多年来，政府报送预算草案一直是按收入类别和功能分类编报的，没有细化到部门，从而给财政部门批复预算带来困难。同时，没有各部门的具体预算数字，也不利于人大代表进行审查和监督。

5.预算科目设置不科学

这个问题不仅反映在收入科目中，也反映在支出科目中；不仅表现在类别科目上，也表现在款、项、目等各级科目上。预算科目是政府预算编制的信息框架，这些看似技术层面的细枝末节的小问题，也可以反映出政府财政的各种信息，也能体现出政府理财的能力和水平。

由以上内容可以看出，我国的预算编制改革已势在必行，实行部门预算是我国预算编制改革的重要步骤。

（三）编制部门预算的意义

1.有利于加强政府预算的计划性和科学性

原预算编制过于粗放，尤其是行政的介入和干预，使其在计划性和科学性方面存在较大缺陷。编制部门预算改变了上述状况。例如，预算编制时间大大提前；各级政府预算大大细化，所有的预算数直接落实到基层使用单位，其收入、支出项目及人员供给状况等均细化到二级单位，减少了预算编制的粗放性和估算性问题；预算外资金纳入预算，改变了政府及其机构的计划外行为；各级人民代表大会加强了对政府预算的监督，减少了预算编制的随意性和人为性，减少了追加预算的规模和程度。

2.有利于人大代表充分发挥对财政预算的审查和监督职能

以往向人民代表大会提交的预算草案都比较粗略，不够具体，没有有关部门的具体数字，不便于人大代表进行审查和监督。编制部门预算，进一步细化了预算，提高了预算的透明度，解决了预算"外行看不懂，内行说不清"的问题，有利于预算分配的公开、公平、公正，有利于人大代表发挥监督职能，也有利于审计部门和社会各界对政府预算的监督。

3.有利于增强政府预算的法治性

虽然《预算法》对政府预算的编制、审核、执行、调整和监督等环节作出了详细的规定，但政府预算仍然存在着严重的编制时程序不清、管理上权责不明、审批中把关不严、执行时落实不力、监督上权威不足等问题。部门预算的编制，是依据相关法律和法规进行的，是政府自觉遵循法律而采取的行动，它为公众以法律约束政府活动，以及法治社会的形成和反腐倡廉工作等，提供了应有的条件和制度保证。

4.缩短了预算编制和批复的时间

原有预算管理体制存在的问题，使得预算编制过程进度不一，预算批复时间也不一样。实行部门预算后，人民代表大会在审批预算时，可以审批到部门。如果人民代表大会在审批时，没有作出大的调整，财政部门在预算通过后，就可以省去各部门间重复分配和平衡指标的过程，从而很快批复各部门预算。

5.有利于强化预算观念，提高预算管理水平

编制部门预算后，年初就需要将预算细化到部门并落实到具体项目，从而使预算编制科学化、制度化和规范化，改变了过去"一年预算，预算一年"的现象，有利于克服预算管理粗放、预算随意性较强的弊病，客观上强化了各级领导的预算观念，减少了追加支出的随意性。同时，财政部也可以把更多的精力放在执行预算、监督财政资金的使用以及参与部门规划和项目的论证选定上。

三、零基预算

（一）零基预算的概念

零基预算诞生于美国。1970年，总公司在美国的得克萨斯州仪器公司开发了零基预算的方法。得克萨斯州仪器公司当时陷入了经营困境，为了突破窘境，便提出了零基预算政策。零基预算实施以后，尽管公司销售数量减少，却成功地降低了成本，从而使利润大幅度提高，度过了公司的危机。当时的佐治亚州州长，即日后的吉米·卡特总统，注意到了这项成果。在1971年，他将零基预算导入佐治亚州，并推广到整个美国。

零基预算是科学编制预算的一种方法。如果从字面意思来理解，零基预算就是在编制预算时，一切从零开始。严格地说，它是指在编制年度预算时，对每个部门的工作任务进行全面审核，然后再确定各部门的支出预算。零基预算的一个重要特点是在编制预算时，不仅要对年度内新增的任务进行审核，而且要对以前年度确定的项目进行审核。从预算支出的角度来看，零基预算就是不仅要对预算年度中的新增支出进行审核，而且要对以前年度形成的支出基数进行审核。

零基预算不能简单地理解为一切从零开始。实际上，零基预算是要对所有的项目加以评估，在评估过程中，可能会碰到某个项目出现一切从零开始的情况，然而大多数情况下只是对原方案进行一些修正。

（二）零基预算的基本内容

1.零基预算的基本要素

零基预算包括三个基本要素，即决策单位、一揽子决策和排序。

决策单位是零基预算的基本单位，也是基本预算单位。在运用零基预算法时，可以用一个项目作为一个决策单位，也可以用一个部门的一个机构作为决策单位。比如，在核定某个部门的正常经费时，可以将该部门所属单位作为基本的决策单位；在核定该部门的专项经费时，可以将具体项目作为决策单位。

一揽子决策也是零基预算的基本要素之一。在确定了决策单位之后，每一个决策单位的管理者都要对他所负责的活动进行分析，并考虑提供不同服务水平的影响以及不同服务水平所需要的经费开支，这就是一揽子决策。

排序是指在制订出一揽子决策方案以后，决策单位根据本部门或机构的职责，将对本部门影响不同的方案按从大到小的顺序排列，以解决在一个财政年度内该花多少钱以及应把钱花在什么地方等问题。

2.零基预算的编制程序

首先，尽可能小地确定决策单位，以便于进行详细检查。其次，制订一揽子决策方案。这是最重要的一个步骤，要求如下：①提出本部门可采用的工作方案；②预测不同方案下所需的资金量；③对每个方案的服务水平进行分析。最后，确定要选择的方案和支出预算数，决策单位必须按确定的预算数保证决策方案所提出的服务水平。

（三）我国零基预算编制中存在的突出问题

我国传统的预算编制方法是基数法（或增量法）。这种方法是以上年收支实际执行数为基数，根据本财年影响预算收支的各种因素，对不同的收支确定一定的增长数额或比例，以此来确定预算各项收支指标。这种方法较为简便、易于操作，与过去的财政体制相适应，也发挥过一定作用。但随着我国经济体制改革的不断深化，这种预算编制方法越来越不能适应"两个根本性"转变的要求。这种方法的特点是"基数定天下"，其主要弊端表现为：

（1）预算编制方法不科学、不规范、不符合公平原则，预算安排与实际动态过程不能同步。

（2）基数法实际是增量预算，不利于控制支出和提高资金的使用效益。

（3）预算编制粗放，不够细化，同时影响预算的及时性。

（4）追加支出随意，预算约束软化。

这些问题的存在，对加强预算管理极为不利，因此必须改革传统的预算编制方法，实行零基预算。

（四）稳步推进和实施零基预算

我国实行零基预算的基本思路和初步目标是：在编制年度预算时，对各项财政支出均不以上年预算为基数，一切从零开始，按正常经费和专项经费两部分重新核定。正常经费按人员定额核定，专项经费根据需要结合财力所能逐项核定，做到该保留的保留，应取消的取消，确需增加的增加。实施零基预算后要基本达到以下目标：一是使"吃饭"和"办事"经费彻底分开，提高预算分配的透明度；二是适应市场经济的要求，优化支出结构，改变财政资金分配有增无减的状况，将资金用于急需的项目，提高资金的使用效益；三是提高预算分配的科学性，解决各单位收入不均的问题；四是使预算管理逐步走向规范、细化。其具体方法如下：

（1）设计表格，摸清家底。按照零基预算的原则编制预算，各单位应有详细的资料数据，要在摸清家底的基础上，编制预算总表、单位明细表、专项经费表、人员基数表、定额表和定额支出表，以强化基础工作。

（2）确定各单位预算管理形式、人员编制和实有人员，重新核定预算管理形式、人员编制和实有人数（实有人数包括在职人员数、离退休人员数和财政供给的在校学生数），为编制预算提供可靠的依据。在此基础上，区别全额预算单位、差额预算单位和自收自支单位的供给经费标准。

（3）确定行政、事业单位正常经费定额。预算定额可按行政机关、公检法部门、全额事业单位、差额事业单位等类别分类确定，并区别每一大类的在职人员和离退休人员两档定额，定额内容包括人员经费定额、公务费定额、业务费定额三大部分。人员经费定额主要包括工资改革后的人均工资、正常工资晋级和晋档、工龄工资、各项津贴补贴等；公务费定额主要包括差旅费、水电费、邮电费、办公费等；业务费定额主要包括资料征订费、报表印刷费等。人员经费定额按照国家出台的人员工资政策进行调整；公务费、业务费定额按照物价水平和财力可进行适当调整。

知识链接 10-2

定员定额

定员是指根据各单位履行职能的需要，确定各单位应配备的工作人员数量（以编制部门提供的各单位编制数为依据）。公共部门的定员按照单位的性质可以分为行政单位定员和事业单位定员两种。行政单位定员是按照行政单位的机构设置和工作任务、所处区域面积大小、所辖人口多少而规定的人员配备标准；事业单位定员一类是按机构类型定员，另一类是按特定比例定员。

定额是指在定员的基础上，根据各种客观因素确定每个人员的资源消耗补偿额。目前，人员经费的定额项目包括基本工资、津贴及奖金、社会保障缴费等八个子项目。公用经费的定额项目包括办公及印刷费、水电费、差旅费等十二个子项目。

（4）根据需要和可能确定专项经费。按照《预算法》收支平衡的原则，财政部门确定了正常经费定额后，再视财力情况，安排各单位专项经费。专项经费分轻重缓急，从零开始逐项排队，逐项核定，首先应保证重点项目的安排，其他专项经费要量力而行。

（5）确定经费预算总水平。正常经费加上各单位专项经费就是全年财政支出预算。

四、国有资产（本）经营预算

（一）编制国有资产（本）经营预算的必要性

国有资产（本）经营预算是国家以所有者身份对国有资产（本）实行存量调整和增量分配而发生的各项收支预算，是政府预算的重要组成部分。《预算法实施条例》第二十条规定："各级政府预算按照复式预算编制，分为政府公共预算、国有资产经营预算、社会保障预算和其他预算。"

☑ 拓展思考 10-7

国有资产（本）经营预算与一般预算是什么关系？

长期以来，我国对国有资产（本）经营收支没有单列预算和进行分类管理，而是与经常性预算收支混合在一起，这种做法无法体现政府作为社会管理者和国有资产（本）所有者两种职能及其两类收支活动的运行特征。随着我国实行社会主义市场经济以及政资两种职能的逐渐分离，政府作为国有资产（本）所有者，必须建立起独立于公共预算之外的国有资产（本）经营预算来全面掌握经营性国有资产（本）的收入、支出、资产和负债情况，以确保国有资产（本）保值增值和再投资按计划进行，建立国有资产（本）经营预算已成为必然。

1.有利于国有资产（本）出资人充分发挥其职能作用

国务院国有资产监督管理委员会（以下简称国资委）作为国有资产（本）出资人的

代表，其职能应定位为对国有资产（本）的监督管理，包括国有资产（本）的产权监管、营运监管和国有资产（本）总量与结构的调控管理，但不能直接干预企业的生产经营活动。国有资产（本）经营预算反映的预算期内国有资产（本）经营的目标，是国有资产（本）经营计划的财务安排，是国资委职能作用发挥的基础。

2.有利于实现政府作为国有资产（本）所有者的监管职能

在市场经济条件下，按照政资分离的原则，公共预算的编制和实施体现了政府行使社会管理职能的需要；而国有资产（本）经营预算则体现了政府行使国有资产（本）所有者职能的需要，其收入应主要来源于国家以国有资产（本）所有者身份取得的各种国有资产（本）收益，其支出必须用于国有资产（本）的再投入。

3.有利于国有资产（本）出资人加强对国有资产（本）经营者的约束与控制

在目前国有资产（本）管理的"两级三层"模式中，国资委要对国有资产（本）授权经营公司的经营者进行约束控制，国有资产（本）授权经营公司要对被其控制或参股公司的经营者进行产权约束。而约束与控制的一个重要手段就是分级建立国有资产（本）经营预算。

4.有利于强化对国有资产（本）的规范化管理

国有资产（本）所有权和经营权随着国有企业的改组和改制实现分离以后，政府与国有企业经营者之间就形成了一种"委托—代理"关系。由于信息不对称，代理人有可能发生损害所有者权益的道德风险。为了预防这种道德风险的发生，政府必须建立国有资产（本）经营预算，以便对国有资产（本）经营活动进行统筹规划，对国有企业经营者的业绩进行考核和评估，从而最大限度地降低道德风险，确保国有资产（本）的保值和增值。

5.有利于完善我国的复式预算制度

我国国家财政必须建立起包括公共预算、国有资产（本）经营预算和社会保障预算等在内的复式预算制度，以进一步转变和拓宽国家财政职能，增强财政宏观调控能力，强化预算约束。可见，建立国有资产（本）经营预算是出于深化我国财政体制改革、促进我国复式预算制度不断完善发展的需要。

（二）国有资产（本）经营预算制度

1.国有资产（本）经营预算的编制目的

（1）加强对国有资产（本）的整体规划和调控，进一步规范国有资产（本）管理、监督、营运主体之间的关系，实现国有资产（本）收益的最大化。

（2）进一步明确和落实国有资产（本）出资人的收益权，完善收益分配的管理程序，维护国有资产（本）出资人的合法权益。

（3）强化国有资产（本）营运的过程监控，提供有效反映国有资产（本）经营过程、结果以及经营效率的财务信息，加强对国有资产（本）经营收益的管理，提高国有资产（本）营运的质量。

（4）形成一套既满足国有资产（本）管理需要，又能体现国有资产（本）营运机构内部规范化运作的制度及程序。

2.国有资产（本）经营预算的编制主体、审批程序

根据政府预算的统一性、完整性的原则，国有资产（本）经营预算的编制、审批不应脱离国家财政预算部门。作为政府复式预算的重要组成部分，国有资产（本）经营预算的编制主体仍为国家财政部门，并纳入各级政府财政预算管理，同财政公共预算一并报请本级人民代表大会批准后执行。国有资产（本）经营预算采取"统一领导、分级管理"的管理体制。国家统一制定国有资产（本）经营预算的方针政策；统一规定预算收入和支出项目；统一规范预算的有关规章制度等。各预算编制与执行部门在总预算范围内安排本级国有资产（本）经营预算。国有资产（本）经营预算的管理，既要体现政府预算的完整性和统一性，又要保证不同预算的相对独立性，满足各类不同性质支出的需要。

就具体程序而言，财政部代表中央人民政府（国务院），委托授权国资委作为国有资产（本）经营预算的实际主体，负责编制中央国有资产（本）经营预算草案并上报财政部审核；财政部将中央国有资产（本）经营预算连同公共预算汇编成政府总预算，呈报全国人民代表大会批准。各地方人民政府财政厅（局）代表地方人民政府，委托授权地方国有资产监督管理部门编制地方各级人民政府的国有资产（本）经营预算并上报各地方人民政府财政厅（局）审核；各地方人民政府财政厅（局）将地方各级人民政府的国有资产（本）经营预算连同公共预算汇编成各地方人民政府预算，呈报各级人民代表大会批准执行。国有资产（本）营运机构或权属企业是基层国有资产（本）经营预算的编制主体，负责制定本级次的预算并上报国有资产监督管理部门，组织预算收入的收缴和支出的管理，完成预算目标。经过审批的国有资产（本）经营预算由本级国有资产管理部门组织执行，并下达给下一级单位具体实施。

国有资产（本）经营决算按有关规定和程序编报，汇入同级政府决算，报同级人民代表大会批准。国有资产（本）总决算汇入政府总决算，呈报全国人民代表大会批准。

3.国有资产（本）经营预算的编制原则

国有资产（本）经营预算的编制原则可以概括为：量入为出、收支平衡、分级编制、保值增值。具体来说有以下几点：

（1）遵照国家经济发展目标、战略及政府政策法规。国有资产（本）经营预算是政府经济活动的重要反映，预算指标必须与国民经济和社会发展的指标体系相适应、相衔接，综合测算和确定年度国有资产（本）经营预算的收支规模和结构，同时也要充分考虑政府当年重大的经济政策、法规的调整，保证在基本法律框架内体现国家对国有经济和宏观经济的政策意图。

（2）分级编制。在坚持国家所有的前提下，中央和地方人民政府分别代表国家履行出资人职责。因此，国有资产（本）经营预算的编制也应采取由中央和地方人民政府分别编制中央和地方国有资产（本）经营预算的做法。

（3）量入为出，收支平衡。国有资产（本）经营预算支出要根据国有资产（本）经营预算收入的多少来确定，即根据一定时期内公共预算有多少结余，以及国有企业税后利润有多少能够上缴预算收入的情况，科学、合理地安排国有资产（本）经营预算支出。如果国有资产（本）经营预算支出超过了相应的预算收入，即超额使用国有资

（本）的经营收入，就会使下个预算年度的国有资产（本）经营预算目标难以完成。

（4）保证重点，兼顾一般。在编制国有资产（本）经营预算支出时，关系国计民生的重点项目、主导产业的投资应优先安排，突出重点。

（5）保值增值，实现盈利。国有资产（本）经营预算应追求宏观经济效益，发挥其在国民经济发展中的乘数效应，引导、带动社会资本，以实现自身的保值增值。

4.国有资产（本）经营预算收支的内容

（1）国有资产（本）经营预算收入。这是指国有资产监督管理部门、国有资产（本）营运机构（国有资产（本）授权经营公司）及其权属企业对经营性国有资产（本）进行投资经营和产权运作所产生的收益，主要包括：①国有资产（本）收益，包括国有企业应上缴国家的利润及股份制企业中国家出资（股权）应分得的股息和红利；政府授权的投资部门或机构以国有资产（本）投资形成的收益应上缴国家的部分；国有企业产权转让收入、股份制企业国家出资（股权）转让收入；土地等国有资源使用权出让应上缴国家的收入；非国有企业占用国有资产（本）应上缴国家的占用费收入；境外企业应上缴国家的国有资产（本）收益；其他按规定应上缴国家的国有资产（本）收益。②公共预算转入，包括转入国有资产（本）经营预算的结余、专项投资或其他转移收入。③国内外债务收入。④其他国有资产（本）经营收入。

（2）国有资产（本）经营预算支出。这主要用于国有资产（本）的再投资和再发展，主要包括：①用国有资产（本）收益安排的支出，包括股份制企业国家股配股（或增资）支出；向新、老国有企业注入资本金支出；国家调整产业结构安排的投资支出；保证国家对重要行业和重点企业控股、参股的投资支出；国有资产（本）保值增值的奖励支出；用国有资产（本）收益安排的其他支出。②基本建设支出。③国有企业挖潜改造支出。④国家专项建设基金支出。⑤科技三项费用支出。⑥国内外建设借款还本付息支出。⑦其他支出。

（三）实行国有资产（本）经营预算的相应配合措施

1.按市场要求建立国有资产（本）投资、经营体制

只有国有资产（本）投资、经营体制真正实现市场化，才能从整体上确保国有资产（本）得到合理配置，确保国有资产（本）的保值增值，这是国有资产（本）经营预算得以开展的前提条件。如果国有投资公司能够实现市场化运作，那么竞争领域的国有资产（本）投资决策就能建立在经济合理性的基础上，即使由于投资项目和企业本身的经营或市场变化等造成少数项目和企业亏损，投资失败，也能够保证大多数项目和企业资产（本）经营的成功，保证国有资产（本）经营预算充盈。

2.改善国有资产（本）经营预算的制度法律环境

首先，制定一系列更符合国有企业实际、更具操作性和指导性的国有资产（本）经营预算工作制度和法律法规，把国有资产（本）经营预算纳入《预算法》和《中华人民共和国企业国有资产法》的立法框架之中，加快对国有资产（本）经营预算的制度化和法治化建设。其次，合乎时宜地修改预算会计制度。随着社会主义市场经济体制和财政预算管理制度改革的逐步深化，现行预算会计制度的不适应性日益突出：一是会计核算的内容较窄；二是会计核算以收付实现制为基础有一定的局限性；三是会计科目功能不

足；四是财务报告制度不完备等。因此，现行预算会计制度必须进行相应的修改，这样国有资产（本）经营预算才能切实反映国有资产（本）营运的真实情况。

3.及时发现并解决实施国有资产（本）经营预算过程中出现的矛盾

国资委在编制国有资产（本）经营预算时，至少应说清楚资产（本）的全景，但目前金融性国有资产（本）和行政事业单位的国有资产（本）却在国资委的监管范围之外，行政事业单位的部分国有资产（本）是以经营的方式在运行，同时，国资委与其下辖中央授权经营企业还存在博弈。这些现象都是值得关注的，需要通过推动国有资产（本）经营预算的信息披露、问责制等措施及时加以解决。

本章小结

1.政府预算是具有法律效力的政府年度财政收支计划，是政府对社会经济进行调节和控制的重要杠杆。

2.政府预算分为中央政府预算与地方政府预算。中央政府预算居主导地位，地方政府预算居重要地位。

3.政府预算从编制组织形式来看，分为单式预算和复式预算；从计划指标的确定方法上看，分为增量预算和零基预算；从是否具有法律效力的角度来看，分为正式预算和临时预算；从预算内容的分合来看，分为总预算和分预算。

4.政府预算的编制采取自下而上、自上而下、两上两下、上下结合的程序。政府预算由同级人民代表大会审查批准。

5.国务院和地方各级人民政府是预算执行的行政领导机关，负责组织执行各级政府预算。各级财政部门是预算执行的职能机构。

本章基本概念

政府预算　单式预算　复式预算　增量预算　零基预算　中央预算　地方预算　预算执行　收入机关　政府决算

综合训练

一、复习思考题

1.什么是政府预算？

2.复式预算有何优点？

3.简述政府预算的原则。

4.政府预算的编制程序是什么？

5.如何对政府预算进行调整？

6.政府预算执行的主要任务是什么？

7.编制部门预算有何意义？

8.什么是零基预算？

二、实训题

【实训项目】

编制班费预算。

【实训目标】

1.培养学生的组织能力、分析问题和解决问题的能力。

2.亲身体会政府预算的编制程序、方法，编制中存在的问题及解决措施。

【实训内容与要求】

1.将学生分为策划组、预算制度组、预算科目和表格设计组、预算编制组等。

2.策划组负责班费预算编制的总体策划和协调；预算制度组负责制定班费预算编制制度；预算科目和表格设计组负责设计班费预算科目和表格；预算编制组负责编制班费预算。

【成果与检验】

1.班费预算制度、班费预算科目与表格及班费预算。

2.老师对班费预算制度、班费预算科目与表格、班费预算进行评价并分小组打分。

第十一章

财政体制

知识目标：了解我国财政体制的沿革；明确财政体制的实质；掌握财政体制的内容；明确分税制财政体制下各级政府之间的财政关系；掌握现行分税制财政体制的主要内容。

技能目标：学会不同体制下收支基数的测算；学会运用财政体制的基本原理解决财政体制中出现的实际问题。

综合目标：掌握财政体制的基本知识、基本原理；学会运用本章知识分析地方财政体制的优点和问题。

引 例

完善县级基本财力保障机制

近年来，按照分级管理的原则，中央财政通过建立和完善激励约束机制，引导各地调整省对下财政体制，建立较为规范的省对下转移支付制度，省级政府调控能力有所增强，地市级收支水平有所下降，财政支出逐步向县级倾斜，基层财政困难总体得到缓解，但部分县乡财政保障能力仍然不足。从纵向财力分布看，省、市两级财力好于县级。从横向财力分布看，县之间财力水平差距较大。部分东部地区尽管财力较为雄厚，但省内地区间差异也较为明显，一些县的财力水平还不及中西部地区的县。

县乡基层政府处于行政架构的末端，承担着提供辖区内基本公共服务的重要职责，对其履行职责所需的基本财力必须予以保障。按照党中央、国务院的要求和部署，中央财政在缓解县乡财政困难"三奖一补"政策的基础上，2010 年 9 月印发了《财政部关于建立和完善县级基本财力保障机制的意见》（财预〔2010〕443 号）。2019 年 8 月，财政部发布了《中央财政县级基本财力保障机制奖补资金管理办法》（财预〔2019〕114 号），全面推进县级基本财力保障机制建设，以实现"保工资、保运转、保民生"为目标，保障基层政府实施公共管理、提供基本公共服务以及落实党中央、国务院各项民生政策的基本财力需要。2019 年，中央财政支出县级基本财力保障机制奖补资金 2 709 亿元。在中央财政的引导和激励下，各地积极采取措施，努力提高县级基本财力保障水平，基本财力保障尚有缺口县的个数和缺口额大幅减少。下一步，财政部门将进一步完善县级基本财力保障机制和办法，适当扩大保障范围，提高保障标准，完善引导省市财政将财力下沉和县级政府加强财政管理的激励约束机制，不断提高县级基本公共服务保障水平，使县级财政迈入良性运行的轨道。

从以上案例可知，财政体制是有关上下级政府之间财力财权划分和财力转移方面的体制。现行财政体制导致县级财政资金短缺，完善县级基本财力保障机制主要是通过自上而下的转移支付。本章将详细介绍有关财政体制的这些问题。

第一节　财政体制概述

一、财政体制的含义与实质

（一）财政体制的含义

财政体制即财政管理体制，是指在中央与地方政府之间以及各地方政府之间划分财政收支范围和预算管理职权的一项根本制度，也称为预算体制（或预算管理体制）。其主要内容包括：①财政分级；②财政支出和支出职责的划分；③财政收入和收入职责的划分；④政府间转移支付制度。从其基本内容来看，财政体制是在国家相关法律法规的约束和规范之下，通过财政的分级管理，各级财政的收支划分以及财力的纵向和横向协调，来处理中央政府与地方政府、地方上下级政府之间的财政分配关系的一种制度安排。

财政管理体制是现代国家治理的重要方面。党的十八大以来，以习近平同志为核心的党中央高度重视财政体制问题，作出了一系列重大判断，提出了一系列明确要求。习近平总书记在党的十八届三中全会上指出："财政是国家治理的基础和重要支柱，科学的财税体制是优化资源配置、维护市场统一、促进社会公平、实现国家长治久安的制度保障"，要求"加快形成有利于转变经济发展方式、有利于建立公平统一市场、有利于推进基本公共服务均等化的现代财政制度，形成中央和地方财力与事权相匹配的财税体制，更好发挥中央和地方两个积极性。"习近平总书记在党的十九大报告中强调："加快建立现代财政制度，建立权责清晰、财力协调、区域均衡的中央和地方财政关系。"党的十九届四中全会进一步要求："优化政府间事权和财权划分，建立权责清晰、财力协调、区域均衡的中央和地方财政关系，形成稳定的各级政府事权、支出责任和财力相适应的制度。"习近平总书记关于中央和地方财政关系的重要指示，高屋建瓴、内涵丰富、意义深远，为我们加快完善中央和地方财政关系指明了方向，提供了根本遵循。

（二）财政体制的实质

财政体制的实质是集权与分权的问题。如果一国财政体制将主要的收支范围和收支管理权责划给中央，就是财政上的集权；如果划给了地方，就是财政上的分权。财政的集权有集权的道理，分权有分权的益处。

1.集权的理由与好处

（1）集权能有效地配置全国性或准全国性公共产品。全国性公共产品应由中央政府组织提供，这是自不待言的。

（2）集权能有效地解决地区之间的协调发展问题。一般来说，地方政府不会关心全国性的地区之间经济发展不平衡问题。在一个过度分权的体制下，中央政府难以有足够的财力来进行地区间的再分配，无法解决地区间因自然、历史等条件差异而造成的公共服务水平的差异，甚至无法保证贫困落后地区的居民能够享受到最低限度的基本公共服务。

（3）集权有助于宏观经济的稳定。与地方政府相比，中央政府在稳定宏观经济方面具有综合性的比较优势，相对集权使中央政府能综合运用各种财政经济手段对国民经济总量实施宏观调控。

地方政府担负着维护辖区内社会环境稳定、发展教育文化卫生事业、提高社会福利水平、实现充分就业等社会职责。

☑ **拓展思考 11-1** ··

集权有哪些负面效应？
··

2.分权的理由与好处

（1）分权有利于公共产品的有效供应。从公共产品的有效提供来看，大部分公共产品属于地方性公共产品，与中央政府相比，地方政府更贴近居民，更了解居民对公共产品的需求偏好及数量、质量、结构等信息，且获取信息的成本低，如果关于地方公共产品和服务的决策均由中央政府来做，必然会造成决策失误和效率低下。从公共产品的有效需求来看，由于各地居民对公共产品的需求偏好和结构不同，若公共产品均由中央政府提供，全国统一的公共产品的种类和水平不可能最大限度地满足各地居民的需求，很可能会出现某类公共产品要么过多，要么不足的情况。

（2）分权有利于将公共产品提供的成本费用分摊与受益直接挂钩，有利于提高地方居民对政府事务的参与程度，也有利于加强当地政府的责任感。在集权体制下，公共产品提供的资金均由中央政府拨款，是全体居民纳税，而非本地居民纳税，由于缺乏本地纳税人的直接或间接监督，执行公共项目的地方官员往往不关心项目的成本与收益。同时，地方官员为了扩大其权力和显示其政绩，往往会夸大项目所需的预算，而不管成本与收益如何，认为向上级争取的项目和资金多多益善。

（3）分权有利于创新。在集权体制下，地方政府没有或很少有决策自主权，地方官员是中央政府行政命令的执行者。各地的支出、税收、产业政策及执政目标等均由中央决定，地方政府无法利用政策创新来与其他地方竞争，体制和政策僵化使得政府缺乏应变能力，管理效率低下。而分权则有利于地方政府从实际出发，创造性地管理经济和社会事务，从而提高行政效率。

（4）分权有利于税收征管。从组织财政收入的角度来看，地方政府比中央政府更接近纳税人，更了解税源和征税对象的情况，从而在税收征管上具有一定的优势，在防止分散、零星税款流失方面的优势则更加明显。

（5）分权有利于社会公众对地方政府的监督。集权体制下的地方政府长官往往由上级政府任命，这种体制使得地方政府长官只关心如何迎合上级的意图，而忽视地方居民的呼声。而在分权体制下，公民在政治上有很大的参与度，政府花的钱也主要来自当地的纳税人，地方政府往往比较注重顺应民意，从而有助于提高政府决策的科学性、民主性，形成政府与民众相互信赖、相互制约的关系。

知识链接 11-1

用脚投票

用脚投票是指资本、人才、技术流向能够提供更加优越的公共服务的行政区域。在市场经济条件下，随着政策壁垒的消失，"用脚投票"挑选的是那些能够满足自身需求的环境，这会影响政府的绩效，尤其是经济绩效。它对各级各类行政主体的政府管理产生了深远的影响，能推动政府管理的变革。2009年9月，英国在医疗体制改革中打破原有的分区就诊制，允许公众"用脚投票"，即人们可以自由选择全科医生，远离那些服务质量不好的社区全科诊所。这一改革为英国医疗系统注入了更多竞争机制。

集权和分权的好处使得市场经济条件下的绝大多数国家实行了集权与分权相结合的、多级化的财政体制。正因为如此，财政体制一般也是在各级政府和辖区单位上运转的。这就意味着各级政府均有安排财政支出和组织财政收入的职能。

二、财政体制的内容

（一）财政分级

1.公共产品的层次性

如前所述，在市场经济体制下，公共产品决定了公共财政的存在。政府通过"税收-公共支出"机制，有效地提供公共产品，这是政府的基本职责之一。然而，公共产品是有层次的，有全国性公共产品和区域性公共产品之别，公共产品的层次性决定了财政的分级。研究公共产品的层次性，就是要找出公共产品与各级政府职责和行为目标的内在联系，为建立和实施科学、规范的分级财政管理体制提供可靠依据。

一般来说，公共产品按其受益范围或效用溢出的程度可分为全国性公共产品、准全国性公共产品和区域性公共产品。全国性公共产品，是指那些受益范围是跨区域的，可供全国居民同等消费并且共同享用的产品。其基本特征是：其一，无论国土面积大小，其受益对象都是整个国家疆域内的全体公民；其二，无论公共产品的内容如何，其受益对象在整个国家疆域内的分布都是均匀的。准全国性公共产品，是指那些能够满足消费上的公共性中的非竞争性，但不能满足消费上的均等性的产品，这里的"不能满足消费上的均等性"说明公共产品具有非均等性，即在不同区域、不同行政辖区的居民，对公共产品的消费是不均等的。比如，高等教育、跨区域的重点设施建设等，在消费的区域分布上很难做到均等化。区域性公共产品，是指在地方的层次上被消费者共同地且平等地消费的产品。其基本特征也有两点：其一，受益范围基本上被限定在本区域之内，并且这种受益在本区域内的分布是均匀的；其二，外溢性要多于全国性公共产品，因为全国性公共产品的外溢性在一国范围内实际上被内部化了，而区域性公共产品的外溢性，则因一国各行政辖区之间的经济文化联系、人口流动等因素的影响而在所难免并且难以内部化。

2.公共产品有效供给与财政分级

公共产品客观上存在层次性，那么，不同层次的公共产品，应由哪一级政府提供才是适当的和有效的呢？很显然，全国性公共产品的特征决定了其必须由中央政府来提供才能实现高度的均等化和高效化。

准全国性公共产品由于难以实现全国范围内的消费上的均等化且有一定的外部效应，如果规定由某一级政府提供而其正外部效应又得不到合理补偿的话，就会导致有效供给不足。为了保证此类公共产品的有效供给，通常的做法是将外部效应内部化，即把那些存在严重外部效应的公共产品的配置职责集中起来，由上一级地方政府直至中央政府统一提供或者由某一地方政府提供，但由上一级地方政府直至中央政府提供某种补贴，以补偿那些受外部效应影响的行政辖区，保证公共产品的适当供应量。

从理论上说，中央政府也可以提供区域性公共产品，但最终结果却往往不尽如人意，这是因为：其一，地方政府对地区居民对区域性公共产品的偏好的了解程度优于中央政府；其二，与中央政府提供地域性公共产品相伴的高度集权型财政体制会带来较大的效率损失。

不同层次的公共产品由不同级次的政府来提供才能实现高效率。从根本上说，这是因为不同层次的公共产品具有不同程度的外溢性，或者说具有某种性质的差异。例如，国防这种公共产品之所以要由中央政府在全国范围内提供，原因在于它的外溢性极强，如果让地方政府提供，就会在全国各个地区的居民中产生外溢作用，各地居民有效选择的结果最终会导致国家承担提供国防这一全国性公共产品的责任。与国防相比，教育这种公共产品的外溢性作用比较小。而消防、公园、路灯等公共产品的外溢性作用又依次减小，从而要求地方政府为本辖区提供这些公共产品。分级财政体制下的地方政府提供某些区域性公共产品的优点就在于，它能够把外溢性作用控制在尽可能小的范围之内，从而有利于区域性公共产品的有效供给。

✓ 拓展思考 11-2 ···

当前我国财政分为五级，你认为合适吗？

（二）财政支出划分

按财权与事权相统一的原则，财政支出在各级政府间的划分，取决于各级政府的事权。政府事权的行使须借助财政职能的履行才能体现并完成。市场经济下国家公共财政的职能包括经济稳定职能、收入分配职能和资源配置职能。根据公共产品的层次性划分及受益区域的不同，将这些职能进行大致的划分，市场经济国家有着相似的做法，这反映了政府间事权划分的通则。

1.经济稳定职能的划分

经济稳定职能应主要由中央政府履行。经济稳定要求实现社会总供给与社会总需求的平衡，这一平衡关系涉及国民经济整体和全社会的利益，只有代表和管理整个国民经济的中央政府才能承担此责任。而各个地方政府的局部性平衡决策很难实现国民经济全局性平衡所要求的社会总供求平衡。在实际中，地方的局部利益往往与国家的长远利益、整体利益有矛盾。即使各地区都达到局部均衡，但加总后的国民经济整体很难保证是均衡的。

地方财政稳定经济的政策会因"贸易漏损"而失效。在开放统一的市场中，开放性和流动性限制了地方政府单独稳定经济的能力。例如，某地区采取减税或增加公共支出的扩张性财政政策，其目的是扩大本地区的消费需求，但由于地区间的自由贸易往来，会导致部分消费需求转移到其他地区；同样，该地区若采取紧缩性财政政策，也会因地区间的自由贸易往来，导致消费需求转移到其他地区。其结果是，经济的稳定和发展很难实现。处于相对封闭状态的国家，由中央政府采取稳定和发展经济的政策，会极大地限制"贸易漏损"程度，从而使这一政策更有效。

2.收入分配职能的划分

收入分配职能也主要由中央政府履行。财政收入分配的目标是实现社会收入分配的公平，即通过收入分配政策对种种原因造成的社会成员在收入或财富分配上的差异较大的状况进行再分配，以缩小差别，均等收入和财富，削减不公平负担，实现社会公平。社会公平的基本表现是全国公众享受基本同等的公共产品和公共服务待遇。实现公平分配，需要把高收入者的部分收入再分配给低收入者，这就要求政府制订完整的收入分配和再分配方案。这种收入分配和再分配方案的制订和实施权必须由中央政府来掌握，以避免出现不同地区的不公平现象。反之，如果由地方政府行使再分配的权力，则会在全国范围内出现地方间的差别税收、差别转移支付等制度，从而导致人口、资源等要素不合理流动，经济效率下降。至于各地区间由于经济发展水平不同而造成的公共服务水平的不公平，也应由中央政府进行调节并负责地区之间的再分配，以使各个地方提供公共服务的能力趋向均等化。

3.资源配置职能的划分

资源配置职能由中央政府与地方政府分层次履行，并且主要由地方政府履行。资源配置职能即由政府提供公共产品，实现社会总资源在公共产品与私人产品之间的合理配置，并对公共产品的构成作出选择，从而使资源配置向帕累托最优靠近。财政配置资源的内容是多方面的，主要包括：提供基础设施、资助基础性科学研究、对过度竞争的行业进行适当的限制或调节、反垄断、制定和实施国家的产业政策等。由于中央政府和地方政府要在不同的受益范围内提供公共产品，因而配置功能一般由中央政府和地方政府共同承担；由于资源配置具有较强的地域性，能够更好地体现因地制宜和因事制宜，因而地方政府在履行资源配置职能方面应有所作为。相对于中央政府而言，地方政府只是在较小的地域范围内进行资源配置，但由于地方政府对于本地需要、偏好等信息最为了解，可以根据地方情况进行项目选择，因而配置的针对性明显增强，资源配置效率较高，可以更好地发挥其资源配置职能，其中，提供地方性公共基础设施和公共服务、城市维护与建设、地方交通运输、就业训练等是地方政府资源配置职能的主要内容。但是，处在地方且具有外部效应的项目，需要中央政府参与解决。

✓ **拓展思考 11-3** --

当前我国财政支出划分存在哪些问题？

（三）财政收入划分

为避免扭曲市场并调动地方积极性，主要按照税种属性划分各级政府收入。

1.分税依据

税收是政府财政收入的基本形式，也是保证政府正常行使其职责的物质手段。从这个意义上讲，划分政府职责及实行分级财政体制的理由，自然也就成为分税的理由。具体地说，实行分税的主要依据如下：

（1）政府财政经济分级管理的要求。在实行分级财政体制的国家，如果把税收管理权限（包括税收立法权、税收政策制定权、税收征管权、税款支配使用权等）全部集中在中央，不给地方一点权限，必将形成地方对中央的严重依附关系，使地方处于既无权又无钱的境地，压抑和束缚了地方政府在经济社会事务管理上的积极性和创造性。税收管理权限的过分集中，还会使税收政策和制度难以符合中央政府以及所有地方政府的实际情况，可能造成决策和管理的失误。一个好的财政体制应该是：各级地方政府各自都承担着一定的职能和支出责任，这些职能和支出责任的履行需要有相应的财力作为保证，这种财力应主要来源于本辖区的纳税人上缴的税款，而不能主要依靠中央或上级财政的拨款。

（2）公共产品分级提供的要求。地方性公共产品的存在和公共产品的层次性要求地方政府根据本辖区的企业和居民对公共产品的需求数量、结构、质量等因素，分级并主要通过各自的"税收-公共支出"机制加以保障。相对于其他的提供机制和方式，这样处理更公平、有效、方便和可靠。总之，地方税是用来分摊地方性公共产品成本费用的一种最为公平、有效的社会机制。

（3）政府行为目标差异性的要求。中央政府与地方政府行为目标的差异性，也要求税权、税源、税款等必须在政府之间进行合理划分，以便各级政府能够根据其职责和行为目标，灵活、充分、有效地运用税收手段筹措政府收入，调节经济，管理行政事务，从而保证各自行为目标的实现。

（4）调动地方政府征税积极性的要求。实行分税制使地方政府掌握了税收征管的某些权限，也有了自己的税收征管机关。同时，税款征收多少与地方政府的预算支出规模挂钩，有利于提高地方政府征税的积极性和努力程度，减少地方政府对中央政府的资金依赖，并增强地方财政平衡的能力。

（5）提高公共资金使用效益的要求。如果税款全部集中于中央，那么，地方花钱要靠中央拨款，自然，地方花钱就不会像花"自己"的钱一样精打细算和讲求效益。由于中央向下的拨款额是在讨价还价的谈判中确定的，往往带有很大的主观随意性和不可预见性，它会诱发资金分配使用的设租、寻租行为，弱化政府支出预算约束，有失公共财力分配使用的公正和公平。

2.分税原则

美国财政学家塞利格曼对分税制提出了以下原则：

（1）效率原则，即以征税效率的高低为标准来确定税种的归属。如果某种税由地方政府征收效率更高，更有利于税款的及时足额入库，就应将这种税划归地方税；相反，则应划归中央税。例如，对于土地税，地方税务人员更了解土地状况（如面积、地价等），稽征方便且不易逃税，宜作为地方税。对于所得税，由于所得的地点会随纳税人的流动而难以固定，并且纳税人的居住地和收入地点可能不在同一地点，如果把所得税归为地方税，就会产生一些麻烦。因此，把所得税划归中央税种，在估算调查归属方面就比较方便易行，征收效率也较高。

（2）适应原则，即以税基的宽窄作为分税的标准。税基宽的税种划为中央税，如印花税；税基窄的税种划为地方税，如房产税。

（3）恰当原则，即以税收负担公平与否作为分税的标准。为了使全国居民公平地负担税收而设立的税种应归于中央税；反之，税源和纳税人只涉及部分地区和部分人的税种应划归地方税。

✓ **拓展思考 11-4** ···

我国应如何借鉴美国的分税原则？

···

3.分税方式

（1）划分税额。该方式是对税收的最简单的划分，它一般是先税后分，即先统一征税，然后再将税收收入的数额按照一定比例在各级政府之间加以划分。

（2）划分税种。这一方式的内涵是，在税收立法权、税目增减权和税率调整权乃至税种的开征和停征权等税收权限主要集中于中央的条件下，针对各级政府行使职责的需要，按上述原则，把不同税种的收入分割给各个级别的政府财政，即按照税种划分收入范围。与划分税额的方式不同，该方式可以确定某些税种收入的隶属关系，也就是将某些税种的收入固定地划归中央或地方，同时对某些税种的收入也可以实行共享，但地方政府并不享有等同于中央的税收立法权。

（3）划分税率。这实际上是一种按照税源实行同源课税、分率计征的方式。此类方式所采取的具体做法包括：一是上级政府对某一税基按照既定税率征税并将税款留归本级财政之后，再由下级政府采用自己的税率，对相同的税基进行征税，且自行支配该税收款项。在这种类型中，下级政府亦可在上级政府征税的同时或之前按照自己的税率对同一税基进行征税。二是采用所谓"税收寄征"的方式，即上级政府在对某一税基按照自己的税率征收本级税款的同时，代替下级政府并按照下级政府的税率对同一税基进行征税，然后再将这笔税款拨付给下级政府。

（4）划分税制。在划分税制的方式下，国家往往分别设置了中央税和地方税两个相对独立的税收制度和税收管理体系，中央与地方均享有相应的税收立法权、税种的开征和停征权、税目的增减权和调整权，并且有权管理和运用本级财政收入。当然，两级税收体系相对独立又相互衔接和相互补充，不可能完全地分割开来。

（5）混合型模式。这是在税收划分中综合地运用上述两种或两种以上做法而形成的一种各级政府间的税收划分方式。例如，在以划分税制为主的情况下，辅之以对某一个或某些税种的收入实行共享的方式；或者在以划分税制为主的同时，中央和地方政府对某一个或某些税源实行分率计征。当今世界上的许多国家所采取的分税方式往往并不是划分税额、划分税种、划分税率或划分税制四种方式中单一的一种，而通常是混合型的分税方式，从而发挥多种分税形式的综合效应。

（四）转移支付

1.转移支付的含义

转移支付是一个国家的各级政府之间在既定的职能、支出责任和税收划分框架下的财政资金转移，包括上级政府拨付给下级政府的各项补贴、下级政府向上级政府上缴的收入，以及富裕地区向贫困地区提供的补助等。政府间之所以存在转移支付，是因为：

（1）各级政府大体一致的基本财力保障是确保政府职责正常行使，政府政策得以及时、完整、准确执行的必要条件。

（2）国内居民都能从政府方面得到均质化、标准化、公平化的公共服务。如果一些客观原因导致某地财政状况不平衡，就需要通过转移支付予以协调。

2.转移支付的目标

（1）社会公平目标。政府间转移支付的基本形式是纵向转移支付，其中主要是中央政府对地方政府的转移支付。中央政府运用转移支付制度进行调节，使国内各辖区间的公共服务和财政能力大致均等，以实现社会公平目标。这里的社会公平包括三层含义：第一，一国内不同辖区间的财政收支平衡能力特别是支出水平不能差别过大；第二，地区内全体社会成员之间所享有的经济福利不能过分悬殊；第三，一国内不同辖区间政府所提供的公共服务水平不能差距过大。社会公平并不否定地区间合理的财政经济发展差距，不是要把一国的财政资金在各区域间进行完全均等化的分配和再分配。社会公平的核心是强调社会对个人间和地区间收入差距的合理调节。

由此可以看出，努力消除地方政府之间在财政能力和公共服务水平上的悬殊差距，提高较贫困地区居民的相对公共服务水平，满足较贫困地区居民一些基本的公共服务需求，是中央政府采取政府间转移支付制度以实现社会公平化的直接目的。

✅ **拓展思考 11-5** ⋯⋯⋯⋯⋯⋯⋯⋯⋯⋯⋯⋯⋯⋯⋯⋯⋯⋯⋯⋯⋯⋯

　　确定转移支付的社会公平目标是否会影响经济效率？

　　（2）财政调控目标。在市场经济条件下，政府间的税收分配和转移支付制度，是政府间实现纵向调节和控制的基本手段，即均衡和调控各级政府的支出需求与收入来源间平衡关系的关键性手段。中央政府总是希望而且也确有必要最大可能地保持对地方财政的有效控制。中央政府总是担心地方政府能否有效地运作，而地方政府总是为了满足不断上升的预算需要不断寻求更多的自治权和财权。因此，转移支付制度可以协调政府间的控制与反控制的矛盾，起到维护中央政府权威、限制地方政府过度扩张的作用。当然，这在很大程度上取决于政府采取什么样的转移支付方式。

3.转移支付的模式

　　政府间转移支付的模式有两种：一种是上下级政府间的资金转移，即纵向转移支付；另一种是同级政府间的资金转移，即横向转移支付，表现为财力富裕地区向财力不足地区转移资金。

　　纵向转移支付具有以下优点：

　　（1）该方法使中央政府掌握了主动权，有利于中央宏观调控。

　　（2）中央政府可根据本身财政状况对补助的总量进行调整，弹性掌握补助数额。

　　（3）由中央财政直接补助，弱化了财力富裕地区的明显负担感。但实际上，这种纵向转移支付模式必须具备一个前提条件，即中央财政需要有充足的财力，这样才能实施对财力不足地区的补助。

　　横向转移支付具有以下优点：

　　（1）横向转移支付的数量、来源以及谁转出、谁受益都具有很高的透明度，有利于受益的贫困地区与富裕地区之间建立起一种互助关系。

　　（2）横向转移支付可以减轻中央政府的财政压力，使中央政府处在居中协调的地位上。

4.转移支付的方式

　　（1）专项补助，又称有条件的转移支付或专项转移支付，即上级政府把一定数额的财政资金转移给下级政府时，同时提出该款项的特定用途与使用要求。

　　有条件的转移支付，按其是否对地方政府有配套资金的要求，又可分为配套的转移支付和非配套的转移支付。配套的转移支付是指接受转移资金的下级政府，必须自己筹集一定比例的款项作为配套资金，才能接受上级政府的资金补助。上级政府在对比较富裕的下级政府提供补助金时，一般都要求较高的配套资金比例。非配套的转移支付是指进行转移支付的上级政府，不对接受资金的下级政府提出资金配套的条件或要求。

　　有条件的转移支付会产生收入效应和替代效应。所谓收入效应，是指接受转移资金的下级政府，有时会因为得到拨款而放弃开辟本级财源的努力，从而使本身的财政收入来源减少。所谓替代效应，是指下级政府由于得到了上级政府的转移性拨款，因此提供公共产品和公共服务的成本降低，从而使其倾向于扩大公共产品的供给，或者说容易助长其扩大公共支出需要的倾向。由此可见，上级政府对下级政府的转移支付，虽然是平衡下级政府预算、消除财政赤字的必要举措，但如果把握不好，就会削弱下级政府开辟财源的积极性，导致下级政府盲目扩张公共支出，从而影响财政资金的使用效果。

☑️ **拓展思考 11-6** ··

我国当前采用的有条件的转移支付存在哪些问题？

···

（2）一般性补助，又称无条件拨款或无条件的转移支付，即上级政府对下级政府补助时，不附带任何条件，不规定具体的使用方向和使用范围，下级政府可按自己的意愿使用拨款。采用无条件的转移支付是基于两点来考虑的：一是对于那些单靠本级政府的税收收入不能满足其合理的支出需要的地方来说，这是实现经常性预算平衡的客观需要，是弥补财政支出"硬缺口"的重要途径，因此不必也不需要再指定具体的转移资金用途；二是不规定具体的使用范围和方向，有助于地方政府根据实际情况因地制宜地安排财政支出，取得较好的财政效益。

应当注意的是，如果设计和操作不当，无条件的转移支付方式很容易助长下一级财政的依赖心理，降低对扩大本级财政收入来源的追求，其收入效应比有条件的转移支付更为明显。但是，无条件的转移支付因不指明具体用途，所以不会出现有条件的转移支付那种直接的替代效应。由于中央政府对无条件的转移支付的控制力弱于有条件的转移支付，因此，各国政府都力求将无条件的转移支付建立在科学合理的基础上。无条件的转移支付的计算公式复杂而明确，考虑的因素包括人口数量、人口密度和年龄结构，地区规模和地理位置，经济发展情况，人均财政收入额和人均财政支出额，现有社会基础设施状况，人均所得税和税收课征效率，以及其他变动因素。拨款标准的建立是根据理论上应该有的收入和支出，而不是根据实际的收入和支出。用有关因素进行调整后，测算出各个地区合理的收入和支出额，最后按计算出的各地区应有的支出与实际财力的差额，提出各地方政府应得的财政补助金额。这些过程有严格的立法和详细的条文加以约束，以杜绝人为因素的干扰。

（3）分类转移支付，又称分类拨款。分类转移支付和无条件的转移支付相比较，是有条件的，即规定了转移资金的使用方向；但它又不同于有条件的转移支付，即不具体指明接受者应该使用该款项的细目与用途，而只指定该款项大的使用类别。例如，上级政府给某地一笔拨款用于增加当地的教育经费，该款项的大的使用方向只能是教育，可用来发放教员工资、购买教学仪器和图书资料、修建校舍等，在保证拨款用于教育的前提下，下级政府拥有资金使用的自主权，但不允许将这笔款项用于其他事业。因此，分类转移支付实际是一种使用范围较宽的有条件的拨款形式，其收入效应大于有条件的转移支付，小于无条件的转移支付，并具有一定程度的替代效应。在进行分类拨款的同时，上级政府要密切监督地方政府的资金筹措和管理能力。

（4）共享税。设置共享税实际上也是政府间资金转移的一种方式。在共享税制度下，地方政府在共享税的税基和税率的确定上均没有决策权和控制权，税务机构应在地方管辖范围内将征收的共享税按一定比例返回给地方政府。这样，中央政府能够通过共享税而不是独立的地方税来保留对地方政府的某种财政控制；同时，中央政府通过运用共享税，为改善纵向财政调控留出了选择空间。

第二节　分税制财政体制

中华人民共和国成立以来，国家进行了多次财政体制改革的探索，从中央与各省的财政体制，到省与市县、县与乡的财政体制有百种之多，但归纳起来主要有四种类型：1950—1952 年的统收统支体制，1953—1979 年的统一领导、分级管理体制，1980—1993 年的包干体制，1994 年至今的分税制体制。

一、分税制改革前财政体制的沿革

（一）统收统支体制（1950—1952 年）

中华人民共和国成立初期，为了克服国家财政经济工作面临的严重困难，中央采取了统一财政经济管理的重大决策，在财政管理上，实行高度集中的管理体制，即统收统支体制。该体制的特点主要是：

（1）财政管理权限集中在中央。一切收支项目、收支办法和开支标准，都由中央统一制定。

（2）财力集中在中央。全国各地的主要收入统一上缴中央金库，地方一切开支均需要经中央核准，统一拨付，只给地方留下少许机动财力，用以满足农村发展、文教卫生事业和城市市政建设以及其他临时性需要。

（3）各项财政收支，除地方附加外，全部纳入统一的国家预算。

这种统收统支的财政体制，显然不能长期运用下去，它只是在特殊历史背景下为适应特殊的社会经济环境而制定的一种暂时的财政体制。

（二）统一领导、分级管理体制（1953—1979 年）

这种财政管理体制的主要特征是：

（1）中央统一制定预算政策和预算制度，按国家行政区划分预算级次，实现分级管理，原则上是一级政权一级预算。在这种分级管理体制下，地方财政的收支支配权和管理权较小，并不构成一级独立的财政主体。

（2）按中央政府和地方政府的职责分工，并按企事业单位和行政单位的隶属关系确定各级财政的支出范围。

（3）主要税种的立法权、税率调整权和减免权集中于中央，由中央核定地方收支指标，全部收入分为各级固定收入和比例分成收入，由地方统一组织征收，分别入库。

（4）地区间的调剂由中央统一进行，凡收大于支的地方上解收入，凡支大于收的地方由中央补助。中央预算另设专门拨款，由中央集中支配，以调节地方预算的收支平衡。

（5）地方预算基本上是以支定收，结余可以留用。

（6）体制的有效期一年一定。

（三）包干体制（1980—1993 年）

1.划分收支、分级包干体制

改革开放以后，为适应新形势的需要，政府于 1980 年对财政体制作出了重大改革，开始实行"划分收支，分级包干"的财政体制，这种体制又简称财政包干体制，俗称"分灶吃饭"体制。财政包干体制是我国预算管理体制的一次重大改革，主要表现在地方预算初步成为责、权、利相结合的相对独立的一级预算主体。其基本内容是：

（1）按经济管理体制规定的隶属关系，划分中央与地方的收支范围。财政收入实行分类分成办法，包括固定收入、固定比例分成收入、调剂收入。财政支出分为包干支出和中央对地方的专项拨款支出。

（2）地方财政收支的包干基数，以 1979 年预算收支执行数为基础，经过适当调整后计算确定。

（3）地方上缴比例、调剂收入分成比例和定额补助数由中央核定下达后，原则上五年不变。地方在划分的收支范围内，自求平衡。

2.划分税种的体制

随着我国经济体制改革的深入，尤其是经过两步"利改税"以后，税收成为国家财政收入的主要形式。所以，中央决定从 1985 年开始实行"划分税种，核定收支，分级包干"的财政体制。这种财政体制的基本特点是以税种划分各级财政收入，同时，这种财政体制为我国向分税制财政体制的过渡迈出了重要的一步。

3.递增包干体制

1986 年以后，中央财政收入占全国财政收入的比例持续下降，中央级财源不稳定。为了充分调动地方组织财政收入的积极性，除原总额分成、总额分成加增长分成、定额上解或定额补助外，中央决定对地方实行递增包干体制。递增包干体制的内容包括：

（1）收入递增包干，即根据地方支出基数和以前年度收入增长情况，确定收入递增率和留成、上解比例，在递增率以内的收入，按确定的留成、上解比例进行分成，超过递增率的收入，全部留给地方。

（2）上解额递增包干，即确定上解中央收入的基数后，每年按一定的比例递增上缴。递增包干体制的主要特征是，鼓励地方增收的积极性，从而保证全国财政收入的不断增长。

但是，递增包干体制毕竟还保持着计划经济体制下的基本框架，还不是一种科学的、合理的、规范的管理办法，所以，随着市场经济体制改革的不断深化，这一体制的弊端也就日益暴露出来，主要表现在：

（1）中央财政收入占全部财政收入的比重过低，削弱了中央财政的宏观调控能力。按照递增包干体制，在地方增加的财政收入中，除了按规定比例上缴中央的部分，其余全部留给地方。其结果一方面造成了财力过度分散，另一方面使得中央财政收入的增长缺乏弹性，中央财政收入占全部财政收入的比重日趋下降，中央财政的宏观调控能力下降。据统计，1989 年中央财政收入占全部财政收入的比重为 33.8%，到 1993 年，这一比重下降到 22%。

（2）强化了地方利益机制，加剧了经济过热。按照递增包干体制，地方收入与地方企业的发展密切相关，为了维护和促进当地的利益，地方政府自然要发展高利税的企业，从而导致盲目引进、重复建设行为的发生，地方政府甚至不惜损害国家的利益来保护所谓的地方利益，进一步导致国家的产业结构和资源配置缺乏合理性。

（3）各地区的包干方法多种多样，缺乏规范性。在递增包干体制下，中央与地方是"一对一"的谈判基数和分成比例，缺乏规范性，这不仅使中央与地方的关系难以稳定，而且也会导致地区间的贫富差距进一步拉大，形成新的分配不公。

综上所述，包干体制已不能适应市场经济体制发展的需要，财政体制改革势在必行。1992年，我国在部分地区实行了分税制改革的试点工作，在此基础上，国务院于1993年颁发了《国务院关于实行分税制财政管理体制的决定》，规定自1994年1月1日起在全国实行分税制财政体制。

二、分税制财政体制改革的主要内容

分税制财政体制，简称分税制，是指将国家的全部税种在中央和地方政府之间进行划分，以确定中央财政和地方财政的收入范围的一种财政体制。其实质是根据中央政府和地方政府的事权确定其相应的财权，通过税种的划分形成中央与地方的收入体系。分税制是市场经济国家普遍推行的一种财政体制。

（一）实行分税制财政体制改革的基本原则

（1）坚持统一政策与分级管理相结合的原则。划分税种不仅要考虑中央与地方的收入分配，还必须考虑税收对经济发展和社会分配的调节作用。中央税、共享税以及地方税的立法权都要集中在中央，以保证政令统一，从而维护全国市场的统一和企业的平等竞争。税收实行分级征管，中央税和共享税由中央税务机构负责征收；共享税中的地方分享部分，由中央税务机构直接划入地方金库；地方税由地方税务机构负责征收。

（2）实行分税制与原体制双轨并行财政体制，存量不动，增量微调，减少震动，平稳过渡，保持经济发展和社会稳定。

知识链接 11-2

乡财县管

乡财县管是指在乡镇政府管理财政的法律主体地位不变，财政资金所有权和使用权不变，乡镇享有的债权及负担的债务不变的前提下，县级财政部门在预算编制、账户统设、集中收付、采购统办和票据统管等方面，对乡镇财政进行管理和监督，帮助乡镇财政提高管理水平。

乡财县管的主要做法是在坚持财权和事权相统一，预算管理权、资金使用权和财务审批权不变的前提下，以乡镇独立核算为主体，实行"预算共编、账户统设、集中收付、票据统管"的财政管理方式。"预算共编"，即县级财政部门按有关政策提出乡镇财政预算安排的指导意见并报同级政府批准，乡镇政府根据县级财政部门具体意见编制本级预算草案并按程序报批。"账户统设"，即取消乡镇财政总预算会计，由县财政统管会计核算乡镇各项会计业务。撤销乡镇财政预算单位所有经费账户，由县财政在各乡镇金融机构统一开设财政专户分账户。分账户设"结算账户""工资专户""支出专户"三类，分别核算乡镇的各项收入、工资性支出、公务支出。"集中收付"，即乡镇财政预算内外资金全部纳入预算管理，各项财政收入就地缴入县国库，由县财政根据乡镇收入类别和科目，分别进行核算和划转。支出拨付以乡镇年度预算为依据，按照先重点后一般的原则，优先保障人员工资。"票据统管"，即乡镇使用的行政事业性收费票据，由县财政派驻的统管会计管理，实行"票款同行、以票管收"。

資料来源：作者根据百度百科相关资料整理。

（3）在划分事权的基础上，合理划分各级财力，妥善处理好中央与地方的财政分配关系，调动两方的积极性。

（4）在保持各级政府财力分配格局和既得利益的原则下，从增量中调剂有限财力，缓解地区间的特殊矛盾。

（二）分税制财政体制的基本内容

1.中央与地方事权和支出的划分

根据我国对中央政府与地方政府事权的划分，中央财政主要承担国家安全、外交和中央国家机关运转所必需的支出，以及由中央直接管理的事业发展支出，具体内容包括：国防费，武警经费，外交与援外支出，中央级行政管理费，中央统管的基本建设投资，中央直属企业的技术改造和新产品试制经费，地质勘探费，由中央财政安排的支农支出，由中央负担的国内文化、教育、科学等各项事业支出。

地方财政主要承担本地区政权机关运转所需支出及本地区经济、事业发展所需支出，具体内容包括：地方行政管理费，公检法支出，部分武警经费，民兵事业费，地方统筹的基本建设投资，地方企业的技术改造和新产品试制经费，支农支出，城市维护和建设经费，地方文化、教育、卫生等各项事业费，价格补贴支出以及其他支出。

2.中央与地方收入的划分

根据事权与财权相结合的原则，国家采取按税种划分中央与地方收入的方法，将维护国家权益、实施宏观调控所必需的税种划分为中央税；将同经济发展直接相关的主要税种划分为中央与地方共享税；将适合地方征管的税种划分为地方税，并充实地方税税种，增加收入。具体划分如下：

（1）中央政府固定收入包括消费税（含进口环节海关代征的部分）、车辆购置税、关税、船舶吨税、海关代征的进口环节增值税等。

（2）地方政府固定收入包括城镇土地使用税、耕地占用税、土地增值税、房产税、车船税、契税、烟叶税，环境保护税，水资源税。

（3）中央政府与地方政府共享收入主要包括：①增值税：国内增值税中央政府分享50%，地方政府分享50%。进口环节由海关代征的增值税和铁路建设基金营业税改征增值税为中央收入。②企业所得税：国有邮政企业（包括中国邮政集团公司及其控股公司和直属单位）、中国工商银行股份有限公司、中国农业银行股份有限公司、中国银行股份有限公司、国家开发银行股份有限公司、中国农业发展银行、中国进出口银行、中国投资有限责任公司、中国建设银行股份有限公司、中国建银投资有限责任公司、中国信达资产管理股份有限公司、中国石油天然气股份有限公司、中国石油化工股份有限公司、海洋石油天然气企业（包括中国海洋石油总公司、中海石油（中国）有限公司、中海油田服务股份有限公司、海洋石油工程股份有限公司）、中国长江电力股份有限公司等企业缴纳的企业所得税（包括滞纳金、罚款）为中央收入，其余部分中央政府分享60%，地方政府分享40%。③个人所得税：中央政府分享60%，地方政府分享40%。

④资源税：海洋石油企业缴纳的部分为中央收入，其余部分为地方收入。⑤城市维护建设税：各银行总行、各保险总公司集中缴纳的部分为中央收入，其余部分为地方收入。⑥印花税：证券交易印花税收入为中央收入，其他印花税收入为地方收入。

表 11-1　　　　　　　　2001—2020 年中央与地方财政收入及比重

时间 （年）	全国财政收入 （亿元）	中央财政收入 （亿元）	地方财政收入 （亿元）	中央占全国 比重（%）	地方占全国 比重（%）
2020	182 913.88	82 770.72	100 143.16	45.3	54.7
2019	190 390.08	89 309.47	101 080.61	46.9	53.1
2018	183 359.84	85 456.46	97 903.38	46.6	53.4
2017	172 592.77	81 123.36	91 469.41	47	53
2016	159 604.97	72 365.62	87 239.35	45.3	54.7
2015	152 269.23	69 267.19	83 002.04	45.5	54.5
2014	140 370.03	64 493.45	75 876.58	45.9	54.1
2013	129 209.64	60 198.48	69 011.16	46.6	53.4
2012	117 253.52	56 175.23	61 078.29	47.9	52.1
2011	103 874.43	51 327.32	52 547.11	49.4	50.6
2010	83 101.51	42 488.47	40 613.04	51.1	48.9
2009	68 518.3	35 915.71	32 602.6	52.4	47.6
2008	61 330.35	32 680.56	28 649.8	53.3	46.7
2007	51 321.78	27 749.16	23 572.6	54.1	45.9
2006	38 760.2	20 456.62	18 303.6	52.8	47.2
2005	31 649.29	16 548.53	15 100.76	52.3	47.7
2004	26 396.47	14 503.1	11 893.4	54.9	45.1
2003	21 715.25	11 865.27	9 850	54.6	45.4
2002	18 903.64	10 388.64	8 515	55	45
2001	16 386.04	8 582.74	7 803	52.4	47.6

✓ **拓展思考 11-7** ··

实行分税制后，为什么还保留原体制中央补助和地方上解？

（三）分税制财政体制的评价

应该说，与过去的财政体制相比，分税制具有明显的优越性。尽管分税制不可能马上解决原有财政体制中存在的所有问题，但它毕竟朝着正确的方向迈进了一步。自分税制实施以来，其运行情况正常，显示出良好的效果。

首先，分税制财政体制适当地照顾了中央和地方两方面的积极性，既突出了中央财政的利益，也考虑到了各级地方财政的实际情况。中央财政收入的比重由1993年的22.0%逐步上升到2010年的51.1%，上升了29.1个百分点（见表11-1），财政收入占国内生产总值的比重由1995年的10.67%（历史最低）上升到2010年的20.87%，上升了10.2个百分点，中央可控财力大幅度增长，为中央宏观调控能力的增强打下了坚实的基础，改革基本达到了预期的目的。

其次，分税制财政体制促进了理财观念的转变。在原有财政体制下，地方政府的理财观念中存在着"眼睛向上，等、靠、要"的思想。在由传统经济体制向市场经济体制过渡的过程中，理财观念的更新和转变是一项十分重要的内容。分税制改革之后，国家建立了各级政府各司其职、各负其责、各得其利的约束机制和费用分担、利益分享的归属机制，树立了"自力更生，发展经济，增收节支，自求平衡"的思想，同时也强化了依法理财、依法征管的观念，初步理顺了各级政府间的责权关系。

最后，分税制财政体制在一定程度上促进了产业结构的调整，促进了地方政府经济行为的合理化。在包干体制下，由于地区利益机制的驱动，一些地方盲目发展价高、税多、利大的产业和企业，制约了国家产业结构的调整，加剧了市场封锁现象。分税制把来自第三产业的税种和与农业有关的税种划归地方，有力地调动了地方政府发展第三产业和农、林、牧、渔业的积极性，加大了对第一和第三产业投入的力度。同时，分税制体制将来自工业产品的增值税的大部分和消费税的全部划归中央，在很大程度上限制了地方盲目发展价高、税多、利大项目的倾向，从而为解决市场封锁和地方保护主义问题提供了较好的条件。

同时，我们也应该清醒地看到，这次财政体制改革仅仅是朝着理顺政府间财政关系的方向所采取的一个步骤，这一制度本身还依然保留着诸多不规范的东西，如财政支出的范围尚未科学地加以界定、分税的方式有待改进、依然按照隶属关系划分企业所得税、税收权限需要科学地划分、财政转移支付制度有待进一步完善等，这些问题都需要在深化分税制改革的过程中加以解决。

知识链接 11-3

全国主要城市土地财政依赖度排行榜

土地财政，是指一些地方政府依靠出让土地使用权的收入来满足地方财政需求。常用"土地财政依赖度"来衡量。土地财政依赖度=城市土地出让金收入/本级一般公共预算收入×100%。可以简单理解成卖地收入占地方政府收入的比重，比重越大即代表土地财政依赖度越高。

365财经根据公开资料整理推出2021年度《37个主要城市土地财政依赖度》排行榜，总结出三大特点：第一，13城土地财政依赖度超过100%，杭州、佛山两地超过140%，位居全国前三。第二，南京、武汉、广州、西安、贵阳、南宁、常州、珠海、温州、昆明、长春等地超过100%，其中不乏弱二线乃至三、四线城市。第三，北京、上海、深圳这三个一线城市的土地财政依赖度全国最低，是少有的几个土地财政依赖度不到50%的城市。

三、完善分税制财政体制的思路

（一）正确划分各级政府的事权和支出范围

进一步完善分税制财政体制，应把事权和支出范围的划分放在突出的位置上。在既定的事权划分原则下，针对我国的国情，在兼顾集中与分散并处理好两者之间关系的基础上，对各级政府的职责及支出范围作出相应的考虑和安排。

（1）中央政府的事权范围应该包括：涉及国家整体利益的、全国性的公共产品和服务，包括外交、国防、对外援助、海关、中央政府的行政管理等；与国民经济总量、经济结构、产业政策、经济稳定与发展密切相关的事务；具有较强的外部性和规模经济特征，或跨省的并在一定程度上涉及全国整体利益的公共产品的供给，包括空间开发、海洋开发、社会保障、卫生防疫、交通运输干线、通信事业等；跨地区的经济政策（包括收入分配政策）的制定和实施。

（2）省级以下地方政府事权范围应该包括以下四个方面的地方性公共产品和服务：一是基础设施，包括道路、交通、电力、自来水、下水道、路灯、垃圾收集与处理，乃至港口、机场、车站等；二是社会服务，包括基础教育（如九年义务教育）、医疗卫生、气象预报、消防等；三是地方性的文化新闻事业，包括广播、电视、报纸、出版、图书馆、博物馆、文物与文化遗产发掘等；四是社会管理，这主要由地方政府中的各种行政管理机构、公共秩序和公共安全机构等所行使的职能构成。

（3）在划分了中央政府和地方政府各自的职责范围的前提下，"交叉性"事权的划分问题也不应忽视。处理这类问题的基本原则是，对于中央和地方共有的职能，在地方管辖范围内的事务，由地方负责；超出地方管辖范围的事务，则由中央负责或进行协调。

（二）建立健全地方税收体系

建立健全地方税收体系，建立适合我国国情的税收权限划分模式，应该坚持责、权、利相结合的原则，维护中央财政的宏观调控能力，使税收权限划分与国家的政权结构相适应。按照这一原则，对于中央税和全国性的地方税，其立法权均应集中在中央。这样做是为了在分税制的前提下，实行合理的集中，保持大的税收政策的全国一致，防止和拆除"税收篱笆"。尽管全国性的地方税的立法权归中央所有，但是地方（省、市、县）可以视本地的具体情况，决定地方税开征或停征与否，并且还拥有对相应的税目、税率进行调整的权限。地方政府负责制定地方税的实施办法和减免税的审批，并向本级人民代表大会负责。某些地方性意义极强的零星税种也可以由省、自治区、直辖市立法，并由各级地方确定开征或停征与否。随着分税制改革的深化和地方税收权限的适当扩大，中央税收权限的主导作用便显得尤为重要。为此，国家应保持中央税收政策的主导性，使地方税权在一定程度上受到中央税权的制衡。当地方税收权限的行使与中央税收政策产生矛盾时，中央有权对此进行必要的协调。在税收立法方面，除全国性税收仍由全国人民代表大会立法之外，全国性地方税税目的调整范围和税率的调整幅度，均由中央视具体情况加以规定。

在分税制条件下，地方政府承担着提供区域性公共产品的职责，相应地，地方财政需要拥有充足的资金和相对稳定的收入来源，地方税制中应该拥有赖以取得稳定收入的主体税种，形成税基广泛、结构合理的地方税体系，否则，便很难实现地方税体系的健全和完善。从发达国家的经验来看，其地方税体系大都以财产税类作为主体税种，这是对财产税内在特征充分考虑的结果。而在我国目前的税制体系下，财产税仍然是一个有待完善的税类，其收入规模也比较小。因此，要想使地方税收收入占整个税收收入的比重达到理想程度，就不应该单纯依靠财产税类，而要拓宽视野，研究对策。相比之下，增值税具有一定的地方特征，而且它的税源和收入也较为丰厚。从近期的观点来看，增值税可以与制度逐步健全和收入日益增加的财产税一起成为地方税的主体税种。与此同时，地方政府还应寻找和开辟新税源，如设置和开征社会保险税、遗产税和赠与税、特种消费税等，并使这些税成为地方税收的重要组成部分。

✓ **拓展思考 11-8**

地方税系的主体税种应该是什么税？

（三）实施规范化的财政转移支付制度

1.现行转移支付的方式

我国现行转移支付的方式主要有以下几种：

（1）一般补助，即体制补助或定额补助。它包括均衡性转移支付、县级基本财力保障机制奖补资金、产粮大县奖励资金、老少边穷地区转移支付、共同财政事权转移支付和城乡义务教育补助经费等。

（2）专项补助，即专项拨款补助。它是中央政府对在预算执行过程中为完成特殊政策目标的地方政府提供的资金。该补助资金已从地方体制包干基数中扣除，由中央掌握，并作为年度财政预算追加拨款。我国中央对地方转移支付情况见表 11-2，表 11-3。

表 11-2　　　**2023 年中央对地方转移支付分项目预算表**　　　金额单位：亿元

项　　目	2022年执行数	2023年预算数	预算数为上年执行数的百分比（%）
一、一般性转移支付	80 994.23	87 125.71	107.6
均衡性转移支付	21 437.15	23 649.00	110.3
重点生态功能区转移支付	992.04	1 091.00	110.0
县级基本财力保障机制奖补资金	3 779.00	4 107.00	108.7
资源枯竭城市转移支付	232.90	232.90	100.0
老少边穷地区转移支付	3 288.20	3 519.64	107.0
产粮大县奖励资金	506.14	556.14	109.9

项　目	2022年执行数	2023年预算数	预算数为上年执行数的百分比（％）
生猪（牛羊）调出大县奖励资金	37.00	37.00	100.0
共同财政事权转移支付	35 934.92	37 860.37	105.4
中央政法纪检监察转移支付资金	568.05	578.05	101.8
监狱和强制隔离戒毒补助资金	62.73	62.73	100.0
城乡义务教育补助经费	1 881.70	1 918.34	101.9
学生资助补助经费	688.16	719.91	104.6
支持学前教育发展资金	230.00	250.00	108.7
义务教育薄弱环节改善与能力提升补助资金	300.00	330.00	110.0
改善普通高中学校办学条件补助资金	70.00	100.00	142.9
中小学幼儿园教师国家级培训计划资金	22.00	22.00	100.0
现代职业教育质量提升计划资金	302.57	312.57	103.3
特殊教育补助资金	5.00	5.00	100.0
支持地方高校改革发展资金	393.87	403.87	102.5
中央引导地方科技发展资金	45.00	65.00	144.4
中央支持地方公共文化服务体系补助资金	154.90	154.90	100.0
国家文物保护资金	63.83	63.83	100.0
国家非物质文化遗产保护资金	8.26	8.26	100.0
就业补助资金	617.58	667.58	108.1
基本养老金转移支付	9 277.63	10 736.98	115.7
困难群众救助补助资金	1 616.83	1 566.83	96.9
中央自然灾害救灾资金	109.05	200.00	183.4
残疾人事业发展补助资金	15.36	15.36	100.0
优抚对象补助经费	628.36	648.78	103.2
退役安置补助经费	613.86	650.35	105.9
军队转业干部补助经费	451.86	463.85	102.7
城乡居民基本医疗保险补助	3 704.76	3 891.71	105.0

项　目	2022年执行数	2023年预算数	预算数为上年执行数的百分比（%）
医疗救助补助资金	296.51	296.51	100.0
基本公共卫生服务补助资金	684.50	725.70	106.0
基本药物制度补助资金	91.15	91.15	100.0
计划生育转移支付资金	154.14	178.67	115.9
医疗服务与保障能力提升补助资金	351.87	381.87	108.5
优抚对象医疗保障经费	23.80	23.80	100.0
节能减排补助资金	688.73	481.30	69.9
林业草原生态保护恢复资金	519.20	527.54	101.6
林业草原改革发展资金	489.35	500.90	102.4
农业保险保费补贴	411.58	459.11	111.5
目标价格补贴	685.09	895.08	130.7
粮油生产保障资金	46.94	105.48	224.7
农业产业发展资金	477.32	502.32	105.2
农业经营主体能力提升资金	287.04	292.50	101.9
农业生态资源保护资金	212.96	231.96	108.9
耕地建设与利用资金	2 258.32	2 245.32	99.4
农业防灾减灾和水利救灾资金	231.53	189.80	82.0
水利发展资金	603.21	618.21	102.5
大中型水库移民后期扶持资金	78.40	78.40	100.0
粮食风险基金	179.81	189.81	105.6
车辆购置税收入补助地方资金	3 546.30	3 205.02	90.4
政府还贷二级公路取消收费后补助资金	200.00	200.00	100.0
成品油税费改革转移支付	693.04	693.04	100.0
电信普遍服务补助资金	20.00	20.00	100.0
海洋生态保护修复资金	40.46	40.00	98.9
中央财政城镇保障性安居工程补助资金	707.72	708.00	100.0

项　目	2022年执行数	2023年预算数	预算数为上年执行数的百分比（%）
农村危房改造补助资金	62.80	61.60	98.1
重要物资储备贴息资金	2.39	9.33	390.4
安全生产预防和应急救援能力建设补助资金	50.00	50.00	100.0
外国政府和国际金融组织赠款及统还贷款	9.39	22.05	234.8
税收返还及固定补助	11 942.89	11 353.20	95.1
体制结算补助	2 843.99	4 719.46	165.9
二、专项转移支付	7 617.03	8 499.29	111.6
其中：食品药品监管补助资金	21.52	21.52	100.0
文化产业发展专项资金	0.83	2.14	257.8
重大传染病防控经费	203.79	208.80	102.5
大气污染防治资金	330.00	330.00	100.0
水污染防治资金	237.00	257.00	108.4
清洁能源发展专项资金	102.93	76.72	74.5
城市管网及污水治理补助资金	150.00	150.00	100.0
土壤污染防治专项资金	44.00	44.00	100.0
农村环境整治资金	40.00	40.00	100.0
农村综合改革转移支付	298.63	298.63	100.0
土地指标跨省域调剂收入安排的支出	242.76	469.99	193.6
普惠金融发展专项资金	107.07	107.33	100.2
中小企业发展专项资金	66.58	75.00	112.6
服务业发展资金	80.00	75.00	93.8
外经贸发展资金	118.04	128.16	108.6
重点生态保护修复治理资金	170.00	172.00	101.2
自然灾害防治体系建设补助资金	53.49	70.00	130.9
雄安新区建设发展补助资金	100.00	120.00	120.0
支持海南全面深化改革开放补助资金	100.00	200.00	200.0

续表

项 目	2022年执行数	2023年预算数	预算数为上年执行数的百分比（%）
东北振兴专项转移支付	85.00	85.00	100.0
基建支出	4 932.50	5 330.00	108.1
其他支出	13.89		
三、支持基层落实减税降费和重点民生专项转移支付	8 533.49	5 000.00	58.6
中央对地方转移支付	97 144.75	100 625.00	103.6

表11-3　　　　　　　　2023年中央对地方转移支付分地区预算表　　　　　　单位：亿元

地 区	2022年执行数	2023年预算数
北京市	1 585.16	1377.15
天津市	655.25	712.17
河北省	4 402.45	3 915.26
山西省	2 553.58	2 277.74
内蒙古自治区	3 287.63	2 995.78
辽宁省	3 352.65	3 151.46
吉林省	2 915.31	2 768.13
黑龙江省	4 226.50	3 819.34
上海市	1 148.20	901.61
江苏省	2 514.86	2 111.08
浙江省	1 610.41	879.30
安徽省	4 090.84	3 552.39
福建省	1 747.72	1 561.75
江西省	3 314.29	3 033.11
山东省	3 705.88	3 164.11
河南省	5 637.76	5 095.21
湖北省	4 406.03	4 117.61
湖南省	4 695.52	4 247.77
广东省	2 626.76	2 040.21

地 区	2022年执行数	2023年预算数
广西壮族自治区	3 914.23	3 512.45
海南省	1 087.88	1 071.86
重庆市	2 297.04	2 159.27
四川省	6 486.12	5 882.53
贵州省	3 650.27	3 270.36
云南省	4 435.06	3 839.07
西藏自治区	2 505.24	2 271.10
陕西省	3 253.84	2 870.09
甘肃省	3 209.05	2 843.91
青海省	1 607.51	1 464.72
宁夏回族自治区	1 191.65	1 164.09
新疆维吾尔自治区	3 934.53	3 580.39
新疆生产建设兵团	1 095.53	806.27
未落实到地区数		14 167.71
合 计	97 144.75	100 625.00

2.现行转移支付制度的优点

现行转移支付制度与以往的上缴下拨形式和税收返还办法相比，具有以下优点：

（1）适度地向财力较为薄弱的地区和民族地区倾斜的政策，既有助于缓和地方财政运行中的突出矛盾，也体现了国家的民族政策。

（2）转移支付制度既保持了分税制财政体制的相对稳定，也提高了地方政府发展经济、提高财政收入的积极性。

（3）转移支付制度建立起了一定的激励机制，体现了国家鼓励控制编制、尽量减轻财政负担的政策。

（4）转移支付制度从我国的实际情况出发，借鉴了国外的先进经验，在客观因素的选择和具体计算方法的确定方面，具有较强的政策性和可操作性。

（5）转移支付制度采用了现代计量经济学的方法，是我国财政管理体制改革的一次突破，它标志着我国财政工作的进一步科学化和规范化。

3.现行转移支付制度的缺点

（1）均衡效果差。分税制保留了原包干体制中地方向中央上缴和中央对地方补助的部分，中央对各地的税收返还仍采用基数法。税收返还制度是以保证地方既得利益为前提的，它将体制变动后地方净上划中央的收入全部返还给地方，因而在财政资金存量分配上对地方利益未予触动。而且，它也未能解决长期以来形成的地方之间财力不均的问题，依然保持了原有的财力分布格局，使地方既得利益格局固定化。由基数法过渡到因素法，以确定对各地区的补助，可达到逐年消除各地区公共服务水平差距的目的。

（2）方法不科学。目前，一般补助仍然是按收支总额确定的，但以支出总额为基数确定公共预算补助的方法是不科学的。因为补助的目的在于解决地方公共服务供给的公平问题，即实现由整个国民经济发展水平决定的公共服务的最低要求标准和最低需求量。同时，由于各项公共预算支出的增长因素也各不相同，因此笼统地以支出总量为基数的做法，难以保证地方支出正常增长的需求，甚至还可能引起新的地区之间的分配不公。此外，以增值税和消费税的收入总额作为地方获得一般补助的重要依据也是不够科学的，因为增值税和消费税是流动性税基，缴纳增值税和消费税的地方并不一定是居民的消费所在地，由此会影响地方支出的正常增长。

（3）随意性大。一方面，专项补助与中央同地方事权划分的原则不相适应；另一方面，专项补助在操作过程中存在着手段单一、方式不够规范和随意性较大的弊端，缺乏相应的法规依据和测量标准。

4.转移支付制度的完善

从短期来看，我国应进一步完善按因素法分配的一般补助，同时对现行的专项补助进行改革和清理，根据中央与地方事权划分的原则明确专项补助的范围，改进专项补助的分配办法，使之更合理、更透明。从长期看，我国应进一步明确各级政府的支出责任和事权范围，科学划分税种，同时将中央对地方的转移支付进行合理调整，建立转移支付制度分配模型，以客观、公正的标准在中央与地方之间以及各级政府之间合理分配财力，逐步实现公共服务水平的均等化。此外，中央和省级财政应加大对县乡财政的转移支付力度，以解决当前我国县乡财政面临的困难。

本章小结

1.财政体制是指在中央与地方政府之间以及各地方政府之间划分财政收支范围和预算管理职权的一项根本制度。其主要内容包括：财政分级、财政支出和支出职责的划分、财政收入和收入职责的划分以及政府间转移支付制度。

2.转移支付是一个国家的各级政府之间在既定的职能、支出责任和税收划分框架下的财政资金转移。其方式主要有：有条件的转移支付、无条件的转移支付、分类转移支付、共享税等。

3.中华人民共和国的财政体制大致经历了四个阶段：统收统支体制；统一领导，分级管理体制；包干体制；分税制体制。

4.分税制体制将我国的税种划分为中央税、地方税、中央和地方共享税，并以地方净上划中央的上年决算数为基数，确定中央对地方税收返还数。

5.分税制财政体制适当地照顾了中央和地方两个方面的积极性，既突出了中央财政的利益，也考虑到了各级地方财政的实际情况；促进了理财观念的转变；在一定程度上促进了产业结构的调整，促进了地方政府经济行为的合理化。

本章基本概念

财政体制　分税制　政府间转移支付制度　税收返还　中央税　地方税　中央地方共享税　乡财县管　省直管县　一般转移支付　专项转移支付

综合训练

一、单项选择题

1.我国现行财政管理体制的类型属于（　　　）。

A.以分税制为基础的分级财政体制　　　　B.对地方实行多种形式的财政包干体制

C.高度集中的财政管理体制　　　　　　　D.以中央集权为主，适当下放财权的体制

2.财政管理体制的中心组成部分是（　　　）。

A.政府预算管理体制　　　　　　　　　　B.国家税收管理体制

C.国家信用管理体制　　　　　　　　　　D.国家投资管理体制

3.在市场经济条件下，中央与地方收支划分的方法通常采用（　　　）。

A.统收统支　　　　　B.分税制　　　　　C.分级包干　　　　　D.包税制

4.下列税种中，属于中央固定收入的税种是（　　　）。

A.消费税　　　　　　B.增值税　　　　　C.资源税　　　　　D.证券交易印花税

二、多项选择题

1.以下属于财政管理体制内容的有（　　　）。

A.政府间财政转移支付制度　　　　　　　B.财政间事权及支出责任的划分

C.政府间财政收入的划分　　　　　　　　D.财政分配和管理机构的设置

E.财政预算制度

2.分税制财政体制的构成要素包括（　　　）等方面的内容。

A.分权　　　　　　　　B.分税　　　　　　　　C.分管

D.政府间转移支付制度　　E.分级预算

3.在分税制体制中，税收收入划分的具体方法包括（　　　）等。

A.分割税额　　　　　　B.分割税率　　　　　　C.分割税种

D.分割税制　　　　　　E.混合型

4.分税制财政管理体制中的中央和地方共享收入包括（　　　）。

A.消费税　　　　　　　B.证券交易税　　　　　C.资源税

D.营业税　　　　　　　E.增值税

5.财政转移支付的特点是（　　　）。

A.完整性　　　　　　　B.对称性　　　　　　　C.科学性

D.平等性　　　　　　　　E.统一性和灵活性相结合

6.我国分税制把税收收入划分为以下几类：（　　）。

A.中央税　　　　　　　B.地方税　　　　　　　C.增值税

D.消费税　　　　　　　E.中央地方共享税

三、复习思考题

1.什么是财政体制？财政体制的主要内容有哪些？

2.什么是转移支付？为什么要进行转移支付？

3.财政上为什么要分权？

4.包干体制有哪些优点和缺点？

5.什么是分税制财政体制？

6.我国现行的分税制财政体制的主要内容有哪些？

7.分税制财政体制有哪些优点和缺点？

8.如何完善分税制财政体制？

第十二章
财政政策

知识目标：了解财政政策的目标；明确财政政策工具的不同特征；掌握财政政策的传导；明确不同政策的经济背景，掌握不同政策工具的操作对经济的影响；明确财政政策和货币政策的不同组合方式，掌握每种政策组合对经济的影响。

技能目标：学会分析财政政策对宏观经济、企业和家庭经济行为的影响。

综合目标：掌握财政政策的基本知识、基本原理；学会运用本章知识解读宏观调控政策。

引 例

2023 年积极的财政政策和稳健的货币政策

坚持实施积极的财政政策。合理把握赤字规模，五年总体赤字率控制在 3% 以内，政府负债率控制在 50% 左右。不断优化支出结构，教育科技、生态环保、基本民生等重点领域得到有力保障。实施大规模减税降费政策，制度性安排与阶段性措施相结合，疫情发生后减税降费力度进一步加大，成为应对冲击的关键举措。彻底完成营改增任务、取消营业税，将增值税收入占比最高、涉及行业广泛的增值税税率从 17% 降至 13%，阶段性将小规模纳税人增值税起征点从月销售额 3 万元提高到 15 万元、小微企业所得税实际最低税负率从 10% 降至 2.5%。减税降费公平普惠、高效直达，五年累计减税 5.4 万亿元、降费 2.8 万亿元，既帮助企业渡过难关、留得青山，也放水养鱼、涵养税源，年均新增涉税企业和个体工商户等超过 1 100 万户，各年度中央一般公共预算收入都顺利完成，考虑留抵退税因素，全国财政收入十年接近翻一番。推动财力下沉，中央一般公共预算支出中对地方转移支付占比提高到 70% 左右，建立并常态化实施中央财政资金直达机制。各级政府坚持过紧日子，严控一般性支出，中央部门带头压减支出，盘活存量资金和闲置资产，腾出的资金千方百计惠企裕民，全国财政支出 70% 以上用于民生。

坚持实施稳健的货币政策。根据形势变化灵活把握政策力度，保持流动性合理充裕，用好降准、再贷款等政策工具，加大对实体经济的有效支持，缓解中小微企业融资难融资贵等问题。制造业贷款余额从 16.3 万亿元增加到 27.4 万亿元。普惠小微贷款余额从 8.2 万亿元增加到 23.8 万亿元、年均增长 24%，贷款平均利率较五年前下降 1.5 个百分点。加大清理拖欠中小企业账款力度。人民币汇率在合理均衡水平上弹性增强、保持基本稳定。完全化解了历史上承担的国有商业银行和农村信用社等 14 486 亿元金融改革成本。运用市场化法治化方式，精准处置一批大型企业集团风险，平稳化解高风险中小金融机构风险，大型金融机构健康发展，金融体系稳健运行，守住了不发生系统性风险的底线。

资料来源：李克强. 2023 年国务院政府工作报告 ［R］.

案例分析：财政政策和货币政策是市场经济国家宏观调控的重要手段。财政政策和货币政策有多种组合方式，我国 2023 年的宏观经济政策采用的是积极的财政政策和稳健的货币政策相配合的方式。积极的财政政策是指通过减税或增加财政支出以刺激社会总需求增长的政策。其政策工具的操作包括扩大支出和减税。稳健的货币政策从静态来看是中性的，但从动态来看，由宽松到稳健是一个收缩的过程。关于财政政策的详细内容将在本章中进行具体的介绍。

第一节 财政政策概述

一、财政政策的含义及分类

（一）财政政策的含义

财政政策是政府为达到一定目的而在财政领域采取的策略和措施的总称。财政政策作为一个有机的整体，由政策目标、政策工具、政策传导三个方面的内容组成。所谓政策目标，是指通过政策的实施所要达到或实现的目的，它构成政策的核心内容，规定财政政策的性质和方向。所谓政策工具，是指为了实现既定的政策目标所选择的组织方式和操作方式。政策工具是为政策目标服务的，没有政策工具，政策目标就无从实现。政策工具的选择是否恰当，政策工具的操作力度是否适当，政策工具之间的配合状况是否良好，直接决定了政策质量的好坏。所谓政策传导，是指政府从操作政策工具到实现政策目标所经由的媒体及其运行过程。

（二）财政政策的分类

1.按财政收支活动与社会经济活动之间关系的不同分类

按财政收支活动与社会经济活动之间关系的不同，财政政策可分为宏观财政政策和微观财政政策。

宏观财政政策是指财政政策对宏观经济发生影响，引起经济总量变化的政策，通常也称为总量财政政策。宏观财政政策主要作用于需求侧，属于需求管理政策。

宏观财政政策又常被划分为三种类型：扩张性财政政策、紧缩性财政政策和中性财政政策。扩张性财政政策简称松的财政政策，是指通过减税或增加财政支出以刺激社会总需求增长的政策。由于减收增支的结果表现为财政赤字，因此又称为赤字财政政策。紧缩性财政政策简称紧的财政政策，是指通过增税或减少财政支出以抑制社会总需求增长的政策。由于增收减支的结果表现为财政结余，因此又称为盈余性财政政策。中性财政政策是指通过保持财政收支平衡，实现社会总供给与社会总需求平衡的财政政策。

微观财政政策是对有关经济个量发生作用，只影响经济个量增减变化的政策，因此也称为个量财政政策。例如，调整产业结构的农业财政支持政策、高新技术产业财政支持政策，协调地区间和谐发展的西部大开发财政支持政策，解决就业问题的失业人员再就业财政支持政策等，都属于微观财政政策。微观财政政策主要作用于供给侧，属于供给管理政策。

一般来说，财政政策主要指宏观财政政策，本章分析的财政政策就是指宏观财政政策。

2.按财政政策期限的不同分类

按财政政策期限的不同，财政政策可分为中长期财政政策和短期财政政策。中长期财政政策是为国民经济发展的战略目标服务的政策，具有长期稳定性的特点。短期财政政策属于战术性政策，适用于特定时期和特定范围。

3.按财政政策发挥作用的方式的不同分类

按财政政策发挥作用的方式的不同，财政政策可分为自动稳定政策和相机抉择政策。自动稳定政策是指通过财政制度中的"内在稳定器"，在经济波动时自动发挥调控作用的财政政策。相机抉择政策是指政府根据当前经济形势的判断，选择相应的政策目标和政策工具，以稳定经济和减轻经济周期波动而采取的财政政策，如改变公共工程和其他开支方案、改变转移支付开支方案、调整税率等。

4.按财政政策所规范的活动内容的不同分类

按财政政策所规范的活动内容的不同，财政政策可分为财政收入政策、财政支出政策和财政调控政策。财政收入政策是指通过调整财政收入的总量水平、结构、方式等来实现对经济活动的调节的政策；财政支出政策是指通过调整财政支出的总量水平、结构、方式等来实现对经济活动的调节的政策；财政调控政策是指根据一定时期的经济和社会发展要求，对中央政府和地方政府之间、政府与企业之间、预算资金和预算外资金之间关系进行调节和控制的政策。财政调控政策又可以细分为税收政策、国债政策、政府投资政策、经费开支政策、政府预算政策、国有企业收益分配政策等。

☑ 拓展思考 12-1

我国当前的财政政策属于什么类型的政策？

二、财政政策的目标

（一）充分就业

充分就业是指有工作能力并且愿意工作的人，都能够按照现行工资水平得到工作。充分就业之所以被作为财政政策的首要目标，主要原因有两个：一是在社会物质生产资料存在大量闲置的情况下，如果不能使劳动者得到工作，不仅会对社会资源造成极大的浪费，而且也说明政府能够做到的事没有做到，因为政府完全有可能凭借财政政策使劳动者和生产资料结合起来从事生产，并为社会创造物质财富；二是高失业率造成了人们的许多苦难，如家计的艰难、个人自尊心的丧失以及犯罪率的增加，高失业率给经济带来的损失是明显的。

虽然高失业率是件坏事，充分就业是一件好事，但社会能否达到100%的就业即失业率为零的状态呢？当然是不可能的，因为经济生活中存在如下几种类型的失业：

1.自愿性失业

自愿性失业是人们自愿决定暂时离开工作岗位去从事其他活动，如抚养子女、重返学校学习新的技能、旅游休闲或寻找更适合自己的工作。

2.摩擦性失业

摩擦性失业是指由于劳动力市场功能上的缺陷所造成的临时性失业，如新生劳动力找不到工作，以及工人转换工作岗位时出现的工作中断等。

3.季节性失业

季节性失业是指在某些行业生产中由于季节性变化所造成的失业。

4.结构性失业

结构性失业是指随着新技术、新产业的不断出现，一些人难以适应社会经济的这种快速变化，因而不能在合适的岗位上得到就业。

5.周期性失业

周期性失业是由于周期性经济危机而造成的失业。当经济处于萧条阶段时，失业会增加；当经济处于繁荣阶段时，失业会减少。这种失业才是财政政策力求解决的问题，而对于上述其他几种类型的失业，财政政策通常是无能为力的。

（二）经济增长

经济增长是指一个国家或一个地区在一定期间内（通常为一年）的国内生产总值或

国民收入的实际总量增长。经济的实际增长有如下几层含义：

（1）经济增长是指国民经济总量的增长，而不是指某单个指标如粮食产量、家用电器产值等的增长。

（2）经济增长应该是扣除价格影响因素的实际增长，特别是在物价上涨幅度较大的年份，更需要扣除物价的影响因素。

（3）经济增长应该是扣除人为的浮夸虚增因素后的实际增长，特别是在形式主义严重、非理性行为盛行的国家或地区，更应注意这一点。

（4）经济增长应考虑人口增长因素。只有在人口增长速度低于经济总量的增长速度时，才能说经济有了真正的增长。因而，有人提出应将人均国内生产总值的增长作为衡量经济增长的标志，人均国内生产总值是衡量一国人民生活水平高低的重要指标。

（5）经济增长应该是可持续的增长。在现代社会，人们越来越重视环境污染、社会不公等问题，认为经济增长速度加快并不表示人们的生活质量提高了。如果环境污染加重了，社会分配更加不公平，那么这种经济增长就是以牺牲人们的生活质量来获得的。因此，越来越多的经济学家认为，经济增长应该用更多的指标来衡量。

（三）物价稳定

通货膨胀的社会代价和经济代价已经越来越引人关注，因为持续上升的物价水平造成经济中的不确定性。例如，当物价水平处于变动中时，商品和劳务价格中所包含的信息就更加难以解释，消费者、企业和政府的决策也可能变得更加困难。通货膨胀使得人们对未来计划的制订遇到困难，投资者难以确定投资方向。在通货膨胀严重的时期，房地产投资都会有下降的趋势。通货膨胀的另一个明显的影响是对收入和财产的再分配，它危害到收款者、退休者的利益而有利于借款人。如果工资增长落后于物价上涨幅度，它会降低工薪者的生活水平，甚至可能引起一系列的社会冲突。总之，通货膨胀不利于投资者有计划地投资，不利于收入的公平分配，也不利于社会安定。因此，物价稳定是各国财政政策的重要目标之一。

知识链接 12-1

居民消费价格指数

居民消费价格指数（CPI）是反映一定时期内居民所消费商品及服务项目的价格水平变动趋势和变动程度的指标。居民消费价格水平的变动率在一定程度上反映了通货膨胀（或紧缩）的程度。通俗来讲，CPI就是市场上的货物价格增长百分比。一般市场经济国家认为CPI增长率在2%~3%属于可接受范围，当然还要看其他数据。

（四）国际收支平衡

近年来，随着各国经济的发展，国家间的实力对比发生了变化，贸易逆差问题引起了各个国家的重视。国际收支会影响一国的经济稳定增长，也会影响一国的物价水平，还会间接影响一国的就业水平。同样，财政政策也会有力地影响一国的国际收支。例如，财政政策促使一国经济稳定增长，就会为扩大商品输出打下基础。财政政策还能间接影响一国利息率的变化，而利息率的高低对于吸引外资有很大作用。现在，越来越多的国家把国际收支平衡作为一国财政政策的目标。

然而，上述四个政策目标并不总是一致的，而是经常处于矛盾之中。

首先，充分就业与物价稳定之间的矛盾。按照凯恩斯的宏观经济分析方法，充分就业与物价稳定之间本来是可以协调的，因为需求不足引起失业，过度需求引起通货膨胀，只要消除了需求不足而又不造成过度需求，那就可以既有充分就业，又有物价稳定了。也就是说，一国在充分就业之前，不会出现真正的通货膨胀，只有达到充分就业之后，需求继续增大，形成过度需求，这时才会有真正的通货膨胀。但经济运行的现实是，在充分就业之前，社会的物价往往已经上涨，在这种情况下，并不存在有效需求不足的问题，如果再实行扩张性的财政政策来扩大就业，只能使通货膨胀更加严重。这就需要其他各种经济政策的配合。

其次，物价稳定与经济增长之间的矛盾。本来物价稳定是有利于促进经济增长的，但在资本主义市场经济条件下，由于物价稳定通常是以牺牲充分就业为代价的，而充分就业才是促使经济增长的主要动力，这样，在物价稳定和经济增长之间便产生了矛盾，要么以物价稳定、低就业率来换取经济的稳定增长，要么以物价上涨、高就业率来换取经济的快速增长。但是，物价上涨会导致严重的通货膨胀，从长期来看是不可能实现真正的经济增长的。因此，物价稳定与经济增长也被认为是"鱼与熊掌不可兼得"的，各国只能根据实际情况，以某一目标为主而牺牲其他目标，或者通过财政政策和货币政策的结合使用来协调这些矛盾。

最后，充分就业、物价稳定及经济增长同国际收支的矛盾。如前所述，充分就业通常带来物价上涨和通货膨胀，通货膨胀又会导致经济的不稳定，而经济的不稳定既不利于扩大出口，也不利于吸引外资，从而给国际收支平衡带来威胁。因此，为了协调国内经济和国外经济的均衡，国家可交替使用财政政策、货币政策及汇率政策，甚至可以采取某些措施限制进口、实行贸易保护主义等。

三、财政政策工具

（一）选择性政策工具

所谓选择性政策工具，是指为实现一定的政策目标，可供政府选择操作的备选工具。其主要包括：

1.税收

税收是政府组织财政收入的基本形式，也是财政实施宏观调控的重要政策手段。税收对供求总量的调控，是通过调整税负直接影响企业和居民的税后可支配收入来实现的。政府通过增加或减轻税负来减少或增加企业和居民的税后可支配收入，在预算支出规模不变的情况下，一方面可以调节社会总需求，起到限制或刺激需求的作用；另一方面也可以影响企业与居民的储蓄投资能力，从而对社会总供给产生效应，起到刺激增加或限制减少社会总供给的作用。税收政策手段的运用还可以对供求结构发挥调控作用，税收对供求结构的调控表现在对地区间经济结构的调控和对产业结构的调控等方面。

税收政策工具的内容主要有：

（1）税种的开征与停征。

（2）税率的提高与降低。

（3）税收征收面的扩大与收缩。

（4）税收优惠的增加与减少。

税收政策工具具有乘数效应。税收作为一种政策工具，对社会总需求的调节作用不仅限于增加或减少税负本身，它还可以通过税收乘数发挥更大的作用。所谓税收乘数，是指政府增加或减少税收所引起的社会总需求的变动程度。

设 K 为税收乘数，ΔY 为社会总需求变量，ΔT 为税收变量，则：

$$K=\Delta Y/\Delta T$$

根据投资乘数理论，设 ΔC 为消费变量，b 为边际消费倾向，则：

$$\Delta Y=\Delta C/（1-b）$$

根据消费增量与税收增量的关系，征税后消费变动的绝对值为征税变动额乘以边际消费倾向，税收增加将减少消费，即：

$$\Delta C=-b\cdot\Delta T$$

则：$\Delta T=\Delta C/（-b）$

$$K=\Delta Y/\Delta T=[\Delta C/（1-b）]/[\Delta C/（-b）]=-b/（1-b）$$

税收增加，社会有效需求减少；税收减少，则社会有效需求增加。税收乘数为负数。

税收政策工具具有以下特点：

（1）内部时滞长，外部时滞短。启动税收政策工具需要经过一定的法律程序，决策时滞较长。一国政府的税收增减是通过调整税法来实现的，而税法则需要经过立法机构审议讨论才能通过。但税收政策工具一旦启动，会很快通过影响企业和家庭的收入传导到国民经济中。

（2）缺乏灵活性。税法是严肃的法律问题，不能经常变动，经常变动会扰乱正常的市场机制，增加经济活动的风险。

（3）操作的单向性。一般来说，减税容易，增税难。

（4）效用的长期性。税收直接影响人们的可支配收入，而且这种影响是无偿的永久性的，因此，税收政策工具宜用于长期财政政策。

知识链接 12-2

供给学派与美国政府的减税政策

供给学派是 20 世纪 70 年代中期在美国兴起的一个经济学流派，其政策取向是反对凯恩斯主义的国家干预政策，主张发挥市场机制的作用；反对凯恩斯主义的刺激需求政策，主张刺激供给的政策；反对凯恩斯主义的高累进税政策，主张大力削减税收的财政政策，如减税、加速折旧；反对政府扩大财政支出，力争预算平衡。供给学派为里根政府之后的美国政府税改提供了理论基础。

2.政府预算支出

政府预算资金是政府可直接支配的财力，也是政府掌握的最直接有力的宏观调控手段。政府预算支出对供求总量的调控，是通过调整支出规模来实施的。由于政府预算支出是社会需求总量的重要组成部分，其规模的大小，在财政收入不变的情况下，直接影响社会总需求的规模。因此，政府通过扩大或缩小预算支出规模可直接调节需求总量。此外，从长远来看，政府预算支出中投资性支出的规模还会影响社会总供给能力。

预算支出的不同组合，是协调供求结构的重要手段。在既定的供给结构或要素可彼此替代的限度内，变动预算支出的内部结构，从短期来看，可影响积累与消费的比例关系；从长期来看，可影响供给结构即产业结构。运用预算支出手段调节供求结构是在我国市场经济条件下，财政调节供求结构的最直接有力的手段，但其运用的程度会受到财政收入规模的制约。政府预算支出政策又包括政府投资支出政策和政府消费性支出政策。

（1）政府投资支出政策。道路、桥梁、供电供水、水利设施及其他市政建设等公共工程，一般不宜由私人承接，特别是在经济萧条的年份更是如此。此外，某些本来可以由民间承接的公共工程，在萧条年份也会急剧减少。政府扩大投资支出，更多地承接民间不宜或在萧条年份不愿意投资的工程，可以扩大总需求，有助于经济复苏。

政府投资支出政策工具具有以下特点：

第一，富有弹性。在经济萧条、社会投资急剧下降的时期，政府可以扩大投资规模；而在经济过热、社会投资膨胀的时期，政府可以压缩投资规模。

第二，积累性强。政府投资支出政策的结果往往是形成若干公共投资项目，可供居民长时期消费，具有积累性质。它容易受到注重财政的生产性国家的青睐。

第三，效率低下的可能性大。公共工程支出存在效率问题，即公共工程政策启用时所决定投资的工程本身的价值问题，以及投资是否有必要的问题。由于公共工程通常具有资金需要量大、时间长、固定性及单件性的特点，因此，政府的投资决策需要慎而又慎，而政府为刺激经济所进行的投资项目往往可能使决策过程流于形式。正如萨缪尔森所言："当政府对经济萧条开始采用某些主动措施时，它们往往为失业者举办公共工程。这些公共工程的举办往往是仓促决定的，缺乏周密的计划。"对于公共工程支出效率问题的另一种抱怨是，这一政策因长期使用而出现公共投资过剩的问题。

✓ **拓展思考 12-2** --

财政投资效率低下的原因是什么？

第四，内部时滞短，外部时滞长。一般的公共工程投资不需要漫长的立法过程，政府可以直接进行决策。而一个公共工程的建设期少则一两年，多则几年、十几年，甚至是几十年，往往是用在劳动力和原材料上的开支还没有花出去之前，经济的形势就有可能改变了。比如，经济衰退时间为一年，其后两年为稳定上升，那么一个为期三年的公共工程在第三年的时候，经济状况已经从需求太少变为需求过旺。这种时间的安排只能使财政政策的不稳定性加大，而不是减少这种不稳定性。

第五，公共工程是一种地方性公共产品，本应由地方政府投资，但中央政府为了调节经济、刺激需求，在某些特定的地方建设某些公共工程，实质是用全国的资金为某些地方供给公共产品，负担了本该由该地方政府支出的建设项目，结果有二：一是各地方争项目、争投资的做法，增大了投资的风险。对于地方政府来说，能够向中央政府争取来项目就是其目的，至于项目是否必要、是否可行，并不重要。二是会出现新的苦乐不均的现象。不一定每一个地方政府都能得到相同份额的公共投资，必然是有的地方多些、有的地方少些，因此，地方政府间就会存在差距，从而造成地方政府间新的不均衡。

（2）政府消费性支出政策。政府消费性支出政策，是指政府直接购买劳务和消费品并用于当期的政策，如增加政府员工、扩大办公设备的购买等。与政府投资支出政策相比，政府消费性支出政策是一项收效大、时滞短的政策。如果政府的消费性支出发生较大变化，就会引起社会生产和分配的较大反应，因而政府消费性支出政策常被各国作为重要的财政政策工具。

政府消费性支出政策工具具有以下特点：

第一，时滞短。与税收政策工具相比，其内部时滞短；与政府投资支出政策相比，其外部时滞短。

第二，公平性较差。其对国民收入分配再分配的公平性差，如增加政府员工工资与增加失业人员的救济金相比，前者会扩大就业者与无业者之间的收入差距。

第三，其效率取决于政府工作的效率。例如，政府是否有必要设置那么多的机构，聘用那么多的人员，政府员工的工资是否已经足够高，办公设施条件是否已经足够好。

第四，有一定的刚性。政府消费性支出增长往往难以压缩。

✓ 拓展思考 12-3

政府消费性支出的变化是如何影响国民经济的？

3.转移性支出

转移性支出包括财政补贴与社会保障支出，是财政资源从政府向企业和居民家庭的单向转移。它在政府宏观调控中的作用与政府预算支出相比，略逊一筹。因为政府预算支出的变动将直接影响社会有效需求，而转移性支出的变动对需求总量的影响，需要通过受益者的需求变动产生效应。例如，政府增加对居民的财政补贴支出，其对总需求的增量效应，要在居民动用这笔补贴增加了消费需求时才能显现出来。

财政补贴可分为消费性补贴与生产性补贴两大类。消费性补贴的增减一般仅影响需求总量。生产性补贴从短期来看，具有扩张需求的效应。因为当财政补贴刺激的投资尚未形成生产能力时，生产性补贴不仅不会增加供给，还要从市场上取走投资品，并连带增加消费需求。但是从长远来看，生产性补贴可以增加产出，从而增加供给。此外，政府通过调整生产性补贴或消费性补贴占整个财政补贴的比例，即可影响财政支出中积累与消费的比例，从而影响整个积累与消费的比例关系。同样，政府根据产业政策，有选择地发放生产性补贴即对生产者的补贴，可引导企业更多地投资于国民经济中的短线项目，从而达到调整产业结构的目的，这也是我国财政补贴的发展方向。

社会保障支出在社会保障制度健全的国家，是一项具有法律效力的支出，一般不能根据财政收支状况人为地变动。因此，社会保障支出具有自动维持社会总供求平衡的功能。当经济处于不景气即总供给大于总需求时，失业人口增加，社会保障支出就会依据既定的社会保障法规自动增加，起到抑制个人消费需求萎缩的作用，从而防止经济进一步衰退；反之，当经济处于繁荣时期即总需求大于总供给时，失业人数减少，人们收入水平上升，社会保障支出就会自动减少，加之此时税收收入增加，政府就可能形成财政盈余，从而限制社会总需求的进一步增加。

转移性支出政策工具具有以下特点：

第一，公平性强。转移性支出直接影响国民收入分配，政府增加对低收入者的支出，可以缩小贫富之间的差距，使国民收入分配更加公平。

第二，扩张性强。因为转移性支出政策支持的对象是低收入家庭，而低收入家庭消费倾向高，产生的支出乘数大，同时，这类支出形成的消费需求是最终需求，因此对经济增长的拉动作用也就大。

第三，缺乏弹性。由于利益刚性的制约，政府增加对企业及个人的转移性支出是受欢迎的，一旦削减这种支出则易遭到反对，使得转移性支出成为政府财政的沉重负担。

4.公债

公债是国家组织财政收入的一种补充形式。公债的运用使国家财政收入具有一定的弹性，同时也增强了政府运用财政进行宏观调控的能力。公债是一种具有财政金融联动机制的调控手段，因此，分析公债的宏观调控功能应结合货币政策。当国家发行公债增加了由政府集中支配的有支付能力的需求量时，如果政府因发行公债而增加了货币供应量，那么公债就起到了扩张社会总需求的作用；反之，如果政府发行公债而货币供应量不变，则所增加的需求量就是企业、居民支付能力的转移，不会产生扩张社会总需求的效应。此外，政府发行公债还可改变国民收入的使用结构，从而调节供求结构，尤其是消费基金与积累基金的比例。因为公债的来源中既包含了非预算部门的消费基金，也包含了积累基金。

（二）非选择性政策工具

所谓非选择性政策工具，是指通过制度设计，内置于国民经济运行机制中并对国民经济运行状况自动作出反应的政策工具。非选择性政策工具主要有：

1.累进税制

国家税制以累进的个人所得税和企业所得税为主体税。在经济萧条时期，累进税制自动减税，企业和居民税后收入增加，会带动企业投资和居民消费的增加，从而起到扩大内需、推动经济增长和增加就业的政策效应；在经济过热、通货膨胀时期，累进税制自动增税，企业和居民税后收入减少，带来企业投资和居民消费的下降，从而起到抑制内需，给过热的经济、过高的物价降温的政策效应。

2.社会保障制度

在经济萧条时期，由于居民收入下降，失业人数增加，社会保险基金中的失业救济金以及其他各种福利支出都自动增加，起到抵消个人收入下降的作用，从而减轻了经济的萧条程度或加快了经济复苏的进程；反之，在经济过热时，将产生相反的效应，从而对过热的经济和过高的物价起到釜底抽薪的作用。

非选择性政策工具内置于国民经济之中，随着国民经济的周期性波动而适时地作出反应，无须对当前经济形势作出判断并取得共识，省略了漫长的决策过程，避免了选择性政策工具的内部时滞；它自动反经济周期的功能，避免了政府对政策选择的失误，也解决了政策力度难以把握的困难；它与经济一体，避免了政策的经常性变化带来的经济波动。

但一国启动非选择性政策工具需要具备一定的前提条件。首先，需要有较高的财政管理水平和完善的财政制度，这样才能保证非选择性政策工具启动的可能性，以及政策工具的质量；其次，需要有完善的市场机制，这样才能保证经济对政策工具变化的感知灵敏度和对应的反应能力，如果市场对政策工具的反应迟钝，则政策效应很难表现出来。只有同时具备这两个前提条件，非选择性政策工具才能发挥其应有的效果。因此，发展中国家一般采用选择性政策工具，发达国家一般采用非选择性政策工具。

☑ **拓展思考 12-4** ………………………………………………………

在什么情况下采取非选择性政策工具？

………………………………………………………………………………

四、财政政策的传导

财政政策目标的实现是由众多的财政政策工具借助中介媒体的传导，最终作用于经济而完成的。传导财政政策的媒体主要有收入、货币供给量和价格等。

（一）收入

收入是财政政策的主要传导媒介，主要表现为对企业收入和家庭部门收入的影响。财政支出政策特别是政府投资支出政策和政府消费性支出政策，都会最终增加企业收入，税率的调整也会直接影响企业的税后利润水平。财政政策对家庭部门收入的影响主要体现在改变家庭部门实际支配收入的变化上。调高或调低税率，增加或减少补贴，最终都会带来家庭部门实际支配收入的增减。居民个人收入的变化会影响其消费行为和储蓄行为，引起其消费需求的变化，从而在一定程度上导致人们在工作和休闲之间重新选择。

收入传导媒介具有非对称性的特征。当政府通过财政减税、扩大支出增加企业和家庭的部门收入时，这一政策很容易获得他们的配合，政策力度可以顺利地通过收入媒介传导到国民经济中去；当政府通过财政增税、压缩支出减少企业和家庭的部门收入时，这一政策的阻力很大，政策力度较难传导。这就是财政政策治理通货紧缩的作用大于治理通货膨胀的作用的主要原因。

（二）货币供给量

政府采取的扩张性政策通常都具有货币扩张效应，采取的紧缩性政策则会引起货币紧缩效应，从而最终对社会供求总量的平衡和经济的发展产生影响。财政政策如果通过货币供给量传导，必须取得货币政策的配合，否则，就会带来物价水平的波动。

拓展阅读 12-1

关于 2022 年中央和地方预算执行情况与 2023 年中央和地方预算草案的报告

（三）价格

价格是市场经济条件下引导资源配置的最为灵活的杠杆，财政支出政策和税收政策所引起的某些商品价格的变动，或者是扩张性财政政策所产生的货币扩张效应，最终都会引起价格的变动，从而对市场供求状况产生影响，实现财政政策目标。

第二节 财政政策与货币政策的配合

一、货币政策概述

货币政策是国家为实现其宏观经济目标所采取的调节和控制货币供应量的策略和措施的总称。它由货币政策的目标、货币政策工具和货币政策的传导三个部分组成。

(一)货币政策的目标

同样作为国家宏观经济政策，货币政策的目标与财政政策的目标是相同的，主要有充分就业、物价稳定（币值稳定）、经济增长和国际收支平衡。但一般来说，货币政策的目标主要有两个：一是保持货币币值稳定；二是促进经济增长。从根本上说，保持货币币值稳定可以为企业投资提供相对稳定的核算标准，为人们的未来计划提供一个可靠的计量尺度，为商品交易提供稳定的流通手段，为经济稳定和增长提供良好的环境秩序。货币币值稳定和经济增长之间是一致的，但二者有时也会存在矛盾。例如，为了刺激经济增长和减少失业，政府通常采取货币扩张政策，但会带来通货膨胀；反之，为了抑制通货膨胀，政府通常采取紧缩银根的政策，其结果往往是以牺牲经济增长为代价。这就使得政府面临两难的选择——刺激经济增长，还是稳定物价和币值。在处理这些矛盾时，经济学家们提出了一些可供选择的办法，具体如下：

1."相机抉择"

凯恩斯主义认为，经济经常处于波动之中，并且是不可预测的，政府只能根据当前的经济形势进行判断，选择某个目标作为重点，或是以稳定物价为优先目标，或是以促进经济增长、减少失业为优先目标，同时操作政策工具，掌握政策力度，以解决当前国民经济中的主要问题。

2."单一规则行事"

新货币学派认为，货币需求量是可测的，为了避免上述两种措施的变化可能带来的货币供应不稳定、经济大起大落的现象，他们提出了"单一规则行事"的选择办法，即主张根据一段时期内经济发展的要求，确定某一货币供应增长率，并在上下浮动不大的范围内具体掌握，从而把货币供应增长率控制在一定的范围内，实现经济增长。

上述选择办法各有特点。实行"相机抉择"的最大难题是，由于人们对宏观事物的认识受主客观因素的制约，因此，在经济发展过程中，人们很难确定当前的经济是处于经济周期的何种阶段。作为对过去经验的总结，人们可以判断出过去经济周期的大体概况，但就当前经济周期的状况而言，是难以准确判别的。"单一规则行事"虽然可以避免上述问题，但在一段时期内，以单一既定的货币供应增长率将货币供应量控制在一定范围内的办法，会使经济错过好的发展机会，事实上它是以牺牲经济增长为代价的。

(二)货币政策工具

1.法定存款准备金率

为保证商业银行资产的流动性，降低银行风险，中央银行规定，商业银行等金融机构必须按照规定的比率，将所吸收的存款的一部分交存中央银行，这种按规定比率缴存中央银行的资金就是法定存款准备金。应缴存的比率称为法定存款准备金率。

中央银行可以通过调高或调低法定存款准备金率，来增加或减少商业银行应缴存到中央银行的存款准备金，从而影响商业银行的贷款能力和派生存款能力，以达到调节货币供应量的目的。如果中央银行调低法定存款准备金率，则商业银行可以减少其上缴存款准备金的数量，增强贷款能力，扩大贷款规模，并通过存款的倍数效应扩大货币供应量；反之亦然。

法定存款准备金率作为货币政策工具的优点是：（1）它是货币政策工具中最容易实施的一个工具，中央银行具有完全的自主权；（2）它对货币供应量的作用迅速，一旦确定，各商业银行及其他金融机构必须立即执行；（3）它对松紧信用较公平，一旦变动，能同时影响所有的金融机构。其缺点是：（1）作用猛烈，缺乏弹性，不宜作为中央银行日常调控货币供给的工具轻易采用，有固定化的倾向；（2）其政策效果在很大程度上受超额准备金的影响。如果商业银行有大量超额准备金，当中央银行提高法定存款准备金率时，商业银行可将部分超额准备金充抵法定准备金，而不必收缩信贷。

2.再贴现率

再贴现率是指商业银行向中央银行办理商业票据再贴现时所使用的利率。中央银行可以通过调高或调低再贴现率的办法来影响商业银行的贷款规模。如果中央银行调低再贴现率，降低商业银行向中央银行借入资金的成本，那么商业银行也可以调低其贷款利率，从而起到刺激企业贷款需求、扩大商业银行贷款规模和扩大货币供应量的作用；反之，如果中央银行调高再贴现率，就会缩减商业银行贷款规模并减少货币供应量。

再贴现率的优点是：（1）有利于中央银行发挥最后贷款者的作用；（2）比存款准备金率的调整更机动、灵活，可调节总量和结构；（3）以票据融资，风险较小。其缺点是再贴现的主动权在商业银行，而不在中央银行。如果商业银行可通过其他途径筹资而不依赖于再贴现率，则中央银行就不能用再贴现率控制货币供应总量及结构。

3.公开市场业务

公开市场业务是指中央银行在金融市场上买卖有价证券，以此来影响货币供应量和市场利率的行为。当金融市场资金缺乏时，中央银行通过公开市场业务买进有价证券，投放基础货币，引起货币供应量的增加和利率的下降；当金融市场上的游资过多时，中央银行通过公开市场业务卖出有价证券，收回基础货币，引起货币供应量的减少和利率的提高。中央银行以这种业务来扩张或收缩信用，调节货币供应量，它是目前西方发达国家运用得最多的货币政策工具。

☑ **拓展思考 12-5** ---

中央银行公开市场业务与"第八章　国债"中的哪些内容有联系？

公开市场业务作用于经济的途径有：

（1）通过影响利率来影响经济。中央银行在公开市场上买进证券，形成多头市场，证券价格上升；随之，货币供应量增加，利率下降，刺激投资增加，对经济产生扩张性影响。相反，中央银行在公开市场上卖出证券，则货币供应量缩小，利率上升，抑制投资，对经济产生收缩性影响。

（2）通过影响银行存款准备金来影响经济。中央银行若买进了商业银行的证券，则直接增加商业银行在中央银行的超额准备金，商业银行运用这些超额准备金使货币供应按乘数扩张，刺激经济增长；反之，货币供应按乘数收缩，抑制经济增长。中央银行若买进了一般公众的证券，则增加公众在商业银行的存款，商业银行按所增存款计提法定准备金后运用剩余部分，货币供应量再按乘数扩张；反之，则相反。其中，前者的作用更大。

公开市场业务对买卖证券的时间、地点、种类、数量及对象可以自主、灵活地选择，其具有以下优点：

（1）主动权在中央银行，不像再贴现率那样被动。

（2）富有弹性，可对货币进行微调，也可大调，不会像法定存款准备金率那样作用猛烈。

（3）中央银行买卖证券可同时交叉进行，故很容易逆向修正货币政策；可以连续进行，故能补充法定存款准备金率、再贴现率这两个非连续性政策工具实施效果的不足。

（4）根据证券市场的供求波动，主动买卖证券可以起到稳定证券市场的作用。

公开市场业务的主要缺点是：从政策实施到影响最终目标，时滞较长；干扰其实施效果的因素比法定存款准备金率、再贴现率多，往往带来政策效果的不确定性。

4.其他调节手段

除上述传统政策工具外，西方国家还经常辅以其他调节手段，如道义劝告、行政干预和金融检查等。

（1）道义劝告。它也称窗口指导，是指中央银行采取书面或口头方式，以说服或政策指导的方法，引导各金融机构扩大或收缩贷款。

（2）行政干预。在有些国家，中央银行有权对各商业银行规定最高贷款限额，以控制信贷规模；或是对商业银行的存贷款的最高利率加以限制等。

（3）金融检查。中央银行有权随时对商业银行的业务活动进行金融监督与检查。这种检查包括检查业务经营范围、大额贷款的安全状况、银行的资本比率和流动资产比率等。

（三）货币政策的传导

从货币政策工具的运用到政策最终目标的实现，要经历一个传导过程，这种传导过程一般包括两个层次：第一个层次是中央银行操作各种政策工具，以影响商业银行的行为；商业银行对中央银行的行为作出反应，相应调整其对企业、家庭部门的贷款规模，从而实现中间目标。第二个层次是企业、家庭对商业银行的行为作出反应，相应调整其投资支出和消费支出，最终影响社会总需求，从而实现货币政策的最终目标。

▷ 拓展思考12-6 --

货币政策的传导与财政政策的传导有何不同？

货币政策调节措施要经过一定时期后才能显示其政策目标能否实现。提高法定存款准备金率以后，经济增长率和物价水平不一定能及时作出反应，若要检测政策工具能否实现政策目标以及能实现到何种程度，需要设置一些中间目标作为参照。由于不同时

期、不同国家的背景及理论上的差异，各国在不同时期往往会选择不同的指标作为中间目标。一般来说，利率和货币供应量最为常用。

二、财政政策与货币政策的组合

货币政策和财政政策并称为宏观经济调控的两大政策。两者都是通过调控总需求来实现宏观经济目标的，统称为需求管理政策。要实现国民经济宏观调控的目标，仅靠财政政策或仅靠货币政策都是难以奏效的，这需要各种经济政策的组合使用，特别是需要财政政策与货币政策的相互配合。

（一）财政政策与货币政策组合的必要性

这主要是由财政政策与货币政策的功能差异所决定的。财政政策与货币政策的功能差异主要表现在以下几个方面：

1.政策目标的侧重点不同

货币政策的侧重点是调节货币供求总量，解决通货膨胀问题；财政政策的侧重点则是解决通货紧缩和结构性平衡问题。

2.透明度不同

财政政策的透明度高，因为财政是征税还是减税，是增加支出还是压缩支出，是结余还是赤字，都是非常清楚的。货币政策有些透明度高，如利率；有些透明度低，如公开市场业务。

3.可控性不同

财政政策可以由政府通过直接控制和调节来实现，如调整税率、缩减政府支出等。货币政策通常需要较长的传导过程，并且有可能在中间环节出现偏离目标的情况，政府纠正偏离目标问题的难度也较大。

4.时滞性不同

时滞性是指在制定和执行政策的过程中所出现的时间滞后现象。政策的时滞性有三种：认识时滞、决策时滞和执行时滞。财政政策的认识时滞短、决策时滞长，而执行时滞较短。这是因为财政政策中存在的问题通常能够被人们尽快地把握，但决策却需要花费相当长的时间，如税率的调整、公共支出的增减等问题，需要经过立法机构的审批或经过预算程序，还要考虑选民的意愿等，但财政政策一旦被确定下来，通常付诸执行的时间就比较快，自上而下，传导过程较短，漏损也较小。货币政策与财政政策正好相反，其认识时滞长、决策时滞短，而执行时滞较长。因为货币现象的透明度较差，令人难以准确把握，而一旦把握住实质，中央银行制定相应对策的时间较短，但是政策付诸行动后，传导过程较长，漏损也较大，可能会出现偏离目标的现象，执行所需要的时间较长。

（二）财政政策和货币政策的组合方式

财政政策和货币政策如果都按"松""中""紧"三种类型划分的话，它们的组合方式就有九种。

1.在经济形势特别严峻的情况下，一般采取"双松"或"双紧"的政策组合

在经济形势特别严峻的情况下，财政政策和货币政策必须同时向一个方向用力，这

样政策效果才能显示出来，才能走出经济危机。

（1）在通货紧缩严峻的情况下，国家一般采取"双松"的政策组合。在这种政策组合方式下，在运用财政政策扩大总需求的同时，中央银行增加货币供给量，阻止利率上升，抵消或减少财政政策的挤出效应，因此会使总需求在短时间内迅速扩大，对经济具有很强的刺激作用。这种政策组合适于在总需求严重不足、生产资源大量闲置、解决失业和刺激经济增长成为宏观调控的首要目标时使用，否则可能导致严重的通货膨胀。

（2）在通货膨胀严峻的情况下，国家一般采取"双紧"的政策组合。在这种政策组合方式下，政府通过增加税收、削减政府支出规模等限制消费和投资，抑制总需求；中央银行紧缩银根，减少货币的供给，刺激利率上升，导致私人投资减少，总需求下降。这种双管齐下的措施使总需求迅速收缩，能够有效遏制恶性通货膨胀，但会导致经济增长缓慢，甚至陷于衰退的境地。这种政策组合主要在总需求极度膨胀、总供给严重不足、物价大幅攀升、抑制通货膨胀成为首要目标时采用。

2.在经济问题比较严重的情况下，一般采取"一中一松"或"一中一紧"的政策组合

在经济问题比较严重的情况下，国家应通过一个"中"的政策来稳定国民经济大局，通过另一个"松"或"紧"的政策来对国民经济施加影响。例如，我国2011年的宏观经济政策采用的是"一中一松"的政策组合。通过一个"松"的政策即积极的财政政策，继续推动经济的增长，防止经济第二次探底；通过一个"中"的政策即稳健的货币政策，不断稳定物价，防止物价过快上涨。

3.在经济问题较轻的情况下，一般采取"一紧一松"的政策组合

在经济问题较轻的情况下，国家如果单一采取某种政策很容易导致政策力度过头，产生政策负效应的现象；如果采取"一紧一松"的政策组合，就可以使一部分政策力度相互抵消，使另一部分政策力度发挥作用，从而实现对国民经济的微调。

（1）扩张性的财政政策和紧缩性的货币政策的组合，即"一松一紧"的政策组合。在这种政策组合方式下，政府适当扩大财政支出和减税；同时，中央银行严格控制货币供应量，促使利率上升，产生"挤出效应"，从而使总需求不会大幅度上升。这种政策组合主要在经济比较繁荣但公共投资不足时采用。

（2）紧缩性的财政政策和扩张性的货币政策的组合，即"一紧一松"的政策组合。在这种政策组合方式下，政府对财政支出严加控制，采用增税措施，抑制总需求；同时，中央银行根据实际情况，采取适当放松银根的货币政策，促使利率下降，以刺激私人投资。这种政策组合适合在财政赤字较大但经济处于轻度衰退时采用。

4.在经济形势较好的情况下，一般采取"双中"的政策组合

在经济形势较好的情况下，国民经济处于均衡状态，高增长，低通胀，低失业。为保持国民经济的大好形势，一般采取稳健的财政政策和稳健的货币政策的组合，即"双中"的政策组合。在这种政策组合方式下，政府一般不对国民经济总量施加政策影响力，而是通过财政政策和货币政策的结构性调整来优化国民经济结构。

总之，国家应根据经济运行的实际情况，决定采用哪种政策组合方式。只有财政政策与货币政策配合适当，并在合适的时机切入，才有可能实现最佳的政策效果。这一点

已经为许多国家的实践所证实。

本章小结

1.财政政策是政府为达到一定目的在财政领域采取的策略和措施的总称。财政政策由财政政策的目标、财政政策工具、财政政策的传导三方面的内容组成。

2.财政政策按财政收支活动与社会经济活动之间关系的不同，可分为宏观财政政策和微观财政政策；按财政政策期限的不同，可分为短期财政政策和中长期财政政策；按财政政策发挥作用方式的不同，可分为自动稳定政策和相机抉择政策。

3.财政政策的目标主要有充分就业、经济增长、物价稳定和国际收支平衡。选择性政策工具主要有税收、政府预算支出、转移性支出和公债等。

4.政府操作财政政策工具主要是通过影响企业和家庭的收入传导到国民经济中去的。此外，财政政策还可以通过影响"货币供给量"和"价格"进行传导。

5.财政政策和货币政策理论上有九种组合方式，每种政策组合对国民经济的影响方向、力度、作用的领域都不尽相同。当前，我国的宏观经济政策采用的是积极的财政政策和稳健的货币政策相配合的方式。

本章基本概念

财政政策　宏观财政政策　微观财政政策　积极的财政政策　稳健的财政政策　紧缩的财政政策　财政政策目标　财政政策工具　财政政策传导　货币政策

综合训练

一、多项选择题

1.实行货币政策，调节货币供应量的政策工具为（　　）。

A.公开市场业务　　　　　B.贴现率政策　　　　　C.法定准备率

D.汇率政策　　　　　　　E.控制利息率

2.扩张性财政政策的内容有（　　）。

A.扩大财政支出规模　　　B.增加税收　　　　　　C.扩大国债发行

D.增加财政结余　　　　　E.实行赤字预算

3.财政政策的三大目标包括（　　）。

A.充分就业　　　　　　　B.物价稳定　　　　　　C.国际收支平衡

D.100%的就业率　　　　　E.鼓励出口

4.为了达到抑制社会总需求的目的，应该（　　）。

A.增加税收　　　　　　　B.减少税收　　　　　　C.增加财政补贴

D.减少财政补贴　　　　　E.增加财政支出

5.经济萧条时，政府可采取的财政政策措施有（　　　）。

A.减少福利补贴支出　　　　　B.增加政府采购　　　　　C.降低税率

D.提高税率　　　　　　　　　E.提高财政补贴

二、复习思考题

1.什么是财政政策？宏观财政政策分为哪几种类型？

2.财政政策的目标有哪些？

3.财政政策有哪些政策工具？

4.财政政策的力度是通过哪些渠道传导出去的？

5.简述积极的财政政策。

6.简述稳健的财政政策。

7.财政政策和货币政策为什么要相互配合？

8.我国当前的宏观经济政策是什么？为什么？

三、实训题

【实训项目】

分析某项财政政策出台对投资的影响。

【实训目标】

1.培养学生资料查询、整理的能力。

2.培养学生分析问题和政策解读的能力。

【实训内容与要求】

1.以学习小组为单位，查询我国最近出台的财政政策，并分析这些财政政策对投资的影响。

2.每个小组写出分析报告，制作课件并在全班演讲。

【成果与检验】

1.分析报告、课件及演讲情况。

2.老师及其他学习小组对上述各项进行打分。

主要参考文献

［1］马斯格雷夫 R A，马斯格雷夫 J B.美国财政理论与实践［M］.邓子基，邓力平，译.北京：中国财政经济出版社，1987.

［2］邓子基.现代西方财政学［M］.北京：中国财政经济出版社，1994.

［3］项怀诚.中国财政50年［M］.北京：中国财政经济出版社，1999.

［4］高培勇.政府债务管理［M］.北京：中国财政经济出版社，2003.

［5］杨志勇.比较财政学［M］.上海：复旦大学出版社，2005.

［6］寇铁军.财政学教程［M］.大连：东北财经大学出版社，2006.

［7］高培勇.财政与民生［M］.北京：中国财政经济出版社，2008.

［8］苏明.财政现实问题研究［M］.北京：经济科学出版社，2008.

［9］刘小兵，等.中国财政政策分析（1998—2007）［M］.北京：中国财政经济出版社，2008.

［10］胡怡建.2013中国财政发展报告：促进发展方式转变"营改增"研究［M］.北京：北京大学出版社，2013.

［11］亚当斯.善与恶：税收在文明进程中的影响［M］.翟继光，译.北京：中国政法大学出版社，2013.

［12］楼继伟.财政改革发展若干重大问题研究［M］.北京：中国财政经济出版社，2014.

［13］肖鹏.典型国家和地区政府预算制度研究丛书：美国政府预算制度［M］.北京：经济科学出版社，2014.

［14］俞乔.中国市级政府财政透明度研究报告（2012—2013）［M］.北京：清华大学出版社，2014.

［15］罗森.财政学［M］.平新乔，译.4版.北京：中国人民大学出版社，2015.

［16］刘守刚.财政经典文献九讲：基于财政政治学的文本选择［M］.上海：复旦大学出版社，2015.

［17］史蒂文.税收公平与民间正义［M］.杨海燕，译.上海：上海财经大学出版社，2016.

［18］刘怡.财政学［M］.3版.北京：北京大学出版社，2016.

［19］刘寒波.空间财政：公共服务、要素流动与经济增长［M］.北京：中国人民大学出版社，2016.

［20］李燕.政府预算管理［M］.2版.北京：北京大学出版社，2016.

［21］贾康，邢丽，苏京春，等.税收101问［M］.上海：东方出版中心，2017.

［22］陈共．财政学［M］．9版．北京：中国人民大学出版社，2017．

［23］马蔡琛．政府预算［M］．大连：东北财经大学出版社，2018．

［24］《公共财政概论》编写组．公共财政概论［M］．北京：高等教育出版社，2019．

［25］李士梅，李安．公债经济学［M］．北京：清华大学出版社，2019．

［26］马海涛，曹堂哲，王红梅．预算绩效管理理论与实践［M］．北京：中国财政经济出版社，2020．

［27］刘尚希．中国财政政策报告（2020）［M］．北京：社会科学文献出版社，2020．

［28］马骁，周克清．财政学［M］．5版．北京：高等教育出版社，2022．

［29］贾俊雪，刘勇政．现代财政体制建设［M］．北京：中国人民大学出版社，2023．